키케로와 친구들

카이사르 시대의 로마 사회

일러두기

1. 이 책은 Gaston Boissier, *Cicéron et ses amis, Étude sur la société romaine du temps de César*(1884)를 완역한 것이다.
2. 이 책에 등장하는 인명, 지명은 그리스어와 라틴어를 혼용하여 쓰지만 통용되는 명칭은 그대로 사용하였다.
3. 문장 부호는 다음의 경우에 따라 달리 표기했다.
   『』: 책·신문·잡지, 〈 〉: 음악·회화·조각·시
4. 그림과 사진은 작품 제목, 종류, 작가 이름, 제작 시기, 소장처, 기타 설명 순으로 표기했다.
5. 각주와 도판 설명은 역자가 붙였다.
6. 원주의 경우 *로 표시하였고 인용문의 출처는 본문에 병기하였다.
7. 지명은 지도에 표시했다.

키케로와 친구들

카이사르 시대의 로마 사회

가스통 부아시에 지음 정진국 옮김

키케로 · 아티쿠스 · 카일리우스 · 카이사르 · 브루투스 · 옥타비아누스

닫집

빌라 리비아의 벽화, 로마국립박물관 팔라초 마시모 알레테르메

폰테 체스티오 돌다리 밑으로 흐르는 테베레강

사두르누스 신전 곁에서 보는 포로 로마노

포로 로마노의 신성한 길목

포르티코 디오타비아

키케로와 친구들

카이사르 시대의 로마 사회

Marcus Tullius Cicero
(B.C.106.1.3~B.C.43.12.7)

독자에게

플루타르코스에 따르면 고대 로마 공화국의 지도자 키케로는 역사상 처음으로 '국부國父' 소리를 들었다. 또 문인 키케로는 라틴어 글쓰기로 서구 문화의 축을 그리스에서 로마로 옮겨놓았다. 따라서 성경을 라틴어로 번역한 교부敎父 히에로니무스는 '그리스도가 아니라 키케로'를 추종했다는 의심까지 받았다.

키케로 시대 수백 년 전부터 시작된 '여행담'과 전쟁의 역사, 또 그의 시대로부터 수십 년 후에 나온 새로운 기독교 경전에 신화와 전설까지 더하며 고대 역사는 대단히 풍요로웠다. 하지만 속내를 털어놓고 현실을 전하는 이야기는 드물었다. 영화 같은 무용담과 기적이 펼쳐지는 대서사시들은 나날의 현실과는 관계 없는 이야기였다.

키케로의 편지는 이런 환상에 넘치고 극화한 역사가 아니라 있는 그대로 일상의 소감을 들려준다. 우리가 보는 역사의 이미지를 다른 각도에서 비춰준다. 무엇보다 키케로는 무도한 권력과 타협하지 않고 죽음을 택한 사람이다. 나약했지만 양심을 지켰다. 그는 최고위 공직자로서 또 명연설가이자 걸출한 변호인으로서 과장된 말도 많이 했다. 하지만 결국 진실은 작은 가슴속에 있다고 깨달았다.

가스통 부아시에는 키케로의 편지를 읽으면서 역사를 이야기하는 또 다른 방법을 개척했다. 공식 자료로서 역사를 되살린 타키투스 전통 위에 새로운 전통을 더했다. 사사로운 내용이라고 비공식 자료로 여기던 편지를 역사 서술의 소중한 밑거름으로 삼았다. 부아시에는 키케로의 편지를 토대로 고대 로마에서 살던 사람들 각자의 심정을 파고들었다. 그렇게 당대의 실상에 좀 더 가까이 다가갔다.

로마국립박물관 팔라초 알템프스

책 머리에

키케로의 편지

몇 해 전부터 고대 로마에 대한 관심이 뜨겁다. 특히 공화정 시대를 다룬 책들이 프랑스와 영국, 독일[1]에서 출간되자 대중은 그것을 탐욕스럽게 읽었다. 극적인 사건들과 논란거리로 넘치는 시대인 데다 영웅들이 나오는 이야기라 흥미진진할 수밖에 없다. 하지만 그 시대에 특히 마음이 끌리는 것은 키케로가 남긴 편지 덕분이다. 그와 같은 시대를 살던 사람도 "편지를 읽으면 다른 역사책을 읽고 싶은 마음이 사라진다"라고 말할 정도였다.[2] 사실 키케로의 편지는 그 뒤에 역사를 가르치려고 나온 책들보다 훨씬 더 생생하고 진실하다. 폴리오[3]와 리비우스[4], 코르두스[5]가 쓴 잃어

1 몸젠Theodor Mommsen(1854~1904) 박사의 『로마사』가 특히 유익했다. 동의하기 어려운 부분도 있지만 많은 것을 배웠다.*

2 네포스Cornelius Nepos(B.C.110~B.C.25). 역사가. 『아티쿠스』의 저자.*

3 아시니우스 폴리오Gaius Asinius Pollio(B.C.76~A.D.4). 로마 공화정 말기 역사가. 카이사르의 부장, 안토니우스의 곁에서 집정관(B.C.40)을 지냈다. 고대 역사가들이 종종 인용한 『내전 역사』는 유실되어 단편만 전한다.

버린 글을 찾아내더라도 새로운 내용이 있을지 모르겠다. 리비우스는 황제의 궁정 사관이었고 폴리오는 배신을 정당화하려고 상대방 험담만 늘어놓았다. 그들의 관점이 대체로 의심스러운 이유다. 따라서 이미 굳어진 의견을 따르기보다는 키케로가 쓴 편지에서 새로운 관점을 찾아보는 것도 괜찮을 것 같다. 편지를 읽기 시작하면 독자는 사건 현장 한복판으로 떨어져 뒤이어 벌어지는 사건을 따라가게 된다. 1천 8백여 년 전[19세기 시점에서] 일이지만 마치 눈앞에서 벌어지는 것 같다. 사건의 진정한 면모를 볼 만큼 사실에 가깝고 냉정하게 판단할 만큼 세월이 흘렀다. 우리만 누리는 특이한 입장이다.

편지는 키케로 시대 정치인에게 매우 중요한 소통 방법이었다. 사료로써 편지가 가치 있는 이유이다. 특히 임기를 마친 집정관이 속주 총독으로 갈 때, 마치 정계를 떠난 심정 아니었을까. 공직 생활에 익숙한 사람이 도시와 멀리 떨어진 곳에서, 정파들이 벌이는 선동이나 포룸에서 들리던 왁자지껄한 소리 없이 몇 해씩 보내자면 매우 지루했을 것이다. 그들이 받아 보는 공공 소식지는 민회의 뻔한 보고와 포룸의 공공 행사, 로마와 주변 지역에서 벌어진 초자연적 사건이나 날씨에 관한 것 등이라 관심 둘 내용은 별로 없었다. 따라서 호기심 많은 지역 독자는 부족한 정보를 보완하려고 필사본 신문을 구독했다. 이런 신문은 18세기 프랑스에서도 널리 유행했고 귀족이나 장관과 왕래하던 우수한

4 티투스 리비우스Titus-Livius(B.C.59~A.D.17). 파도바 출신 역사가. 연대기의 금자탑을 쌓았던 『로마사』는 35권만 전한다.

필진을 거느렸다. 하지만 로마 통신원들은 카일리우스가 '일꾼'이라며 무시했듯이 닥치는 대로 기웃거리는 그리스 출신의 이름 없는 소식통이었다. 거물급 인사는 물론이고 정치인 근처에도 얼씬 못했다. 그저 시내를 어슬렁거리다 보고 들은 이야기를 주워 모았다. 극장의 화젯거리와 인기 배우, 패배한 검투사, 화려한 장례식 소식을 자세히 전했다. 짓궂은 소문과 악담, 스캔들을 어떻게든 끌어모았다. 이런 단신은 재미는 잠깐 있었지만, 정세를 유난히 궁금해하는 정치인들의 갈증을 채워주지 못했다. 따라서 공보 대신 사건의 진상과 원인을 알려고 믿음직하고 내막을 알려줄 요직에 있는 친구나 동료에게 부탁했다. 몇몇은 거물 정치인 사무실에서 은밀한 사연을 염탐하기도 했다.

누구보다도 키케로는 로마를 떠난 뒤에도 여전히 로마 한복판에서 지낸다는 듯 어떤 정보든 알아내려고 안달했다. 현직에 있을 때는 불평이 많았지만 떠나서는 아쉬워하던 고위공직자 가운데 키케로만큼 부산하고 야단법석이던 공직 생활을 좋아했던 사람이 또 있었을까? 따라서 원로원에서 벌어지는 요란한 논쟁으로 피곤하다느니, 바티니우스[5]와 카이사르에 관해 왈가왈부하는 잡음이 들리지 않고 토지법으로 골머리를 썩이지 않을 곳을 찾는다느니 하는 그의 말을 곧이들어서는 안 된다. 키케로는 고향 아르피눔[아르피노]의 시원한 나무 그늘 밑과 '이탈리아의 자

5 푸블리우스 바티니우스Publius Vatinius(B.C.5~B.C.41). 키케로의 집정관 시절에 재무관, 내전 중에 집정관 서리였다. 일리리아 속주 총독 시절에 카이사르가 사망하자 정적이던 키케로와 화해했다.

랑거리'라는 아름다운 포르미아를 입에 올리면서도 언제나 로마를 잊지 못했다. 그는 로마의 정치판을 절대 외면하며 지낼 수 없었다. 가까이서든 멀리서든 간에 정치인들이 끊임없이 지피는 군불의 연기를 모두 봐야 직성이 풀렸다. 로마에서 하는 생각과 벌어지는 일들을 알고 싶어 했다. 정파의 사정과 은밀한 결탁, 내부 갈등을 비롯해 사건의 숨은 동기와 갖가지 술수를 알아내려고 했다. 어떻게든 사건과 연관이 있던 아티쿠스와 쿠리오[6], 카일리우스[7] 같은 친구들에게 구구절절 하소연하며 부탁했다. 그러다 보니 그렇게 주고받은 편지들에 그 시대 역사가 담겼다.

오늘날 정치인의 편지는 예전만큼 중요하지 않다. 감정과 생각을 주고받는 방법이 크게 변했다. 새로운 매체 신문은 은밀한 소식을 더는 전하지 않는다. 온 세상 소식을 어마어마하게 쏟아내고 외진 곳까지 보낸다. 사건이 벌어지자마자 생생한 감흥까지 뉴스로 전한다. 사건을 직접 지켜보는 기분이라 소식을 알려달라고 친구에게 부탁할 필요가 없다. 어쨌든 키케로 시대에는 이런 신문의 역할을 편지가 했다. 대중은 거물 인사들의 감정이 담긴

6 쿠리오Gaius Scribonius Curio(B.C.90~B.C.49). 정치인. 같은 이름의 아버지 쿠리오(~B.C.53)는 집정관(~B.C.76)이었다. 아들 쿠리오는 카이사르와 폼페이우스, 안토니우스, 키케로 등 당대 유력자들과 친구였다. 귀족 출신이지만 부채를 탕감받으려고 민중파로 전향했다. 호민관이었을 때 원로원이 카이사르를 실각시키려 할 때 그를 옹호했다. 카이사르가 루비콘강을 건널 때 그와 합류했고 북아프리카 바그라다스 강 전투에서 폼페이우스의 누미디아 원군 기병대와 싸우다 전사했다. 원형극장의 모형을 개발했다.

7 마르쿠스 카일리우스 루푸스Marcus Caelius Rufus(B.C.82~B.C.48?). 고대 로마의 정치인, 연설가. 키케로가 남긴 『카일리우스 변호연설』은 고대 변론 가운데 최고 걸작으로 꼽힌다

편지에 토를 붙이며 복사해서 읽었다. 정치인들은 공격받으면 평판을 지키기 위해 편지로 자신을 변호했다. 정치적 발언을 감히 하기 어려웠던 카이사르 집권기에도 편지로 위축된 여론을 일으켜 보려고 했다. 이제는 신문이 이런 편지의 역할을 가로채고 정치활동까지 벌인다. 빠르고 편리하며 널리 퍼지는 신문 탓에 편지는 중요한 소재를 잃었다.

사생활의 영역은 여전히 편지가 맡는다. 정과 감흥을 나누면서 끝없이 내면을 채운다. 하지만 인정에 얽힌 친밀한 편지조차 날이 갈수록 짧고 싱거워진다. 즐겁고 열렬하던 정담은 거의 사라졌다. 편지 쓰기가 쉽고 빨라지자 인간관계도 시들해졌다. 오히려 로마 시대처럼 우체국도 없고 황제의 명만 전하던 시절에는 전령이 헛걸음하지 않고 번거롭게 다시 쓰지 않도록 신중했다. 비용도 많이 들고 보내기도 쉽지 않은 일이라 정성을 쏟았다. 편지 쓰기는 만만찮은 일이었다. 하지만 요즘에는 언제든 편지를 쓸 수 있다 보니 오히려 과거보다 편지를 덜 쓴다. 하고 싶은 말도 자주 떠오르지 않는다. 꼭 필요하지 않으면 편지를 쓰지 않고 안부나 전하는 거라며 대수롭지 않게 여긴다. 그러다 보니 소소한 정담이 줄어들었다. 그 후 바로 등장한 전보는 필요 이상으로 줄인 말로 사무적이고 급한 소식이나 주고받는다. 통신수단이 진보할수록 편지의 내밀한 즐거움은 점점 사라졌다.

하지만 편지 쓸 기회가 많다고 해서 모두가 편지를 쓰는 것은 아니다. 더 적합한 사람들이 있다. 천천히 읽고 글을 쓰기 전에 많은 생각을 해야 하는 사람들은 편지보다 회상록을 쓰는 것이 낫다. 지혜로운 사람은 규칙적이고 체계적으로 글을 쓰지만 인정과 열정이 부족하다. 논리적이고 이성적인 사람들은 자기 생각만 지나치게 따른다. 하지만 흥미를 계속 이어가려면 한 주제에서 다른 주제로 금세 넘어가야 하고 관심이 사라지기 전에 주제에서 벗어날 수 있어야 한다. 한 가지 생각에만 사로잡힌 채 몰두했다가 털어놓는 이야기는 마음에 파고들지 못하므로 그것만으로 부족하다. 모든 주제에 관해서 즐겁게 계속 편지를 주고받으려면 무엇보다 순간적인 인상을 재빠르게 바꾸는 생생하게 변화하는 상상력이 필요하다. 이것이 편지를 잘 쓰는 첫 번째 자질이다. 잘 보이려는 태도가 조금 필요할 수도 있겠다. 글쓰기는 항상 노력이 좀 필요하다. 잘 쓰겠다는 욕망도 있어야겠지만 좋아하는 마음이 우선이다. 책에 관심이 있는 일반 대중을 기쁘게 하고 싶어하는 것은 매우 자연스럽다. 하지만 그것은 한 사람을 위해 글을 쓰는 것보다 더 까다롭고 요구가 많은 허영심의 표시이다. 라브뤼예르[8] 이후 사람들은 이런 종류의 글을 왜 여성들이 더 잘 쓰는지 궁금해했다. 여성들은 호감을 사려는 허영심을 더 많이 타고난 것이 아닐까? 말하자면 항상 화려한 언변으로 하나도 소홀함 없이 모두의 마음을 사로잡으려고 애쓴다. 그런 기질이라면 키케로만큼 특출한 사람도 없다. 그는 생활과 글에서 끝없는 허영심과 순발력을 보인다. 또 사건에 쉽게 휩쓸리거나 영향받는다. 한편 키케로의 편지와 연설문의 특성은 매우 다르다. 따라서

8 라브뤼예르Jean de La Bruyère(1645~1696). 프랑스의 모랄리스트. 『레카라크테르Les Caractères ou les Mœurs de ce siècle』(1688)에서 여성과 궁정 등 당대의 풍속과 사람들의 성격을 풍자적으로 묘사했다.

상반된 장르에서 어떻게 두루 성공했을까 의심스럽다가도 가까이 들여다보면 금세 이해가 간다. 사실 키케로가 쓴 연설문과 편지의 매력은 같다. 이런 점에서 그는 독창적이다. 그가 편지에서 다룬 일상의 사건은 너무 오래전 일이라 걱정까지 느끼기는 어렵고 종종 너무 많은 기교마저 엿보인다. 하지만 변론에서 묘사하는 사건과 인물은 여전히 꾸밈없고 신선하다. 그가 직접 겪은 목격담이라 더욱 생생하다.

상인 케레아는 "눈썹을 밀어버린 머리가 교활해 보이고 악의를 풍긴다(『배우 로스키우스 변호연설』, 7)." 법무관 베레스는 몰타의 장미꽃에 둘러싸인 모습으로 8명이 짊어진 가마에 비스듬히 올라앉아 흑해 연안 지방 비티니아 왕처럼 산책한다(『베레스 탄핵연설』, V. 11). 바티니우스는 "눈을 부라리고 목청이 터질 듯 근육을 씰룩거리며" 연단으로 나선다(『바티니우스 변호연설』, 2). 갈리아 증인들은 "거만하게 고개를 쳐든 승자의 자세로" 광장을 돌아다니고(『마르쿠스 폰테이우스 변호연설』, 11) 그리스 증인들은 "어깨를 들썩들썩 흔들면서" 잠시도 쉬지 않고 떠벌인다(『라비리우스 포스투무스 변호연설』, 11). 키케로는 이렇게 사람들을 매우 인상적으로 묘사한다. 설명하지 않고 생동하는 상상으로 그려낸다. 인물과 사물을 믿기 어려우리만치 생생하게 포착한다. 자신이 하는 이야기에 미친 듯 빠져들면서 사납게 공격한다. 적들의 승리가 부당하다고 꼬집으면서 신바람에 취한 목소리로 말한다. "얼마나 뿌듯한지, 얼마나 즐겁고 재미있는지 모르겠소(『피소 반박연설』, 20)!"[9] 살짝만 건드려도 제아무리 사소한 것이라도 모두 살려낸다. 모든 이야기를 강렬한 이미지로 달구면서 비할 데 없는 한 폭의 그림처럼 묘사한다. 이런 모습은 연설과 편지에서 두루 보여준다. 다만 편지에서 한결 더 편안하고 솔직하다. 친구에게 편지를 쓸 때면 여러 사람 앞에서 연설할 때처럼 오래 생각하지 않는다. 머뭇거리지 않고 처음 느낌대로 곧장 쏟아낸다. 꾸밈없이 쉽고 단순한 말투이다. 어느 날 편지를 주고받던 어떤 친구가 "청천벽력 치듯 하는구먼"이라고 농담을 던지자 키케로는 이렇게 답했다.

> 내 편지가 어때서? 누구나 그렇게 쓰지 않아? 늘 똑같은 말투로 해야 하나? 편지가 무슨 연설이나 변론이야? 평소처럼 말하면 되지.
>
> (『친구들에게 보낸 편지』, IX. 21)[10]

키케로는 누구에게나 선뜻 편지를 썼다. 아티쿠스에게는 하루 3통의 편지를 보내기도 했다. 원로원 회의 중에도 산책길이나 여행길에서도 편지를 썼다. 식사 자리에서는 비서에게 받아쓰도록 했다. 친필로 쓸 때는 "옳거니!" 하면서 손에 집히는 대로 펜을 들었다(『퀸투스에게 보낸 편지』, II. 15, 16). 그래서 뭐라고 썼는지 모르겠다는 불평을 들으면 편지를 재촉하는 전령을 탓했다.

> 모자까지 쓰고서 곧 떠날 채비를 하고 왔더군. 답장받을 사람들이 문간에서 기다린다나(『친구들에게』, XV. 17).

9 원로원에서 키케로의 해외 추방령을 주도했던 집정관 칼푸르니우스 피소에게 항의하면서 했던 발언이다(B.C.55).

10 공무상 접한 사람들 또는 아내와 친구들, 노예들에게 쓴 편지들을 엮었다. 수신인별로 분류했다. 페트라르카는 키케로의 편지를 모범으로 삼았다.

멋들어진 연설조로 전할 틈은 없어 떠오르는 대로 급히 쓸 수밖에 없다. 솔직하고 자연스레 우러난 감정을 편지에 고스란히 드러낸다. 따라서 초조하게 답장을 기다리는 친구들과 재촉하던 전령들이 고마울 따름이다. "편지에 형의 속내가 환하던걸(XVI. 16)"이라고 말하던 퀸투스[11]의 말에 동감하게 된다. 키케로는 친구들에게 "자네가 옆에 있는 듯하네(『아티쿠스에게』, XIII. 18)"라던가 "자네 곁에서 편지를 쓰는 듯하니 이게 웬일일까(『친구들에게』, XV. 16)?"라면서 급히 몇 자를 적는다. 키케로는 글을 쓰는 순간의 감흥을 연설문보다 편지에서 더욱 짙게 드러낸다. 그는 시골 별장에 도착하자 기쁨을 감추지 못했다. 현관 앞 주랑과 체육관, 의자가 놓인 대화실을 새삼스레 둘러보고 서재로 달려가서는 그동안 책을 손에 잡지 못했다며 창피해했다. 그동안 혼자 있을 틈이 없었기에 고독에 사로잡힌다. 포르미아 집에서는 골칫거리들이 너무 많았다.

누구나 드나드는 공원 같아. 호젓한 별장은 절대 아니지.

(『아티쿠스에게』, II. 14)

그곳에서는 온갖 귀찮은 사람들이 눈치 없이 뭉갰다. 로마로 돌아가지도 않고 하루 종일 철학에 관해 대화를 나누자며 그를 놓아주지 않았다. 키케로는 아티쿠스에게 이렇게 전한다.

11 퀸투스Quintus Tullius Cicero(B.C.102~B.C.43). 정치인, 군인.

지금 세보수스가 왔다고 고하는 소리가 들리네. 고생문이 환해. 아리우스도 인사하러 오겠다는데……. 떠나야 할까? 그래본들 어쩌겠나. 다시 붙들릴 텐데……. 아! 어릴 적 뒹굴던 고향의 풀밭으로 도망치면 좋겠어(II. 15).

실제로 키케로는 아르피눔으로 갔다가 황무지 안티움[안치오]까지 들어갔다. 그곳에서 파도를 바라보며 시간을 보냈다. 외진 곳에서 조용히 지내기를 좋아했던 키케로는 로마 집정관보다 이 마을 관리가 더 좋았을 거라며 아쉬워했다. 절친한 아티쿠스와 햇살 아래 거닐거나 '아리스토텔레스 석상 밑에서' 철학 이야기를 하고 싶어 했다. 공직 생활을 몹시 혐오하던 무렵이라 그런 것에 대해서는 한마디도 듣지 않으려 했다.

그 판에서 무얼 더 바라겠나(II. 4)?

불평하면서도 키케로는 로마로 돌아가자마자 정치판으로 더 깊이 뛰어들었다. 어지러운 사건의 소용돌이 속에서 가끔 조용히 지내던 때를 아쉬워했다.

언제 다시 그렇게 살 수 있으려나(『퀸투스에게』, III. 1, 4)?

하지만 이런 소박한 소망은 온데간데없이 사라지고 그는 누구보다 극성맞게 투쟁에 뛰어든다. 아티쿠스에게 편지를 쓸 때도 투지에 넘친다. 그런 감흥이 편지들에 절절히 묻어난다. 원로원에서 클로디우스[12]를 공격하는 장면은 믿기 어려울 정도이다. 거친 비유와 신랄한 어조로 사납게 몰아세운다. 편지는 민회와 선거의 추태를 전할 때 더욱 실감 난다. 금전으로 표를 사려는 후보들과 그들에게 매수되어 유세하는 염치없는 판사들을 그려낸다.

> 음모로 타오르는 캄푸스 마르티우스로 함께 나가보자고!
>
> (『아티쿠스에게』, IV. 15)

키케로는 자신이 받은 인상에 따라 변화무쌍한 어조를 보인다. 망명지에서 쓴 편지들은 풀이 완전히 죽었다. 끝없는 탄식뿐이다. 하지만 그곳을 떠나자마자 문장은 당당하게 돌변한다. 자신을 따르는 사람들을 극찬한다. 양식 있는 사람들이 자기를 존경했다면서 거창하게 자축한다. 원로원과 민회 등에서 자신이 누리는 권위와 신망까지 들먹인다(『아티쿠스에게』, IV. 1). 열변을 토하는 그의 목소리가 들리는 것 같다. 그는 심각한 사태가 벌어졌을 때도 농담했다. 친구들 모임에서 안토니우스를 공격할 때가 가장 신랄하다. 위험도 잊고 귀족 친구 파피리우스 파이투스에게 편지를 썼다(『친구들에게』, IX. 24). 포이투스가 질겁하며 걱정하자 말투

12 클로디우스Publius Clodius Pulcher(B.C.92~B.C.52). 명문 클라우디우스 가문 출신의 정치인. 대중선동가이자 키케로의 숙적이었다. 클라우디우스를 평민이 발음하는 '클로디우스'로 개명해 인기를 누렸다. 오리엔트 원정에 참전해 미트리다테스와 싸웠다. 호민관 시절에(B.C.59) 민중파에 유리한 곡물 무상배급법을 발의했다. 재판 중에 원로원과 집정관의 개입을 제한하는 법을 입안해 이 법으로 키케로는 망명했다. 카이사르가 갈리아 원정을 떠난 뒤, 로마 정계를 주도했다. 법무관 선거를 앞두고 살해당했다.

를 바로 바꾸어 슬픔과 공포, 격앙된 감정을 쏟아낸다. 카이사르가 로마를 위협하며 원로원에 최후통첩하자 그는 열변을 토한다.

> 폼페이우스가 말했네. 무슨 팔자가 이런지! 그자의 뻔뻔한 요구를 따라야 한다니. 그따위 무례한 요구가 어디 있어? 원로원에서 맡기지도 않은 속주를 10년째 점령했지만, 음모와 무력武力으로 멋대로 차지했지. 법이 아니라 자기 마음대로 기한을 정하고 '그것이 법'이라면서……. 후임 지명에 반대하면서 우리에게 뭐라고 했어? 내 권리도 좀 존중해 주시구려! 아니 그렇다면 우리 권리는 어떡하고? 원로원을 무시하고 민회가 정한 기한도 넘기고서 무슨 핑계로 군단을 쥐겠다는 거지? 양보하든 싸우든 간에 둘 중 하나 아니겠어. 폼페이우스는 이렇게 답하더군. 좋아. 싸웁시다. 자유롭게 싸우거나 죽거나……(VII. 9).

키케로의 풍부한 상상력과 생동하는 문체는 감탄스럽지만 가볍게 느껴지기도 한다. 생생한 상상력에 지나치게 사로잡혀 생각 없이 말하고 종종 변덕을 부린다. 일관성 있는 의견을 내야 하는 정치인에게는 심각한 문제이다. 통제할 수 없는 상상은 위험하다. 매우 위험하고 잘못된 의견을 제시할 수 있다. 완벽한 사람은 소설 속에나 있다. 인간 본성은 선과 악이 깊이 뒤섞여 있고 아무리 강해 보여도 약한 면은 있기 마련이다. 동기가 훌륭해도 언제나 명예로운 것은 아니다. 아무리 애정이 깊어도 이기심은 존재하고 확고한 우정도 부당한 의심으로 깨지기도 한다. 때로 모순이 생긴다. 가장 점잖은 사람도 탐욕과 질투에 사로잡힌다.

신중하고 현명한 사람은 감정을 굳이 드러내지 않지만, 느끼는 대로 말하는 키케로 같은 사람은 실수를 크게 저지른다. 반짝 스치던 생각인데 말과 글로 표현하면 사실이 된다. 존재하지 않던 생각이 뚜렷한 입체감을 띠면서 중요해진다. 자존심이 상해 생기는 우스운 의심과 곧 가라앉을 순간적 걱정, 억한 감정에서 튀어나오는 반감, 터무니없이 폭발하는 야심은 이제 사라지지 않는다. 어느 날 어떤 호기심 많은 학자가 키케로를 경솔한 인물이라고 주장하며 후대 사람들을 놀라게 했다. 정확해서 반박하기 어려운 인용구를 들이대면서, 키케로를 악의 있는 시민이자 적의를 품은 친구였으며, 조국도 가족도 사랑하지 않았다고 말했다. 또 귀족을 질투했고 모든 정파를 배신했다고 주장했다. 이것은 사실이 아니다. 인용구의 책략에 넘어가 그들이 하는 말을 믿거나 문자 그대로 받아들여서는 안 된다. 키케로는 그런 인물이 전혀 아니다. 비열하게 짜 맞춘 글 때문에 쓰러질 만큼 미련하게 처신하지도 않았다. 편지를 받은 이들은 키케로가 무슨 말을 하려는지 속뜻을 알아차렸다. 따라서 흥분해서 갈피를 잃고 쏟아낸 학자들의 발언에 솔깃해하면 곤란하다. 곧 가라앉을 과장과 지속되는 진정한 감정을 구별해야 한다.

그들은 키케로의 편지를 제대로 이해하지도 못했다. 인간에 대한 이해도 인생 경험도 없이 편지로만 평가하다 보면 종종 판단을 그르친다. 으레 하는 말을 꼬투리 삼아 키케로의 생각이라고 우긴다. 어울려 살다 보면 해야 하는 양보를 비겁한 타협이라 여긴다. 상대에 따라 달라지는 어조를 명백한 모순으로 본다. 게다가 세련된 반어법을 이해하지 못하고 고백과 칭송을 어설픈 거드름이라며 무시한다. 하지만 키케로의 미묘한 어조를 알아듣고 진의를 제대로 파악하려면, 독일의 강단에서나 통할 만한 뻔한 습관에서 벗어나야 한다(강의실에서 왈가왈부하는 식으로 이해해서는 곤란하다)! 오히려 학자보다 사교계 사람이 더 나을 것 같다.

풍부하고 자세한 편지 덕에 키케로와 사회적 관계, 친구들에 대해서도 알게 된다. 그들은 당대 유명 인사들이자 로마 공화정 말기 혁명에서 큰 역할을 한 인물들이라 어느 한 사람도 연구 대상에서 빼놓기 어렵다. 키케로는 카토 우티켄시스[13] 같은 인물만 묘사하지 않는다. 세상에 그런 고고한 인격자가 몇이나 될까. 카토는 친구를 까다롭게 가려 사귀었지만, 키케로는 누구와도 선선히 어울렸고 생각이 다른 사람들과도 쉽게 사귀었다. 그의 너그러운 성격은 정치인으로서는 결점이었어도 후세에는 큰 도움이 되었다. 안토니우스와 돌라벨라, 쿠리오에게 받은 편지는 우정과 존경에 넘친다. 카틸리나[14]의 편지는 전하지 않아 안타깝다. 개인이 바라본 사회상을 판단하려면 건전하고 좋은 면만 볼 수는 없다. 더럽고 구린 밑바닥까지 깊이 들여다보아야 한다. 입장과 처신이 제각각인 인사들이 키케로와 왕래했다. 그 기억을 키케로의

13 카토 우티켄시스Marcus Porcius Cato Uticensis(B.C.95~B.C.46). 로마 공화국의 군인, 정치인. 대 카토의 증손자. 키케로와 함께 귀족파의 지도자로 카이사르에 맞섰다.

14 카틸리나Lucius Sergius Catilina(B.C.108~B.C.62). 로마 정치인. 공화국 전복 음모를 꾸몄다. 집정관에 수차례 도전했지만 번번이 실패했다. 정치적, 경제적으로 궁지에 몰리자 주로 부채 탕감을 공약으로 내걸어 지지자를 끌어들였다. 키케로가 이끈 원로원 최종결의로 처형이 결정되자 갈리아로 도주하다가 사망했다.

편지에 고스란히 남겼고 그중 일부가 지금까지 전한다. 친밀하게 전하는 이야기 덕에 그들의 생활을 들여다보고 습관과 태도, 성격을 알 수 있다. 그렇게 역사에서는 모호하게 전하는 인물들의 원래 모습을 다시 보게 된다. 물론 이해도 깊어진다. 방금 키케로 시대의 로마 사회를 다녀왔다고 말할 수 있다.

나는 이 책에서 주로 굵직한 정치 사건에 깊이 연루된 몇 사람을 좀 더 파헤쳐 보려고 한다. 하지만 우리 시대의 편견을 따르지는 않겠다. 역사와 눈앞의 현실을 교묘하게 이어 붙여 짜릿하게 빗대면서 역사를 무기로 이용하려고 한다. 고대 로마가 요란하게 유행하는 이유는 정파들의 입지를 넓혀주기도 하지만, 특히 오늘의 투쟁에서 명분과 위험부담을 피할 방패막이로 삼으려는 것이다. 독설의 날을 더 세우거나 농담에 짜릿한 양념을 더 치려는 것이다. 틈만 나면 들먹이는 카이사르와 폼페이우스, 카토, 브루투스도 그것을 명예롭게 생각하지 않을 것이다. 이런 악습을 나는 피하고 싶다. 그들의 기억과 휴식을 존중하고 싶다. 우리를 분열시키는 투쟁 도구로 이용하거나 요즘 같은 논쟁의 장으로 끌어내지 않도록 말이다. 변덕스러운 정파의 이익을 위해 그들을 이용한다면 분명 역사를 왜곡하는 것이다. 투키디데스가 멋지게 표현한 것처럼 역사는 '영원히 남길 과업'이지 않은가.

이 점을 마음에 깊이 새기면서, 키케로의 편지를 들고 위대한 시절의 로마 사회로 가 보자. 우선 이렇게 좋은 기회를 마련해 준 키케로가 어떤 인물인지부터 살펴보자.

팔라티누스 언덕에서 보이는 대전차경기장 터

로마국립박물관 팔라초 마시모 알레테르메

키케로 I

공직 생활

오늘날 역사가들은 키케로의 공직 활동을 가혹하게 평가한다. 중도 노선을 취한 대가이다. 정치적 의도로만 그 시대를 연구하는 학자들은 극단을 피하려던 키케로 같은 인물을 못마땅해한다. 편을 가르지 않고 그를 공격한다. 사방에서 그를 조롱하거나 모욕한다. 키케로를, 광신적인 브루투스 지지자들은 겁쟁이라고 비난하고 열렬한 카이사르의 친구들은 바보라고 부른다. 그나마 비난이 덜한 곳은 프랑스와 영국이다(포사이스, 『키케로의 삶』; 메리베일, 『로마제국사』, I, II). 두 나라 학자는 고전 전통을 존중하는 편이라 오랜 관례와 옛 호평을 지지한다. 정치적 변혁을 숱하게 겪었어도 비평은 보수적으로 남았다. 키케로에게 보인 관대한 태도는 이런 정치적 관행도 한몫하지 않았을까. 과거에 정치인은 불가피하게 동지들의 이익과 명분을 위해 자기를 희생했다. 정파들이 대립한 가운데 현안을 보는 사람들은 이런 사정을 잘 안다. 반대로 키케로의 처신만 따로 떼어놓고 생각하거나, 살다 보면 겪기 마련인 개인의 시련을 고려하지 않고 딱딱한 이론으로만 판단하는 사람들은 그에게 가혹하다. 독일 학자들은 키케로에게 시비를 걸고 혹독하게 다루었다. 그를 인간적으로 대한 아베컨(『편지로 본 키케로』)을 제외하면 다른 독일 학자들은 무자비했다. 특히 드루만[1]은 소송 근거를 찾는 변호사처럼 그의 저서와 삶을 꼼꼼히 파헤쳤다. 이런 성실한 적의로 키케로의 편지들을 공개했다. 나약하다고 볼 수도 있지만, 작가로서 존경받고 인간적이라 사랑받은 키케로의 친밀한 매력을 꿋꿋하게 뿌리쳤다. 편지와 연설에서 모순된 부분만 끄집어내 거의 한 권 분량으로 엄정한 고발장을 작성했다. 몸젠도 험담을 장황하게 늘어놓지 않았을 뿐 전혀 녹록하지 않았다. 사태를 내려다보며 사소한 부분도 놓치지 않고 2페이지로 빼곡하게 함축했다. 드루만이 책 한 권으로도 다하지 못한 모욕에 마지막 결정타를 날렸다. 특히 키케로를 소위 정치인으로서 이기적이고 통찰력이 부족하다고 했으며, 위대한 문인이 아니라 "소설가와 변호인에 지나지 않는다"라고 했다. 또 "카토를 돈키호테, 폼페이우스를 부사관"이라며 비아냥거렸다. 과거를 오직 현재에 비추어 보느라고 그랬을까? 로마 귀족에서 프로이센 시골 귀족의 모습을 찾고 독일 통일을 이룰 유일한 방법은 무력이라며 민중 독재자 카이사르를 높이 평가했다. 이런 폭력에 대한 진실은 무엇일까? 혁명에 불가피한 대담한 수단이었을까? 키케로의 정치 행보를 어떻게 판단해야 할까? 사실을 들여다보며 확인해 보자.[2]

1 드루만Drumann, 『로마사』, (V, VI). 고대 로마 공화정에서 제정으로 넘어가는 이행기를 키케로와 카이사르, 폼페이우스 등 당대 인물들을 중심으로 다루었다.*

I

한 사람의 정치적 견해는 보통 세 가지 요인으로 결정된다. 출신 배경과 사고방식, 기질이다. 진정성 있는 신념만 배제한다면, 네 번째 내세울 요인은 변덕스러운 이해관계이다. 자기 뜻과 다르더라도 유리한 정파가 가장 정당하다고는 생각으로 자기감정을 현재 입장과 기대치에 맞춘다. 이런 요인들은 키케로의 정치 성향과 처신에 어떤 영향을 미쳤을까?

로마에서는 오랫동안 출신 배경이 정치적 의견을 결정했다. 전통을 매우 존중하는 도시 사람들은 재산이나 이름처럼 아버지의 소신을 물려받았고 가문의 명예를 위해 정책을 충실히 이어갔다. 하지만 이런 관습은 키케로 시대에 들어와 사라지기 시작했다. 유서 깊은 가문들이 대대로 내려오는 서약을 스스럼없이 저버렸다. 원로원에는 민중의 이익을 대변하는 명사들이 많았고 그중 가장 대담한 선동가는 명문 귀족 출신 클로디우스였다. 이제 출신 배경만으로 정치적 입장을 선택하지 않았다. 키케로는 명문가 출신이 아니었다. 그는 집안에서 처음 공직에 진출했기에 어떤 정파와도 인연이 없었다. 고향도 로마가 아니었다. 그의 아버지는 점잖은 사람들조차 아무렇지 않게 촌이라 무시하는 시골에서 살았다. 고향 사람들은 엉성한 라틴 사투리를 썼으며 세련되

2 굴리엘모 페레로는 『로마 공화국의 영광과 몰락』(1907, 전5권)에서 키케로와 로마 사회의 현실을 폭넓게 다루었다(I. 9, 12). 부아시에의 『키케로와 친구들』을 주요 참고서로 사용했다.

지 못했다. 하지만 주민들은 거칠긴 해도 용감하고 검소했다. 캄파니아와 라티움[라치오], 사비눔[사비나] 같은 벽촌에서 먼 옛날부터 물려받은 농경 생활의 미덕(『로스키우스 변호연설』, 16)을 간직했다. 이들이 진정한 로마 민중이었다. 반면에 대도시 로마 거리와 광장을 가득 메우고 극장에서 허송세월 보내며, 포룸의 폭동에 휩쓸려 캄푸스 마르티우스에서 표를 팔아넘기던 이들이 있었다. 해방노예와 외부인 무리였고 그들에게서 혼란과 음모, 부패만 배울 수 있었다. 자치 도시 주민들은 정직하고 건강하게 살았다. 로마 주민들은 대부분 외부인이었고 공적인 사태가 벌어진다 해도 소식은 지방까지 들어가지 못했다. 가끔 지방 사람들도 캄푸스 마르티우스나 포룸에 나타나곤 했다. 고향 사람에게 투표하거나 법정에 출석하여 그를 지지했다. 하지만 평소에는 권리 행사에 관심이 없었고 자기 고장에 처박혀 살았다. 그들은 특권을 소중히 여기고 아무것도 하지 않았을 때도 조국에 헌신했다. '로마 시민'으로서 자부심이 있었고 시민권을 준 공화국 정부에 강한 애착을 보였다. 공화국은 그들에게 위신을 유지했다. 멀리 떨어져 살았기에 정부의 약점을 덜 보았고 항상 옛 영광만 기억했다. 이렇게 태도만큼 사고방식도 뒤떨어진 촌사람들 틈에서 키케로는 어린 시절을 보냈다. 그곳에서 현재를 아는 것보다 과거를 사랑하는 법을 배웠다. 마음에 깊이 새긴 첫인상이자 가르침이었다. 그는 훗날 할아버지가 리리스강[리리강] 근처에 지은 보잘것없는 집을 그리워하며 소박한 옛날 쿠리우스[3]의 집을 떠올렸다(『법률에 관하여』, II. 1). 백 년 전으로 거슬러 올라가 과거의 기억과 살다 보니 오래된 물건에 대한 취미가 생겼다. 키케로가 출신 배경 덕을 보았다면 바로 이것이다. 가족 내에서 과거를 존중하는 법을 배웠고 조국을 사랑했으며, 공화당 정부를 무의식적으로 좋아했다. 어떤 정파와도 특별한 전통이나 현실적인 관계를 맺을 기회가 없었다. 정계에 입문했을 때 키케로 혼자서 결정해야 했으니 우유부단한 그로서는 몹시 괴로운 일이었다! 그는 많은 반대 의견에서 하나를 선택하기 위해서 일찍부터 공부하고 성찰해야 했다.

키케로는 자기 생각과 연구 결과를 정치에 관한 글로 기록했다. 그중 가장 중요한 저술 『공화국』은 크게 훼손된 채 전해졌다. 남아 있는 부분에서는 다른 저서에서처럼 그리스 철학을 열렬히 따르는 키케로를 보여준다. 특히 플라톤에 대한 감탄은 너무 생생해서 마치 그 사상을 곧이곧대로 옮기기만 해도 충분하다고 믿을 정도였다. 키케로는 독창성을 과시하려는 허영심만은 없었다. 심지어 이런 이야기를 편지에서 막연하게 시인하기도 했는데 후에 이 일은 빌미가 되어 지나치게 비판받았다.

> 내가 말을 술술 하잖아? 그렇게 글도 말을 받아적듯 쓴다니까!
>
> (『아티쿠스에게』, XII. 52)

키케로는 주관 없이 덮어놓고 번역만 하지 않았다. 특히 정치를 다룬 그의 저서 『공화국』은 제목만 같을 뿐 내용은 근본적으로 다르다. 플라톤처럼 사변적思辨的 철학자는 모든 점에서 절대를 지

3 쿠리우스Manius Curius Dentatus. 집정관. 키케로는 건국 초기 지도자 킨킨나투스처럼 호방하고 공평한 인물로 생각했다.

향한다. 법을 만들 때 통치할 사람들을 연구하는 대신 법의 체계부터 세운다. 이성 원칙에서 출발하여 최후 결론까지 융통성 없이 엄격하게 따라간다. 이렇게 모든 것을 서로 연결한 정치 제도를 만들어 낸다. 감탄스러운 통일성으로 그것을 연구하는 사람들을 사로잡는다. 그들은 마치 멋진 건축물의 규칙성에 홀려 바라보는 사람 같다. 하지만 혼자만의 상상으로 한 방에 녹인 통치 방식은 안타깝게도 현실에 적용하기 어렵다. 실행하려 할 때마다 사방에서 뜻밖의 저항에 부딪힌다. 민중의 전통과 기질, 기억, 모든 사회 세력을 미처 고려하지 않았기 때문이다. 그들에게 부과되는 엄격한 법률을 따르지 않으려 한다. 따라서 원하는 대로 법을 만들기 어렵다. 반대자들도 전혀 양보하지 않는다. 시행 전까지 그렇게 훌륭해 보이던 법을 결국 손질해야 한다. 당혹스러운 일은 이뿐만 아니다. 논리적으로 너무 교묘하게 엮여 있어서 작은 부분 하나라도 바꾸면 나머지까지 뒤흔들 수 있다. 게다가 철학자들은 본래 오만하고 단호해서 반론을 거북해한다. 자신들을 초조하게 하는 이런 반론과 현실적 요구를 피하려고 아테네 사람들처럼 행동한다. 아리스토파네스[4]가 말했던 것처럼 자신이 찾는 공화국이 현실에는 없다고 절망하면서 구름 속을 이리저리 돌아다닌다. 철학자들 역시 허공에 도시를, 상상의 법으로 다스리는 이상적인 공화국을 건설한다. 그렇게 해서 놀라운 법전을 편찬한다. 하지만 모든 인류를 위해 지은 법이라 어떤 나라에도 써먹기 어렵다.

4 아리스토파네스Aristophanes(B.C.445?~B.C.375?). 그리스 희극 시인.

키케로는 대중이 어떤 사람들인지 잘 알았다. 그들은 냉정하고 분별 있으며, 뛰어난 실용 감각으로 사태를 신속하게 파악한다. 따라서 악몽처럼 현실과 괴리된 이상을 별로 좋아하지 않을 것이다. 키케로는 이상과 절대성이라는 꿈에 휘둘리지 않았다. 온 인류보다 조국과 시대를 먼저 고려했다. 완벽한 공화정보다 실현 할 수 있는 법 제도를 검토했다. 그의 정치이론은 다음과 같다. 보통 셋으로 구분하는 정부 형태 중 완전히 고립된 하나를 택하면 아무도 만족하지 못한다. 독재 정부에 관해서는 말할 필요도 없다. 그것에 반대하기 위해 키케로는 죽었다(『공화국』, I. 33).[5] 소수에 의한 귀족정이든 모두에 의한 민주정이든 간에 결함은 있다. 유서 깊은 가문 출신이 아니라면 귀족정을 완전히 받아들이기 어렵다. 로마 귀족정은 세계를 정복하고 통치하는 뛰어난 능력을 보여주었지만, 다른 정부들처럼 무례하고 배타적이었다. 한 세기 동안 실패를 겪으면서 로마는 눈에 띄게 쇠퇴했다. 결국 우쭐대며 정복자 행세나 하다가 걷잡을 수 없이 종말로 치달았다. 편견은 고집으로 굳었고 영향력이 떨어질수록 더 편협해졌다. 나폴레옹 제국 시기에 프랑스 사람들은 혁명의 여력을 허무한 투쟁에 쏟아부었다. 로마 귀족도 마찬가지였다. 로마에서 권력이 약해지자, 타박이나 일삼다가 귀족을 옹호하는 젊잖은 인사들을 무

5 키케로는 왕권을 존중한다. 왕정은 원시 가부장적 집권 형태로서 왕과 신민에게 장점이 많지만, 쉽지도 가능하지도 않다고 생각했다. 따라서 몇년 후 일어난 카이사르의 혁명을 키케로가 인정했다고 보기 어렵다. 오히려 "폭군이 관대할 수도 있다. 하지만 눈감아주거나 악랄한 주인일 뿐 아닌가? 어쨌거나 신민은 노예일 뿐이다"라고 했다.*

시하며 기를 꺾으려고 설쳤다. 키케로는 세련된 귀족 취향에 끌렸지만 그들의 무례함은 참을 수 없었다. 귀족을 돕는 동안에도 시민으로서 항상 불만스러웠다. 귀족들은 기사계급을 호모 노부스(벼락 출세한 신진 세력)라고 부르며 무시했다. 정치 신인 키케로는 고생 모르고 특권이나 누리는 귀족을 끊임없이 조롱했다.

> 잠자는 동안에도 공화국의 최고 위세를 차지한다.
>
> (『베레스 탄핵연설』, V. 70)

귀족이 키케로를 그다지 좋아하지 않았다면 키케로는 민중정부를 그보다 훨씬 덜 좋아했다. 그는 "그중 최악일세(『공화국』, I. 26)!"라며 17세기 비극의 거장 코르네유보다 훨씬 전에 말했다. 그리스 철학자들의 견해를 따라 민주주의를 크게 혐오했다. 학문은 침묵과 고독 속에서 추구한다. 따라서 철학자들은 학문의 오류와 편견에 대중이 참여하지 않도록 그들과 거리를 두었다. 자신을 대중 바깥에, 대중 위에 두는 것만이 변함없는 관심사였다. 이런 고립감이 주는 자만심으로 학문과 거리가 먼 민중을 동등하게 대하지 않았고 무식한 사람과 현명한 사람을 똑같이 여기는 다수 위주의 패권을 역겨워했다.

> 폭넓은 평등이야말로 가장 불평등하다(I. 34).

이것은 키케로와 그리스 철학자들이 민주주의에 던진 유일한 비난도 심지어 가장 큰 비난도 아니었다. 민주주의는 본바탕부터 요란한 선동에서 비롯하므로 차분한 사유의 적이라고 했다. 양심 있는 지식인은 민주주의 치하에서 저술에 몰두할 시간조차 없다며 개탄했다. 키케로는 민중 정부 소리만 들어도 논쟁과 파벌 싸움을 연상했다. 포룸에서 벌어지던 하층민의 폭동을 떠올렸다. 빚쟁이들과 재산을 몰수당한 빈털터리들이 불평하며 위협했다. 지난 3백 년 동안 부자들이 안절부절못하던 소리였다. 이런 혼란 속에서 평화와 고요를 요구하는 학문을 어떻게 할 수 있었을까? 폭력의 시대라 사람들을 도서관에서 공공 거리로 끊임없이 끌어들이며 정신의 즐거움을 방해했다. 들썩대고 불안정한 생활이 학문을 좋아하는 사람에게 어울릴 턱이 없었다. 키케로는 오만한 귀족이 못마땅해 민중파로 돌아섰지만, 폭력과 소란을 혐오해 그곳에 오래 있지 못했다.

그렇다면 키케로가 생각했던 최상의 정부 형태는 무엇일까? 공정한 균형으로 모두를 통합하는 정부였다.

> 국가에 주권과 왕권이 있고 권력 일부는 시민의 권위에, 나머지 권력은 민중의 판단과 의향에 맡긴다(I. 45).

다른 정부들의 장점을 절충한 이 중도 정부는 플라톤의 공화국과 같은 상상의 제도가 아니라 실제로 존재하고 작동하는 나라이다. 이런 견해는 심하게 공격받았다. 몸젠은 키케로의 공화국이 역사에도 철학에도 충실하지 못하다고 했다. 엄밀히 말하면 정의보다 애국심을 더 강조했다. 흠잡을 데 없어 보였던 로마의 법 제도가 무너졌다면 그 결함을 인정해야 한다. 하지만 공화정은 고대 정치 체제 가운데 가장 현명했다. 사회적으로 절실했던 질서와 자유를 충족시키고 다양한 적대적 형태의 정부를 하나로 통합하고 화해시키려 했다. 이런 장점을 바탕으로 공화정을 세웠다. 그리스의 법 제도는 누군가가 즉흥적으로 만들었지만 로마법은 시대의 작품이다. 키케로 이전에 폴리비오스[6]도 격찬했던 세력 균형에 대한 깊은 이해는 예언자의 뜻에 따르듯 상상에서 비롯하지 않았다. 로마 건국 초기에는 사회구성원의 몫을 전체에 맞추어 법을 정한 입법자 없이 각자가 직접 그 역할을 했다. 키케로가 겁 먹긴 했지만, 하층민의 폭동과 귀족에 맞선 호민관의 치열한 투쟁은 법을 완성하는 데 큰 기여를 했다. 2세기 동안 대결하던 각 세력이 서로를 파멸시키지 못한다는 것을 깨닫자 결국 통합했다. 사실 완벽한 정부라는 것이 가능하기는 할까? 여러 세력이 힘을 합치려는 노력은 불완전하더라도 고대 세계에서 최고의 정부를 만들었다. 물론 키케로가 칭송한 로마법은 훨씬 더 거슬러올라간다. 법은 그라쿠스 형제[7] 시대 이후 근본적으로 변질되었다. 하지만 이런 변형을 겪기 전에는 완벽한 제도라고 믿었다. 따라서 키케로는 장년기의 연구와 성찰로 어린 시절의 첫 인상을 떠올리며 옛 시절의 사랑과 옛 관습을 더욱 존중했다. 그는 나이가 들수록 온갖 불신과 불운에 시달릴 때, 현재가 침울하

6 폴리비오스Polybios(B.C.208~B.C.126). 그리스 귀족 출신 역사가, 정치인. 권력분립에 관한 깊은 관심으로 『역사』를 남겼다.

7 그라쿠스 형제. 티베리우스Tiberius Gracchus(B.C.168?~B.C.133); 가이우스Gaius Gracchus(B.C.154~B.C.121). 토지개혁을 바탕으로 민중 생활의 개선을 위해 로마의 사회개혁을 추진했다.

고 미래가 불안할 때 과거를 돌아보았다. 그에게 언제 태어나고 싶었는지 묻는다면, 포에니 전쟁 이후라고 선뜻 대답하지 않았을까? 로마가 승리를 자랑스러워하고 앞날을 확신하며, 세계를 호령했던 시기였다. 그리스의 아름다움을 선망하면서 문학과 예술의 매력에 취하던 시절이었다. 가장 좋은 시절이었고 위대한 인물들과의 대화 장면을 가장 좋아했다. 그는 분명 수사학 대가들인 스키피오[8]와 파비우스[9], 대大 카토[10]와 함께, 루킬리우스[11]와 테렌티우스[12] 곁에서 살고 싶었을 것이다. 현자이자 학자인 라일리우스[13]는 생활 방식과 역할 면에서 키케로가 가장 동경한 인물이다(『친구들에게』, V. 7).[14] 그는 연설의 힘을 최고로 치는 사람들조차 무시하지 못할 군사적 승리를 이끌었고 격동하는 정치를 문학으로 엮어내었다. 또 공화정에서 집정관을 무사히 마치고 존경받는 은퇴 생활을 했다. 그를 모범으로 삼은 키케로의 꿈이 현실에서 산산조각이 났을 때, 회한과 슬픔으로 얼마나 쓰라렸을까. 스키피오 아이밀리아누스와 함께 지내면서 라일리우스처럼 조용하

8 스키피오 아이밀리아누스Scipio Aemilianus(B.C.185~B.C.129). 로마 장군, 정치가. 제3차 포에니 전쟁에서 카르타고를 정복했다.

9 퀸투스 파비우스 막시무스Quintus Fabius Maximus(B.C.275~B.C.203). 로마 공화국 시대의 정치가, 장군.

10 대 카토Marcus Porcius Cato(B.C.234~B.C.149). 로마 집정관, 감찰관이자 문인. 카토 우티켄시스의 증조부. 제3차 포에니전쟁을 일으켰다.

11 가이우스 루킬리우스Gaius Lucilius(B.C.180~B.C.102). 로마 풍자시인.

12 테렌티우스 아페르Publius Terentius Afer(B.C.195/185~B.C.159). 로마의 희극작가이자 시인.

13 라일리우스Gaius Laelius Sapiens(B.C.188~B.C.129?). 집정관.

14 폼페우스에게 스키피오의 역할을, 자신은 라일리우스의 역할을 했다.*

게 살기는커녕 카틸리나와 경쟁하고 클로디우스에게 치욕을 당하면서 카이사르의 신하로 살아야 하지 않았던가!

키케로에게 기질은 출신이나 사고방식보다 정치적 선택에 큰 영향을 미쳤다. 그의 성격상 약점을 더 말할 필요는 없다. 몽테뉴가 처음 조롱한 뒤로 모두 그를 웃음거리로 삼았다. 소심하고 주저하며 우유부단했다는 말은 반복할 필요도 없다. 키케로는 천생 정치인이라기보다 문인이었다. 이것을 인정한다고 생각만큼 키케로에게 불리하지 않다. 문인은 대체로 다른 사람보다 더 완전하고 너그러우며, 폭넓은 사고방식을 지녔다. 이런 성격 탓에 키케로는 공무를 수행할 때 난처하고 불쾌했다. 정치가가 되려면 어떤 자질을 갖추어야 할까? 적합하지 않은 점부터 찾는 것이 더 공정할 것 같다. 때로는 한계에 부딪히거나 궁지에 몰렸을 때야 정치 역량이 드러난다. 정치인이 지나치게 세심하고 날카로운 시각으로 본다면, 서로 다른 의견들을 고려하느라 망설이게 되고 결단력이 필요한 시점에 걸림돌이 된다. 한 번에 여러 가지 구상을 하면, 상상력이 지나쳐 어떤 하나에도 집중하지 못한다. 대체로 편협한 생각에서 나오는 고집이야말로 정치에서 가장 중요한 미덕이다. 지나치게 까다로운 양심은 누구와 손잡을지 주저하다가 강력한 원군마저 놓쳐버린다. 정치인은 적들에게조차 공정해지려는 아량을 조심해야 한다. 그렇지 않으면 치열한 권력 투쟁에서 위험을 자초하고 유리한 입장을 놓치게 된다. 청렴 강직한 자세는 공직자의 기본이지만, 이것만 지키려고 고집부리면 화를 자초하게 된다. 정파의 권력남용과 부정에 너무 민감하면 동지에게 도움이 안 된다. 헌신을 증명하려면 모른 척 눈감아주기도 해야 한다. 따라서 정부에서 정치인은 무능하고 부실한 사람들이 성공하기도 한다. 이런 결점 탓에 문인으로서 실패한다면, '공직에 걸맞지 않다'라는 말은 거의 칭찬에 가깝다.

키케로는 공직 생활이 맞지 않았다. 그는 뛰어난 문학적 재능 때문에 좋은 정치인이 될 수 없었다. 섬세하고 예민한 감수성 때문에 그는 자기 의지를 충분히 발휘하지 못했다. 부담스러운 상황을 통제하려면 그런 감성들을 뿌리칠 수 있어야 한다. 유연하게 흘러넘치는 상상은 한 번에 사방으로 흩어져 후속 계획을 세울 수 어렵게 했다. 키케로는 권력을 남용하거나 청탁에 놀아나지 않았기에 예기치 못하게 실패했다. 키케로는 종종 앞날을 예견하고 예측했다고 자랑하곤 했다. 점복관의 능력이 있어서가 아니라 오히려 사건의 결과에서 좋은 면보다 나쁜 면을 보려 하는 일종의 불길한 통찰력 때문이었다. 12월 5일, 카틸리나의 음모를 무산시킨 키케로는 보복을 예상하고 망명까지 계획했다. 바로 그날, 우유부단하다고 비난받던 키케로가 위험을 무릅쓰고 과감하게 용기를 냈다.[15] 그가 원칙론자라서가 아니라 열등감과 약점이었던 온순한 기질 때문이었다. 긴장되고 짜증 나는 조바심 때문에 중용을 지키려다가 결국 폭력을 썼다. 정치투쟁에서 과잉

15 "키케로가 집정관이던 해, 살루스 점괘가 흉흉해 카틸리나 음모 사건을 예감했다. 점복관을 겸임하는 집정관은 취임 즉시 살루스 여신 기원제를 치렀다. 여신이 '국가의 명운이 걸린 중대한 결과를 알려주는 행사'였다. 점괘에 따라 집 밖으로 무리지어 다니지 않고 집안에서 말다툼 같은 불필요한 언동을 삼갔다. 특히 흉조를 피하려고 조심했다(A. 부셰 르클레르, 『고대 점술의 역사』, 1882, IV. 3. 1)."

조치를 피하는 일은 드물다. 보통 패배한 쪽은 상대편에게 억울하다고 원망하고 승리한 쪽은 잔인하게 탄압한다. 가혹하다고 상대편을 비난하다가 자기편에서 할 때는 서슴없이 저지른다. 하지만 승자 쪽에서 자신들이 지나치다며 패자 편을 들면 모두 짜증 날 수밖에 없다. 소심하고 변덕스럽다고 비난한다. 과연 받아 마땅한 비난일까? 술라[16] 치하에서 귀족에게 타격을 입은 불행한 사람들을 변호하던 키케로도 태도를 바꾸었다. 그로부터 30년 후, 카이사르 치하에서 민중파에 희생당한 이들을 변호했다. 모순된 행동이었을까? 오히려 추방되어 고생하다가 권력을 되찾기 무섭게 적들을 쫓아내던 사람들보다 훨씬 더 일관된 행동을 보여주지 않았을까? 하지만 이런 선명한 정의감은 평범한 개인이라면 명예롭겠지만 정치인이라면 위험하다. 모두 치켜세우는 분위기에서 정파 동지들은 권한 남용에 동조하지 않고 홀로 허세 부리는 사람을 좋아할 리 없다. 유감스럽게도 키케로는 한 사람의 의견을 결정하는 확고한 결심 없이 여기저기로 떠돌았다. 그는 모두의 선과 악을 똑똑히 보았기 때문이다. 다른 사람들 없이 지내려면 자신만만해야 한다. 키케로는 결단력과 자신감이 부족했다. 그가 한 정파에 단호하게 소속되었다면 정해진 대로 정파의 전통과 원칙, 방향을 따르기만 해도 좋았을 것이다. 그랬다면 든든한 동지도 얻었을 것이다. 하지만 키케로는 오히려 독자 행보를 취했다. 모두를 적으로 만들 위험도 감수하며 아무도 가지 않은 길

16 술라Lucius Cornelius Sulla(B.C.138~B.C.78). 로마 군인, 정치인. 귀족파 수장. 마리우스파를 밀어내고 종신독재관이 되었다(B.C.82).

을 걸었다. 그가 정치판에서 겪은 주요 사건들을 훑어보기만 해도 그것이 그의 불운과 과실의 이유였다는 것을 알게 된다.

II

지금까지 키케로의 기질이 초기 정치적 견해에 어떤 영향을 주었는지 설명했다. 술라가 다스리던 시절에 키케로는 포룸에 등장했다. 당시 권력이 막강했던 귀족은 전횡을 일삼았다. 민중파 마리우스[17]에게 당한 패배를 한풀이하며 격렬한 마구잡이식 학살로도 분을 삭이지 못했다. 귀족은 냉혹하게 법을 농단하는 사법 살인을 일삼았다. 이어 내놓은 추방령은 사실상 암살 수단이었다. 잔인한 보복 장치를 마련한 귀족은 권위 강화에 몰두했다. 이탈리아에서 부유한 자치 도시들의 재산을 박탈하고 법원에서 기사계급을 배제했다. 민회의 고유 권한을 축소하고 호민관의 항고권을 빼앗았다. 귀족 외에 누구도 온전하지 못했다. 적들을 죽여 저항의 싹을 모조리 제거하고 전권을 장악하고 나서야 혁명은 끝났으며, 합법정부로 복귀하자 "6월 초부터 학살을 중단하겠다"라고 공표했다. 발표는 거창했지만 오히려 학살은 계속되었다. 술라

17 마리우스Gaius Marius(B.C.157?~B.C.86). 로마 장군 출신 정치인. 로마군 개혁의 선구자. 모병제와 군단, 예하 전투부대 편성을 개혁했다. 부인은 율리우스 카이사르의 고모 율리아 카이사리스. 아르피눔의 가난한 몰락 기사 출신이다. 많은 전투에서 무훈을 세웠다. 민중의 지지로 정파를 만들고 4차례 집정관을 연임하며 정계를 주도했다(B.C.104). 그 뒤 정적 술라와 내전을 2차례 치르면서도 7번째 집정관에 올랐다.

의 해방노예들이 비호하는 자객들은(양측은 서로 이익을 나누었다) 밤중에 구시가지의 팔라티누스(지금의 팔라티노. 훗날 아우구스투스의 황궁 터) 언덕 밑으로 이어지는 구불구불하고 어두운 길목에 숨어있다가 귀가하는 부자들을 후려치고 갖은 구실로 재산을 가로챘다. 하지만 누구도 감히 불평하지 못했다. 이런 살벌한 시절에 키케로는 로마에서 처음 변론 활동을 시작했다. 온건한 사람은 당연히 치를 떨 수밖에 없던 무도한 폭행에 대한 고발 건이었다. 귀족의 폭정도 민중의 경우와 다를 바 없었다. 공권력의 횡포를 방관하는 귀족을 보며 키케로는 민주주의에 호소해야겠다고 절감했다. 첫 번째 동지이자 원군은 그가 변호하던 사람들이었다.

키케로는 혜성처럼 등장했다. 박해와 탄압, 추방의 기억만 가득 찬 공포 속에서 키케로는 대담한 발언을 했고 모두 침묵하던 중이라 더 큰 울림을 주었다. 그는 친부 살해 혐의로 피소된 청년 로스키우스를 변론하면서 정계에서 주목받았다. 청년은 재산을 몰수당해 변호사조차 구하지 못해 벼랑 끝에 몰렸고 그를 변호하겠다며 무명 청년이 나섰다. 이런 대담한 도전으로 키케로는 신출내기 신세를 벗어나 명성을 날렸다. 증거도 없이 고발된 사건이라 피보호자는 무고를 쉽게 입증할 수 있었다. 로스키우스 변론의 성공은 시작에 불과했다. 원래 고발은 술라의 막강한 측근 해방노예이자 탐욕스러운 거부 크리소고누스[34]가 사주했다. 자기 이름만 들어도 모두 떨기 마련인데 자기 부하가 고발한 피고를 옹호하러 어떤 자가 감히 건방지게 나설까 하며 기고만장했다. 하지만 키케로는 크리소고누스까지 논쟁에 끌어들였다. 변론에서 무시무시한 그의 이름이 나오자 청중은 얼마나 질겁했을까! 고발인들은 뜻밖의 사태에 당황했고 방청석은 숨을 죽였다. 젊은 변호인 혼자서만 제정신인 듯 차분했다. 고소한 패거리는 기사와 원로원 의원 2천 명의 목을 잘랐다고 알려진 자들이었다. 키케로는 모두가 두려워하는 자들을 비웃고 조롱했다. 그들의 주인 술라를 직접 겨냥해 아첨꾼들이 그에게 붙여준 별명 '행운아'로 말장난도 했다.

> 도대체 행운아란 누구일까요. 불량배를 거느렸다는 뜻 아닙니까?
>
> (『로스키우스 변호연설』, 8)

막강한 크리소고누스를 불량배라며 가차 없이 힐난했다. 벼락부자 행세하며 허랑방탕하게 굴던 모습을 구체적으로 꼬집어 묘사했다. 그는 팔라티누스 언덕 저택에 희생자들에게 갈취한 보물을 쌓아두고 과시했으며, 노랫소리와 악기 소음으로 이웃을 불쾌하게 했다.

> 머리를 치장하고 향수를 뿌린 채 (토가 입은 호위병들에 싸여) 로마 광장 여기저기를 돌아다녔다(46).

이런 농담에는 더 심각한 비난이 뒤섞여 있었다. 연설에서 가끔

18 크리소고누스Lucius Cornelius Chrysogonus(B.C.1c). 『술라』의 전기작가 프랑수아 이냐르는 키케로가 자기 변론의 성공을 강조하려고 크리소고누스의 행실을 약간 과장했을 거라고 생각했다.

추방이라는 단어를 들먹이며 그들이 남긴 추억과 인상을 떠올렸다. 거침없이 집요하게 퍼붓는 험담을 청중은 가슴 조이며 들었을 것이다. 추방자들의 지인들이 말리려고 했지만, 그는 태연하게 감정을 더 끌어올렸다. 온갖 범죄가 자행되었고 피해자들은 잔인하게 학살당했다고 새삼 강조했다. 그러면서 학살로 부자가 된 파렴치한 자들을 "목을 베고 쌈지를 훔치는 놈들(『로스키우스 변호연설』, 29)"이라고 비꼬면서 증오하고 경멸했다. 그는 인류의 수치인 정권을 끝장내야 한다며 이렇게 덧붙였다.

> 이런 끔찍한 야만 상태에서 사느니 차라리 짐승과 사는 게 나을 것입니다(52).

추방을 지시한 자와 하수인들 앞에서 몇 걸음 떨어지지 않은 곳에서 한 키케로의 발언은 큰 파문을 일으켰다. 침묵을 강요받아 억누르던 감정을, 부끄러운 양심을 후련하게 풀어주었다. 그날 이후 민중파는 가증스러운 정권에 맞서 용감하게 항의한 청년에게 열렬히 공감했다. 민중은 그날의 기억을 키케로가 집정관에 오를 때까지 절대 잊지 못했다. 그가 관직에 도전할 때마다 시민들은 캄푸스 마르티우스로 몰려가 지지표를 던졌다. 어떤 거물 정치인도 그처럼 쉽게 최고위직에 오르지 못했다. 카토 우티켄시스는 몇 차례나 낙선했다. 카이사르와 폼페이우스는 힘을 합쳐 갖은 술수 끝에 간신히 행운을 잡았다. 키케로는 선거에 나설 때마다 거의 혼자 힘으로 단번에 당선되었다. 어떤 수단도 동원하지 않았다. 부자나 돼야 명예를 건질 것 같은 추잡한 선거 시장

한복판에서, 귀족이나 돼야 자리를 차지할 것 같은 뿌리 깊은 전통에도, 출신도 재산도 변변치 않았던 키케로는 언제나 경쟁자들을 물리쳤다. 그는 재무관(콰이스토르)과 시정관(아이딜리스)을 거쳐 명예로운 법무관(프라이토르)에 올랐다. 집정관직(콘술)도 첫 번째 도전 만에 얻었다. 불법행위도 아니었지만 관직을 얻으려고 명예와 재산을 팔아먹지도 않았다.

한 가지 주목할 점이 있다. 키케로는 법무관으로 임명될 때까지 정치연설을 해본 적이 없다. 40세가 될 때까지 변호인 이외에 다른 일은 생각해 보지 않았다. 따라서 모든 것을 변론 연설로 해결했다. 법정에서 거둔 눈부신 성공만으로 고위공직자로 거뜬히 입신했다. 나라의 중책과 최고 권력을 맡을 때까지 그에게 공무 수행 능력을 특별히 요구하지 않았다. 하지만 오랜 법정 경험은 정치 경력에는 도움이 되었지만, 그의 재능을 손상했다. 오늘날 변호인에게 보내는 비난거리는 과거 변호인에게는 전혀 문제가 되지 않았다. 그는 이유를 따지지 않고 소송 때마다 의견을 바꾸었다. 모든 궤변을 뒷받침할 최적의 근거를 찾으려고 수완을 발휘하고 이름을 걸었다. 양심에 따른 발언이 설득력이 있거나 적절하다는 말을 고대 연설 학교에서 연설을 연습하던 젊은이는 전혀 들어본 적이 없다. 다만 소송에는 정당한 것과 정당하지 않은 것(『헤렌니우스 수사학』, I. 3)이 있으며, 후자를 피해야 한다고 덧붙이지도 않는다. 반대로 승소할 부분이 있다면 그것을 과장해서라 먼저 다루어야 한다고 전한다. 범인을 어떻게 변호하고 구해야 하는지 배우는 젊은이에게 정직한 사람을 모함하는 법도 주저없이 가르쳤다. 수사학자에서 배운 이런 연설 기술은 적용할 기회가 많았다. 예를 들어, 변호인은 논박할 때 절제하거나 자제하며 허물을 덮어주지 않았다. 난폭한 욕설과 풍자적인 인물 묘사에도 박수를 보내던 변덕스럽고 광기 어린 대중을 상대해야 하는데 억지로 공정해지려다 보면 승소하지 못했을 것이다. 진실은 정의보다 중요하지 않았다. 형사 소송에서조차 학교에서 배운 대로 짜릿하고 상상력이 풍부한 대목으로 청중을 즐겁게 했다(『연설가에 관하여』, II. 59). 키케로는 이 즐거운 허구의 이야기 중 몇 가지를 극찬하며 인용했다. 그렇게 영악한 적수에게 잘못 걸리면 가난한 사람들의 명예나 목숨까지 날릴 수도 있었다. 그는 공상을 부추겨 쉽게 성공의 수단으로 삼았다. 결국 자기모순에 빠지곤 했다는 점에서 고대의 변호인들도 비슷했다. 안토니우스는 반격당할 것을 예상해 변론을 기록으로 절대 남기지 않았다. 키케로는 양심의 가책은 느끼지 않았고 평생을 서로 배치된 말을 했지만 전혀 신경 쓰지 않았다. 어느 날 그는 너무 숨김없이 이전에 자신이 주장하던 것과 반대되는 말을 했다. 갑자기 웬 딴소리냐고 사람들이 따지자 시큰둥하게 답했다.

> 변론 연설에서 개인적인 의견을 표명한다고 생각한다면 착각입니다. 동기와 상황에 따른 말이지, 어떤 개인과 변호인에게서 나오지 않습니다(『클루엔티우스 변호연설』, 50).

아무튼 솔직한 답변이기는 하다. 하지만 변호인으로서든 개인으로서든 '상황에 따라 말을 바꾼' 사실만은 분명하다! 더는 자기 삶의 질서와 일관성을 잃을까 봐 걱정하지 않아도 되고 사상의 진정성과 변론의 증거도 필요 없다. 진실을 밝히기보다 은폐하려고 재능을 쏟는다. 당장 소송에서 이기는 것만이 가장 절실하다. 이것이 그 시대 변호인들이 배운 것들이다. 키케로는 너무 오래 법정에 머물렀고 40세에 정치 연설가로 진출하려고 그곳을 떠났을 때도 여전히 악습을 버리지 못했다.

그렇다면 정치 연설가 명단에서 키케로를 삭제해야 할까? 정치 연설가를 국가 중대사에 대해 발언권을 가지고 군중을 선동하거나 선량한 사람들을 설득하는 사람을 말한다면 키케로는 정치 연설가이다. 그는 대중에게 말을 걸고 귀를 기울였고 때때로 사람들을 격정으로 사로잡았다. 상대편 의견까지 인정하면서 박수를 보내기도 했다. 그의 연설로 민중은 무기력에서 깨어나 잠시지만 기백과 애국심을 보여주었다. 성공이 이어지지 못한 것은 그의 잘못이 아니다. 멋진 연설로 승리했지만, 뒤이어 야수의 힘이 지배했다. 적어도 그때 그는 되도록 모든 것을 말로 했다. 하지만 키케로는 정치 연설에서 약점을 드러냈다. 과감하고 단호하며 실용적인 연설은 아니었다. 연설에서 다루는 문제보다 연설 자체에 매달리면서 핵심에 솔직하게 접근하지 않았다. 대중 연설에서 정확하고 명료한 언어 대신 화려한 수사로 사안을 얼버무렸다. 그는 연설을 대부분 수사학과 철학으로 지어낸다. 예리하고 시원한 논지와 감동을 부르는 거창한 어조는 모두 수사학 덕분이다. 철학은 상투적인 말을 재능으로 발전시키지만, 항상 주제와 맞아떨어지지는 않는다. 너무 많은 기교와 절차가 있다. 사건을 논할 때는 이런 세련과 감동보다 간결한 논박이 더 어울리지 않았을까? 연설가의 정치관과 행동의 밑거름이던 숱한 생각을 장황하게 철학으로 풀어내기보다 차라리 상식에 따라 명쾌하게 표현했다면 더욱 유리하지 않았을까? 대중 연설에 나설 때 키케로는 변호인으로서 몸에 밴 습관을 버리지 못했다. 그가 재능을 펼친 때가 언제였을까. 제4차 카틸리나 탄핵연설[19] 발표 직후쯤 무레나[20]를 위한 변론에서였다. 이처럼 기분 좋게 읽을 만한 변론도 드물다. 집정관으로서 큰 곤경에 빠졌는데도 어쩌면 그토록 자유롭고 태연하게 정곡을 찌르는 농담을 자유자재로 했을까? 감탄할 수밖에 없다. 그뿐만 아니라 그는 집정관인데도 재판정에 자주 드나들었다. 친구들의 부탁이라고 했지만, 변론으로 재미를 볼만한 사건이 있으면 재기를 마음껏 발휘할 기회를 놓치지 않았다. 정치 연설도 평소 변론하던 틀을 따랐다. 예를 들어, 그는 모든 문제를 개인의 문제로 구체화해서 말한다. 사상 논쟁으로 열내지 않는다. 문제를 유리하게 이끌려고 특정 인물에 비추어 말한다. 포룸에서든 원로원에서든 가장 훌륭한 연설은 어떤 인물에 대한 칭송 아니면 독설이다. 누구도 키케로를 능가하지 못한다. 스스로 밝혔다시피 그는 연설의 황홀한 취기 덕에 승리한다. 하지만 아무리 뛰어나도 이상적인 정치 연설로 보기 어렵다. 현대 역사가들이 아쉬워하는 지점이다. 키케로의 연설은 그 시대의 요구에 적절했고 발표하던 환경과 여건에 두루 걸맞았다. 하지만

19 카틸리나의 공화국 전복 음모를 고발하며 공박한 연설이다.*

20 무레나Lucius Licinius Murena(B.C.105~B.C.22). 술라 치하에서 장군으로서 폰투스 왕국과 2차 전쟁에서 싸웠지만 미트리다테스 왕에게 패했다. 집정관에 임명된 직후 부패 혐의로 정적 세르비우스 술피키우스에게 고발당했고 이 재판에서 키케로가 변론했다.

이전 공화정 시대와 달리 이제 연설은 의사 결정을 주도하지 못했다. 다른 영향도 있었다. 선거에서 후보의 금전 살포와 음모가 난무했고 공공 회의장마다 민중의 무서운 비밀결사대가 잠복했다. 특히 술라 이후 모든 정부를 전복시킨 군軍 치하에서 연설은 더욱 무기력했다. 이런 상황에서 설득력 있는 목소리라고 해서 지휘하고 명령하기는 쉽지 않아 보인다. 문제는 다른 곳에서 결정된다는 것을 알게 된 마당에 이성과 논리에 호소한다고, 치열하고 자극적인 논조로 애써 설득한다고 무슨 소용이 있을까? 몸젠은 이 점을 짓궂게 지적했다.

> 키케로는 큰 정치 연설을 할 때마다 이미 승리를 거둔 대의명분만 칭송했다!

키케로가 『베레스 탄핵연설』[21]을 출간했을 때는 법정 구성에 대한 술라의 법이 막 폐지되었을 때였다. 처음 『카틸리나 탄핵연설』에서 제발 떠나라고 비장하게 권했을 때는 이미 그가 로마를 떠날 거라는 사정을 알았다. 막강하던 안토니우스 앞에서 너무나 용감하게 발표한 『필리포스 탄핵연설』[22]은 그가 갈리아 키살피나로 도주한 후에 공개되었다. 연설이 훌륭하다고 해도 대체 무슨 소용이 있을까? 이미 끝난 일에 무슨 도움이 될까? 하지만 결의가 옳았다는 추인을 받으려면 여론을 뜨겁게 휘저을 필요는 있었

21 시칠리아 총독 베레스의 독직과 횡령을 고발했다.
22 필리피카이라고도 하는 안토니우스 규탄 연설이다.

다. 이 점에서 연설이 꽤 쓸모 있었다. 말로 통치하는 시대는 이미 아니었다. 사건을 주도할 힘도 기대하기 어려웠다. 하지만 사건을 꾸미거나 끝낼 여론을 크게 불러일으키는 간접 효과를 노렸다. 투표와 행동을 부추기지 않고 감정을 자극했다. 이런 도덕적 효과가 의도한 유일한 목표라면 키케로는 풍부하고 웅장한 표현으로, 반향을 일으키는 감동적인 언변으로 성과를 올렸다.

키케로는 처음에는 민중파를 위해 발언했다. 민중파로 정치에 뛰어들었고 17년 동안 충실했지만 항상 진심으로 봉사하지는 않았다. 민중파 편을 든 까닭은 귀족 정권이 '해도 너무할 정도로' 권력남용을 했기 때문이다. 하지만 민주주의가 승리하자 민중파는 그다지 현명하게 처신하지 못했다. 그들은 한심한 피보호자들의 변호를 그에게 부탁하곤 했다. 키케로는 공안을 해치는 말썽꾼 상습범과 폭도의 변론을 맡았다. 카틸리나의 변론도 맡을 뻔했다(카틸리나는 귀족 출신이지만, 부채탕감을 내세워 민중의 지지를 받았다). 키케로는 지겹게 야합하는 민중파의 처신에 질색하면서 그들과 결별하려던 적이 한두 번이 아니었다. 하지만 유감스럽게도 키케로는 갈 곳이 마땅치 않았고 보복도 두려웠다. 게다가 오만하고 편견 가득한 귀족파에는 끌리지 않았다. 자기 신념을 정확히 대변하거나 입맛에 맞는 정파는 없었기에 직접 정파를 꾸리는 수밖에 없었다. 이것이 그가 하려고 했던 일이다. 반향을 일으키는 연설과 수행했던 역할, 평판으로 중요 인물이 되었다고 생각했다. 내일을 보장받고 더 확고한 지위를 차지하려면, 과거 부당한 요구를 일삼던 보호자들에게서 벗어나 과거의 적과 손을 잡고 모든 정파의 온건한 사람들로 새로운 정파를 만들고 지도자가 되려 했다. 하지만 현실적으로 당장 정파를 꾸릴 형편은 못되었다. 중심 세력이 필요했고 기사라고 부르던 시민 계급에서 그것을 찾았다고 기대했다.

로마에는 요즘 같은 중산층과 시민계층이 절대로 부족했다. 시골 농민은 밭을 버리고 도시로 이주했다.

> 밀밭과 포도밭을 일구던 손은 극장이나 곡마단에서 손뼉만 치느라 바빴다(테렌티우스 바로, 『농업에 관하여』, II. 1).

귀족은 갖은 수단으로 공유지를 독차지했고 남루하고 굶주린 채 오갈 곳 없는 밑바닥 인생들은 그들의 영지에서 일했다. 노예나 다름없는 하층민을 귀족과 이어주는 계층은 기사뿐이었다. 나라에서 말 1필과 시민권을 주던 시대에 처음 등장한 기사계급은 별도의 선거권을 가졌다. 또 재산이 40만 세스테르티우스(8만 프랑, 19세기)가 넘는 사람도 기사 자격을 얻었다. 하지만 기사계급은 족보도 없는 평민이라며 홀대받았다. 귀족은 기사들을 운 좋게 벼락출세한 졸부들이라며 멀리했고 하층민과 똑같이 공직을 금할 정도로 멋대로 무시했다. 정치 신인 키케로가 집정관으로 부임했을 때는 그런 자격 금지가 풀린 지 30년이 더 지난 시점이다. 대영주들의 견제로 일찍이 정계에서 멀어지자 기사들은 다른 곳에서 일감을 구했다. 입후보해봤자 낙선할 게 뻔하니 돈벌이에 나섰다. 로마가 세계를 정복했을 때 가장 큰 이득을 본 것은 기사계급이었다. 성실하고 교양 있는 계층으로 급성장한 기사들은 생계 걱정 없이 부를 쌓았고 자금을 조달해 정복지를 개발할 꿈을

꾸었다. 로마군이 점령한 주둔지마다 찾아가 도매업과 금융업, 징세청부업으로 큰 부를 쌓았다. 이제 로마는 수백 년 전의 쿠리우스나 킨키나투스 시대가 아니었다. 독재관의 지휘도 필요 없었고 재산만 있으면 대접받았다. 귀족과 투쟁하던 그라쿠스 형제는 연대를 모색하면서 기사계급에서 배심원을 뽑기로 했다. 키케로는 더 나아갔다. 기사계급을 기반으로 자신이 꿈꾸던 온건 다수파를 결집하려고 했다. 같은 계급 출신이라 그들이 헌신하리라 확신했다. 화려한 명성을 걸고 법정이나 원로원에서 그들의 이익을 적극적으로 옹호했다. 기사들의 출셋길을 열어주고 정치무대에서 화려한 장래를 약속했다.

키케로가 만든 이 연합은 처음에는 매우 다행스럽게도 성공했다. 하지만 사실 이 성공은 상황 덕분이었다. 회심의 걸작이라고 생각했던 거대한 중도 온건파의 결집은 공포에 사로잡혀 저절로 이루어졌다. 혁명이 임박해 보였다. 한물간 옛 정파 인물들과 비참한 평민들, 폭삭 망한 귀족들, 마리우스의 옛 용사들, 술라에게 추방당했던 사람들이 공공 재산 분배를 약속하는 대담하고 능숙한 키케로 아래 연합했다. 이들은 자기들을 지키기 위해서 자기들을 위협했던 사람들도 포섭하려고 했다. 공포는 가장 훌륭한 연설보다 효과가 있었고 이런 의미에서 키케로는 이 연합에 큰 신세를 졌다. 따라서 이해 집단은 잠시나마 다양한 계층의 의견을 절충하고 화해를 모색했다. 가장 부유하고 결과적으로 가장 심각한 위험에 처한 기사들은 당연히 새로운 정파의 중심이었다. 과격한 정치 개혁을 원하지 않는 정직한 평민들이 그들 편이었고 안락한 생활을 위협받는 귀족들도 마찬가지였다. 그들은 공화정은 몰락해도 상관없었지만 난리가 나면 자기네 양어장을 잃을까 봐 두려워했다. 신생 정파는 금세 지도자를 찾아냈다. 폼페이우스는 소아시아에 있었고 카이사르와 크라수스[23]는 비밀리에 음모를 꾸미고 있었다. 이들을 제외하면 키케로보다 거물은 없었다. 결국 키케로는 대세를 업고 집정관이 되었다. 그의 집정관 시절에 관해서는 말하지 않겠다. 불행하게도 그는 말을 너무 많이 했다. 하지만 그가 카틸리나 일당을 물리친 업적까지 깎아내리면 곤란하다. 정적 살루스티우스[24]도 주장했듯이 위험은 심각했다. 음모의 배후에는 그 사태를 이용할 기회만 엿보던 야심가들이 있었다. 한편 카이사르는 이런 무정부 상태가 오래가지 못한다고 보았다. 약탈과 학살을 몇 차례 반복하다 보면 로마는 냉정을 되찾고 양심적 인사들은 절망을 털고 일어날 것이다. 보통 이런 혹독한 시련 뒤에는 후폭풍이 뒤따르기 마련이다. 어렵게 빠져나온 재난에 대한 기억은 많은 사람에게 숱한 위험에 노출시킨 자유를 희생하도록 강요할 것이다. 그때 카이사르는 최고의 구제책으로 절대 권력을 행사할 것이다. 키케로는 음모를 사전에 처단하면서 악을 발본색원하고 로마에서 군주제의 출현을 15년쯤 늦췄다. 따라서 그는 조국의 자유를 위해 헌신했다고 자랑할 만했다. 집정관 키케로를 무턱대고 치켜올렸던 세네카도 그럴 만했다(『인생의 짧음에 관하여』, 5).

23 크라수스Marcus Licinius Crassus(B.C.115~B.C.54). 귀족 출신의 로마 장군, 원로원 의원. 인류의 역사를 통틀어서도 최고의 축재자이다.

24 살루스티우스Gaius Sallustius Crispus(B.C.86~B.C.34?). 로마 공화정 정치인이자 역사가. 『카틸리나 음모』의 저자.

불행히도 이런 연합은 거의 살아남지 못했다. 이해 당사자들은 공동의 위험에 맞서 모였다가 위험 요소가 사라져 안심이 되자 과거의 싸움으로 되돌아갔다. 평민은 더는 겁낼 것이 없어지자 귀족에 대한 해묵은 원한을 되살렸다. 귀족은 다시 기사의 재산을 질투했다. 반면 기사계급은 키케로의 기대와 다르게 새로운 정파의 필요성을 못 느꼈고 공화국의 일보다 개인 사업에 몰두했다. 그들은 평민처럼 수적으로 힘이 없었고 오랫동안 권위를 유지했던 귀족처럼 위대한 통치 전통도 없었다. 어떤 행동 방침보다 큰 부자에게서 흔히 볼 수 있는 본능으로 자유보다 질서를 더 선호했다. 자신들을 지켜줄 강력한 권력을 물색했고 그런 의미에서 카이사르는 매우 훌륭한 적임자였다. 키케로는 어느 편에 서야 할지 몰랐다. 카틸리나 때문에 곤욕을 치른 데다, 카이사르가 나서고 크라수스는 민중파에 가담했으니, 그쪽으로 가기도 난처했다. 내키지 않았지만 결국 귀족 편에 섰다. 집정관에 앉자마자 완전히 그쪽으로 돌아섰다. 민중파는 그를 배신자라며 복수하겠다고 별렀다. 3년 뒤, 민중파는 적이 된 과거의 지도자 키케로를 추방했고 새로운 지배자 카이사르와 폼페이우스 앞에 무릎을 꿇리려고 소환했다. 키케로가 구상한 연합은 그들을 로마의 지배자로 만들었다.

III

키케로가 겪은 가장 심각한 정치적 위기는 집정관 시절의 큰 투쟁 이후 파르살루스 전투로 로마 공화정이 몰락하고서야 끝났다.

그는 결과가 뻔한 이 치명적인 싸움에 자진해서 뛰어들지 않았고 어느 편에 설지 망설이며 1년을 보냈다. 그는 이제 로스키우스를 변호하던 시절의 무명 청년이 아니었다. 저명인사였고 재산과 명예, 운명도 달려 있었지만 법도 존중해야 했다. 게다가 보이는 것처럼 문제는 간단하지 않았다. 절친하던 루카누스[25]도 카이사르와 폼페이우스 가운데 정의가 누구 편인지 알 수 없다고 털어놓았다. 이런 애매한 상황은 지금도 여전하다. 18세기 동안 논쟁을 거듭했지만 아직 합의에 이르지 못했다. 17세기 절대 왕정 시대 지식인들이 한목소리로 카이사르에 반대했다는 점은 매우 흥미롭다. 고위 법정 판사들은 직책상 조심스럽고 보수적이며 왕에게 아첨을 아끼지 않는 사람들이다. 하지만 사석에서는 열정적인 폼페이우스 신도였다. 기 파탱[26]은 바이유의 아름다운 정원에서 강성 폼페이우스파 국회 의장이 하는 말을 전했다.

> 원로원에서 카이사르를 죽일 때 마지막 24번째 비수는 내가 꽂았다면 정말 기뻤을 겁니다.

오히려 프랑스 혁명 이후, 민주화한 요즘 사람들이 혁명과 민주주의를 내세워 카이사르 정파를 지지했고 인류가 그의 승리로 얻은 이익을 모두 카이사르에게 바쳤다.

25 루카누스Marcus Annaeus Lucanus(39~65). 로마 시대 문인. 『파르살루스』[파르살리아]는 베르길리우스 이후 라틴 최고의 서사시로 꼽힌다.

26 기 파탱Guy-Patin(1601~1672). 프랑스 서한문 작가, 의사.

나는 이 토론을 다시 할 생각은 없다. 여기서는 키케로의 정치 생활을 알리기 위해 필요한 것만을 취하고 싶다. 문제를 바라보는 두 가지 방식이 있다. 우선 과거의 논쟁에서 무심했던 사람들이 오랜 세월 뒤 역사가나 철학자로서 그때를 동기보다 결과로 판단하는 것이다. 그들은 이 세계에 어떤 선과 악을 저질렀는지 따지는 사람들이다. 그다음은 그 시대 사람들의 시각으로 보는 것이다. 시대사상과 자기와의 관계, 차후 결과를 알지 못한 채 인연에 얽힌 감정과 편견으로 평가한다. 첫 번째 방식이 중요하고 적용 범위도 넓겠지만 나는 두 번째 방식을 택하겠다. 이 글의 목적은 키케로의 정치 행위와 맥락을 살펴보는 것이기 때문이다. 키케로에게 미래를 점쳐보라고 할 수 없고 합리적인 요구도 아니다. 단지 문제가 어떻게 벌어졌고 대립하는 양측은 무엇을 주장했으며, 현명한 애국자로서 어떤 근거를 내세웠는지 보여주려 한다. 따라서 1천 8백여 년 전 사건이라는 기억을 잠시 접어두고 포르미아나 투스쿨룸(로마 근교, 프라스카티 부근)으로 가보자. 한 치 앞도 모르는 상황에서 고심하던 키케로를 아티쿠스와 쿠리오는 어떤 논리로 자기편에 끌어들이려고 했을까?

사건을 직접 겪은 사람들의 판단이 후대와 같을 리 없다. 카이사르의 친구들은 키케로를 설득할 때 우리가 보기에 최선의 논지를 펴지 않았다. 오늘날 카이사르의 승리가 정당하다고 주장하는 측 논리는 이렇다. 로마가 모든 것을 감수하면서 일부 특권만 포기하면, 로마가 약탈한 나머지 다른 지역에 유익하다. 정치적 자유를 제대로 활용하지 못한 몇천 명의 자유를 박탈한다고 해서 무슨 대수일까. 그렇게 해서 모두를 약탈과 노예 상태, 파멸에서 구해낼 수 있다면? 사실 공화정 치하에서 총독에게 가혹하게 시달리던 속주 주민들은 카이사르 정권이 들어서자 반색했다. 그의 군대는 외국인에게도 열려있었다. 게르마니아와 갈리아, 히스파니아 사람들이 줄줄이 입영했다. 따라서 카이사르의 승리를 도왔던 그들은 당연히 이익도 나누었다. 카이사르가 바라지도 않았던 패배한 민족의 복수였다. 이들은 이전의 독립을 되찾고 싶어 하지 않았고 패배로 의욕도 잃었다. 오히려 그들은 정반대의 야심을 품고 로마 사람이 되려 했다. 하지만 그때까지도 권력을 쥔 오만하고 탐욕스러운 귀족들은 쾌락이나 위엄을 누리려고 착취했던 인류를 자기들과 같은 수준으로 높이는 것은 완강히 거부했다. 그들을 제멋대로 부리던 권리를 놓지 않으려고 그랬겠지만! 귀족정을 전복시키면서 카이사르는 이민족에게 차단했던 로마의 장벽을 낮추었다. 제국은 전 세계를 로마로 만들었다. 어떤 시인이 말했듯이 모든 민족을 조화시키고 뒤섞으며 같은 이름으로 불렀다. 이것은 분명히 대단한 일이며 잊어서는 안 된다. 프랑스 사람들도 카이사르 원정을 함께 하며 승리의 성과를 나누었던 패배한 민족 갈리아의 후손이다. 하지만 키케로의 시대에 그렇게 한편이 되리라고 누가 생각할 수 있었을까? 먼 훗날의 결과를 누가 미리 짚어내고 지적할 수 있었을까? 우리는 오랜 시간 동안 이런 질문을 연구했다. 결과는 우리가 예상한 것과 다르다. 카이사르는 패배한 민족들의 이익에는 관심이 없었고 그럴 이유도 없었다. 원로원은 야만족의 침입으로 위협받는 로마 국적의 사람들을 대표한 적이 없었다. 속주들도 자신들을 지켜준 자를 편 들어 지지하지 않았다. 반대로 그들은 거의 절반으로 갈라져 양대 세력에 가담했다. 서쪽 지방이 카이사르 편에서 싸웠다면, 동쪽 지방은 폼페이우스 진영으로 모여들었다. 그것은 전투를 시작했을 때 아무도 결과를 알 수 없었다는 것을 증명한다. 승리해야 이익을 얻는 사람들과 그것들을 명확하게 보았어야 할 사람들조차도 알 수 없었다. 게다가 카이사르의 승리가 세계에 정말 이익이 될지 의심했더라도 이것을 결정적인 이유로 보기에는 어렵다. 키케로는 조국에 손해를 끼치면서까지 인류 전체를 사랑하는 사람은 아니었다. 갈리아와 브리타니아, 사르마타이[27] 사람들에게 유익하다는 이유로 체념한 채 자유를 희생하기는 어렵다. 키케로는 세계의 이익에 무심하지는 않았지만 로마의 이익을 더 중요하게 생각했다. 그는 온건하고 인간적이었다. 여러 저서에서 모든 민족은 한 가족이라고 했고 자신이 통치하던 속주도 소중히 여겼다. 하지만 카이사르가 자신을 따라 로마로 들어온 외부인들에게 원로원까지 개방하자, 키케로는 잔인한 조롱으로 야만인들을 공격했다. 그는 포룸을 거만하게 거닐던 히스파니아와 갈리아 사람들이 로마를 이겼다고 보았다. 로마 사람의 자부심이 이 광경에 반기를 들었다고 해서 그를 비난할 이유는 없다. 그때 키케로가 패배한 민족들의 전반적인 해방을 추측하거나 볼 수만 있었어도 알 수 있었을 것이다. 독립적이고 독창적이며 뚜렷한 존재였던 로마는 사라질 것이다. 로마 사람이 그런 대가를 치르면서까지 세계의 번영을 원했을 리 없다.

27 사르마타이Sarmatai. 이란 북쪽 초원 지대에 사는 스키타이족. 원래 돈강과 우랄산맥 지대에서 살다가 남하했다.

그밖에 허울뿐인 그럴싸한 이유도 있었다. 입장을 정하지 못한 사람들을 자기편으로 영입하려고 한 주장이다. 공화국과 자유는 전쟁과 무관하며 전쟁은 야심가들의 권력투쟁에 불과하다는 것이다. 이 주장에는 생각 없는 사람들을 오도할 수 있는 약간의 진실이 있다. 분명히 개인적인 문제가 중요하긴 했다. 카이사르의 병사들은 대장만을 위해 싸웠다. 반면에 폼페이우스는 많은 친구와 부하들을 거느리며 30년 동안 번영과 권력을 누렸다. 키케로도 여러 번 말했듯이 폼페이우스 진영에 가담한 이유는 그와의 오랜 우정 때문이었다. 그는 이탈리아를 떠나면서 말했다.

> 내가 희생하는 이유는 오직 폼페이우스 때문이다.
>
> (『아티쿠스에게』, IX. 1)

때때로 자신이 뛰어들 전쟁이 별 의미 없다는 듯 친구들에게 편지를 보내면서 카이사르 지지자들의 말을 그대로 반복했다.

> 이건 야심꾼들의 싸움일 뿐이야(X. 7)!

하지만 당시 키케로의 편지를 꼼꼼히 읽어보면 그렇게 쉽게 말하기 어렵다. 키케로가 그때처럼 주저한 적은 없었다. 하루가 멀게 의견을 바꾸면서 반박의 빌미가 될 말을 능란하게 피했고 모든 정파를 공격하거나 옹호했다. 편지에서 그는 어떻게 처신해야 할지 모두에게 물었다. 자신에 대해서든 다른 사람들에 대해서든 불평을 늘어놓았다. 공화정이 전쟁과 무관하다고 주장했을 때도 진심은 아니었다. 우유부단함을 정당화하려는 핑계였다. 자신에게 솔직해지기는 정말 어렵다. 우리는 영악하게, 정당한 근거도 없이 막연히 이익을 탐하거나 변덕으로 저지른 짓에 대해 얼마나 많은 이유를 둘러대던가! 하지만 키케로는 솔직해질 때, 자신이나 다른 이를 속일 이유가 없을 때는 다른 방식으로 말한다. 키케로와 비교해 보면 폼페이우스의 대의는 분명했다. 정의와 법, 귀족파와 자유였다. 물론 그는 상황에 이끌려 공화정을 지키려고 하기 전까지 공화정에 충실하지 못했다. 수상한 야심을 품은 그를 완전히 믿을 수 없었다. 그는 자기 진영에서 아첨꾼들과 참모들에 둘러싸여 군주 노릇 했다.

작은 독재자 술라 같네. 정적을 추방할 궁리나 하고 있어(III. 10).

선택의 여지가 있었다면 공화파는 다른 수호자를 찾았을 것이다. 하지만 카이사르가 병력을 끌어모을 때 병사도 장군도 없었던 이 정파는 폼페이우스의 원조를 받아들일 수밖에 없었다. 서로 경계하며 감시하는 동맹 관계였고 승리 후에 적이 될 수도 있지만 전투에 뛰어들려면 우선 그들이 필요했다. 게다가 공화파가 보기에 폼페이우스는 자유를 완전히 보장하지 않더라도 카이사르보다 덜 위험해 보였다. 누구 못지않게 야심가였으나 권력보다 명예에 대한 야망이 더 컸다. 그가 군대를 이끌고 두 번이나 로마 성문으로 진격했지만 민주주의 그를 불렀고 그는 왕이 되기 위해 원했을 뿐이라 그때마다 무기를 내려놓고 군대를 해산했다. 그를 독재관이나 다름없는 1인 집정관에 임명했고 6개월이 지나자 자발적으로 또 한 사람의 동료 집정관을 임명했다. 이런 선례는 진성 공화파를 안심시켰다. 승리 후 폼페이우스에게 경건한 칭호와 화려한 칭송만 해도 좋아할 것이다. 자줏빛 제복을 입히고 월계관만 씌워주면 위협이 되지 않을 것 같았다. 어쨌든 그가 다른 요구까지 했다면 그를 배제하고 경쟁자들이 득실대던 동맹자들 사이에서 적합한 인물을 물색했을 것이다. 진영에는 그의 자리를 노리는 많은 사람이 있었다. 카토는 폼페이우스를 의심하고 항상 그와 다투었다. 브루투스는 아버지를 죽인 그를 노골적으로 싫어했다. 귀족은 호민관에게 더 큰 권한을 주고 카이사르와 함께 자기들에 맞섰던 그를 용서하지 않았다. 그렇다면 정사에 경험이 많은 거물들이 너무 어리숙해서 졸렬한 정치에 속아 넘어갔고 폼페이가 어떤 사람인지도 모르면서 그를 위해 일했을까? 아니면 그들이 그것을 알고 있었고 조국을 기꺼이 포기하고 손해를 무릅쓰면서까지 좋아하지 않는 사람의 이익과 야심을 위해 목숨까지 바치려고 했을까? 확실히 그들의 처신에는 다른 이유가 있었다. 바다 건너 마지못해 내전에 참전하기로 결심했을 때, 유감이 많았던 폼페이우스 휘하에 들어갔을 때, 그들은 사사로운 싸움에 뛰어든 것이 아니었다. 위협받는 공화국과 자유를 구하기 위해서였다.

> 다시 한번 속았다. 자유와 공화정이라는 명분에 이용당했다. 폼페이우스 진영에서 지키려던 것은 자유가 아니라 민중에 대한 귀족계급의 압제였다. 부담스럽고 부당한 귀족의 특권을 유지하려 했다. 민중을 억압하고 세상을 짓밟을 권리를 놓지 않으려고 싸웠다.

따라서 자유의 동지들은 폼페이우스에게 보내던 지지를 카이사르에게로 돌렸다. 카이사르는 그라쿠스 형제와 마리우스의 후계자로서 자유와 민중파 편이었다. 사실 그 명분으로 정치 초년부터 독재관 술라에게 맞섰다. 그는 법무관에 이어 집정관이 되자 민중의 대의에 헌신하는 모습을 보였다. 원로원에서 버림받자 루비콘강을 건너 로마로 행군하는 길에 한 번 더 강조했다.

> 로마 민중을, 그들을 억압하는 파벌에서 해방하러 왔다.
>
> (카이사르, 『내전기』, I. 22)

민주주의 수호자라는 그의 주장은 진심이었을까? 그렇다면 당연히 그를 나쁘게 생각했던 귀족이 아니라 귀족이 싫어하던 키케로 같은 신진 세력은 어떻게 생각했을까? 키케로는 귀족에게 무시당해 분노했고 입후보할 때마다 대영주들이 가로막아 초조했지만, 자신에게 불리하다고 해서 민중이 억압받는다고 주장하지 않았다(『클루엔티우스 변호연설』, 40, 『집에 관한 연설』, 14).[28] 따라서 카이사르가 민중에게 자유를 찾아주려고 무기를 들었다고 주장했을 때, 키케로는 언제 자유를 잃었는지, 어떤 새 특권까지 더하고 싶은지 반문했을 법하다. 민중은 합법 기구를 누려왔고 그 전담관이 있을 뿐만 아니라 불가침이 보장된 고위 관리의 결정까지 민중이 재심을 청원하도록 법으로 보장했다. 사실상 정부에 개입

28 키케로는 공화국에서 평민의 입장은 대체로 귀족보다 나은 편이었다고 여러 차례 말했다.*

하고 정치활동을 중단시킬 엄청난 권력이었다. 하층민은 공개 발언이 허용된 연설과 언론의 자유, 먹고살려고 암거래하기도 했던 참정권, 어떤 관직이든 자유롭게 도전할 입후보권이 있었다. 키케로는 출신과 재산이 변변치 못했어도 집정관이 된 자신을 보라고 했다. 물론 그처럼 성공하는 사람은 극소수였다. 법으로 명시한 평등은 시행 과정에서 많은 어려움이 따랐다. 그 해의 집정관 이름이 적힌 책력에는 명사들의 이름뿐이다. 최고위층은 몇몇 귀족 가문이 차지했다. 높고 완강한 문턱을 아무나 넘기는 어려웠다. 그렇다고 해도 이런 장벽을 굳이 허물기까지 해야 할까? 무난히 돌아가는데 일부 야심가들의 술수로 제도 자체를 폐지해야 할까? 절대 권력을 완전히 뜯어고쳐야 할 만큼 제도의 해악이 심했을까? 권력의 전횡을 자유라는 도구로 고치기 어렵다는 주장은 정말일까? 최근 사례처럼(프랑스 대혁명과 잇따른 혁명들), 거국적인 여론을 형성하는 것만으로도 귀족의 저항을 뒤엎을 수 있지 않을까? 정말 간절하다면 민중은 법으로 보장받은 수단으로 지배자를 뒤집을 힘이 있었다. 선거권과 자유로운 발언권으로, 호민관들의 개입과 다수의 힘으로 민중은 항상 주권을 되찾곤 했다. 그 권리를 넘겨주었다면 그것은 민중의 잘못이다. 또 권리를 행사하지 않거나 귀족을 끌어내리는 노력을 하지 않았다면 그 대가를 치러야 한다. 키케로는 그 시대의 민중을 별로 존중하지 않았다. 그들은 어느 편이 권력을 잡든 흥미도 관심도 없었다.

> 그들은 아무것도 요구하지 않는다. 아무것도 기대하지 않는다.
>
> (『로스키우스 변호연설』, 49)

키케로는 민중이 공공장소에서 시위를 벌일 때마다 야심가들이 무슨 수라도 썼을 것으로 의심했다. 자신이 가진 권리도 제대로 활용하지도 못하면서 또 다른 권리를 요구할 필요는 없다고 보았다. 물론 봉기를 선동한 카이사르의 명분도 진지하게 여기지 않았다. 그가 억압받던 민중을 해방한 그라쿠스 형제의 계승자는 아니라고 보았다. 닥쳐오는 내전을, 로마 역사를 가득 채운 '민중 대 귀족의 싸움'이라는 해묵은 투쟁의 재연으로 생각하지 않았다. 사실 모인 자들은 몰락한 대영주들이었다. 민중파라는 이름에 걸맞지도 않던 돌라벨라[29]와 안토니우스, 쿠리오 가문이 신과 왕의 자손으로 행세하며 앞장섰다. 타고난 특권층을 옹호할 의도였다. 그들은 수많은 기사와 민중을 끌어모았다. 지도자로 내세운 이들은 테렌티우스 바로[30]와 키케로, 카토 같은 아르피눔과 레타이 중산층, 투스쿨룸 농민의 후손이었다.

게다가 카이사르조차 민주주의의 승자 노릇에 별다른 관심은 없었던 듯하다. 회고록을 보면 민중의 관심사에 관해서는 거의 말이 없다. 조금 전 인용한 문장이 거의 유일하다. 그밖의 것

29 돌라벨라Publius Cornelius Dolabella(B.C.70~B.C.43). 정치인. 코르넬리아 가문 출신으로 키케로의 딸 툴리아와 결혼했다. 파르살루스 전투와 히스파니아 원정 때 카이사르 편에서 싸웠으나 보훈이 적자 반대파를 지지했다가 카이사르 사후에 안토니우스의 제안으로 다시 합류했다. 그리스와 소아시아 원정에서 과도한 약탈로 공공의 적으로 지목되었다. 킬리키아 원정 중에 자살했다.

30 테렌티우스 바로Marcus Terentius Varro(B.C.116~B.C.27). 정치인. 문인. 아내 푼다니아에게 바친 『농업에 관하여』(전3권)는 경작과 목축을 중심으로 농촌경제를 다룬 중요한 고전이다.*

들에 관해서는 솔직하게 털어놓는다. 그는 집정관 자리를 거부당하고 지방 속주와 군대를 빼앗는다고 불평했다. 내전에 돌입하는 이유였다. 무시당한 민중의 권리, 억압받는 자유에 대해서는 한마디도 하지 않았다. 양심 세력이 전쟁을 비난하자 정당화할 이유가 필요했을 뿐이다. 하지만 로마로 진군하기 전, 그가 원로원에 마지막으로 내건 조건(최후통첩)은 여전히 집정관직과 속주, 군대 문제였다. 개인적인 이익만 챙길 궁리였다. 민중의 수호자를 자처했지만 그들을 위해 어떤 요구도 하지 않았다. 그의 진영에서도 각자 자신들만 생각했다. 최측근 동지들과 용감한 장군들도 개혁가나 민중파라고 주장하지 않았다. 카이사르를 따른다고 해서 시민들에게 자유를 돌려줄 거라고 믿지 않았다. 다만 배신당한 지도자에게 복수하고 권력을 차지하고 싶었을 뿐이다. 그들은 쿠리오와 함께 말했다.

> 우리는 카이사르의 군인이다(카이사르, 『내전기』, II. 32)!

그들은 별다른 직함도 없었고 이름도 몰랐다. (스키피오가) 게르마니아와 브리타니아를 원정하고 알레시아와 게르고비아[제르고비][31]를 점령한 고참 백인대장들과 이야기를 나누러 왔을 때, 카이사르를 버리고 권력과 공화파 편으로 편에 서라고 요구에도 그들의 대답은 민중의 권리 수호가 아니었다.

31 게르고비아Gergovia. 고대 갈리아의 신성한 숲이 있는 지역으로 카이사르 군단과 베르킨게토릭스의 갈리아 연합군이 최후 결전을 벌였다(B.C.52).

> 36년 동안 복무했던 우리 군대와 총사령관 카이사르를 상대로 무기를 들라니! 절대 그런 일은 없을 것이다(『아프리카 전쟁기』, 45).

그들은 이제 시민이 아니라 군인이었다. 36년 동안 전쟁을 승리로 이끄는 동안 민중 생활의 전통과 취향마저 잊었다. 민중의 권리에 관심이 없었고 자유 대신 영광을 원했다. 키케로와 친구들은 이들을 동료 시민에게 자유를 돌려주려는 민중파 수장의 부하가 아니라고 보았다. 무력으로 절대 권력을 세우려는 야심가의 무리였고 내심을 속이지도 않았다. 무엇보다 이를 입증하는 것은 내전이 끝난 후에 보인 카이사르의 행동이었다. 그는 승리를 어떻게 이용했을까? 그가 옹호한다고 하는 민중에게 어떤 혜택을 주었을까? 나는 그가 복지와 오락을 위해 무엇을 했는지, 그가 마련한 호화로운 파티나 대중연회, 극빈층에 배급한 밀과 기름, 승전기념일을 기리며 모든 시민에게 나누어준 400세스테르티우스를 말하는 것이 아니다. 그 시대 하층민이 자유를 희생한 보상으로 이만한 배급과 시혜로도 만족했다면, 나는 그들 편에 서지도 존중하지도 않았던 카이사르를 이해할 수 있다. 하지만 민중은 다른 것을 요구했다. 더 완전한 독립과 국가사업, 새로운 정치적 권리를 원했다. 하지만 카이사르는 승리하자 약속과 달리 민중에게 어떤 실권도 자유도 주지 않았다. 귀족정치를 모욕했지만 자기 이익을 위해서였다. 원로원에서 행정권을 빼앗았지만 자신이 장악하기 위해서였다. 모든 계급이 평등해졌다고 하지만 노예 상태의 평등일 뿐이었다. 모든 사람이 똑같이 순종해야 하는 상황에 부닥치자 모두 혼란에 빠졌다. 그는 정치 연설을 막고 민중의 선거권을 박탈했으며, 모든 공권력을 손에 넣었다. 그가 임명한 원로원은 감언이설로 공식적으로 그를 해방자로 칭하고 신전의 건립부터 자유에 대한 것까지 투표했다. 이런 식의 자유라면 그에 반대해 봉기한 키케로와 친구들을 비난할 이유가 없다.

카이사르는 민중이 아니라 자신을 위해 일했다. 그를 반대한 키케로는 귀족의 특권이 아니라 공화국을 지키려고 했다. 하지만 지킬 가치가 있는 공화국이었을까? 지킬 희망이 있었을까? 파멸은 불가피하지 않았을까? 이것이 폼페이우스를 따르는 사람들에게 질문하고 싶은 부분이다. 대답하기 쉽지 않다. 키케로가 편지에서 참담하게 털어놓았듯이 로마의 고질병은 혼란과 폭력 속에서 드러났고 몇 가지 현명한 개혁으로 막을 수 있는 종류가 아니었다. 너무 뿌리 깊은 병폐라 멈추기에는 역부족이었고 나날이 악화하였다. 귀족의 특권을 줄이고 하층민의 권리를 늘린다고 해서 무슨 효과를 기대할 수 있을까? 이미 공공자원은 심각하게 훼손되었다. 이런 병폐는 시민권을 얻는 방식에서 시작되었다.

오랫동안 로마는 농민의 힘을 끌어다 썼다. 촌사람들은 영광스럽게도 이탈리아를 정복하고 카르타고를 물리친 용사들을 배출했다. 하지만 이 농민과 전사들은 공화국을 훌륭하게 지켜냈지만 대지주의 침탈에는 속수무책이었다. 경작하기 쉬운 거대한 영지에 밀려 가난한 농부는 오랫동안 고리대에 시달리며 비참하게 살았다. 그러다가 결국 낙심하고 자기 밭을 호시탐탐 노리던 부유한 이웃에 팔아넘겼다. 그렇게 오랫동안 자기가 주인이던 땅에서 졸지에 소작농과 날품팔이, 용병으로 전락했다. 노예와 힘겹게 경쟁까지 해야 했다. 노예들은 튼튼하고 임금도 조건도 따지지 않고 마구 부리는 노동력이었다(앙리 왈롱, 『고대 노예 역사』, II, 9). 농민들은 이렇게 두 번씩이나 자기 땅에서 쫓겨나 일거리도 소득도 없이 빈털터리 신세로 도시로 갔다. 하지만 로마에서의 생활은 더 쉽지 않았다. 그곳에서 무엇을 할 수 있었을까? 자유민이 할 만한 일은 거의 없었다. 노예제가 만연한 고장에서 노동은 천시받았다. 자유민은 굶어 죽을 특권과 명예밖에 없었다. 게다가 귀족들은 온갖 일을 노예에게 맡겼다. 남아도는 노예들에게 자택 한구석에 가게를 차리게 해 부수입까지 올렸다. 자유민 노동자는 자리가 있어도 노예와 경쟁해서 살아남지 못했다. 다행히 그 무렵 마리우스가 가장 가난한 시민 계급에 군대를 개방했다. 뾰족한 수입원이 없던 불행한 사람들은 군인이 되었다. 더 나은 일이 없었기에 세계 정복에 나섰고 아프리카와 갈리아, 오리엔트를 정복했으며, 브리타니아와 게르마니아까지 침입했다. 가장 용감하고 유능했던 사람 과반수는 원정지에서 죽었다. 이 기간에 도시를 떠나 돌아오지 않는 사람들의 빈자리는 잘못 채워졌다. 로마가 부강해지자 세계 각지에서 사람들이 몰려들었고 언제나 그럴듯 번듯한 부류만 있지는 않았다. 로마는 여러 차례 밀려드는 외부인을 막아보려고 엄격한 법까지 제정했다. 하지만 치안이 없는 도시로 또다시 숨어들었고 일단 정착하면 가진 돈이 있는 이들은 더 번창했으며 돈이 없는 다른 이들은 기초 봉사나 잔꾀를 부려 결국 시민이 되었다. 자유민들이야 시민권을 요구할 필요도 없었다. 물론 법은 이들에게 모든 정치적 권리를 한 번에 주지 않았다. 하지만 1~2세대 후, 모든 제한이 사라졌다. 맷돌을 돌리거나 노예시장에서 팔리던 사람의 손자는 옛 로마 사람처럼 법을 통과시키고 집정관 선거에도 참여했다. 이런 자유민과 외부인의 혼혈 집단을 로마 사람들이라고 불렀다. 그들은 개인의 적선과 국가의 보조로 살았던 비참한 사람들이었다. 기억이나 전통도, 정치의식이나 국민성도 없었으며 도덕성조차 없었다. 비천한 일만 하다 보니 명예나 위신을 알 리 없었다. 이런 사람들과 함께라면 공화국은 더는 불가능했다. 모든 정부 형태 중에서도 공화국은 그것을 누리는 사람들에게 매우 높은 수준의 청렴성과 정치 감각을 요구한다. 더 많은 특권을 줄수록 더 많은 헌신과 지성을 요구한다. 하지만 권리를 행사하지 않거나 거래하려는 사람들은 그 권리를 가질 자격이 없다. 그들이 박수갈채를 보내며 바라던 절대 권력은 이런 사람들을 위한 것이었다. 따라서 우리는 시간의 거리를 두고 과거 사건을 연구하는 역사가를 이해하게 된다. 그는 자유가 사라지는 모습을 보며 로마가 몰락하는 것은 당연하고 피할 수 없었다며 스스로 위로했다. 오히려 자유를 뒤집어엎고 제멋대로 법의 노리개로만 삼았던 카이사르 같은 인물의 행동을 눈감아주거나 그에게 갈채를 보내는 역사가도 있었다.

하지만 전통과 추억으로 공화정에 애착을 가진 사람들, 그 업적을 기억하고 위엄과 지위, 평판을 얻었던 사람들도 우리처럼 몰락을 쉽게 인정했을까? 원래 공화 정부는 그럭저럭 존재했다. 지지자들도 공화국의 결함을 잘 알았지만, 오래전부터 익숙한 터라 잘 견뎌냈다. 오히려 공화국을 대체하려는 새로운 권력을 수상하게 보았다. 로마 사람들은 왕정을 본능적으로 혐오했다. 특히 오리엔트를 정복하고 난 뒤로 더욱 그랬다. 가장 세련된 문명의 한복판에서 가장 완전한 노예 상태로 보았다. 사치와 예술의 즐거움, 뛰어난 지성이 있었지만 비열하고 질식할 듯한 폭정도 있었다. 재물과 명예, 환락에 젖은 왕자들은 아프리카 사막에서나 마주칠 듯한 잔인하고 버르장머리 없는 아이들이었다. 바람직한 모습은 아니었다. 공화국의 단점들이 왕정의 단점과 바꿀 만큼 문제가 있는지 의아했다. 게다가 공화국이 그렇게 쉽게 무너질 거라고는 전혀 생각지도 못했다. 국가도 망하고 나서야 살아서는 의심하지 않던 수많은 원인을 드러낸다. 낡았어도 여전히 기계처럼 돌아갈 때는 얼마나 헐겁고 녹슬었는지 제대로 보이지 않는다. 키케로는 때때로 모든 것을 잃었다고 친구들에게 한탄하다가도 곧 기운을 차렸다. 선량한 시민들이 동의한다면 자유의지로 모든 것을 바로잡고 자유의 남용과 방종을 쉽게 치유할 수 있다고 역설했다. 문제가 얼마나 심각한지 알지 못했다. 최악의 날에도 공공의 안녕을 뒤흔드는 모사꾼들과 야심가들의 꿍꿍이 정도로만 생각했다. 카틸리나와 카이사르, 클로디우스는 치료할 수 없는 뿌리 깊은 병의 증상에 불과했다. 하지만 공상에 불과한 희망을 품었다고 키케로를 비난해야 할까? 자유를 희생하지 않고도 공화정을 구할 방법을 찾았던 것이 잘못일까? 정직한 사람과 선량한 시민은 이런 결말을 선뜻 받아들이지 못한다. 자신들이 선택하고 지키겠다고 약속한 정부가 멸망할 운명이라고 말해도 소용없다. 정부가 쓰러졌을 때야 믿을 수 있을 것이다. 장님이라 부르든, 바보라 부르든 그들로서는 차라리 통찰력이 없는 것이 더 명예롭고 그릇된 믿음과 환상을 품더라고 너무 쉽게 체념하는 것보다 나을 수 있다. 로마에서 자유는 말뿐이었다. 사실 실체도 없었다. 하지만 사람들은 허깨비 같은 그림자라도 붙들고 잃어버린 자유의 위안거리로 삼았다. 키케로와 같은 양심적인 인사들은 그렇게 생각했다. 오랜 고심 끝에 의욕도 열정도, 희망도 없이 무작정 폼페이우스에게로 갔다. 시인 루카누스가 카토의 입을 빌어 말한 이 멋진 구절은 공화국의 서글픈 현실을 숨기지 않고 끝까지 지키려 한 사람들의 감정을 표현하는 것 같다.

> 방금 자식을 잃고 횃불을 들고 탄식하며 장례 행렬을 따라가는 아비처럼, 로마여, 내 품에 안기 전에는 끝까지 널 버리지 않으련다. 그러다가 공허한 허깨비만 끌어안을망정…….
>
> (루카누스, 『파르살루스』, II. 300)

IV

키케로는 파르살루스 전투로 정치생명이 끝났다고 생각했다. 하지만 오히려 그 사건 덕에 정계에 복귀했고 공화파의 지도자가 되었다. 카이사르가 독재관이던 처음 몇 해 동안 칩거한 뒤, 그의 평판은 금이 가기는커녕 오히려 반등했다. 정치인들은 정사에서 잠시 떨어져 있어도 생각만큼 손해 보지 않는다. 전관예우를 받으면서 오히려 더 중요한 인물이 된다. 사람들은 더는 권력이 없는 그들을 아쉬워한다. 기댈 힘도 탐낼 자리도 없기에 그들을 가혹하게 대할 이유도 줄었고 그들의 실책 탓에 고생하는 것도 아니다 보니 실정失政을 쉽게 잊고 장점만 떠올린다. 키케로가 바로 그랬다. 그가 실각하자 권좌에 있을 때 적대했던 사람들은 적개심을 잊었다. 그가 자발적으로 대중의 눈에서 멀어지자 그 어느 때보다 인기가 커졌다. 그 뒤 키케로는 카이사르와 좀 더 가까워져야겠다고 생각했을 때 매우 재치 있게 처신했다. 복종하면서도 독립적이었다. 그를 치켜세우면서도 반대하는 모양새를 취해 여론을 자신에게 유리하게 이끌었다. 게다가 패배한 공화정의 수호자 폼페이우스와 카토, 스키피오, 비불루스[32] 모두 저세상 사람이었다. 과거 정부의 고위공직자들 가운데 남은 사람은 키케로뿐이었다. 그는 공화정 최후의 대표자로서 자연스레 주목받았다. 브루투스와 동지들은 카이사르를 쓰러뜨린 후 피 묻은 칼을 흔들면서 그의 이름을 계속 불렀다. 정파의 지도자에게 카이사르의 피를 바치는 듯했다.

카이사르 시해 이후 뒤따른 사건에서 키케로가 그렇게 큰 역할을 하게 된 것은 자기 의지라기보다 상황에 떠밀려서였다. 어떻게 그가 안토니우스에게 죽임을 당해야만 했던 이 싸움에 뛰어들었는지 나중에 말할 것이다. 그는 자진해서 싸움을 시작하지 않았다. 로마를 떠나 다시 돌아오지 않으려 했다. 합법적인 저항의 시간은 끝났고 장차 대의명분보다 뛰어난 군인이 안토니우스의 퇴역 용사들과 싸워야 한다고 생각했다. 틀린 생각은 아니었다. 자기 역할은 끝났고 전쟁터에서 싸울 사람들이 맡을 차례였다. 그리스로 향하던 키케로는 폭풍에 밀려 레기움[레조 칼라브리아] 연안에 좌초했다. 거기서 벨리아(나폴리 남쪽 100여 킬로미터 떨어진 항구)로 들어가 마침 이탈리아를 떠나려던 브루투스를 만났다.

32 비불루스Marcus Calpurnius Bibulus(?~B.C.48). 보수파 정치인, 집정관(B.C.59). 폼페이우스 편에서 내전을 치르던 중 과로로 사망했다.

항상 사려 깊고 폭력을 혐오하던 브루투스는 키케로에게 애원했다. 키케로는 한 번 더 민중을 되살려 보자며 합법적인 투쟁을 이끌어달라는 친구의 간청을 받아들였다. 성공을 기대할 수 없었지만 서둘러 로마로 돌아와 마지막 전투를 치렀다.

암피아라오스[33]처럼 산 채로 수렁 속으로 뛰어들었다.

이때 키케로를 크게 도운 사람이 브루투스였다. 마지못해 뛰어든 가망 없는 시도는 공화국에 도움은 되지 못했지만, 키케로의 명예에는 득이 되었다. 이때야말로 키케로의 정치경력에서 절정의 순간이었다. 단호하고 결단력 있는 그의 모습이 놀랍고 보기 좋다. 그는 평소 자신을 난처하게 했던 모든 망설임에서 벗어났다. 물론 망설일 여유도 없었다. 이때처럼 문제가 분명하게 제기된 적이 없었다. 새로운 사건이 전개될 때마다 정파들의 입장은 더욱 뚜렷해졌다. 카이사르는 야심을 숨기지 않고 로마 귀족을 중심으로 원하는 모두와 손을 잡았다. 기존 체제를 유지하고 수구파의 입지를 넓혀주면서 처음에 세웠던 계획까지 수정했다. 새로운 구성원이 많아지자 성격에 맞춰 이름까지 바꿨다. 보수파, 정직한 사람들의 정파(귀족파)로 키케로는 '옵티마테스[최상급 인사들의 정파라는 의미. 보수적인 원로원 중심의 정치]'라고 부르곤

33 암피아라오스Amphiaraus. 트로이아 전쟁 이전 점술사로서 해몽의 선구자로 보기도 한다. 6인의 용사들과 함께 나선 테바이성 공략전에서 마차를 몰고 갈라진 땅속으로 뛰어들었다.

했다. 호칭은 꽤 모호하지만 파르살루스 전투 이후 분명해졌다. 카이사르가 승자의 의도를 노골적으로 드러내며 원로원과 민회를 장악하자, 반대편에서는 누구도 거부할 리 없이 적합한 이름을 내세웠다. '공화파'였다. 마침내 공화정과 독재정의 대립 구도가 시원하게 드러났다. 독재정은 카이사르 사후에야 조금도 위장하지 않고 가장 폭력적인 민낯을 드러낸다. 정치공학이나 처세술도, 정신의 고양도 없이 무례하면서도 거칠고 잔인한 군인 정치였다. 위대한 독재관의 유산을 강제로 표방했다. 속셈을 굳이 숨기지도 않았기에 착각하는 사람은 더는 없었다. 진실이 분명해지자 우유부단하고 불분명한 영혼에는 정말 다행이었다. 복잡하게 생각할 필요 없이 정의로운 뜻을 굳게 믿고서 의심과 주저를 떨쳐버렸다. 마침내 공명정대하게 싸우러 나섰다. 얼마나 후련했을까! 얼마나 자유롭고 활기차게 노익장의 열의와 투지로 넘쳤을까! 어떤 젊은이도 키케로처럼 단호하지 못했다. 그는 카틸리나와 클로디우스와 싸울 때보다 한층 더 젊어진 모습이었다. 어디 싸움에만 돌진했을까. 그닥지 않게 끝까지 싸웠다. 목숨을 걸고 좌절감과 실패를 의연히 뿌리쳤다.

로마로 돌아온 키케로는 벨리아에서 브루투스를 만났을 때처럼 의기에 넘쳐 원로원에서 대담하게 발언했다. 첫 번째 규탄이었다. 가까이서 보면 소심하고 나약하게 들리겠지만, 이 무심한 도시에서, 겁에 질린 원로원 의원들 앞에서 키케로는 얼마나 많이 용기를 냈을까. 불과 몇 발짝 떨어진 곳에서 난폭하고 위협적인 안토니우스가 하수인들을 보내 자신을 비난하는 말을 모두 듣고 있었다. 이렇게 키케로는 시작했을 때처럼 끝을 맺었다. 35

년의 간격을 두고(카틸리나를 반박 연설부터 안토니우스 규탄 연설까지) 모두 침묵할 때 홀로 권력에 맞섰다. 용기는 공포 못지않게 전염된다. 키케로의 거침없는 발언은 놀라웠고 뒤이어 침묵하던 사람들을 부끄럽게 만들었다. 그는 여전히 매우 소심했지만, 이 기세로 주위에 몇몇 사람들을 모았다. 어려운 일이었다. 로마에 공화파는 거의 없었고 가장 용감한 사람들은 브루투스와 합류하려고 그리스로 갔다. 그가 할 일은 모든 정파의 온건파 인물들, 안토니우스가 행패를 부려 피해를 본 모든 사람에게 연설하는 것이었다. 과거의 반감을 잊고 힘을 모으자고 말했다.

이제 올곧은 사람들이 한배에 탔다(『친구들에게』, XII. 25)!

키케로는 집정관 시절처럼 여전히 모두를 규합하려고 애썼다. 어느 편과도 늘 가까이 지냈다. 성격과 원칙이 유연한 그는 누구보다 이견 절충의 적임자였다. 처음에는 그의 시도가 꽤 성공한 듯 보였다. 카이사르의 장군들도 그의 말에 기꺼이 귀를 기울였다. 특히 그들은 안토니우스의 신하보다 자유 정부 시민이 더 낫다고 생각했다. 카이사르의 심복으로 야심을 품은 채 한발 물러서 있던 히르티우스[34]와 판사[35]는 일인자 자리는 힘에 부친다고 느끼면서도 이인자로 만족하지 않았다. 하지만 불운하게도 그 모임은 손발이 없는 수뇌들뿐이었다. 이때보다 더 병사가 필요한 적은 없었다. 안토니우스는 브룬디시움[브린디시] 항구에서 자신이 부른 마케도니아 군단의 입항만 기다렸다. 하지만 예상치 못한 저항 소식을 듣자 분노하여 복수를 하겠다고 발표했다. 충분히 그러고도 남을 인물이었다. 집이 털리고 밭은 몰수되며, 가족이 쫓겨나는 모습이 눈앞에 선했다. 공포는 삽시간에 사방을 덮쳤고 모두 떨면서 도망쳤다. 용감한 사람들은 사방으로 공화국의 수호자라고 부를 만한 누군가를 찾아다녔다. 브룬디시움 항구에 데키무스 브루투스[36] 군단이나 시칠리아에 섹스투스 폼페이우스 군단이 있었다. 하지만 너무 멀리 있었다. 공화정의 패망은 분명히 다가왔다. 이런 공포 속에서 카이사르의 양자 옥타비아누스는 마침내 때가 왔다고 생각했다. 안토니우스의 질시와 공화파의 불신으로 지금까지 거리를 두었지만 이제 전면에 나설 기회가 오자 로마 변두리로 달려가 카이사르를 따르던 퇴역 용사들에게 무장을 호소했다. 자기 이름을 내세우고 통 큰 행보와 거창한 약속으로 바로 군단을 꾸렸다. 갈라티아, 카실리눔(카푸아에서 북서쪽으로 약 4킬로미터 떨어진 캄파니아 고대 도시)에서 며칠 만에 3천의 병력을 모집하자 즉시 원로원을 찾아가 원군을 자청했다. 아무튼 비용을 요구했다. 급하고 위축된 마당에 달리 묘수도 없던 원로원은 거절할 수 없었다. 키케로는 처음에는 그리 미덥지 않았지만 결국 옥타비아누스의 제안을 받아들였다. 그는 일찍이 키케로를 칭송하고 아버지라고 부르며 조언을 구하던 사이였다. 결국 옥타비아누

34 히르티우스Aulus Hirtius(B.C.90~B.C.43). 정치인, 문인. 집정관(B.C.43). 카이사르의 『갈리아 전쟁기』 제8장을 마무리지었다.

35 판사Gaius Vibius Pansa(B.C.?~B.C.43). 정치인. 집정관. 카이사르 온건파를 이끌며 내전을 피하려 했다. 옥타비아누스 편에서 싸우다가 무티나에서 안토니우스의 기습을 받았으나 히르티우스의 돌격으로 목숨을 건졌다. 얼마 뒤 죽기 직전 친구 히르티우스의 전사 소식을 들었다.

스 덕에 모두 살았다. 안토니우스는 자기 휘하 군단에 버림받고 로마를 떠났다. 그를 궁지로 몰아넣은 옥타비아누스를 원로원은 기적으로 받아들였다. 옥타비아누스도 내심 겁을 냈던 만큼 사실 기적 같은 사건이었다. 그는 해방자라는 분에 넘치는 찬사와 위신을 얻었다. 키케로는 카이사르보다 더 높이 그 후손을 치켜세웠다. '조국을 지키라며 하늘이 보낸 신 같은 청년'이라고 불렀다! 그의 애국심과 충성심을 보장까지 했다. 경솔한 발언이었다. 브루투스가 심하게 비난했고 사태는 곧 뒤집혔다.

그 뒤로 이어지는 사건들은 새삼 되풀이하지 않겠다. 하지만 바로 이때 키케로는 가장 중요한 정치적 역할을 했다. 정적들은 인정하지 않았지만 국가원수로서 충분한 자격을 보여주었다. 6개월 동안 키케로는 공화국의 혼이었다. 그의 목소리에 공화파는 다시 모였다. 그는 자랑하곤 했다.

> 내가 경종을 울렸지(『필리포스 탄핵연설』, XIV. 7)!

키케로의 발언은 무심하던 민중에게 애국심과 사기를 북돋웠다. 포룸에 모여서 곧 들을 수 없을 조국과 자유라는 위대한 이름으로 함께 열광했다. 로마의 열기는 이웃 도시로 번져 차츰 이탈리아 전체가 들썩였다. 하지만 이것만으로는 부족했다. 안토니우스

36 데키무스 브루투스 알비누스Decimus Brutus Albinus(B.C.81~B.C.43). 정치인, 군인, 갈리아 총독. 카이사르 시해 후, 마르쿠스 브루투스와 재기를 노리며 도피 생활을 했지만 갈리아족의 고발로 살해당했다.

의 적대자들과 공화국의 수호자들을 찾아 더 먼 곳으로 나섰다. 속주 총독과 군사령관에게도 편지를 썼다. 세상, 이 끝에서 저 끝까지 미온적인 사람들을 설득하고 야심가들을 부추기며, 정력적인 사람들을 추켜세웠다. 여전히 망설이던 브루투스에게 그리스를 점령하라고 등을 떠밀었다. 카시우스[37]에게 소아시아의 맹주가 되도록 응원했고 코르니피키우스[38]에게 아프리카에서 안토니우스의 병력을 쫓아내게 했다. 데키무스 브루투스에게 모데나에서 저항하도록 힘을 실어주었다. 열정적으로 청탁하자 사방에서 호응했다. 공화정의 적과 변절자조차 그의 원조를 감히 거절하지 못했다. 레피두스[39]와 플란쿠스[40]는 충성심을 강조하는 항의 성명을 냈다. 폴리오는 엄숙한 어조로 편지를 썼다.

> 모든 폭군에게 대적할 것을 맹세한다(『친구들에게』, X. 31).

사방에서 키케로에게 우의를 청하고 지지를 구했으며, 보호까지 부탁했다. 다시 연설할 시간도 없었지만 다행히 규탄 연설은 전

37 카시우스Gaius Cassius Longinus(B.C.87?~B.C.42). 장군 출신 정치인. 크라수스의 파르티아 원정에 참전했다가 패했다. 폼페이우스 편으로 내전에 참가했고 카이사르는 그를 법무관에 임명했다. 이후 카이사르 암살을 주도했고 내전 중 안토니우스에게 쫓겨 자결했다.

38 코르니피키우스Lucius Cornificius. 호민관, 집정관.

39 레피두스Marcus Aemilius Lepidus(B.C.89~B.C.13). 군인, 관료. 아이밀리이 가문 출신이다. 3인 집정관 시절에 집정관을 역임했다.

40 플란쿠스Lucius Munatius Plancus(B.C.87~B.C.15). 군인, 정치인. 갈리아 전쟁과 내전에 참전했다. 옥타비아누스에게 아우구스투스 칭호를 제안했다.

세계로 신속하게 퍼졌다. 최초의 활기도 고스란히 퍼졌다. 곳곳에서 거대한 민중은 열렬한 연설에 감격하며 출렁대었다. 속주에서 규탄문을 돌려 읽었고 군대에서는 외웠다. 가장 먼 외지에서 전투에서 승리한 장군은 감격스러운 소감을 전했고 또 다른 장군도 편지를 보냈다.

그대의 관복[토가]이 우리의 무기보다 더 막강하고 믿음직합니다. 집정관의 승리올시다(XII. 13)!
우리 병사들은 그대 편이오(『친구들에게』, XII. 12).

그들은 공화국에 일어나는 모든 영광을 키케로에게 돌리며 축하하고 감사해했다. 모데나의 승전 소식을 알게 된 그날 밤, 로마 시민들은 키케로의 집으로 찾아갔다. 카피톨리누스 언덕으로 그를 데리고 올라가 전황을 직접 들려달라고 했다. 키케로는 브루투스에게 편지로 썼다.

그 하루야말로 고생했던 보람이 있었네(『브루투스에게』, 3)!

공화국과 키케로가 거둔 마지막 승리였다. 하지만 승리는 때때로 좌절보다 연합에 더 치명적이다. 그들을 결집하게 한 공동의 적을 물리치자 각자의 불화가 고개를 들었다. 옥타비아누스는 원하는 것을 얻으려고 안토니우스의 세력을 꺾었지만 그를 완전히 제거할 뜻은 없었다. 알프스로 도주하는 안토니우스의 손을 잡아끌고 로마로 들어왔다(내전의 무서운 셈법이다). 결국 반드시 제거할 가장 두려운 상대는 한 사람뿐이었다. 이제 키케로는 선택할 여지가 없었다.

> 용감한 검투사처럼 잘 죽기를 바랄 뿐이다.
>
> (『필리포스 탄핵연설』, XIII. 14)

키케로는 죽음 앞에서 용감했다. 그를 배신하고 비방하는 데만 관심이 있었던 폴리오가 뭐라 말하든 간에 말이다. 차라리 친구도 아니었고 훗날 아우구스투스의 궁정 서기였던 리비우스의 증언이 더 믿음직해 보인다.

> 그는 많은 불행을 겪었지만 한 인간으로서 죽음이라는 불행은 의연히 버텨냈다(대 세네카, 『수아소리아』, 6).

이 부분에서 인정하고 넘어가야 할 사실이 있다. 키케로는 자신을 구할 수 있었고 잠시 도망치려고 시도하기도 했다. 그는 브루투스가 있는 그리스로 떠나고 싶었지만 며칠 동안 항해한 후 역풍을 맞고 뱃길에 시달리자 후회와 슬픔으로 고통받았고 살고 싶은 마음마저 식어버렸다. 항구 가에타(로마 남쪽 약 120킬로미터)에 상륙했고 그곳에서 죽으려고 포르미아 집으로 돌아왔다. 그는 종종 바람에 대해 감사하게 생각했다. 처음 그리스로 처음 도망가려고 했을 때도 역풍 때문에 레기움으로 되돌아왔다. 그렇게 돌아오지 않았다면 규탄할 기회도 없었다. 이번에 그를 가에타로 몰고 간 폭풍도 그에 못지않았다. 내가 보기에 키케로는 죽음으로 나약한 삶을 만회했다. 그와같이 온건한 사람으로서는 대단한 일이었고 끔찍한 순간에도 의연했던 카토 우티켄시스 못지않았다. 그가 소심한 성격이라는 점을 생각할수록 그가 죽을 각오가 되어 있다는 사실은 감동적이다. 또한 키케로의 역사를 연구하면서 그의 무지와 실패를 비난하고 싶을 때 그의 최후를 생각해 본다. 플루타르코스가 아주 잘 묘사한 그의 모습이 눈에 선하다.

> 덥수룩한 수염과 헝클어진 머리에 지친 얼굴을 왼손으로 턱을 괸 채 – 평소 익숙하던 자세인데 – 자신을 죽이려는 자객들을 뚫어지게 바라본다(플루타르코스, 『키케로』, 48).

이런 사람을 어떻게 혹평할 수 있을까. 그는 결함도 있었지만 아우구스투스가 후에 착잡해하며 솔직하게 말했다시피 정직했다.

> 조국을 사랑했던 사람이었다.

그가 때때로 너무 주저하고 나약했다면 항상 자신이 믿던 정의와 법을 끝까지 옹호했고 그 뜻이 영원히 꺾였을 때도 [공화국의] 수호자로서 마지막 의무를 다했다. 그는 죽음으로 명예를 지켰다.

S · P · Q · R

〈캄피돌리오 광장의 로마 여신상〉

샘물의 요정, 카피톨리니 박물관

키케로 II

사생활

키케로와 아티쿠스가 나눈 편지를 보면 친밀한 두 사람 사이에서 금전 문제는 매우 큰 비중을 차지한다. 나는 키케로의 재산을 추산하기 위해 그의 사생활을 연구하기 시작했다. 이렇다 할 놀라운 일도 못 된다. 부富는 당시 사람들에게도 가장 큰 관심사였다.

I

키케로의 집사 에로스가 기록한 회계장부가 남아있지 않아 정확한 가계 예산은 알 수 없다. 그의 아버지가 그럭저럭 물려준 재산을 크게 불렸다는 사실만 알려져 있다. 따라서 정적들은 키케로의 재산 형성 과정에 의혹을 던지며 과장했다. 구체적 액수가 밝혀진다면 상당할 거라 짐작되지만 우리 시대의 잣대로 평가할 수는 없다. 부는 상대적이다. 사는 환경에 따라 부유하거나 가난하며, 호사를 부린다고 해 봐야 남들보다 조금 여유 있는 정도였다. 로마에서 부는 우리 시대만큼 고르지 않다. 집정관이 되기 40년 전, 호민관 필리포스가 주장했다.

이 거대한 도시에서 유산을 받은 2천 명도 안 되는 사람들이 공적 재산마저 소유했다(『의무에 관하여』, II. 21).[1]

"자기 수입으로 군대를 유지할 수 있어야 한다"라고 주장했던 크라수스는 큰 부자였다. 밀로[2]는 세금 7천만 세스테르티우스를 낼 방법을 몇 해 만에 찾아냈다. 카이사르는 개인 신분으로 포룸 로마눔 신축에 1억 2천만 세스테르티우스의 거액을 내놓을 정도로 어마어마한 자산가였다. 이들에 비하면 키케로의 재산은 팔라티누스 언덕에 사둔 집 한 채뿐이고 나머지는 투스쿨룸에 있는 별장 장식에 거의 다 쏟아부었다. 요즘으로 치면 상당한 거금이지만, 당시로서는 평범한 수준이었다.

키케로는 어떻게 부를 축적했을까? 험담에 대응하려면 출처를 밝히는 것이 좋겠다. 그가 솔직하게 밝힌 적 있다.

장사나 용역, 징세청부회사를 운영했다(『스토아 철학의 역설』, 6).

일확천금을 탐하는 사람들은 누구나 하던 사업이지만 정치에 야심이 없거나 대중의 존경에 무관심한 사람들이나 손대던 일이지 통치자를 꿈꾸는 사람에게 걸맞지 않다. 아무튼 키케로는 은행

1 키케로가 집정관이 된 시절에도 사정은 마찬가지였다. 동생에게 보낸 편지에서 "로마에 거액의 재산을 가진 기사는 몇 사람뿐"이라고 했다.*

2 밀로Titus Annius Milo Papianus. 집정관에 입후보했던 정치인으로 키케로의 측근이다. 클로디우스를 상대로 혼탁한 선거전을 치렀다가 상처를 입었다. 이런 추문으로 그는 마실리아[마르세유]로 유배당했다.

마다 거금을 넣어두고 이자를 챙기는 폼페이우스와 달랐다. 편지 어디에서도 돈놀이의 자취는 없다. 그렇다면 그가 지은 책으로 재산을 불렸을까? 말도 안 되는 일이다. 당시 저자는 오늘날처럼 책을 판매하지 않았다. 책을 읽거나 갖고 싶은 사람들은 저자나 친구에게 빌려서 노예들에게 필사시켰다. 그러다가 복사본이 남아돌면 대중에게 팔았다. 하지만 저자는 어떤 이득도 얻지 못했다. 마지막으로 키케로는 공무를 이용해 재산을 모으지도 않았다. 공직은 지출을 감당하지 못해 망하기 쉬웠다. 수시로 온갖 비용과 지지자의 경조사에 큰돈이 들었다. 대신 지방 속주 경영에서 막대한 수익을 올렸다. 야심가들은 보통 이런 수익원으로 호사를 부리며 공직 생활에서 들인 돈을 메꾸었다. 하지만 키케로는 그 기회를 스스로 포기했다. 관행에 따라 집정관을 마치면 속주 총독으로 내려가야 했지만 동료(2인 집정관제 시절) 안토니우스에게 양보했다.[3] 두 사람이 모종의 거래했다고 의심을 사는 대목이다. 하지만 거래를 했다고 해도 분명히 유지되지 않았다. 안토니우스는 속주를 혼자 말아먹었다. 속주를 양보해 키케로가 얻은 것은 없었다. 그로부터 12년 후, 키케로는 원치도 않던 킬리키아[키프로스 북쪽의 해안지역][4] 총독으로 임명되었다. 1년 동안 키케로

3 로마 공화정에서 1년 임기이던 집정관을 비롯한 고위직을 마친 사람은 지방 속주의 총독으로 내려갔다. 고대의 대부분 문명국과 마찬가지로 행정과 사법권을 모두 행사하는 권력자로서 집정관을 대리하며 전직에 따라 '전임 집정관', '전임 법무관' 등으로 부르기도 했다.

4 킬리키아Kilikya. 고대에는 소아시아와 시리아를 잇는 유일한 통로, '킬리키아 문'이 있었다. 폼페이우스의 오리엔트 원정 때 로마 속주가 되었다.

는 어떤 불법 행위도 하지 않았다. 주민을 교묘하게 갈취하지 않더라도 220만 세스테르티우스의 이익을 얻었다. 하지만 그렇게 벌어들인 돈은 키케로에게 도움이 되지 않았다. 그 돈 일부는 폼페이우스에게 빌려주었다가 돌려받지 못했고 나머지는 내전 중에 모두 날렸다. 전쟁이 끝났을 때 그는 무일푼이었다.

형편이 이러했던 만큼 재산의 출처는 다른 곳에서 찾아야 한다. 요즘이라면 뛰어난 변론으로 큰돈을 벌었겠지만 키케로 시대에는 변호인이 피변호인에게 보수나 선물도 받지 못하도록 킨키아 법[5]으로 금지했다. 이 '민중을 위한 법'은 사실 귀족을 위한 법이었다(리비우스, 『로마사』, XXXIV. 4). 변론 수익을 얻지 못하자 변호하는 일은 가난한 사람들에게 멀어지고 부유층에게는 특권이 되어 직업이 되는 것을 막았다. 게다가 법도 제대로 지켜지지 않았다. 변호인에게 어떻게든 보답하려고 작정하면 법이 무슨 소용있을까. 키케로의 시대에는 법을 노골적으로 무시하지 못했다. 베레스[6]는 친구들에게 이렇게 털어놓았다.

> 시칠리아 총독 임기 3년 동안 모은 자금은 셋으로 나누었다. 판사들 매수에 뭉텅이로 들어갔고 나머지는 변호인들과 내가 썼다.
>
> (『베레스 탄핵연설』, I. 14)

5 킨키아 법Lex Cincia(B.C.204). 호민관 킨키우스가 발의한 법이다. 부정청탁 및 금품 등 수수의 금지에 관한 법.

6 베레스Gaius Licinus Verres(B.C.120~B.C.43). 귀족 출신 고위 관료. 술라의 휘하에서 일했고 돌라벨라의 그리스 총독 시절 부관으로 신전과 주민의 재산을 갈취한 후 오히려 총독을 부패 혐의로 고발했다.

베레스 사건이 불거졌을 때 키케로는 스핑크스를 받았다며 변호인 호르텐시우스[7]를 조롱했고 자신은 그런 선례를 따르지 않으려고 조심했다. 동생 퀸투스는 키케로가 집정관직에 있을 때 누구에게도 손을 벌리지 않았다고 주장한다(『선거에서 이기는 법』, 5, 9). 하지만 몇 가지 사실을 보면 그가 정말 피보호자들의 호의를 한 번도 받지 않았는지는 모르겠다. 키케로는 베레스에게 보복한 시칠리아 사람들을 변호한 일이 있었다. 주목받는 사건이었고 적들을 만들면서까지 승소한 재판이었는데 굳이 선물을 거절했다. 하지만 몇 해 뒤, 키케로는 막 변론을 끝낸 친구 파피리우스 파이투스가 준 선물은 사양하지 않았다(『아티쿠스에게』, I. 20). 그리스어와 라틴어로 씌워진 아름다운 책들이었다. 키케로만큼 책을 사랑하는 사람이 누가 있을까. 또 가끔 돈이 필요할 때 키케로는 변호했던 부유한 지인들에게 부탁했다. 그들은 남들보다 그에게 덜 가혹하고 인내심이 컸다. 키케로는 친구들의 돈으로 크라수스의 저택을 사들였다고 말하기도 했다. 푸블리우스 술라[8]는 2백만 세스테르티우스라는 거금을 선뜻 빌려주었다. 원로원에서 이 문제로 공격받았을 때 키케로는 농담으로 피해 나갔다. 그만큼 사람들은 킨키아 법을 더는 지키지 않았고 기소될까 봐 겁내지도 않았다(아울루스 겔리우스, 『아테네의 밤』, XII. 12. 그렇다면 키케로가 명예와

7 호르텐시우스Quintus Hortensius Hortalus(B.C.114~B.C.50). 로마의 변호인 출신 정치인.

8 푸블리우스 술라Publius Cornelius Sulla(B.C.?~B.C.45). 로마 공화정 말기 독재관 술라의 조카. 집정관(B.C.65)에 임명되었지만 카틸리아 음모에 연루되어 집무하지 못했다. 파르살루스 전투에 카이사르 편에서 싸웠다.

재산을 구해준 거물 인사들, 탐욕스러운 속주 총독에게서 보호해 준 도시들과 속주들, 원로원에서 편들어 준 외국 군주들, 특히 전 세계가 로마로 보내는 모든 돈을 다루었던 부유한 징세청부회사, 키케로의 신망과 연설에 톡톡히 신세를 진 사람들은 언제든 보답할 날만 기다렸을 것이다. 요즘이라면 너무 당연해서 키케로가 거절하지 않았다고 해서 비난하지 않는다. 그가 보답받았다 해도 다른 사람보다는 더 절제하고 신중했을 것이다.

합법적으로 보답하는 가장 일반적인 관행으로 로마에서는 살아 있을 때 맺은 감사와 우정의 빚을 유언으로 청산하는 풍습이 있었다. 이렇게 피보호자는 자신을 구해준 변호인에 대한 의무감을 털어버렸다. 킨키아 법에 조금도 저촉되지 않는 행위였다. 당시 자연 상속인이 있는 가장은 부모와 친구, 도움이 되거나 마음에 든 사람에게 상당한 유산을 남겼다. 이런 관행은 본래 목적을 벗어나 남용되었다. 유행과 허영심이 뒤엉켜 있었다. 친구가 많은 것처럼 보이려고 많은 사람과 거물급 인사들의 이름까지 유언장에 올렸다. 이름 한번 들어본 적 없는 사람들이 나란히 오르기도 했다. 당사자들조차 깜짝 놀랐다. 푸테올리 금융업자 클루비우스는 파르살루스 전투 이후 키케로와 카이사르에게 상당한 재산을 남겼다(『아티쿠스에게』, XIII. 45~). 건축가 키루스[9]는 앙숙이던 키케로와 클로디우스를 상속인 명단에 나란히 올렸다(『밀로

9 키루스Cyrus(B.C.?~B.C.52). 건축가. 키케로와 가족의 집을 건축했다. 그의 갑작스런 죽음과 아피우스 풀케르의 살인이 같은 날 일어나 많은 사람을 놀라게 했다.

변호연설』, 18). 정파를 가리지 않고 폭넓은 우정을 누렸다는 명예를 원했다. 심지어 일면식도 없는 인물을 상속인으로 지명하기도 했다. 유명한 미식가 루쿨루스[10]는 소아시아 총독 시절, 모르는 사람들의 유산으로 재산을 크게 불렸다. 아티쿠스도 이름조차 들어본 적 없던 사람들에게 재산을 꽤 많이 물려받았다. 그의 명성을 익히 알던 사람들이 남긴 재산이다. 하물며 거절하기 어려운 변호를 맡아주던 걸출한 연설가 키케로 같은 인물, 로마 사람들 누구나 자랑하는 거물이, 자기 의사와 상관없이 종종 유증 받았다고 놀랄 필요는 없다. 키케로의 편지를 보면 그와 무관했던 많은 사람이 그에게 유산을 남겼다. 하찮은 액수를 남긴 장군도 있었다. 키케로는 스승 같던 어린 시절 친구 디오도투스[11]에게 가장 큰 유산을 받았다. 디오도투스는 오랜 친구를 두고 떠나는 것이 아쉬워 철학자와 교수로서 일하면서 근근이 모아둔 돈을 키케로에게 주었다. 10만 세르테르티우스 정도 되는 무시 못 할 액수였다. 키케로는 이것을 죽는 날까지 보관했다(『아티쿠스에게』, II. 20). 이렇게 소소하게 물려받은 것을 모두 합쳐도 거액은 아니었다. 키케로는 모두 2천만 세스테르티우스가 조금 넘는다고 밝혔다(『필리

10 루쿨루스Lucius Licinius Lucullus(B.C.115~B.C.57). 로마 군인, 관료. 폰투스 왕국을 정복하고(B.C.73) 소아시아와 아프리카에서 총독으로 일했지만 폼페이우스가 군권을 잡자 조용히 귀국했다. 나폴리만 섬에서 숱한 전설을 남기며 미식가의 대명사가 되었다. 소아시아에서 체리를 처음 이탈리아로 들여왔다. 절친하던 키케로는 그의 재능과 놀라운 기억력을 칭송하는 글을 남겼다. 플루타르코스도 그의 전기를 남겼다.

11 디오도투스Diodotus(B.C.?~B.C.46?). 키케로의 절친한 친구로 그의 집에 살며 철학과 변증법을 가르쳤다.

포스 탄핵연설』, II. 16). 재산은 주로 유산과 피보호자들이 감사하며 건넨 선물이다.

키케로는 재산을 여러 종류로 배분했다. 처음에는 로마에 집을 소유했다. 그가 살던 팔라티누스 언덕 위에 집 말고도 카리나이(로마 시내 북동부)에 아버지 명의의 주택이 있었다. 아르길레툼(수부라에서 포로 로마노에 이르는 고대 거리) 길가와 아벤티누스[아벤티노] 언덕에 있는 집에서 8만 세스테르티우스의 수익을 올렸다(『아티쿠스에게』, XVI. 1). 이탈리아 곳곳에 별장도 있었다. 8채의 별장[12]이 잘 알려져 있다. 함께 귀족들이 다른 지역에 갈 때 주요 도로 옆에 마련해 두었던 작은 집들(디베르소리아)을 구입했다. 그 밖에도 키케로는 여러 방법으로 처분한 현금을 가지고 있었다. 정확하게 추산할 수 없지만 당시 로마 부자들의 관습으로 보면 집보다 적지는 않았을 것이다. 어느 날, 키케로는 60만 세스테르티우스를 당장 내놓을 수 있으니 아티쿠스에게 땅을 사라고 재촉했다(『아티쿠스에게』, XII. 25). 우리 사회와 다른 흥미로운 점이 있다. 오늘날은 은행 외에는 그런 상당한 액수의 돈을 취급하는 사람은 없다. 귀족은 항상 재정문제를 무시하는 경향이 있다. 반대로 로마 귀족은 그것에 관해 잘 알았고 많은 생각을 했다. 그들은 막대한 재산은 정치적 야망을 위해 사용했고 지지자를 얻으려고 주저 없이 위험을 감수했다. 공직자 후보가 내놓은 공금은 도움이 될

12 키케로가 애지중지하던 별장이다. 망명지에서 돌아왔을 때 파괴었다. 복구비로 원로원에서 50만 세스테르티우스를 지원했지만 이것으로는 턱없이 부족했다고 한다.*

수 있는 모두에게 열려 있었다. 그는 가장 가난한 사람들에게 베풀고 다른 사람에게 빌려주면서 대의에 복종시키는 이해관계를 맺으려 했다. 더 많은 사람을 포섭한 사람이 선거에서 승리했다. 다른 후보들만큼 부유하지 못한 키케로도 그들을 따라 했다. 아티쿠스에게 보낸 편지에서 그는 거의 항상 어음과 만기일을 묻고 있으며 그의 돈이 사방에서 융통되는 것을 볼 수 있다. 거물급 인사를 끼고 지속적인 사업 관계에 있고 카이사르와는 자금을 융통하는 사이였다. 폼페이우스부터 헤르모게네스에 이르기까지 다양한 신분, 재산을 가진 자유민들이 키케로에게 자금을 빌렸다. 유감스럽게도 모두 계산하면 채무자보다 채권자가 더 많다. 아티쿠스가 모범을 보이고 충고도 했지만, 키케로는 재산 관리 방법을 잘 알지 못했다. 그는 환상에 큰돈을 들였다. 그는 갤러리를 장식하고 그리스 체육관처럼 보이려고 비싼 값을 치르며 조각상과 그림을 사들였다. 그는 시골집을 장식하다가 파산했다. 키케로는 쪼들리면서도 돈을 빌려주었다. 그가 항상 빚이 많을 때 새 별장을 사고 싶어 했다. 주저하지 않고 로마의 금융업자들을 찾아다녔다. 심지어 깐깐한 아티쿠스의 삼촌 카이킬리우스에게도 하소연했을 것이다. 현명한 아티쿠스는 빚을 지면 수치스럽다고 충고했다. 하지만 키케로는 별것 아니라는 듯 채무 이야기를 농담 삼아 먼저 꺼내곤 했다. 어느 날, 키케로는 친구 중 한 명에게 빚이 너무 많아서 어떤 음모라도 꾸미겠다고 했지만, 카틸리나를 탄핵한 이후 사람들에게 신뢰를 얻지 못했다(『친구들에게』, V. 6). 만기일이 되면 키케로는 투스쿨룸에 틀어박혀 집사 에로스나 노예 티로가 채권자들과 언쟁하도록 내버려 두었다.

이런 곤란한 재정 문제와 염려로 가득한 편지를 보면 그가 철학 저서에서 주장하는 어떤 구절들은 그의 생활 방식과 비교했을 때 다소 의외로 보이고 반감이 들기 쉽다. 아낌없이 돈을 쓰던 이 태평하고 헤픈 사람이 확신의 어조로 외치며 우리를 감동하게 한 그 사람이 정말 맞을까?

> 불멸의 신들이시여, 쓰지 않으면 돈이 쌓인다는 것을 사람들은 언제쯤 이해하게 될까요(『스토아 철학의 역설』, 6)!

이 열렬한 예술 애호가이자 최고급 호사 취미를 가진 사람이 조각상과 그림을 좋아하거나 멋진 집을 짓는 사람들을 어떻게 감히 미친 사람으로 대할 수 있을까? 스스로 유죄 판결을 내린 그를 전혀 용서하고 싶지 않다. 하지만 그에게 엄격한 판단을 내릴 때 그가 살았던 시대와 사람들을 생각해 보자. 그를 가장 최악인 자들과 비교할 필요도 없이 가장 정직한 사람들을 보더라도 여전히 가장 나은 인물은 키케로이다. 그는 브루투스와 그의 친구들처럼 고리대를 하지 않았다. 카토가 비난한 비열한 돈놀이로 재산을 불리지 않았다. 아피우스 풀케르[13]와 카시우스처럼 속주를 착취하지도 않았고 호르텐시우스처럼 전리품에서 자기 몫을 챙기지도 않았다. 따라서 키케로를 비난할 수 있지만 인정할 부분도 있

13 아피우스 클라우디우스 풀케르Appius Claudius Pulcher(B.C.97~B.C.49). 로마의 보수파 정치인. 집정관(B.C.54). 동명의 그의 아버지도 집정관이었다(B.C.79). 클로디우스로 개명한 클라디우스의 형이다.

다. 그는 다른 사람들보다 금전 문제에 더 신중하고 사심이 없었다. 그의 모순은 개인의 골칫거리였을 뿐이다.[14] 파멸적인 호사 취미는 있었지만 적어도 그것을 위해 파렴치한 이익을 추구하지 않았다. 이런 양심은 당시 매우 드물었던 만큼 그를 더욱 명예롭게 한다. 그가 살았던 탐욕스럽고 부패한 사회를 어느 정도 더럽히지 않고 통과한 사람은 거의 없었다.

II

키케로는 성실하고 반듯한 가정생활로 모범을 보였다. 그는 엄격한 소년 시절을 보냈다(『친구들에게』, IX. 26). 훌륭한 연설가가 되기로 굳게 결심했고 어렵게 뜻을 이루었다.

> 성공하려면 모든 즐거움을 버려야 한다. 모든 오락거리를 피하고 휴양이나 게임, 놀이를 멀리해야 한다. 그리고 친구들과 어울려서도 안된다(카이키나 변론연설, 19).

이것이 그가 성공을 위해 지불한 대가였다. 그가 갈망한 야망은 다른 열정으로부터 그를 보호하고 충족시켰다. 젊은 시절 내내

14 키케로는 밀로와 같은 채권자들에게 4퍼센트 이자만 주지는 않았을 것 같다. 카이사르가 죽은 후 로마를 떠나면서 키케로는 아티쿠스에게 빚을 갚기에 충분한 돈이 있다고 썼다. 하지만 돈이 부족한 채무자들이 지체하자 필요하다면 그의 재산을 팔라고 했다. “내 평판에만 관심을 갖게(『아티쿠스에게』, XVI. 2).”

공부에 몰두했다. 처음 몇 해가 지나자 위험은 줄어들었다. 그동안 쌓았던 작업 습관과 맡은 중요 사건만으로도 위험한 충동으로부터 보호하기에 충분했다. 그를 싫어하는 역사가들은 그 주위에서 흔해 빠진 방탕의 흔적을 찾으려 했지만 헛수고였다. 가장 큰 악의를 가진 디오(『디오 카시우스』, XLVI. 18)[15]는 카이렐리아라는 지적인 여성을 그의 애인이라고 비아냥거렸다(『친구들에게』, XIII. 72). 사실 카이렐리아는 키케로에게 어떤 영향도 미치지 않았다. 두 사람의 편지는 잘 보존되어 출판되었다. 꽤 스스럼없는 어조 때문에 처음에는 험담꾼들 말이 맞는 것처럼 보인다. 하지만 카이렐리아는 키케로보다 훨씬 나이가 많았다. 가정 불화의 원인이 아니라 키케로 부부를 화해시키기 위해서만 개입했다(『아티쿠스에게』, XIV. 19). 두 사람의 인연은 철학에 대한 사랑에서 시작되었다(『아티쿠스에게』, XIII. 21). 외도 같은 피곤한 사태는 꿈도 꾸지 않았다. 카이렐리아는 키케로에게 매우 만족스러운 대화를 할 수 있는 교양 있는 여성이었다. 일반 여성과 달리 나이도 들고 교육 수준도 높았다. 재치 있는 응답으로 이야기에 흥이 고조되면 항상 마음을 다스리거나 억제하지 못했다. 게다가 애국심에서도 취향에서도 플라우투스[16]의 본을 따라 대담무쌍하게 자유분방했다.

아테네 사람들보다 로마 사람이 더 더럽다(『친구들에게』, IX. 15).

15 카시우스 디오Cassius Dio(155?~235). 역사가. 소아시아 니케아 출신. 『로마사』(전80권)를 지었으나 일부만 전한다. 과장되고 편향된 시각이지만 매우 상세한 서술로 역사가들이 즐겨 인용한다.

이런 농담도 개의치 않고 편지에 썼다. 훗날 공화파의 거친 사교 생활이 시들고 예법이 더 세련되고 의식화했을 때, 사람들은 이런 노골적인 화법에 충격받아 험담을 퍼트렸다. 오늘날 키케로가 쓴 잃어버린 편지에서도 카이렐리아에게 쓴 편지는 당시 사교 생활을 잘 알려줄 사료라는 면에서 매우 아쉽다.

키케로는 30대로 접어들 무렵에 결혼한 것 같다. 술라 집권기 말쯤 변호인으로서 처음 성공했던 시절이다. 아내 테렌티아는 부유한 명문가의 딸이다(플루타르코스, 『키케로』, 8).[17] 결혼지참금은 12만 드라크마(고대 그리스 통화)였고 로마 시내에 주택 몇 채와 투스쿨룸 부근의 임야도 있었다(『아티쿠스에게』, II. 1). 재산보다 재능으로 정계에 입문한 청년에게는 매우 유익한 결혼이었다. 하지만 키케로는 편지에서 아내를 그다지 좋게 이야기하지 않았다. 알뜰한 살림꾼이었지만 까칠했고 호감이 가지 않는 여성이었다. 그런 여성과 같이 사는 것은 힘든 일이었다. 특히 시동생 퀸투스 부부, 폼포니아와 껄끄러운 사이였다. 우유부단하고 무심한 남편에게 자기 뜻을 굽히지 않는 고집스러운 아내였다. 키케로는 오랫동안 아내에게 완전히 살림을 맡겨두면서 성가신 일에서 벗어났다며 홀가분하다고 했다. 아내는 남편의 정치활동에도 간섭했다. 그에게 위대한 집정관답게 적극적인 조처를 하라고 충고했다. 나중에

16 플라우투스Titus Maccius Plautus(B.C.254~B.C.184). 움브리아 지방 에밀리아 로마냐 출신. 라틴 문인이자 극작가. 작품은 일부분만 전한다. 셰익스피어와 몰리에르 같은 극작가들의 '수전노'는 그의 영향으로 알려졌다.

17 테렌티아Terentia(B.C.98~A.D.6). 부유한 평민의 딸로 키케로와 결혼해 툴리아와 마르쿠스 남매를 낳았다.

테렌티아는 이복남매 클로디우스와 사이가 의심되는 클로디아[18]를 증오하여 그들의 사이를 틀어지게 했다. 수익이 높았던 아티쿠스를 몇 가지 금융 사건에 말려들게 했다. 그렇게까지 양심적이지는 않았던 아티쿠스도 정직하지 못하다고 생각해 거기서 멈췄다. 테렌티아는 남편의 문필활동에 관심도 없고 잘 알지도 못했다. 키케로는 책에서 딸과 남동생, 아들은 빈번하게 이야기했지만 아내에 관해 말하지 않는다. 아내는 남편에게 정신적으로 이렇다 할 영향력이 없었고 남편은 중요한 인생사를 아내와 절대 터놓고 의논하지 않았다. 자기 확신과 신념을 아내와 결부시키지도 않았다. 편지에서 그나마 아내에 대해 언급한 내용이 흥미롭다. 테렌티아는 점을 보러 다녔고 기적을 믿었다. 그렇다고 아내의 행동을 굳이 고치려고 하지도 않았다. 아내와 역할을 분담한다는 생각까지 했다. 아내는 신들에 봉사하지만 자신은 '사람 농사' 짓기에 바쁜 사람이다(『친구들에게』, XIV. 4). 키케로는 아내의 신앙을 거북하게 생각하지 않았고 자상하게 배려하기까지 했다. 그가 폼페이우스의 원정지로 떠나면서 아내에게 부친 편지를 보자.

> 드디어 당신이 걱정하던 내 불편과 고통을 벗어나게 되나 보오. 떠나보니 왜 그런지 알겠구려. 마치 밤새 어떤 신의 진료라도 받았는지 짜증이 싹 가시고 편안합디다. 아폴론이나 아스클레피오스[19]가 무슨 수를 썼나 본데 당신이 그분들께 평소처럼 뜨겁게 감은의 뜻을 전해주면 어떻겠소(7).

18 클로디아Clodia Metelli(B.C.1c). 연애 사건의 주인공으로 유명했다.

『신의 본질에 관하여』를 쓴 회의론자가 한 말이라고 믿기 어렵다. 아무튼 키케로는 테렌티우스 바로를 비롯한 다른 사람과 생각이 같았다. 로마 점복관 시절에 자신은 따르지 않았지만 종교적 관습이 민중과 여성에게 나쁘지는 않다고 생각했다.

키케로는 아내에게 1권 분량의 편지를 보냈다. 주로 살림에 관한 이야기들이다. 편지는 뒤로 갈수록 짧아지다가 마지막에는 몇 줄짜리 쪽지가 되었다. 길이도 줄었지만 말투도 달라졌다. 정다운 말투는 점점 더 뜸해진다. 오래 함께 살다 보니 관계가 시들해졌다. 정이 깊어지고 단단해지기는커녕 닳아서 사라졌다. 신혼시절 편지들은 얼마나 정열에 넘쳤던가! 결혼한 지 20년쯤 되었으니 불행하던 시절이다. 불행하면 사람들은 좀 더 애틋해진다. 큰일이 닥치면 가족은 더욱 끈끈해진다. 키케로는 막 망명을 선고받았다. 집은 불길에 휩싸였고 친구들은 기소되어 쫓겨 다녔으며 가족은 모욕받았다. 키케로는 울먹이며 로마를 떠났지만 테렌티아는 낙심하지 않고 당당하게 남편의 고통을 용감하게 감내했다. 아내가 당한 굴욕을 듣고 키케로는 절망하며 편지를 썼다.

> 참담한 팔자로세! 나 때문에 착하고 정직하며 다정하고 헌신적인 사람이 이렇게 고통을 겪다니……. 당신처럼 소중한 사람이 어디 있겠소. 당신을 보고 싶어 눈물이 앞을 가리는구려. 죽더라도 당신을 다시 보고 싶소. 당신 품에서 죽어야지(XIV. 1~4)!

19 아스클레피오스Aesculapius. 아폴론의 아들로 영웅이자 의술의 신. 죽은 자들을 살려낸 죄로 제우스의 벼락을 맞고 죽은 뒤 뱀주인 자리가 되었다.

이 편지를 끝으로 6년간 편지 왕래는 없었다. 총독으로 킬리키아에 가면서 다시 편지가 오갔지만 어조는 예전과 싹 달라졌다. 1통만 전하는 편지에는 다정한 안부 대신 살림 이야기뿐이다. 마침 키케로에게 생긴 중요한 유산 문제를 활용할 방법을 찾아야 했다. 아내를 "너무너무 소중하고 그리운 당신"이라고 불렀지만 형식적인 말이다. 아무튼 아내를 간절히 보고 싶다면서 되도록 멀리까지 마중 나오라고 했다(『친구들에게』, XIV. 5). 테렌티아는 브룬디시움까지 내려가 남편이 도착하던 날 만났다. 두 사람은 포룸에 모여 서로 껴안았다. 키케로는 더없이 행복했다. 키케로는 개선장군[임페라토르] 자격으로 승리의 희망을 품고 돌아왔다. 가족과 기쁘게 재회했다. 불행하게도 내전이 터지기 직전이었다.

분란으로 어수선한 시국은 키케로의 사생활에도 치명적이었다. 파르살루스 전투 이후 다시 쓰기 시작한 편지는 지극히 무미건조하다. 이때에도 키케로는 이탈리아로 돌아오면서 다시 브룬디시움에서 하선했다. 하지만 승리해서 행복한 모습이 아니라 패배해서 절망한 모습이었다. 키케로는 그 어느 때보다 위로받아야 할 처지였지만, 아내를 다시 보지는 않으려 했다.

> 당신이 나를 보러 온들 무슨 소용이 있겠소(『친구들에게』, XIV. 12)?

딸을 데리고 불러 대화로 서로 위로했기에 이 대답은 잔인하게 들린다. 테렌티아는 그나마 받은 쪽지 몇 줄 끝에 "더 할 말이 없으니 이만 쓰겠소"라는 소리나 들었다. 그러면서 키케로는 렙타와 트레바티우스[20], 아티쿠스, 시카에게 자신이 내린 결정을 알리려고 아내를 돌려보냈다. 그는 아내를 더는 신뢰하지 않았다(『친구들에게』, XIV. 17). 그냥 하는 소리로 때때로 건강을 살피라는 당부나 했다. 1백 살까지 살게 될 사람에게는 필요 없는 말이었다. 키케로가 아내에게 부친 마지막 편지는 집사에게 명령하듯 썼다.

> 이달 7, 8일쯤 투스쿨룸에 들어가지 않을까, 준비 좀 해주고……. 여럿이 갈 텐데 한동안 거기에서 지내게 될 거야. 목욕물 준비시키고 편안하고 건강하게 지낼 수 있도록 부탁하오(XIV. 20).

몇 달 후, 냉랭한 어조로 예상된 두 사람은 결별했다. 키케로는 자식과 손자까지 두고 30년 넘게 살아온 아내와 헤어졌다.

왜 이혼이라는 극단적인 선택을 했을까? 자세한 동기까지 알 수는 없다. 다른 사람을 종종 불쾌하게 하는 테렌티아는 집에서 자주 다투었고 싸움을 반복하면서 변함없던 애정을 소진했다. 망명지에서 돌아올 때쯤, 열정적인 편지들을 쓴 지 몇 달 후에 키케로는 아티쿠스에게 이런 편지를 썼다.

> 자네에게 뭐라 하기 창피한 집안 문제로 속상하다네. …… 딸과 내 동생은 늘 나와 사이가 좋지만……(『아티쿠스에게』, IV. 1).

20 트레바티우스Gaius Trebatius Testa(B.C.1c). 로마 법률가. 보호자 키케로와 평생 우정을 나누었다. 훗날 아우구스투스 치하에서 최고의 명성을 날렸다. '유스티니아누스 법전' 편찬에 큰 역할을 했다.

키케로는 아내에게 왜 불만이 깊었는지 입에 올리기도 싫어했다. 테렌티아가 딸만 애지중지하는 남편에게 질투심을 느꼈다는 의심도 있다. 그의 애정은 아내에게 상처를 줄 만큼 과하긴 했지만 테렌티아는 불평을 참아가며 속만 끓이는 사람이 아니었다. 언쟁 끝에 결국 이혼하고 말았지만 좀 더 현실적인 사정이 있었다. 키케로는 아내의 낭비와 횡령 문제를 이혼 사유로 내세웠고 자신에게 번번이 막대한 손해를 끼쳤다고 비난했다. 흥미롭게도 당시 사회에서 여자들은 남자들 못지않게 사업에 뛰어들어 투기를 일삼았다. 그들은 돈을 가장 중요시 했다. 돈놀이로 재산을 늘렸다. 키케로에게도 돈을 빌려준 여성이 둘, 갚아야 할 여성이 하나 있었다. 하지만 여자들은 금융업에 직접 나설 수 없어 편법을 썼다. 믿을 만한 해방노예나 사업가에게 자금관리를 맡겼다.

> 보기 드문 작자입니다. 여자들에게 아첨하고 과부들을 변호합니다. 싸움을 좋아해 재판정을 뻔질나게 드나들며 거친 논쟁을 좋아했다. 남자들의 사이에서는 바보 소리를 듣는데, 여자들 사이에서는 유능하고 똑똑한 법률가 소리를 듣습니다. 거짓된 열정과 위선적인 우정으로 어떻게든 잇속을 챙기려 합니다. 때로 쓸만하지만 믿을 수 없는 자입니다(『카이키나 변론연설』, 5).

부자가 되고 싶은 여자들에게는 훌륭한 길잡이가 있었다. 테렌티아는 해방노예 필로티무스를 끼고 사업을 했다. 그는 유능하지만 양심적이지 않은 사업가로 노예와 해방노예를 거느릴 만큼 부유했다. 키케로는 처음에는 아내의 간청에 못 이겨 종종 도움받았다. 밀로가 망명하자 그의 재산 일부를 헐값에 사들이게 한 것도 필로티무스였다. 수익은 좋았지만 점잖지 못한 일이었다. 키케로도 그 점을 쑥스러워했다. 키케로는 임지 킬리키아로 떠나면서 그에게 일부 재산을 맡겼다가 바로 후회했다. 그는 저택을 돌보면서 자기 주머니만 챙기기에 혈안이 되었다. 밀로의 재산으로 불린 이익을 혼자 챙겼고 주인이 귀국하자 자신이 유용했던 자금을 부채로 보고했다. 키케로는 분개했다.

> 정말 대단한 도둑놈일세(『아티쿠스에게』, VII. 1, 3)!

필로티무스만 의심스러운 것이 아니었다. 파르살루스 전투가 끝나고 키케로가 돌아왔을 때 테렌티아도 공모했다는 사실을 알고서 친구에게 이렇게 말했다.

> 집안 문제가 공화정 문제보다 더 고약해(IV. 14).

브룬디시움에서 겪은 일에 속이 상한 그는 아내를 믿지 못했다. 장부를 자세히 들여다보고 테렌티아가 자신을 속였음을 알았다. 한 번은 자기 딸의 지참금에서 6만 세스테르티우스를 빼돌렸다(『아티쿠스에게』, XI. 2). 큰 돈 이었지만 푼돈도 빠짐없이 챙겼다. 어느 날 키케로는 맡겼던 2천 세스테르티우스를 아내가 챙긴 것을 확인하고 격분했다. 이미 오래전부터 다른 이유로도 괴로워했다(『아티쿠스에게』, XI. 4). 키케로는 이혼을 감수했다. 고통에 시달리던 끝에 체념했다. 그럭저럭 유지하던 관계를 별 탈 없이 끊기란 쉽지 않다. 숱한 불행을 함께 견뎌냈는데 헤어질 때 되살아나는 추억과 미련이 왜 없을까? 게다가 어려울 때일수록 혼자 조용히 있고 싶은데 해결사들과 득실을 따지고 계산까지 해야 했다. 가뜩이나 이런 타산을 거북해하던 키케로는 보통 때보다 더 괴로웠다. 그는 아티쿠스에게 일 처리를 맡아달라고 애원했다.

> 상처가 너무 깊어 피고름을 짜내지 않고서는 도무지 건드리지 못할 지경일세(XII. 22).

테렌티아가 계속 시비를 걸었으므로 키케로는 모든 요구를 들어주기로 하고 더는 왈가왈부하지 않으려 했다.

> 나 자신이 못났다고 한탄하느니 차라리 그 여자 탓을 하는 편이 낫겠어(XII. 21).

키케로에게 악의 있는 사람들은 그의 이혼 소식을 반겼다. 그것은 바로 보복이었다. 키케로는 너무 자주 다른 사람들을 조롱했기에 스스로 자초한 것이나 마찬가지였다. 험담꾼들은 얼마 지나지 않아 또다시 그를 조롱할 기회를 잡았다. 키케로는 63세였지만 아버지가 사망하면서 보호하게 된 어린 소녀 푸블릴리아를 새신부로 맞이했다. 사람들은 보호자와 피보호자의 결혼이라니 정말 코미디가 따로 없다며 보호자를 욕했다. 키케로는 어떻게 이처럼 경솔한 결정을 내렸을까? 복수를 하려고 테렌티아는 여기저기서 그가 황당한 애정행각으로 소녀와 눈이 맞았다며 떠들고 다녔다. 하지만 키케로의 비서 티로는 부채를 청산하기 위해서였다고 해명했다. 그의 말이 가장 신뢰가 간다. 이런 결혼에서는 보통 나이 많은 쪽이 가난한 법이다. 예상대로 가정불화가 바로 일어났다. 며느리보다 어렸던 푸블릴리아는 그녀와 사이가 좋지 않았고 그녀가 죽었을 때 너무 좋아했다. 키케로는 절대 용서할 수 없었고 다시는 보고 싶어 하지 않았다. 하지만 이상하게도 어린 아내는 자유를 얻었다고 좋아하기는커녕 자신을 쫓아낸 늙은 남편에게 돌아가려고 애를 썼다(『아티쿠스에게』, XII. 32). 하지만 키케로는 단호했다. 결혼에 신물이 났고 친구 히르티우스가 자기 누이동생을 소개했지만 아내와 철학을 동시에 건사하기 어렵다며 거절했다. 현명한 답이었지만 좀 더 일찍 알았어야 했다.

III

키케로는 테렌티아와의 사이에서 딸과 아들 하나씩 두었다. 그의 방식대로 맏딸 툴리아에게 공부시키고 아내는 무심했던 지적인 취미를 붙이도록 했다.

> 그 아이에게서 내 모습과 내 목소리, 내 혼을 보네.
>
> (『퀸투스에게 보낸 편지』, I. 3)

키케로는 딸을 매우 사랑했다. 변론할 때도 어린 딸에 대한 애정에 비유할 만큼 딸을 아꼈다(『베레스 탄핵연설』, I. 44). 하지만 깊은 사랑을 준 만큼 큰 고통을 겪었다. 툴리아의 운명은 비극적이었다. 13세에 결혼한 피조와 사별했고 두 번째 결혼한 크리시페스와 이혼했다. 아버지가 킬리키아 총독으로 있는 동안 세 번째 결혼을 했다. 구혼자들이 줄을 섰고 명문가 자제도 많았다. 그들은 장인 될 사람의 명성도 명성이지만 그가 총독 생활을 마치면 거부가 되어 돌아올 것으로기대했다. 그의 딸과 결혼해 빚을 청산할 기회로 삼았다(VII. 4). 사윗감 가운데는 집정관 술피키우스[21]의 아들도 있었고 티베리우스 네로[22]의 아들 티베리우스와 드루수스도 있었다. 키케로는 청혼하러 킬리키아까지 찾아왔던 네로의 아들을 염두에 두었지만 아내와 딸은 코르넬리우스 돌라벨라를 택했다. 명문가 출신 돌라벨라는 방탕하게 살던 쿠리오와 카일리우스, 안토니우스와 어울리던 교양 있는 유명 인사였다. 아티쿠스가 보기에는 마땅치 않았다. 하지만 테렌티아는 명문가 사위라는 간판에 끌렸고 툴리아도 그의 세련된 태도에 마음이 움직이지 않았을까. 신혼 초에 신랑과 신부는 그야말로 밀월을 보냈다. 돌라벨라는 친절과 호의로 아내와 장모를 흐뭇하게 했다. 처음에는 결혼을 급히 진행해서 놀랐던 키케로도 사위가 교양 있고 예의 바른 사람이라고 생각했다.

나머지는 체념하고 받아들여야 한다(VII. 3).

21 술피키우스Servius Sulpicius Rufus(B.C.105~B.C.43). 키케로가 당대 최고의 법률가라고 손꼽은 인물로 원로원 의원과 집정관(B.C.51)을 지냈다. 카이사르 시해에 동참하지 않았다.

22 티베리우스 네로Tiberius Nero. 법무관. 로마 제국 5대 황제 네로와 다른 인물이다.

키케로는 사위가 결혼하고 나서도 이어진 경박하고 방탕한 습관을 차마 입에 올리지 못했다. 정신 차리겠다고 약속했지만 버릇을 고치지 못했고 방탕한 생활을 포기하지 못했다. 돌라벨라는 여전히 여자들을 쫓아다니며 밤거리를 누볐고 그의 허랑방탕한 짓은 추문에 익숙한 로마에서조차 추잡스러웠다. 그는 연애사건으로 유명한 사교계 여성 카이킬리아 메텔라와 바람을 피웠다. 그녀는 집정관 렌툴루스 스핀테르[23]의 아내였다. 나중에 위대한 비극 배우 아이소푸스[24]의 아들을 파산시킨 장본인이다. 이 어릿광대는 별난 허영심으로 죽을 길을 재촉했다. 만찬을 벌여 1백만 세스테르티우스(20만 프랑) 어치의 진주를 녹여 애인에게 주었다(호라티우스, 『풍자시』, II. 3, 239). 그런 메텔라와 놀면서 돌라벨라는 곧 재산을 탕진했고 아내의 재산까지 날렸다. 아내를 배신하고 망하게 하는 것으로도 부족해 감히 불평한다고 친정으로 돌아가라고 위협했다. 툴리아는 남편을 여전히 사랑했기에 이혼하라는 주변의 충고를 따르지 않았다. 키케로는 딸이 제정신이 아니라면서 한탄했다(『아티쿠스에게』, XI. 25). 임신 중이던 툴리아는 또다시 모욕당한 후에야 아버지 곁으로 돌아왔다. 이런 상황에서 출산하다가 툴리아는 31세에 투스쿨룸에서 세상을 떠났다.

딸을 잃고 키케로는 일생일대의 가장 깊고 쓰라린 슬픔과 고통을 겪었다. 딸을 얼마나 사랑했는지 모르는 사람이 없었으므로

23 코르넬리우스 렌툴루스 스핀테르Publius Cornelius Lentulus Spinther(B.C.100~B.C.47). 키케로 집정관 시절 귀족 출신 조영관. 집정관이 되자 키케로가 망명 생활을 청산하도록 도왔다.

24 아이소푸스Clodius Aesopus. 키케로의 친구.

사방에서 위로의 편지가 날아들었다. 그가 명예롭게 여겼던 철학자들은 상심을 추스르도록 격려했다. 카이사르는 폼페이우스의 아들을 막 격파했던 히스파니아에서 편지를 보냈다. 정파 거물들과 브루투스, 루케이우스[25], 고통과 관련 있던 돌라벨라도 애도에 동참했다. 하지만 오랜 친구에게 받은 편지보다 그를 감동하게 한 것은 없다. 그리스 총독으로 나가 있던 술피키우스의 편지로 쓴 사람과 내용 모두 거인답다. 다음 몇 구절이 종종 인용된다.

> 나를 위로해 준 이 일이 자네의 아픔을 조금이나마 달랠 수 있다면 좋겠네. 소아시아에서 귀국하던 길이었지. 아이기나[에기네]에서 메가라로 항해 중이었다네. 주변을 둘러보니 앞쪽에 메가라 뒤로 아이기나가 있었고, 오른쪽에 페이라이에우스[피레아스], 왼쪽으로 코린토스가 보였어. 한때 얼마나 번창하던 곳들이었나. 그런데 폐허뿐이더군. 나도 모르게 이런 말이 나오더구먼. "우리가 갑자기 눈앞에서 대도시의 수많은 시체를 보며 나약한 목숨인 주제에 우리들 가운데 누가 죽었다고 불평한들 뭐 할까? 짧고 덧없기만 했던 순간을 살려 왔던 무슨 말을 하겠나(『친구들에게』, Ⅳ. 5)."

위대하고 새로운 시각이다. 폐허에서 배운 교훈과 아름다운 풍경에 뒤섞이는 진지한 우수, 이것은 고대 사람들은 거의 알지 못했

25 루케이우스Lucius Lucceius(B.C.100?~B.C.40?). 로마 공화정 말기 역사가, 변호인. 키케로의 딸 툴리아의 사망소식에 애도의 편지를 전할 만큼 가까운 친구였다. 미완의 저서 『내전 역사』를 집필했다.

던 감정이다. 이 구절은 기독교 정신에 취한 목소리로 성서를 잘 알던 사람이 쓴 것으로 보인다.

> 선지자와 함께 이미 황량한 도시의 폐허에서 앉아 있었다.

성 암브로시우스[26]는 위로의 편지를 쓰면서 이 편지를 모방했고 자연스럽게 기독교인이 되었다. 키케로가 쓴 답장도 그것 못지않게 훌륭하다. 슬픔과 외로움을 뭉클하게 담았다. 공화정의 몰락을 보는 쓰라린 심정을 토로하면서 이렇게 덧붙였다.

> 그래, 딸이 있었지. 내가 비록 물러났어도 그 아이의 귀여운 모습만 생각하며 근심을 덜었는데. 그 애를 잃은 끔찍한 상처로, 잠시 아물었나 싶던 상처들이 다시 쑤셔대네. 이전에는 나라의 불운을 잊으려고 가족 품으로 돌아갔는데, 이제 나라에서 집안의 불운을 잊게 할 무슨 묘약이라도 찾을 수 있을까? 집도 포룸에서도 떨어져 있어야겠네. 집에서는 더는 공화국이 주는 고통을 달랠 수 없고 공화국은 집에서 찾았던 빈자리를 채울 수 없다네(IV. 6).

툴리아의 슬픈 운명과 죽음이 아버지에게 가져다준 고통은 우리를 끌어당긴다. 아버지가 그토록 애틋하고 사무치게 그리워했던 툴리아는 어떤 딸이었을까? 안타깝게도 딸에 대한 편지는

26 성 암브로시우스Aurelius Ambrosius(340~97). 밀라노 주교를 지냈다. 서구 기독교회의 4대 신학자 가운데 한 사람이다.

한 통도 남아있지 않다. 딸의 정신에 칭찬을 아끼지 않을 때는 믿어야 할 의무가 있다. '아빠의 사랑'은 여전히 의심의 여지가 있다. 키케로의 가족을 좋아하지도 않던 안토니우스도 찬사를 보냈듯이 툴리아는 '뛰어난 여성'이었다(『아티쿠스에게』, X. 8). 하지만 툴리아는 어떻게 아버지가 시킨 교육을 견뎌냈을까? 우리가 보기에도 딱딱한 교육이라 힘들어하지 않았을까? 아버지가 딸을 애도한 방식은 그녀를 기억하는 데 오히려 방해된다. 『위로』는 딸이 세상을 떠난 후 애통한 심정으로 지은 작품이다. 철학적인 글이라 그녀의 기억은 묵직해 보인다. 키케로는 아버지로서 딸을 학구적으로 키우려다 오히려 그르치지는 않았을까? 하지만 당시 관례를 따랐을 뿐이다. 호르텐시우스의 딸은 연설가로 훌륭한 변호인보다 중요한 사건을 더 잘 변호했다고 한다. 키케로는 딸을 철학자로 키울 생각은 아니었다. 성공할 가망도 별로 없었다. 철학이 가진 교활하고 메마른 면모는 여성에게 적합하지 않다.

아들 마르쿠스는 툴리아보다 더 철학 공부에 맞지 않았다. 아버지는 아들의 취향과 적성을 완전히 착각했다. 아버지의 사랑이 합리적 판단보다 앞서는 법이니 이상한 일은 아니다. 아들은 군인 기질을 타고났지만 아버지는 그를 철학자나 연설가로 만들려고 했다. 헛된 기대였다. 본능은 잠시 억눌리다가 더 폭력적으로 재발한다. 18세의 마르쿠스는 그 시대 젊은이들처럼 살았다. 친구들에게 선심 쓰며 낭비하며 살았다. 스승 디오니시우스의 강의와 아버지가 가르치려던 수사학을 지겨워했고 카이사르를 따라 히스파니아 전쟁에 참전하려고 했다. 하지만 키케로는 아들의 뜻을 무시하고 아테네로 보내 학업을 마치도록 했다. 마르쿠스는 명문귀족의 자식처럼 노예들과 해방노예들까지 거느렸다. 함께 유학 생활을 했던 젊은 비불루스와 아키디누스, 메살라 코르비누스만큼 화려하게 보일 수 있도록 애썼다. 철학도에게는 상당한 액수였던 10만 세스테르티우스(2만 프랑)를 해마다 송금받았다. 하지만 결국 그는 아버지의 기대에 못 미쳐 아테네를 떠났다. 아버지의 눈 밖에 벗어나자 제 세상을 만난 듯했다. 수사학과 철학 강의 대신 화려한 만찬과 떠들썩한 파티를 즐겼다. 그의 삶은 스승 고르기아스 탓에 더욱 빗나갔다. 이 수사학자는 축재수단이라면 뭐든 가리지 않았던 그리스 사람으로 제자의 소질을 닦는 것보다 방탕을 부추기는 편이 이익이라고 생각했다. 마르쿠스는 플라톤과 아리스토텔레스에 몰두하는 대신, 키오스와 팔레르노산 와인에 맛을 들였다. 그 후 그가 자랑했던 유일한 평판은 당대 최고의 술꾼 안토니우스를 술로 이겼다는 것이었고 이 영광을 매우 자랑스러워했다. 아버지를 죽음으로 몬 안토니우스에게 복수한 방법이었다. 훗날 아우구스투스가 키케로에게 진 빚을 그 아들에게 갚고자 마르쿠스를 집정관에 앉혔다. 하지만 그는 방탕한 습관을 버리지 못했다. 사람들이 언급하는 업적은 어느 날 술김에 아그리파 머리에 잔을 던졌다는 것뿐이다.

아들이 일찌감치 방탕한 생활을 했다는 사실을 처음 들었을 때 키케로가 느꼈을 슬픔을 이해하게 된다. 그는 자식들에 관해서는 마음이 약해져서 오랫동안 믿기를 망설였던 것 같다. 가족들의 꾸지람을 듣고 마르쿠스는 고르기아스를 내보내고 제대로 살겠다고 약속했다. 아버지는 속는 셈 치고 그를 한 번 더 믿어주기로 했다. 그날 이후 키케로는 아티쿠스에게 아들을 제발 좀 잡아달라며 간청했다. 마르쿠스가 습관을 고치던 무렵 비서 티로에게 후회하고 자책하며 쓴 편지가 하나 남아 있다. 마르쿠스는 창피하고 괴롭다면서 어떤 소리도 귀에 들어오지 않는다고 했다. 그는 진심을 증명하려고 새로운 삶을 그려보았지만 막막했다. 아들처럼 대하던 철학자 크라티포스[27]와 함께 밤낮없이 지냈다. 교제를 피하고자 그를 저녁 식사에 초대했다. 브루티우스[28]의 해박한 대화에 푹 빠져서 숙식비를 대주면서 그를 곁에 두었다. 가장 뛰어난 학자들과 함께 라틴어와 그리스어로 낭독했다. 이제 그는 교양 있는 사람들하고만 어울렸다. 원로 학자와 현자 에피쿠로스, 존경스러운 레오니다스, 마지막으로 아레오파고스 법정까지 찾아다녔다. 이 교훈적인 이야기를 이렇게 끝맺는다.

> 건강하게 잘 지내세요. 그래야 그들과 학문과 철학을 이야기할 수 있습니다(『친구들에게』, XVI. 21).

매우 기쁜 편지이지만 약간 의심이 생긴다. 너무 과장되어 있어서 의도가 있는 것처럼 보인다. 특히 티로가 주인의 신뢰를 받았고 자유로웠다는 점을 기억한다면 더욱 그렇다. 후회와 각오가 돈이 필요해서 둘러대는 핑곗거리가 아니었을까?

마르쿠스는 한때 해이한 생활로 아버지를 우울하게 했지만,

27 크라티포스 페르가모스Cratippus Pergamos(B.C.1c). 산책로의 철학자. 키케로의 아들 마르쿠스의 스승이었다.
28 브루티우스Bruttius. 문헌학자.

적어도 마지막 순간에는 그를 위로했다. 브루투스가 아테네를 돌아다니며 그곳에 체류하던 로마 청년들에게 무기를 들자고 호소했을 때, 마르쿠스는 군인다운 본능이 되살아났다. 그는 17세에 파르살루스 전투에서 기병대를 성공적으로 지휘했고 브루투스가 불렀을 때 제일 먼저 답했다. 유능하고 충성스러우며 용감한 보좌관이었다. 브루투스는 키케로에게 편지를 썼다.

> 저는 마르쿠스의 재능과 활약, 기력에 만족합니다. 누구의 아들인데 그렇지 않겠습니까(브루투스, 『키케로에게』, II. 3).

편지를 받은 키케로는 얼마나 행복했을까. 그는 아들의 각성에 기뻐하며 『의무에 관하여』를 헌정했다. 키케로의 가장 뛰어난 저서이자 가족과 조국에 남긴 마지막 인사였다.

IV

키케로의 사생활에 관해 몇 가지 덧붙일 부분이 있다. 로마에서 가족은 노예들도 포함한다. 그 시기에 노예와 주인은 지금보다 더 가까운 사이였고 생활 공동체였다. 따라서 키케로를 완전히 이해하려면 노예들과 어떤 관계였는지 좀 더 들여다보자.

이론적으로 키케로는 그 시대의 입장을 그대로 따랐다. 아리스토텔레스처럼 노예제도를 합법적이라고 보았다. 주인으로서 다스릴 수단이 마땅히 없다면 노예를 엄벌해야 한다고 주장했다(『의무에 관하여』, II. 7). 하지만 실제로는 매우 온화하게 대했다. 노예를 잃었을 때 그들을 위해 울었다. 흔치 않은 모습이었다. 키케로는 친구 아티쿠스에게 민망한 모습을 보일 정도였다.

> 정말 가슴이 떨려서……. 소지테라는 젊은이를 잃었어. 책 읽어주던 아인데, 노예가 죽었다고 이렇게 가슴 아플 줄 누가 알았겠나.
>
> (『아티쿠스에게』, I. 12)

키케로가 괘씸해 했던 노예는 오직 디오니시우스 한 명이었다. 그를 일리리아 벽촌까지 가서 어떤 대가를 치르더라도 붙잡으려고 했다(『친구들에게』, XIII. 77). 그는 장서를 훔쳤는데 키케로가 용서하지 못할 범죄였다. 노예들도 키케로를 매우 사랑했다. 그가 불행에 빠졌을 때 충성을 증명했고 마지막 순간에도 그가 막지 않았다면 주인을 위해 죽었을 것이다.

티로는 키케로가 각별히 아끼는 노예였다. 이름을 라틴어로 지은 것으로 보아 그는 주인집에서 태어난 노예로 짐작된다. 그는 주인 곁을 한 번도 떠난 적이 없었고 그래서 더 가족처럼 보였다. 키케로는 어려서부터 티로를 정성껏 키웠다. 선생을 자처하며 직접 가르치고 꾸짖기도 했다. 그를 너무 아꼈기에 항상 옆에 두었다. 티로는 살림과 경제에 소질이 없는 주인 대신 집안의 모든 일을 도맡아 처리했다. 주인은 재정 문제를 모두 맡길 정도로 미더워했다. 매달 1일이 되면 티로는 연체하는 채무자들에게 엄포를 놓거나 독촉하는 채권자들을 달랬다. 항상 계산이 정확하지 않던 집사 에로스의 장부를 검산했고 경제적으로 어려울 때는 금융업자들을 찾아다녔다. 말썽이 생겼을 때도 그가 처리했다. 예를 들어, 옛 사위 돌라벨라에게 돈을 갚으라고 해야 할 때처럼 곤란한 일을 대신 처리했다. 그 밖에도 티로는 정원을 관리하고 일꾼들을 독려했으며, 건물 운영을 감독했다. 식당은 그가 책임지고 관리했다. 저녁에 초대할 손님 명단 작성은 쉽지 않았다. 서로 껄끄러운 손님들을 한 번에 부르지 않아야 했다.

> 푸블리우스를 초대하면 테르티아는 부르지 않아야 했다.
>
> (『친구들에게』, XVI. 22)

티로가 키케로에게 가장 큰 도움을 준 일은 비서 역할이었다. 그는 말하는 대로 빠르게 글로 옮겼고 필경사들도 읽지 못하는 주인의 필체를 유일하게 알아보았다. 따라서 그는 키케로에게 비서 이상이었고 믿을 만한 친구였으며, 심지어 협업자였다. 아울루스 겔리우스[29]는 티로가 키케로의 저술을 도왔다고 밝혔다(『아테네의 밤』, VII. 3). 이런 주장을 키케로도 부인하지 않는다. 어느 날, 티로가 병들어 시골집에 있을 때 키케로는 그에게 편지를 썼다. 당시 폼페이우스가 키케로의 집에 찾아와 읽을거리를 부탁했으나 티로가 없어 할 말을 잃었다고 대답했다. 그는 덧붙여 말했다.

> 나의 문학, 아니 우리의 문학이 거의 시들어버렸다. 어서 돌아와 우리 학예의 여신들을 되살려다오(XVI. 10).

29 아울루스 겔리우스Aulus Gellius(130?~180?). 관료, 문법학자.

이때까지도 티로는 여전히 노예 신분이었다. 훨씬 후에야 해방되었는데 오랜 충성에 대한 당연한 보상이라며 모두 기뻐했다. 그때 갈리아에 있던 퀸투스는 특별히 형에게 새 친구를 만들어 주어 고맙다는 편지를 썼다. 해방노예가 된 티로가 작은 밭을 샀을 때, 마르쿠스는 아테네에서 그에게 편지를 보내면서 이번 매입건으로 그가 개발할 새로운 취미에 대해 유쾌한 농담을 했다.

> 땅 주인이 되었다며! 도시의 멋쟁이가 아니라 로마의 농부 아니겠어. 멋지겠는걸! 농기구도 들여놓고 농부들과 잡담하며, 과일을 먹으면서도 씨를 발라 밭에 심으려고 옷자락에 감싸두겠네(XVI. 21)!

하지만 티로는 해방노예가 되고 지주가 되어서도 전과 다름없이 주인에게 봉사했다.

티로는 건강이 좋지 않았지만 잠시도 쉴 틈이 없었다. 모두 그를 좋아했지만 그 핑계로 너무 많은 일을 시켰다. 그들은 지칠 줄 모르는 선량한 본성을 악용하는 것처럼 보였다. 퀸투스와 아티쿠스, 마르쿠스는 로마와 키케로의 소식을 전해달라고 끊임없이 졸랐다. 티로는 주인에게 일이 닥칠 때마다 제 몫을 다하다가 결국 앓아누웠다. 킬리키아에서 키케로가 다스리는 동안 너무 쇠약해져 돌아오는 길에 파트라이에 남아야 했다. 키케로는 그와 떨어져야 하는 안타까움으로 하루에도 세 번씩 편지를 썼다. 그는 병약한 티로를 끝없이 염려하고 보살폈다. 의사처럼 손수 치료해 보려고도 했다. 언젠가 티로를 기력을 회복하도록 투스쿨룸으로 보내면서 그는 이렇게 말했다.

건강만 생각하거라. 지금까지 나를 건사하느라 너 자신을 너무 소홀히 했어. 필요한 것이 무엇이지 잘 알 거다. 소화 잘 시키고 피로를 없애며, 적당한 운동을 즐기고 속을 편안하게 하려무나. 멋진 사내로 돌아와야지. 그래야 너와 투스쿨룸이 더 좋아지지 않겠어.

(『친구들에게』, XVI. 18)

병이 심해지자 가족이 모두 모여 편지를 썼고 키케로는 아내와 아이들을 대신해 펜을 들었다.

네가 우리를 사랑한다면, 특히 너를 키워준 나를 사랑한다면, 어서 일어날 생각만 하려무나. 돈은 얼마 들든 신경 쓰지 말고. 쿠리우스에게 네게 필요한 것을 모두 챙겨주라고 당부해 두었다. 의사도 정성을 다하도록 후하게 대접하라고 했고. 네가 너무 일만 했어. 집에서도 포룸에서도, 로마에서도 지방에서도, 공적인 일에서도 사적인 일에서도, 학문과 문학적인 일에서도 너무 많이 나를 도왔지. 건강하게 다시 만나자. 아직 마무리 지을 것이 많잖아.

(『친구들에게』, XVI. 3, 4)

티로는 그의 애정에 지치지 않는 헌신으로 보답했다. 그렇게 골골하면서도 백 년 넘게 살았고 긴 생애 동안 주인을 섬겼다. 마지막 순간까지 충성을 다했다. 티로는 전기를 썼고 미발표작을 세상에 내놓았다. 단 하나도 놓치지 않으려고 쪽지와 농담까지 수집했다. 감탄이 절로 나와 고를 수 없었기 때문에 방대한 총서를 만들었다. 이 훌륭한 판본은 아울루스 겔리우스 시대까지도 열람할 수 있었다(『아테네의 밤』, XIII. 20).[30] 이 일은 분명히 키케로에게 큰 도움이 되었다. 그토록 큰 문학의 영광을 중요하게 생각했던 키케로라면 이 헌신적인 자유인에게 진심으로 감사할 것이다.

티로와 키케로의 관계를 연구하다 보면 키케로 같은 인물의 관점에서 고대의 노예제도는 그렇게 혐오스럽지 않아 보인다. 물론 노예제도가 매우 완화된 시절이었고 거기에는 문학이 큰 영향을 미쳤다. 새로운 미덕을 숭배하는 사람들에게 널리 퍼졌고 키케로의 철학서에 자주 나오는 이름이기도 했다. 휴머니티, 즉 인간성은 사람들을 더욱 다정하게 만드는 정신문화이다. 그 영향으로 노예제를 원칙적으로는 건드리지 않았지만 큰 변화를 겪었다. 변화는 소리 없이 이루어졌다. 시대의 편견에 정면으로 맞서려고 하지 않았다. 세네카 때까지도 노예는 인간의 권리를 주장하지 못했고 인간애라는 큰 틀 안에 들지 못했지만, 실제로는 인류애는 풍습을 완화하는 데 매우 유익했다. 방금 키케로가 자기 사람들을 예외 없이 어떻게 대했는지 보았다. 아티쿠스도 키케로처럼 처신했다. 세련되고 점잖은 사람들의 세계에서 이런 인간애는 명예로운 미덕이었다. 몇 해 후, 플리니우스 세쿤두스[31]도 자기 노예가 병들어 죽었다고 슬퍼했다.

30 티로의 속기록은 그가 개발한 매우 신속한 체계적 방법이다. 애당초 1천여 개로 단어와 문장을 축약한 기호를 사용했다. 중세 수도원에서는 1만 3천 개까지 늘어났다.

31 플리니우스 세쿤두스Gaius Plinius Caecilius Secundus(61?~113?). 법률가, 관료, 문인.

나도 잘 알고 있다. 이런 불행을 그저 바라보기만 하면서 재산의 손실로 보는 사람들이 있지. 그들이 얼마나 대단하고 지혜로운지는 모르겠지만 인간은 아닌 것 같아(플리니우스, 『편지』, VIII. 16).

그 시대의 기품 있는 사회의 정서였다. 따라서 노예제는 로마 공화정 말기와 제정 초기에 부쩍 느슨해졌다. 이런 진보를 기독교덕이라고 말하지만, 사실 그보다 더 오래되었고 그 영광을 철학과 문학에 돌려야 한다.

노예와 해방노예 말고도 덜 가깝긴 하지만 로마의 부유층 가족과 긴밀한 유대관계를 맺은 또 다른 사람들이 있었다. 피보호자들이다. 보호자와 피보호자 관계는 위엄있고 성스러운 성격을 많이 잃었다. 이제는 카토가 말하던 피보호자들이 보호자를 친부모처럼 여기던 시대는 아니었다. 이런 유대 관계는 매우 느슨해졌고[32] 서로에 대한 의무도 줄었다. 거의 유일한 의무는 피보호자가 아침 일찍 보호자에게 문안드리는 일이었다. 집정관 출마 문제를 의논하는 편지에서 퀸투스는 피보호자를 셋으로 분류했다. 우선 아침마다 인사만 하는 부류는 보통 미적지근한 친지 관계쯤 된다. 또는 새 소식을 접하려는 이들, 심지어 후보자마다 인사를 다니면서 어디에 줄을 설까 엿보는 사람들이다. 둘째 부류는 포룸으로 보호자를 수행하는 사람들이다. 행차라는 격식에 따라 회

32 시인 베르길리우스는 피보호자를 기만한 보호자를 지하세계로 떨어질 대죄인으로 분류했다. 고대 전통에 따른 것이다. 제 아버지를 폭행한 자식과 같은 정도의 중죄인이다.*

당에서 두세 바퀴 도는 동안 보필하면서 거물 명망가인 보호자를 과시한다. 마지막으로 집 밖에서 보호자를 수행하는 사람들로 가장 충성스러우며 모든 시간을 아낌없이 할애한다. 후보자의 위신을 높이는 열성 피보호자들이다(『선거에서 이기는 법』, 9).

명문가로서 운 좋은 사람은 피보호자까지 유산으로 물려받았다. 클라우디우스와 코르넬리우스 가문 사람은 아침마다 문안차 찾아오는 피보호자들로 응접실이 북적였다. 사건을 변론하러 포룸에 온 날이면, 많은 사람이 몰려가 큰 반향을 일으켰다. 이런 특혜를 누리지 못했지만, 키케로는 피보호자들만 책임지더라도 그리 적지 않았다. 그 무렵은 열정적인 투쟁의 시대라 조용히 지내던 시민들조차 날마다 기소될 위기에 처했고 많은 사람이 키케로에게 변호를 부탁했다. 그는 기꺼이 수락했다. 많은 사람을 변호하는 일 외에는 피보호자를 만들 다른 방법이 없었다. 그런 이유로 부당한 사건까지 변호했을 것이다. 키케로는 포룸에 거의 혼자 나갔다. 의무적인 수행 행렬로 대중의 주목을 받으려면 지나치게 까다롭지 않아야 했다. 정직한 그가 의심스러운 사건을 맡고서 어떤 혐오감을 느꼈든 간에 한 사람이라도 더 자신을 따르게 하려는 허영심을 버리지 못했다. 동생 퀸투스가 말하기를 이 무리에 나이와 계급, 재산을 가리지 않는 시민들이라고 했다. 행렬단을 구성하는 이 소시민들 사이에 중요한 인물들도 있었다. 민의 법원에 관해 얘기하면서 시인 루크레티우스[33]를 호민관 멤미우스 게멜루스[34]를 피보호자라고 불렀다(『친구들에게』, XIII. 19).

보호자와 피호보자의 관계는 로마에 국한되지 않았다. 키케로의 편지로도 알 수 있듯이 그는 변방에서도 보호자 노릇을 했고 사방에서 청탁 편지를 받았다. 그 시절 로마 사람들은 전 세계에 퍼져 있었다. 세계를 정복하자 점령지 개발에 분주했다. 군대를 따라 유능한 사업가들이 속주로 편입된 정복지에 정착했다. 그들은 생필품과 자원에 투자하며 불꽃 튀는 경쟁을 벌였다. 시칠리아와 갈리아에서 경작한 포도주와 밀에 투기했다. 빚을 지면서도 사치스럽게 살던 소아시아의 수많은 도시에서는 금융업을 했다. 고리대금업으로 빠르고 확실하게 속주를 파산시켰다. 사업가들은 보통 단기간에 한몫 챙겨 로마로 갈 생각만 했다. 그들은 정착하기보다 임시로 생활했다. 뿌리도 없던 그곳에 정 붙일 일도 없어 식민지를 무자비하게 착취해 평판이 나빴다. 결국 법정 다툼이 잦았고 변호인이 절실했다. 특히 키케로 같은 특급 변호인을 구하려고 안달했다. 고약한 사건에서 피보호자를 구해주는 일은 그의 재능과 신용에 큰 영향을 미치지 않았다.

그때 로마의 거물 도매상들은 요즘 투기꾼들과 성격과 운명이 비슷했다. 라비리우스 포스투무스[35]를 변호하면서 키케로는

33 루크레티우스Titus Lucretius Carus(B.C.99~B.C.55). 고대 로마의 시인, 철학자. 그가 죽은 후 서사시 『사물의 본성에 관하여』를 키케로가 발간했다. 이 세계의 온갖 존재와 현상이 물질적이며 신에 대한 외경심이나 죽음에 대한 공포 등이 전적으로 무의미하다고 주장했다.

34 멤미우스 게멜루스Gaius Memmius(B.C.?~B.C.46). 정치인, 연설가, 시인. 호민관(B.C.66). 폼페이우스 측근이었으나 나중에 카이사르 편에서 일했다. 비티니아 총독 시절 친분이 깊은 시인 카툴루스가 동행했다(B.C.57). 집정관 불법선거로 유죄판결을 받고 도피해 그리스에서 사망했다. 루크레티우스가 『사물의 본성에 관하여』를 헌정했다.

35 라비리우스 포스투무스Gaius Rabirius Postumus(B.C.1c). 로마 기사계급 출신 정치인, 군인.

피보호자가 처했던 저간의 사정을 생생하게 밝힌다. 종종 변호에 의지하던 로마 사업가들의 처지를 알 수 있어 흥미롭다. 부유한 징세청부업자의 아들 라비리우스는 타고난 사업가였다. 그는 돈의 흐름을 기막히게 알아냈기 때문에 한 가지 유형의 거래에 한정되지 않았다(『퀸투스에게 보낸 편지』, I. 1). 그는 문어발식 투자로 벌이는 사업마다 성공했다. 혼자서 많은 일을 했고 종종 동업도 했다. 세금을 엄하게 거두었고 개인과 지방 정부, 왕들에게 돈을 빌려주었다. 부자였지만 관대하던 그는 친구들에게도 자기 재산을 활용하도록 했다. 친구들을 위해 일자리를 마련하고 사업에 끌어들여 이익을 나누었다. 로마에서 그의 인기는 대단했다. 하지만 그의 번영은 그를 파멸로 이끌었다. 그는 어린 이집트 왕 프톨레마이오스 아울레테스[36]에게 거금을 빌려주고 이자를 착실히 챙겼다. 하지만 왕은 신하의 모반으로 쫓겨났다. 라비리우스는 빌려준 돈을 회수하려고 또다시 돈을 대주었다. 여기에 자신과 친구의 재산까지 쏟아부었다. 원로원의 지지를 받으려고 프톨레마이오스가 로마에 왔을 때 화려한 행차로 중진의원들의 얼을 빼고 매수하도록 거금을 빌려주었다. 프톨레마이오스 건은 안전해 보였다. 유력인사들은 이득을 보려고 왕의 복권을 서로 다투었다. 킬리키아 총독 렌툴루스는 왕의 제안을 거절할 수 없다고 주장했지만, 동시에 폼페이우스도 어린 군주에게 알바[알바롱가](로마 근

36 프톨레마이오스 아울레테스Ptolemaeus XII Iuvenis Dionysus, Auletes(B.C.117?~B.C.51). 이집트 라기데스 왕조의 파라오. 클레오파트라 7세의 아버지. 집권중에 로마로 망명했다가 폼페이우스의 도움으로 복권했다.

교 고대도시. 고대 온천이 있다. 건국 신화에 따르면 로마의 창시자 로물루스 형제가 알바 왕국의 자손이다)의 자택을 숙소로 제공했다. 이런 경쟁으로 모든 것이 수포가 되었다. 호기를 놓치지 않으려고 렌툴루스와 폼페이우스가 다투는 바람에 원로원은 어느 편도 들지 못했다. 그러자 로마 사람들을 손바닥처럼 들여다보던 라비리우스는 어린 왕에게 로마에 득실대는 책사策士 가운데 한 사람을 소개했다. 돈에 악착같던 인물로 호민관을 지내고 시리아 총독으로 나가 있던 가비니우스[37]였다. 원로원 결의에 맞서 움직인다면 1만 달란트(5천5백만 프랑)를 주겠다고 했다. 가비니우스는 거래에 동의했고 프톨레마이오스 왕을 호위해 알렉산드리아로 갔다.

라비리우스는 왕이 복위하자 왕의 금고를 관리하는 총관직(재무장관)을 받았다. 고루한 로마 사람들은 펄쩍 뛸 일이지만 그리스 관복도 입었다. 부채를 직접 회수하는 방법밖에 없다고 생각했다. 가비니우스에게 약속한 돈을 금고에서 지급할 때 자기 몫까지 은밀히 챙겼다. 세금 부담으로 백성의 원성이 높아지자, 왕은 이용 가치도 없이 거추장스럽기만 했던 라비리우스를 투옥하고 위협했다. 라비리우스는 수완을 부려 이집트에 재산을 남겨둔 채 빈손으로 빠져나왔다. 총관 시절 자기 몫으로 챙겼던 종이와 아마, 유리잔 등 이집트 상품을 푸테올리항에 있는 여러 척의 배에 실었다. 이 소문으로 로마가 술렁대었다. 운 좋은 라비리우스의 모험에 익숙하던 사람들은 수많은 배에 엄청난 물건이 실려 있으며, 심지어 황금과 보물은 작은 배에 감추어 두었다고 떠들었다.유감스럽게도 헛소문이었다. 황금을 실은 배는 상상 속에서만 있었고 다른 배에 실어 온 물건도 판매가 신통치 않았다. 결국 라비리우스는 파산했다. 그가 겪은 불행한 이야기로 로마는 한 철을 보냈다. 그가 후하게 친절을 베풀었던 친구들은 그를 버렸다. 호의적이던 여론도 등을 돌렸다. 바보라는 소리만 들으면 다행이었다. 그가 가난한 척하며 채권자들에게 돌려줄 재산을 빼돌렸다고 비난했다. 하지만 그는 정말 아무것도 없었고 불행 속에서도 신의를 지킨 카이사르의 하사금으로 생활했다. 키케로도 그를 잊지 않았다. 자신이 망명했을 때 라비리우스는 자기 재산을 처분해 사람들을 사서 키케로와 동행하게 했다. 따라서 가비니우스의 소송에 엮인 그를 서둘러 변호했고 적어도 그의 명예와 자유는 지켜주었다.

여기에 빠진 내용이 하나 있다. 키케로는 라비리우스가 적당한 교육을 받았을 뿐이라고 말했다. 너무 바쁘게 살다 보니 교양을 쌓을 틈이 없었지만 그는 평범하지 않았다. 그의 많은 친구는 문학과 관련 없었지만 재치있고 글을 잘 쓰는 사람들이었다. 키케로는 술피키우스에게 테스피아이의 중개상인을 추천했다.

> 그 사람 우리 공부에 취미가 있다네(『친구들에게』, XIII. 22).

37 가비니우스Aulus Gabinius(B.C.100?~B.C.47). 로마 군인, 정치인. 호민관(B.C.67) 시절 입안한 '해적소탕법' 덕에 폼페이우스는 막대한 권력을 쥐었다. 기원전 58년에 키케로 추방에 역할을 했다. 이후 시리아 총독을 지내고 원로원을 무시한 채 이집트로 건너가 섭정처럼 군림하면서 프톨레마이오스 아울레테스를 왕위에 앉히고 사욕을 챙겼다. 카이사르의 비호로 집정관서리로 파견된 일리리아에서 사망했다.

또 파트라이에 있는 쿠리우스를 로마의 옛 재담에 가장 밝은 사람으로 생각했고 그에게 편지를 썼다.

> 어서 로마로 돌아오게. 우리 고유의 유머의 씨앗을 잃어버리지 않도록 말일세(VII. 31).

징세청부회사를 운영했던 기사들은 교양 있는 인사들이었다. 하지만 키케로는 기사 계급에서 벗어나 거의 모든 사람과 관계를 맺었다. 특히 소아시아 목초지 회사의 보호자로 자처했다.

이 보호 관계는 로마 사람이 아닌 사람들에게까지 확대되었다. 외국인들에게 로마의 저명인사와 어떤 식으로든 맺은 관계는 명예롭고 안전한 배경이었다. 그들은 피보호자가 아니라 집주인으로서 대접했다. 숙박업소가 거의 없던 시대라 여행하려면 호의적인 친구 집을 이용해야 했다. 이탈리아에서 부자들은 각지 길목에 숙소로 쓸 작은 집들을 사들였다. 하지만 다른 곳에서는 집주인들의 대접을 받으며 여행했다. 항상 많은 일행과 함께 다녔던 로마 부유층을 대접하려면 꽤 큰 비용이 들었다. 키케로는 소아시아 벽촌에서 P. 베디우스[38]를 만났던 이야기를 전한다.

> 그는 짐수레 2대, 마차와 가마 1대, 말들과 노예들, 또 작은 수레에 원숭이, 야생 당나귀들까지 거느렸다(『아티쿠스에게』, VI. 1).

38 P. 베디우스Publius Vedius Pollio(?~B.C.15). 기사계급의 로마의 사업가로 거부였다. 노예들을 혹독하게 다룬 인물로 유명하다.

베디우스는 잘 알려지지 않은 로마 사람이었다. 속주에 내려오는 전임집정관과 법무관이 묵은 객실을 보면 거물 인사 영접에 큰 비용을 들였다. 하지만 살림을 거덜 내더라도 얻을 수 있는 이점이 많다고 여겼고 그들을 맞이하는 명예를 갈망했다. 키케로는 그리스와 소아시아 대도시에서 영접받았고 거의 항상 주요 시민들이었다. 심지어 데요타루스[39]와 아리오바르자네스[40]같은 왕들도 스스로 이 칭호를 받았다. 볼라테라이[볼테라]와 아텔라, 스파르타, 파포스 같은 중요한 거점 도시국가들은 번번이 그에게 보호를 청했고 귀빈으로 환대했다. 거의 모든 속주와 민족은 그를 보호자로서 예우했다. 베레스 사건 이후 키케로는 시칠리아 수호자이자 보호자였다. 이 관습은 공화정 내내 통했고 타키투스[41] 시대까지도 유명 변호인들은 속주와 왕국의 보호자로 행세했다. 변호 활동으로 보장받은 유일하게 남은 명예였다.

이런 세부 사항들은 당시 중요 인물이 어떤 삶을 살았는지 알려주는 것 같다. 가족이라고 부르는 아내와 자녀들 관계를 보면 키케로의 생활은 현대인과 별로 다르지 않았다. 인간 본성에 깔린 감정은 변하지 않았고 결과도 거의 같다. 키케로 집안을 뒤

39 데요타루스Dejotarus(B.C.105~B.C.42). 소아시아 갈라티아 왕국의 왕.

40 아리오바르자네스Ariobarzane III Eusebes Philoromaios. 카파도키아 왕국의 군주(BC.51~B.C.42).

41 타키투스Publius Cornelius Tacitus(58~120?). 역사가. 집정관서리를 지낸 정치인이다. 『역사』, 『연대기』, 『게르마니아』는 고대 로마 시대를 이해할 필수 고전으로 "고대문명세계를 가장 위대하게 그려내었다." 이 책의 저자 가스통 부아시에가 쓴 마지막 저작 『타키투스』(1903)는 후대 역사가가 고대 역사가를 다룬 매우 독창적인 평전이다.

흔든 걱정과 기쁨, 불행은 우리와 매우 비슷하다. 하지만 이 한정된 틀을 떠나자마자, 노예들과 친구들 관계에서 로마 사람을 보면 우리 사회와 차이가 분명해진다. 오늘날 생활은 단조롭고 단순해졌다(19세기 말). 막대한 부도 폭넓은 인간관계도 없으며, 인연의 고리도 많지 않은 편이다. 훌륭한 수행원은 속주 도시 징수청부업자 중 하나로는 충분하지 않았을 것이다. 귀족이나 심지어 부유한 로마 기사도 그 정도에 만족하지 않았다. 그들의 집과 영지에 모은 노예들과 측근 해방노예들, 로마 거리를 지날 때마다 걸리적거리는 수많은 피보호자, 그들을 맞이하는 전 세계 집주인, 보호를 요청하는 속주도시와 왕국이 있었다. 연설의 권위와 거만한 태도, 폭넓은 주제, 추방의 중대성, 그들의 모든 행동과 연설에 던진 개인의 중요한 감정을 더 잘 알게 된다. 키케로의 편지 덕에 우리로서는 알 수 없던 사람들의 생활과 그 사회를 더 잘 이해하게 된다.

트라야누스 광장과 시장 터 로마노의 신성한 길목

목동 엔디미온 두상, 로마국립박물관 팔라초 알템프스

아티쿠스

난세의 생존자

키케로가 가장 오랫동안 꾸준히 편지를 주고받은 친구는 아티쿠스였다. 그들의 관계는 죽는 날까지 변함없이 이어졌다. 두 사람은 하루에도 몇 통씩 편지를 주고받았다. 급한 소식을 전하는 짧은 쪽지도 있고 길고 이치에 맞는지 곰곰이 따져보는 편지도 있다. 어떤 상황에서든 서둘러 편지를 썼다. 이런 편지들에 두 사람의 평생을 담았다. 키케로도 '우리 둘의 대화'라고 분명하게 밝혔다. 물론 키케로 한 사람의 목소리만 들을 수 있다. 편집자 아티쿠스는 친구의 편지에 자신이 보낸 편지는 덧붙이지 않고 출판했다. 자기 입장과 사생활을 비밀에 부쳤다. 하지만 편지의 양이 매우 풍부한 덕에 그가 어떤 사람인지 잘 알 수 있다. 그는 매우 흥미로운 인물 중 하나이며 좀 더 주의 깊게 연구할 가치가 있다.

I

마리우스와 술라가 내전에 돌입했을 때 아티쿠스는 20세였다. 그는 전쟁이 시작되자마자 목숨을 잃을 뻔했다. 친척 어른이자 민중파 수뇌부였던 호민관 술피키우스[1]는 술라의 명령으로 살해당했고 그의 지지자들과 친구들도 화를 입었다. 그를 자주 방문했던 아티쿠스도 위험에 처했다.

이 사건은 아티쿠스에게 결정적인 영향을 미쳤다. 젊은 나이였지만 단호하고 신중했던 그는 낙담하지 않고 이성적으로 생각했다. 정치적 야망과 명예를 얻으려면 얼마나 혹독한 대가를 치러야 할지 눈에 보였다. 그는 즉시 그 뜻을 접었다. 무력으로 권력을 잡은 공화정이 무너지면 정권의 주역들도 함께 죽기 마련이다. 아티쿠스는 정쟁에 거리를 두기로 결심했고 정파를 벗어나 안전한 상황을 만드는 전략을 취했다. 어느 날, 누군가 시예이에스[2]에게 물었다. "공포정치 때 당신은 무엇을 했습니까?" "하긴 뭘 해! 살아남았지." 그것만으로도 대단한 일이다. 하지만 아티쿠스는 그 이상이었다. 공포 속에서 몇 달이 아니라 몇 년 동안 살아남았다. 마치 그의 조심성과 수완을 시험하듯 역사상 가장 파란만장한 시기였다. 3차례 내전을 겪었고 4차례 침략당했다. 새로운 승자가 나타날 때마다 또다시 학살을 자행했다. 그는 멀리 떨어진 도시 어딘가에서 보잘것없이 무명으로 잊힌 채 살지 않았고 로마에서 모두의 눈길을 끌며 살았다. 그때는 부유하다는 이유만으로도 추방당할 수 있었다. 아티쿠스는 교양 있는 사람으로 평판이 높았다. 권력자들과 허물없이 어울린 덕에 중요 인사

1 술피키우스Publius Sulpicius Rufus(B.C.124?~B.C.88). 호민관(B.C.88). 키케로의 『연설에 관하여』에서 수사학에 관해 대담하는 인물이다.

2 시예이에스Emmanuel-Joseph Sieyes(1748~1836). 프랑스 천주교 성직자, 문인. 혁명기의 정치인. '시예이에스 수도원장'으로 통한다.

로 여겨졌다. 하지만 지위와 재산으로 처할 수 있었던 모든 위험에서 벗어났다. 혁명과 내전 중에 동지와 친구들은 몰락했지만 그는 오히려 재산을 불리고 입지를 넓혔다. 정권교체기마다 그의 친구들이 권좌에 앉았고 마지막까지 그는 자연스럽게 새로운 주인 옆에 앉았다. 얼마나 비범한 수완을 부렸기에 목숨조차 부지하기 어려운 시대에 명예와 부, 권력까지 누리며 살 수 있었을까? 그것은 어려운 문제였다. 그가 어떻게 풀어갔는지 살펴보자.

첫 번째 학살을 목격한 이후, 아티쿠스는 정파와 정쟁에 거리를 두기로 결심했다. 하지만 생각만큼 쉽지 않았고 강한 의지로도 충분하지 않았다. 중립을 지키겠다고 분명히 밝혀도 사람들은 가문과 전통, 인맥, 기존 입장에 따라 기어코 어느 편, 어느 틀로든 분류했다. 정파에 들어가지 않고 여론을 따돌리려면 오랫동안 로마를 떠나야 했다. 자발적인 망명으로 그는 자제력을 회복하고 얽매였던 과거의 인연을 끊었다. 하지만 그는 동료들의 눈길을 피하고 싶었지, 세상에서 잊히고 싶지는 않았다. 그는 돌아올 작정이었다. 아무도 모르는 이방인으로서는 아니었고 중요한 우정으로 누릴 혜택도 잃고 싶지 않았다. 따라서 로마 사람들이 눈여겨보지 않았던 촌구석이나 도시를 선택하지 않았다. 그는 위대한 명성으로 로마 사람들이 감탄하던 유일한 도시, 아테네로 피신했다. 몇몇 자유주의자들이 자리 잡은 그곳에서 그는 우선 모든 사람과 친구가 되었다. 시민들에게 밀을 나누어 주고 재정적 어려움을 겪는 도시에 이자 없이 돈을 빌려주었다. 그뿐만 아니었다. 아티쿠스는 아테네 사람들의 자부심을 치켜올렸다. 로마 사람으로는 처음으로 그리스의 문학과 예술을 공개적으로 격찬했다. 그때까지 로마 사람들은 그리스의 학예를 호평하고 모방하면서도 공개석상에서는 조롱하곤 했다. 키케로도 이런 편견에 맞서지는 못했고 위대한 조각가의 이름조차 감히 들먹이지는 못했다. 고위공직자였기에 로마의 무게중심을 일부 떠받들던 이민족들을 적어도 무시하는 척했다. 민중의 환심을 사려고 민족의 약점을 이용했다. 하지만 공직자가 아니었던 아티쿠스는 훨씬 자유로웠다. 그와 같은 세태를 까놓고 조롱했다. 아테네에 도착하자마자 그리스어로 말하고 썼다. 조각가와 화가의 작업실에도 거침없이 드나들었으며 조각상과 그림을 사고 미술에 관한 글을 썼다. 아테네 사람들은 정복 민족의 인사가 자기네 취미에 매혹되었을 뿐만 아니라 다른 사람들의 부당한 무시에 항의하는데 놀랐다. 감사 표시로 그의 명예를 기리는 칙령을 발표하고 석상까지 만들고 싶어 했다. 그가 보여준 파격 행보는 그리스에 유학 중이던 명문가 청년들이 귀국하면서 로마에 일파만파로 퍼졌다. 이런 식으로 아티쿠스의 명성은 로마를 떠나 있던 동안에도 조금도 식지 않았다. 교양 있는 사람들은 아테네에서 예술애호가로서 유명한 그와 연락을 계속 취했다. 로마에서 그를 보지 못했으므로 정파로 분류하던 습관도 잊었다.

이렇게 첫걸음을 뗐지만 더 중요한 일이 남아 있었다. 아티쿠스는 일찍이 자신을 지키려면 먼저 부자가 되어야 한다고 생각했다. 이 당연한 진리는 그 어느 때보다도 절실했다. 대다수가 내전 중에 한 행동은 오직 그들의 재산 상태로만 설명할 수 있다. 쿠리오는 왜 좋아하지도 않던 카이사르 편에 섰을까? 빚쟁이들의 성화를 모면하기 위해서였다. 키케로는 왜 다정히 손짓하던 폼페이우스 진영에 선뜻 가담하지 못했을까? 카이사르에게 진 빚에 발목이 잡혔기 때문이다. 이런 당혹스러움에서 벗어나 자유롭게 살려면 부유해야 했다. 그렇다면 로마에서는 어떻게 해야 부자가 될까? 그는 물려받은 재산도 별로 없었고 로마를 떠날 때 가족의 재산도 거의 없었다. 추방 명령자들이 챙길 까봐 미리 팔아치웠다. 대신 에페이로스 목초지를 사들여 큰 수익을 올렸다. 비싸게 사지는 않았을 것이다. 미트리다테스[3]가 그리스를 침공해 초토화한 직후 돈이 씨가 말랐던 터라 모든 것이 헐값에 나왔다. 유능한 사람들은 그 땅을 금세 비옥하게 가꾸어 벌어들인 자금으로 해마다 목초지를 사들였다. 아티쿠스도 그 고장의 대지주가 되었다. 하지만 그저 땅만 경작해서 재산을 불릴 수 있었을까? 키케로가 무심하게 떠든 편지를 보면, 그는 밀과 양을 판매해서 올린 수익 외에 많은 다른 방법으로도 돈을 모았다. 그는 숙련된 농부이자 어떤 거래든 성사하는 영리한 상인이었다. 보통 다른 사람들의 바보짓뿐만 아니라 취미로 하는 일에서도 이익을 끌어냈으며, 남들이 손댔다가 망하는 곳에서 흥하는 재주까지 있었다. 아티쿠스는 화려한 장서를 매우 좋아했다. 제작비가 많이 들었지만 큰 수익을 올리는 방법을 알았다. 그는 필경사들을 모집해 자기 취미에 맞는 책들을 필사시키고 남은 책들은 대중에게 매우 비싸게 팔았다. 아티쿠스는 키케로의 편집자였다. 친구의

3 미트리다테스 대왕Mithridate VI(B.C.135?~B.C.63). 폰투스 국왕. 아버지 미트리다테스 5세는 제3차 포에니 전쟁에 로마의 동맹군으로 참전했다. 미트리다테스 6세는 로마와 대적하며 여러 차례 눈부신 승전을 거두었지만 결국 로마 원정군에 패해 자살했다.

책이 많이 팔렸기 때문에 진정한 우정으로 재산까지 불렸다(부아시에, 『고고학 리뷰: 아티쿠스, 키케로의 편집자』, 1863. 7). 아티쿠스는 사람들이 꺼리던 사업에도 손을 댔다. 곳곳에서 검투사 경기가 대단한 흥행을 했고 경기가 없으면 축제가 시시할 정도였다. 그는 자기 땅에서 검투사를 양성했다. 너무 잔인하지 않고 비장하게 죽는 기술을 세심하게 가르쳤다. 검투사들의 죽음을 즐기려는 도시들에 비싸게 임대했다(『아티쿠스에게』, IV. 4, 8). 점잖은 사람이 할 만한 일은 분명 아니었지만 돈이 쏟아져 들어올 사업이었다. 그는 웬만한 이익이 보장되면 절대 놓치지 않고 타협했다. 로마의 부호라면 누구나 하던 금융업과 고리대업도 했다. 이탈리아와 그리스에 직원들을 두고 자금 관리를 맡겼다. 마케도니아와 에페이로스, 에페소스, 델로스까지 그의 채무자들이 있었다. 개인뿐만 아니라 도시에도 은밀히 자금을 빌려주었다. 하지만 재산만큼 평판도 중요하게 여겼던 아티쿠스는 이런 종류의 수익을 올린다는 사실을 알리고 싶지 않았다. 키케로에게도 철저하게 숨겼다. 그가 이 사업으로 몇 번의 실패를 겪지 않았다면, 우리도 몰랐을 사실이다. 보통 큰 수익을 올리는 사업은 위험도 크게 감수해야 하는 법이다. 2세기 동안 로마의 지배 아래 동맹국과 자치도시들, 특히 소아시아 도시들은 완전히 거덜났다. 부채보다 소득이 적었고 총독들은 징세청부업자들과 결탁하여 마지막 남은 수입까지 걷어가는 통에 서두르지 않으면 채권자들은 한 푼도 건질 수 없었다. 아티쿠스도 겪었던 일이다. 키케로가 편지에서 농담조로 말했듯이 그는 시키온을 포위하러 갔다(I. 13). 몇몇 억지를 쓰는 채무자들 때문이었다. 아티쿠스가 원정에 나선 것은 이때뿐이다. 게다가 좋은 결과를 얻지도 못했다. 그가 빚더미에 쌓인 불행한 도시와 전쟁을 치르는 동안 원로원은 관용을 호소하는 칙령을 내려 극성맞은 채권자들을 저지시켰다. 아티쿠스는 의기양양하게 깃발을 펄럭이며 에페이로스에서 출항했지만, 도시 문턱에서 시키온 사람들을 어르고 달랜 끝에 겨우 몇 푼 받아냈다(19). 하지만 보통은 더 안전하게 자금 투자를 했다. 신중한 인물이라 제때 갚을 수 있는 사람에게만 돈을 빌려주었다. 그는 벌인 사업마다 즉시 수익을 크게 올렸다. 큰 어려움도 없었고 사업에 열중하는 동안 다른 곳에서도 재운이 따랐다. 친척 어른 카이킬리우스는 로마에서 가장 지독한 고리대금업자였고 그나마 가까운 친척에게만 선심을 쓴다면서 1퍼센트 이자로 빌려주었다. 그는 몰인정하고 완고했고 그의 장례식에서 시신을 훼손하려는 사람들을 막아야 할 만큼 사람들에게 미움을 받았다. 그는 유일하게 사이가 좋았던 아티쿠스에게 대부분의 재산을 물려주었다. 1천만 세스테르티우스(200만 프랑)였다. 그때부터 아티쿠스는 누구에게도 간섭받지 않고 처신할 수 있었다.

하지만 아티쿠스는 로마로 돌아왔을 때, 모든 관계를 피하기로 한 결단이 나쁜 인상을 주지 않을까 걱정했다. 정파와 거리 두는 이유를 관심이 없거나 두려워서라고 말할 수는 없었다. 당당히 내세울 만한 이유가 필요했다. 그는 이런 난제를 철학으로 풀었다. 에피쿠로스 학파는 삶의 안락함을 위해 모든 것을 희생하고 공적인 일들을 피하라고 충고한다. 그들이 가장 좋아하는 격언은 '정치에 끼어들지 않는 것'이다. 아티쿠스는 학파의 추종자로 행세하며 그들의 학설을 그럴듯한 구실로 내세웠다. 여론이 비난한다면 학파가 비난받는 셈이라 부담도 덜었다. 실제로 그는 진정한 에피쿠로스학파였을까? 그의 성격으로는 학파의 충실한 제자는 아닐 것 같다. 지적인 즐거움을 위해서 공부는 하겠지만 이론을 추종할 뜻은 없었다. 사상은 마음에 들었지만 정치적 처신을 정당화하기 위해 이용했고 핑계가 생기자마자 즉시 포기했다. 키케로는 그와 피브레노강(키케로강) 주변을 거닐며 고향 아르피눔의 매혹적인 그늘에서 담소하는 모습으로 이런 사실을 전했다. 그는 법의 기원을 찾으려 신들까지 거슬러 올라가려 했던 만큼 우선 신들이 인간에게 관심을 가지도록 설정했다. 에피쿠로스학파가 부인하는 지점이다. 그는 친구에게 말했다.

> 폼포니우스(아티쿠스의 본명), 자네도 불멸의 신들이 권능을 사용한다고 동의할 수 있겠어? 신들의 이성과 정신, 섭리가 우주에 작용하는 것 같지 않냐고? 아니라면 어디 증거 좀 대봐.

이에 아티쿠스가 답한다.

> 그래? 자네가 그렇다면 그렇겠지. 뭐. 하지만 지저귀는 새들과 찰랑대는 개울 때문에 친구들은 내 말을 거의 들을 수 없겠지.
>
> (『법률에 관하여』, I. 7)[4]

여기 매우 호의적인 철학자가 있다. 학파는 신념을 저버린 추종자에게 좋은 결과를 얻지 못할 것이다. 어떤 의견을 단호히 수용하는 것은 그것을 지키려고 헌신하는 것이고 투쟁하는 것이다.

철학 논쟁은 어떤 싸움 못지않게 치열한 전쟁이다. 하지만 아티쿠스는 모든 면에서 평화를 바란다. 이런 친구를 철학을 논하는 대화 상대로 삼은 키케로의 재치가 돋보인다. 아티쿠스는 논쟁을 피하면서 유도만 한다. 왕성한 호기심으로 묻고 또 묻는다. 어떻게든 답을 들으려고 반론을 부추기며 논쟁으로 끌어들인다. 하지만 자신은 논쟁에 개입하지 않고 조용히 즐긴다. 그는 정치에서도 이런 식이었다.

아티쿠스는 23년 동안 로마에서 멀리 떨어져 살았다. 어쩌다 가끔 로마를 찾았고 잠깐 머물렀다. 오랜 부재 기간 정파와 인연에서 벗어났고 경제적 자유를 쟁취했으며, 철학적 신념을 내세워 어떤 비난에도 맞설 만큼 자신감이 생기자 로마로 돌아와 중단된 삶을 되찾으려 했다. 모두 잠잠할 때를 기다려 돌아왔다. 과거와 완전히 절연하려는 듯 폼포니우스라는 이름도 버렸다. 아테네에서 쓰던 아티쿠스라는 이름을 사용하여 그가 앞으로 문학과 예술에만 파묻혀 지내겠다는 뜻을 분명히 밝혔다.

이때부터 아티쿠스는 로마와 시골집을 오가며 지냈다. 그는 아직 일부가 남아 있는 금융업을 조용히 접었고 재산의 출처를 숨기려는 조처를 했다. 소득이 만만치 않았고 수익을 고백할 수 있었던 에페이로스의 토지와 로마의 주택들은 청산하지 않았다. 경영 수완 덕에 재산은 계속 불었다. 그는 평판을 해칠 만한 일은 만들지 않았다. 집을 사거나 짓는 것을 꺼렸다. 별장 유지에 많은

4 안티오코스가 아카데미로 그를 인도했다고 말했을 때, 그는 여전히 아마추어 철학자이다. 그는 그 이상 헌신하지 않았다(『법률에 관하여』, I. 21).*

돈을 써야 했던 키케로처럼 로마 성문이나 해안에 번듯한 별장 한 채 없었다. 때때로 여전히 돈을 빌려주었지만, 겉보기에는 돈벌이보다는 다른 사정이 있어 보였다. 그는 안전해 보이는 사람들만 상대했고 만기일에는 무자비했다. "단호한 태도가 오히려 채무자를 도와준다. 방치하면 그들 스스로 망치게 된다"라고 생각했다. 위태롭다 싶으면 가장 가까운 친척이라도 거침없이 쫓아냈다. 어느 날, 조카 퀸투스가 찾아와 형편이 어렵다며 손을 벌리자 아티쿠스는 "자네 말솜씨는 대단해. 한데 답해 줄 것이 없네"라며 재치 있게 얼버무렸다. 이 방법을 돈이 없던 처남과 조카에게도 여러 번 사용해야 했다. 그는 적은 돈으로도 넉넉히 살았다. 퀴리날리스 언덕의 자택은 밖에서 볼 때보다 안쪽이 훨씬 넓고 아늑했다. 그곳에서 그리스에서 모은 예술품과 자신이 키웠고 모두가 부러워하는 똑똑한 노예들에 둘러싸여 지냈다. 종종 로마의 재사들과 뛰어난 학자들을 식사에 초대했다. 큰돈을 들이지도 않았다. 장부를 들여다본 그의 전기 작가 코르넬리우스 네포스의 주장으로는 한 달 식비가 3천 아스(150프랑)에 불과했다(『아티쿠스』, 43).[5] 키케로는 귀한 요리에 너무 흔한 채소를 곁들였다고 투정했다(VI. 1). 하지만 무슨 상관인가? 아티쿠스가 주최하는 모임에 참석한 사람들은 키케로의 훌륭한 원고를 출판 전에 읽을 수 있어 매우 기뻐했고 퀴리날리스 언덕 저택을 자주 방문하는 일을 가장 큰 자랑으로 여겼다.

5 아티쿠스에 관련된 사실은 『키케로의 편지』 외에 코르넬리우스 네포스의 『아티쿠스』에서 주로 인용했다.*

II

아티쿠스는 많은 친구를 둔 행운아로 부러움을 샀다. 그러기 위해 큰 노력을 했다. 로마로 돌아온 그는 많은 사람과 좋은 관계를 맺어나갔고 어느 정파에나 환심을 사려고 애썼다. 같은 기사계급 출신이던 부유한 징세청부업자들과 신용이 두터웠다. 그러면서도 신분 차이로 자기를 무시하던 귀족과도 관계를 맺었다. 원만한 관계를 유지하려고 그들의 허영심에 아첨했다. 역사 지식을 활용해 근거 없는 학식과 거짓말을 엮어 귀족의 족보를 꾸며대기도 했다. 귀족 세계와 그 정파를 간파했고 무서운 재능으로 사람들의 약점을 꿰뚫어 보고 이용했다. 카토에게 자신이 로마에 없는 동안 자기 사업을 맡아달라고 제안하자 그는 서둘러 수락했다. 고위 관료로서 거부巨富의 부탁을 무시할 수 없었다. 그리스에서 가져온 아름다운 석상들로 폼페이우스가 짓던 극장을 장식해 허영심 많은 그를 유혹했다(IV. 9). 또 아첨이 통하지 않았던 카이사르에게는 실속있게 자금을 융통해 주었다(VI. 1). 아티쿠스는 정파의 수뇌들부터 공략했다. 하지만 언제 필요할지 알 수 없는 사람들도 절대 무시하지 않았다. 카이사르와 폼페이우스의 심복 발부스[1]와 테오파네스[2]에게도 공을 들였다. 클로디우스와 그 누이 클로디아, 그밖에 평판이 좋지 않던 인물들까지 찾아다녔다. 아티쿠스는 답답하고 고지식한 카토처럼 양심의 가책도, 격정에 사로잡힌 키케로처럼 지독한 혐오도 느끼지 않고 모든 사람과 사이좋게 지냈다. 남녀노소 가리지 않고 호감을 샀다. 네포스는 "아티쿠스가 젊어서는 늙은 술라를 사로잡았고 늙어서는 젊은 브루투스의 비위를 맞추었다"라며 감탄한다. 기질과 출신 배경, 의견, 나이가 너무나 다른 이들과의 사이를 이었다. 마당발이자 평화사절로서 그들을 하나로 묶고 연합시키려고 애썼다. "우정으로 줄을 잇는 것이 몸에 밴 습관(VII. 8)"이었다. 모르는 사이에 의심과 편견을 제거했다. 서로 친하게 지내고 싶어 하도록 열망하게 했고 사이가 벌어지면 중개자가 되어 다시 친구로 지내도록 했다. 그의 기막힌 재주 덕에 키케로와 호르텐시우스가 화해했고 서로 시샘하면서도 잘 지냈다. 이 두 과민한 자만심은 항상 날아갈 준비가 되어있었고 운명은 끊임없이 경쟁하면서 더 흥분을 즐기는 것처럼 보였다.

아티쿠스가 친분을 쌓은 이들이 분명 진정한 친구는 아니었다. 그는 단지 그들에게 안전이나 재산을 끌어내기 위해서 왕래했다. 진정한 친구들은 따로 있었다. 키케로만큼 좋아하진 않았어도 브루투스는 끝까지 아티쿠스에게 변함없는 신뢰를 보였고 필리피 결전[8] 전날에도 마지막 편지를 썼다. 우정의 증거는 너무 많아 그들을 의심할 도리가 없다. 그 시대의 가장 고상한 두 인물에게 그렇게 깊은 애정을 느끼게 했다니 놀랍다. 아티쿠스는 위

6 발부스Lucius Cornelius Balbus(B.C.1c). 히스파니아 출신 관료. 폼페이우스 편에서 세르토리우스에 대적해 싸웠다. 이후 카이사르, 옥타비아누스 편에서 일했다. 로마 시민으로 귀화한 첫 외국인 집정관이었다. 카이사르는 『갈리아 전쟁기』 제8부를 그에게 헌정했다. 로마 군단의 기계화와 공병 전술에 그가 크게 이바지한 덕분이다(같은 이름의 조카가 있다).

7 테오파네스Theophanes(B.C.80~B.C.30). 그리스 출신 역사가. 친구 폼페이우스를 호평하는 글을 남겼지만 일부만 전한다. 폼페이우스의 소아시아 원정의 활약상을 기록하며 그 풍속과 전설을 전했다.

험을 피하고 쓸데없이 관여하지 않으려고 몸을 사렸고 소신을 지키려고 재산과 생명까지 희생한 사람들을 멀리했다. 이런 사람이 어떻게 그들과 가까워졌을까? 어떻게 그처럼 이익을 따지는 사람이, 무엇보다 먼저 자신을 잊고 헌신해야 할 우정의 즐거움을 만끽했을까? "이기주의는 참된 인정人情의 죽음(타키투스*)"이라고 주장하는 도덕군자들을 어떻게 믿게 했을까?

아티쿠스의 삶을 이해하기 위해 풀어야 할 가장 어려운 질문이다. 멀리서 보면, 키케로가 아무리 칭찬하더라도 아티쿠스는 매력적으로 보이지 않는다. 친구로 그를 선택하지도 않을 것 같다. 하지만 그와 함께 살았던 사람들은 처음부터 그를 사랑했다. 그가 널리 베풀었던 호의를 받은 사람들은 그의 결점을 눈감아주거나 용서하기로 작정한 것 같다. 이런 생생한 우정은 반박하기 어려운 증언이다. 그에게는 우리 생각과 다른 뭔가가 있고 그와 함께 사라졌던 설명하기 어려운 독특한 매력이 있었을 것이다. 따라서 그 시대 사람들이 첫눈에 반한 기이한 매력을 완전히 이해할 수 없다. 하지만 그와 가까이 지냈던 작가들로 어느 정도 짐작해 볼 수 있다. 특히 키케로는 그의 재기 넘치고 믿음직한 특성들을 몇 가지 보여준다. 그가 보여준 우정의 양과 격렬함을 합해서도 여전히 충분치 않다면, 그의 매력이 그 자신과 함께 사라졌기 때문에 이제 정의하거나 회복하는 것이 불가능하기 때문이다.

8 필리피 전투(B.C. 42. 9~10). 마케도니아의 필리피 평야에서 브루투스와 카시우스가 이끄는 공화파와 옥타비아누스와 안토니우스가 이끄는 집정부의 군단이 겨룬 전투로 공화파가 패배했다.

우선 모두가 동의했듯이 아티쿠스는 교양이 풍부한 사람이었고 특히 그가 자주 드나드는 사교계의 취향에 적합했다. 어쩌다 마주친 자리에서 잠깐 호감을 주는 상냥하고 유쾌하지만 오래 사귈만한 밑천이나 내공이 빈약한 인물이 아니었다. 많은 학식과 견실한 지식을 가진 사람이었다. 학문을 깊었던 학자는 아니었고 학자는 사교계에서 원하지도 않았다. 지식이 샘처럼 흘러넘치는 테렌티우스 바로 같은 사람들을 키케로도 재미없다고 생각했다. 그가 투스쿨룸에 와도 반갑게 맞이하지 않았다(XIII. 33). 하지만 아티쿠스는 예술과 시, 문법과 철학, 역사 등 모든 분야를 건드렸다. 모든 주제에 관해 정확하게 알았고 때로는 독창적이었다. 학자들과 논쟁해도 불리하지 않았고 오히려 그들이 제대로 모르던 흥미로운 부분을 짚어 주었다. 철학자 파스칼이라면 그를 교양 있는 신사라고 불렀을 것이다. 모든 면에서 그는 '지적이고 깨어있는 아마추어'였다. 여러 가지 이유로 아마추어가 습득하는 지식은 사교계에서 가장 많이 팔린다. 우선, 아마추어는 원리를 공부한 것이 아니므로 주로 호기심에 이끌려 가급적 참신한 것을 궁금해한다. 사교계 사람들이 궁금해하는 지점과 같다. 게다가 여러 분야에 관심을 기울이다 보니 어떤 것도 끝까지 밀어붙이지 못한다. 깊이를 추구하기 전에 변덕이 생겨 다른 데로 관심을 돌린다. 그 결과 많은 것을 알게 되고 여전히 사교계 사람들이 알고 싶은 범위 안에서 항상 알고 있다. 사실 아마추어는 무엇이든 잠시 하는 것조차도 열정적이다. 지극히 개인적 취향으로 흥미에 끌려 탐구하므로 그의 말은 더 생생하고 자유로우며, 독창적이다. 그러다 보니 결국 학자들이 하는 말보다 훨씬 더 재미있다. 아티쿠스의 학식이란 바로 이런 것이다. 학문의 폭이 매우 넓어 단조롭지 않았고 지겨워질 만큼 깊이 들어가지도 않았다. 그래서 생동감이 넘쳤다. 무엇이든 열정적으로 흥미진진하게 이야기했다. 그와의 대화는 흡인력이 강해 까다로운 사람들과 선입견이 없는 사람들까지 사로잡았다. 늙은 술라가 아테네에서 그를 만났을 때, 아티쿠스는 아직 어렸고 그를 좋아할 이유가 없었다. 그가 그리스와 라틴어 구절을 읽고 문학을 논하는 것을 듣고서야 술라는 매우 즐거워하며 그를 떠나지 않았고 로마로 데려가려고 모든 수단을 동원했다. 먼 훗날, 아우구스투스도 같은 매력을 느꼈다. 아티쿠스의 이야기는 싫증 나지 않았다. 그를 만나기 어려울 때는 매일 편지를 써서 어떤 식으로든 자신을 매료시킨 그와 긴 대화를 이어 나갔다.

사람들은 처음에는 교양 있는 아티쿠스와 대화하면서 그의 매력에 끌렸다. 그와 가까워질수록 또 다른 장점까지 깨닫게 된다. 우선, 그는 안심하고 거래할 수 있는 친구였다. 그는 서로 다른 입장의 사람들과 연결되어 있고 모든 정파의 비밀을 알았지만, 그는 배신했다는 비난을 받은 적이 없었다. 또 친구 중 누구도 심각한 사정을 내세워 그를 멀리하려던 적이 없다. 죽음 외에는 깨지지 않을 관계였다. 믿을 만하고 편안한 교제였다. 아티쿠스는 상대방에게 까탈을 부리거나 무뚝뚝하게 거부감을 주지 않으려고 조심했다. 키케로나 브루투스와의 우정 때문에 그와 사귀었다고 해서 무거운 부담을 지게 될지 걱정하지 않아도 되었다. 오히려 언제나 있었던 일이라 하루하루 더 단단해졌다. 친구들은 차분하고 한결같은 친밀감을 느꼈다. 이런 점이 특히 삶을 지치게 하는 시끄럽고 황당한 인간관계와 공무에 시달리던 정치인들을 매료시켰다. 포룸에서 몇 발짝만 가면 퀴리날리스 언덕에 평화로운 집이 있었다. 밖에서 티격태격하는 소리가 들리지 않는 그곳에서 재치 있는 친구와 잠시나마 대화를 나누며 항상 다정하게 맞이하는 우정 속에서 평온하게 숨을 돌렸다.

하지만 그가 베푼 호의만큼 많은 친구를 화해시킨 것은 분명하다. 그의 친절은 마를 줄 몰랐고 이해관계를 따지지 않았다. 그는 많은 것을 주었지만 아무것도 바라지 않았다. 그의 우정이 변함없던 이유이다. 보통 이런 교류가 많아지면 요구도 늘어나기 마련이다. 주고받기를 비교하다 보면 결국 도탑던 우정도 깨지기 쉽다. 그런 이치를 잘 알던 아티쿠스는 아무것도 필요하지 않도록 대비했다. 그는 부유했고 송사에 말려들지도 않았으며, 위신을 바라지도 않았다. 친구가 그에게 받은 도움을 갚을 기회조차 주지 않았다(XVI. 16).[9] 모두 불가피하게 신세를 졌고 부채는 계속 불어났다. 아티쿠스는 절친했던 키케로를 물심양면으로 도왔다. 키케로는 계산을 앞세우지 않는 이런 친구가 필요했다. 유능했던 아티쿠스는 키케로의 사업을 경영했다. 재산을 활용해 소득을 최대로 올렸으며 가장 급한 빚부터 갚았다. 그러다가 새 부채를 찾아내자 친구를 질책했다. 키케로는 다 정리하겠다고 했지만, 이 말을 거의 믿지 않았던 그는 적자를 메우려고 애썼다. 부유한 발부스를 비롯해 로마 금융계의 큰손들을 찾아다녔다. 신용 대출이

9 카이사르 사망 직후, 키케로는 위태로워진 아티쿠스의 재산을 일부라도 건지려고 동분서주했다.*

어려우면 주저 없이 자기 주머니를 털었다. 대가 없는 이런 관대함을 다른 곳에서는 찾아볼 수 없다. 키케로가 땅을 산다는 말에 화를 내다가도 친구가 뜻을 접지 않으면 곧 가격을 흥정했다. 키케로가 시골에 별장을 지으려고 하자, 전속 건축가에게 일을 맡겨 설계를 다듬고 시공을 감독했다. 별장을 장식할 때, 아티쿠스는 그리스 석상들을 가져왔다. 탁월한 선택이라며 키케로는 그가 구해준 헤르메스 대리석상을 침이 마르게 격찬했다. 키케로의 별장 서재도 마찬가지였다. 아티쿠스 집에서 가져온 장서로 채웠다. 판매하지 않고 친구를 위해 보관해 두었던 양서들이다. 키케로가 책들을 정리할 때면, 즉시 자기 도서관 사서 티란니온[10]과 일꾼들을 딸려 보냈다. 서가를 채색하고 떨어진 파피루스를 붙이며, 두루마리를 분류했다. 이에 키케로는 감탄했다.

티란니온이 책을 정리하니 이제야 사람 사는 곳 같구먼(Ⅳ. 8)!

아티쿠스는 바깥일뿐 아니라 친구의 집안 사정도 도왔다. 키케로는 집안의 불상사를 비롯해 모든 일을 그에게 털어놓았다. 동생의 난폭함과 조카의 광기를 하소연했고 아내와 아들이 일으킨 문제도 의논했다. 툴리아의 신랑감을 물색한 이도 아티쿠스였다. 부유하고 반듯한 기사 집안의 아들을 중매하면서 "원래 무리

10 티란니온Tyrannion(B.C.1c). 폰투스 왕국 출신 그리스 문법학자. 루쿨루스 장군이 수도 아미소스Amisos[튀르키예 삼순Samsun]를 침공하자 노예로 끌려가 로마에서 살았다. 키케로의 집에서 조카 퀸투스(키케로의 동생과 이름이 같다)를 가르쳤다.

로 돌아가는 게 어때?"라며 현명한 조언을 했다. 불행하게도 키케로는 못 들은 척했다. 부유한 기사보다 몰락한 명문 귀족 돌라벨라를 점찍었다. 결국 툴리아는 결혼 지참금만 뜯기고 그를 떠나야 했다. 툴리아가 죽어 슬픔에 빠졌을 때 딸이 남긴 젖먹이를 돌볼 유모를 구해 주었다. 키케로는 두 번의 이혼으로 그에게 많은 일거리를 주었다. 이혼한 첫 아내 테렌티아가 키케로에게 유리한 유언장을 작성하도록 뒷감당했다. 또 재혼한 아내 푸블릴리아가 남편의 집으로 돌아가겠다고 하자 더는 아내를 원하지 않던 키케로에게 이혼을 권한 사람도 그였다.

가장 큰 도움은 여기 있다. 다른 도움보다 더 세심한 주의가 필요하고 더 높이 평가할 만하다. 키케로는 가장 소중한 '문학의 명예'를 그에게 맡겼다. 그는 글을 쓰자마자 원고를 친구에게 먼저 보였고 그의 조언대로 다듬었으며, 출간 전 최종결정도 그의 의견을 따랐다. 아티쿠스는 그가 모든 것을 털어놓는 가장 허물없는 친구였다. 키케로는 자기 연설이 진지하게 받아들여지기를 열망하지만, 아티쿠스만 들을 수 있다고 확신했을 때는 자신과 작품에 대해 아무 거리낌 없이 농담하곤 했다. 작업의 비밀을 숨김없이 알려주었고 호평을 받는 비결까지 털어놓았다.

> 이번에 이소크라테스의 향기 단지와 그 제자들의 모든 단지까지 통째로 써먹었네(II. 1)![11]

키케로가 연설로 큰 성공을 거둔 날의 화법은 정말로 흥미롭다. 자신이 줄기차게 인용하던 위대한 집정관을 상찬하는 수법이다.

그날은 폼페이우스가 출석한 자리라 그 어느 때보다 반향을 일으킬 연설이 간절했다. 시샘이 많은 폼페이우스에게 약을 올릴 절호의 기회였다. 키케로는 아티쿠스에게 자세히 설명했다.

> 내 순서가 왔으니 바로 활용해야 할 거 아냐! 내가 집정관을 칭찬하는 걸 들어본 적이 없던 폼페이우스 앞에서 찬사를 하니 얼마나 기쁘던지! 만약 내가 시간과 삼단논법, 은유, 그리고 다른 수사학자들의 도움을 받을 수 있다면 오죽 좋았겠나. 그때 나는 말하지 않았네. 소리를 질렀지. 나에게 새로운 문제가 아니었네. 원로원의 지혜와 기사들의 호의, 이탈리아의 연합, 은폐된 음모의 흔적, 풍요와 평화의 회복 등의 문제들을 제기했지. 이런 주제를 말할 때 내가 얼마나 우레같은 소리를 내는지 알지 않나. 더 말할 필요도 없이 훌륭했네. 자네는 아테네에서 종종 그런 말을 들었을 거야(I. 14).

키케로는 유쾌하게 자조하듯 말했다. 아티쿠스는 친구의 작품이 성공하도록 수고를 마다하지 않고 믿음을 보여주었다. 출간 전부터 원고를 자식 다루듯 보았다. 그들을 세상에 내놓고 성공시키는 일은 바로 그의 몫이었다. 그에게 매우 잘 어울리는 일이었다. 그가 호평을 끌어내려고 가장 많이 사용한 방법은 최고의 낭독자가 작품 가운데 가장 멋진 부분을 식탁에 모인 사람들에게 들려

11 이소크라테스Isokrates(B.C.436~B.C.338). 아테네 연설가. 유명한 수사학파의 창시자. "말을 잘하려면 생각이 명쾌해야 한다"라고 가르쳤다. 그리스 사람들에게 민족의식을 고취시켜 이교도에 맞서 단결을 호소했다. 그리스어와 라틴어 가리지 않고 산문의 격을 높였다.

주는 것이었다. 보통 검소한 식사를 했으므로 키케로는 그런 분위기에서 조금 벗어나 보라고 아티쿠스에게 부탁했다.

손님들을 잘 대접하는 게 어때. 접대가 소홀하면 결국 내게 화살을 돌릴 것 아냐(XVI. 3)!

이렇게 받은 많은 도움 때문에 키케로가 아티쿠스를 좋아한 것은 아니다. 그와 있으면 행복했고 절대 싫증 나지 않았다. 서로 헤어질 때면 언제나 곧 다시 보자고 했다.

투스쿨룸 집뿐이겠나. 포르투나섬[마카로네시아]에 있다 한들 자네가 없다면 뭐가 즐겁겠어(XII. 3)!

축하와 환호, 아첨을 받으면서 추종자들과 사람들에 요란하게 둘러싸여 지낼 때도 그는 늘 자리에 없는 친구를 그리워했다.

많은 사람과 있을 때마다, 자네가 없어 더 적적하다네(51).

키케로의 주변에 몰려든 정치적 동지들은 사태에 따라 태도를 바꿨다. 이해집단 아니면 그를 제치려는 경쟁자들이었다. 따라서 그들과 거리를 두고 조심스럽고 신중하게 사귀었다. 천성이 개방적인 그로서는 고달팠다. 아티쿠스에게는 거리낌 없이 속내 이야기를 할 수 있었다. 그를 빨리 보고 싶어 안달했다. 그가 의지하는 든든하고 신중한 친구이자 세심하고 다정한 사람이었다.

자네가 있어야겠어, 기다리겠네. 걱정거리만 많고 우울하기만 하네. 자네와 거닐면 좀 나을 텐데……(I. 18).

자네야말로 다른 사람들의 모든 고뇌를 함께 하잖아(XII. 14)?

우리가 아는 아티쿠스와 매우 다르지만 공식 증언이라 인정해야 한다. 친구들의 반응을 보면 그의 우정을 의심하기 어렵다. 우리가 그들보다 더 까다롭게 굴 권리는 없다. 오랫동안 속아왔는데도 전혀 눈치채지 못했다고 브루투스와 키케로를 탓할 수 있을까? 반면에 후대 사람들은 아티쿠스의 친구들이 남긴 기록만 보고 그들과 전혀 다른 의견을 끌어낼 수 있을까? 물론 그 시대 사람들과 우리는 관점이 다르다. 아티쿠스는 공적인 일에 관여하지 않겠다는 나름의 원칙을 세웠고 친구들과 위험을 공유할 생각이 없었다. 명예로운 일에도 위험한 일에도 끼어들지 않았다. 평소에는 친구들에게 다정하며 헌신적이었지만, 정치적 위기가 닥치면 그들을 멀리하고 혼자 위험 속에 내버려 두었다. 멀리서는 가장 중요한 정치 혁명에서 아티쿠스의 우정이 사라진 상황이 더는 보이지 않는다. 따라서 그의 우정을 엄격하게 판단하게 된다. 하지만 그 시대 사람들은 우리와 다르게 평가했다. 그러한 큰 위기는 결국 드물고 일시적인 예외였다. 그들도 큰 충격을 받았을 것이다. 하지만 여전히 더 깊은 인상을 받는 것은 일상생활을 이루는 무수한 작은 사건들이며 후대 사람들은 그것을 알 수 없다. 중대하고 드문 상황에서 베푸는 특별한 도움보다 매 순간 되풀이되고 얼마나 많이 도움을 주었는지가 우정에서 중요하다. 이것이 그들이 우리와 매우 다르게 아티쿠스를 보았던 이유이다.

의심이 여지 없이 아티쿠스는 많은 친구가 필요했고 그들을 끌어들이고 붙잡기 위해 고통을 감수했다. 인정하지 않을 수도 있지만, 이런 욕구는 키케로가 '사랑하고 싶은 영혼의 충동'이라며 감탄했던 너그럽고 호의적인 성격의 결과였다. 하지만 그가 아무 생각 없이 시간을 소비하고 삶을 채운다고 하더라도, 그것이 저속한 본성을 드러내는 것은 아니다. 세련된 에피쿠로스 아티쿠스는 잘 사는 법을 알았다.

우정 없이는 진정한 삶이 아니다(『우정에 관하여』, 6).

아티쿠스는 정치 투쟁의 흥분과 연설의 열렬한 갈채, 충족된 야망의 기쁨을 포기했다. 하지만 그 대신 내면 생활의 모든 매력을 절묘하게 즐겼다. 감추고 피할수록 즐거움은 더 까다롭고 세련되었다. 만끽하고 즐기며 살았다. 그는 그 시대의 가장 위대한 정신, 가장 고귀한 영혼을 지닌 친구들이 필요했다. 보쉬에[12]가 인생에서 가장 큰 행복이라던 '정다운 교제'에 온 힘을 쏟았다. 아티쿠스는 욕망을 뛰어넘어 행복을 누렸으며, 우정을 그가 감수한 모든 수고를 아낌없이 갚아주었다. 우정은 그의 유일한 열정이었다. 그렇게 가꾼 우정으로 그의 이름을 영원히 남겼다.

12 보쉬에Jacques-Benigne Bossuet(1627~1704). 프랑스 루이 14세 시대 가톨릭 주교, 문인. 방대한 저작을 남겼고 키케로를 능가하는 최고의 연설가로 꼽힌다. 왕세자의 개인 교사로 일했고 왕세자에게 읽히려고 『세계사』를 집필했다. 파리 노트르담 대성당에서 보쉬에 주교가 왕정에 반기를 들었던 「콩데 대군大君에게 바친 추도사」(1687. 3. 2)는 뛰어난 글이다.

III

아티쿠스는 사생활에서 호의적으로 보이지만 그가 공적인 일에서 보여준 처신은 덜 행복해 보인다. 이런 점에서 그는 비난을 면치 못했고 그를 방어하기도 쉽지 않다.

하지만 요즘에는 정치와 거리를 둔다고 공언해도 여론은 그렇게 엄격하지 않다. 정치하고 싶은 사람들이 너무 많고 그 사람들 사이에서 선택하기도 매우 어렵다. 따라서 이런 야망이 없는 사람들에게 호감을 갖는다. 그들을 비난하기는커녕 온건주의자와 현자라고 부른다. 그들은 포화상태를 해결하기 위해 권장되는 예외이다. 로마에서는 다르게 생각했다. 우리가 부르는 정치권은 실제로는 매우 제한적이었다. 숫자에 포함되지 않는 노예를 제외하면 민중은 선거에서 표를 주거나 팔았다. 그들의 가장 큰 특권은 후보자에게 대접을 받고 국고 지원금으로 먹고 사는 것이었다. 몇몇 유서 깊은 가문이나 최근에는 저명인사 가문이 모든 자리를 나누어 가졌다. 부유한 명문 귀족의 수는 그리 많지 않아서 통치에 필요한 각종 관직의 수요를 맞출 정도였다. 따라서 그 역할을 거부하고 아무 일도 하지 않으면 의무를 회피하는 것이었다. 오늘날 민주주의 사회에서 상황은 예전과 다르다. 모든 공직이 모든 사람에게 열려 있다. 평화와 안식을 택한 속 편한 친구들을 아쉬워할 필요가 없다. 사방에서 권력을 향해 돌진하는 이 급박한 대열에서 민감하고 유감스러운 공백을 거의 만들지 않는다. 게다가 오늘날은 공직 외에 국가와 사회에 봉사할 길이 얼마나 많은가. 위대한 로마 사람들은 다른 길은 알지 못했다. 상업 활동으로 개인이 재산을 모으는 일은 명예롭지 않은 방법이었다(리비우스, 『로마사』, XXI. 63). 나라 살림에 도움이 된다고 생각하지 않았다. 문학을 덧없는 심심풀이라고 여겼고 사회적 중요성을 이해하지 못했다. 따라서 특정 계급의 남자는 정치에 헌신해야 나라에 봉사한다고 생각했다(『공화국』, I. 22, 스키피오). 그 밖의 일은 아무것도 하지 않는 것이었다. 부지런한 학자들을 한량이라고 불렀고 건전한 시민이라면 국가를 위한 일 외에는 어떤 일도 가치가 없다고 보았다. 힘과 재능이 닿는 데까지 조국에 헌신하지 않는 아티쿠스 같은 인물을 이해할 수 없다며 의아하게 생각했다. 대 카토는 루시타니아(포르투갈 대부분 지역) 학살자 세르비우스 갈바[13]의 죄를 묻기 위해 쉬지도 않고 90세의 나이로 투스쿨룸 별장을 용감하게 나섰다. 포룸이나 파르살루스에서 로마의 운명이 결정되는 동안, 갈바가 퀴리날리스 집이나 에페이로스 영지에서 책과 조각상들에 둘러싸여 지내리라 생각했고 그런 태도는 전투가 벌어질 때 막사 속에 숨어 있는 것과 같은 범죄였다.

아티쿠스의 치밀하게 계획된 회피는 그리스 사람들의 생각에서 나왔다. 통치하기 어려운 작은 그리스 공화국들은 뚜렷한 대의도 없이 광적인 방탕으로 지속된 폭정으로 쉴 틈이 없었다. 조용하고 학구적인 사람들은 삭막하고 어지러운 세태에 질렸다. 갖은 변덕에 비위를 맞추며 복종하는 생활을 그만두고 싶어 했

13 세르비우스 갈바Servius Sulpicius Galba(B.C.191~4?~B.C.130?). 고대 로마의 군인, 정치인. 집정관(B.C.144). 히스파니아 총독(B.C.151). 수에토니우스는 그를 당대의 연설가로 꼽았다.

다. 게다가 그렇게 힘을 얻어도 유지하기 어려웠고 음흉한 선동가들과 나눈다 해도 보상이 의심스러웠다. 클레온[14]의 후계자나 동료가 되려고 그렇게 애쓸 필요가 있을까? 세태에 염증을 느낀 양심적인 인사들은 보잘것없는 투쟁에 거리를 두었다. 동시에 나날이 연구되는 철학은 추종자들에게 자부심을 주었다. 신과 세계를 탐구하고 우주의 원리를 이해하려는 사람들은 속주 몇 개를 통치하려고 현실로 내려오지 않았다. 이 문제는 학파들의 흔한 논쟁거리였다. 공무에 관여해야 할지 말아야 할지, 현자가 명예를 추구한다면 사색하는 연구 생활과 행동하는 삶 중 어느 것이 더 나은지 따졌다. 몇몇 철학자는 은근히 참여를 바랐지만 대다수는 반대 의견을 지지했다. 이런 토론으로 문학과 예술로 장식한 호화로운 은퇴 생활에서 일종의 우아한 게으름을 피울 수 있다고 생각했고 그리스가 망해가는 동안 행복하게 살았다.

바로 이런 사람들을 아티쿠스는 모범으로 삼았다. 그는 키케로가 집정관직을 맡자 로마를 뒤흔들던 싸움이 내전으로 치달을 때까지 거리를 두었다. 극렬한 투쟁 중에도 모든 정파와 우애를 다지면서 중립을 지켰다. 카이사르가 루비콘강을 건넜을 때, 아티쿠스는 예순을 넘은 나이 덕에 군역 의무가 없었다. 당연히 그는 가만히 있었다. "퇴물이올시다(네포스, 『아티쿠스』, 7)"라고 징집하는 자들에게 대답했다. 카이사르가 죽은 뒤에도 똑같이 처신했

14 클레온Cleon(?~BC. 422). 아테네 정치인. 염색업자의 아들로 펠로폰네소스 전쟁 영웅으로 정계에 진출했다. 아리스토파네스는 그를 대중선동에 능한 천박한 인물로 묘사했다.

다. 하지만 대중을 더 많이 속였다. 시해 사건이 터지자 사람들은 그가 브루투스가 친구였다는 사실을 밝힐 것으로 생각했다. 키케로도 그렇게 생각했다. 하지만 아티쿠스는 변함없이 사실을 밝히지 않았다. 브루투스가 그리스에서 병력을 모으는 동안 동지들은 군량을 해결하려고 로마의 거부들을 끌어들이자고 했다. 명단 첫머리에 이름이 올랐지만 그는 사양했다. 필요하다면 친구로서 자기 재산을 마음대로 하라고 했다. 하지만 가담은 하지 않겠다며 끝내 서명하지 않았다. 그 무렵 각종 여론을 두루 존중하던 습관대로 안토니우스의 아내도 공병대장 볼룸니우스[15]도 반겼다. 어느 편에나 친구들이 있었고 내전이 끝나기만을 기다렸다.

아티쿠스는 중립을 고수하면서도 완전히 무관심하지는 않았다. 전기 작가 네포스는 그가 언제나 귀족파 편이었다며 칭찬했다(『아티쿠스』, 6). 아티쿠스는 정파에 속하지 않았지만 누구보다 간절하게 승리를 바랐다. 믿어야 할지 모르겠지만, 그는 정치적 열정이 있었고 사적으로는 놀라울 정도로 신랄하게 내심을 털어놓기도 했다. 카이사르를 정말 싫어했고 매장을 허가한 브루투스를 비난하기까지 했다(『아티쿠스에게』, XIV. 10). 카이사르의 시신을 테베레강에 던져버리기를 원했을 것이다. 하지만 그는 행동을 취해야 할 때 거리를 두기 시작했고 투쟁에 절대 가담하지 않았다. 하지만 위험을 함께 감수하지 않았어도 공감했다. 열을 내

15 볼룸니우스Publius Volumnius. 마르쿠스 브루투스와 함께 공부한 철학자로 필리피 전투에서 브루투스와 끝까지 함께 했다. 풀루타르코스는 『브루투스』에서 볼룸니우스의 회상을 많이 이용했다.

며 흥분한 그를 보면 미소 짓게 된다. 진정한 투사처럼 느껴진다. 어느 편에나 그의 역할이 있었다. 단호한 사람들을 칭찬하고 미온적인 사람들을 부추기며, 흔들리는 사람들을 꾸짖기까지 했다. 너무 열의 없이 행동하거나 전혀 개의치 않는 이들에게 충고하고 질책했다. 키케로가 폼페이우스 편에 합류하기를 망설이자 그를 비난하는 아티쿠스의 말을 들어보면 재미있다. 비장한 어조로 키케로의 행동과 발언을 상기시키고 영광의 이름으로 일을 벌였으며, 결단을 촉구하기 위해 자기 글을 예로 들기도 했다(VIII. 2). 지나친 뱃심으로 다른 사람들을 부추기다가 꽤 우스운 사건도 벌어졌다. 폼페이우스가 브룬디시움에 갇히자 어떻게든 그를 구해야 한다면서 키케로에게 인상적인 행동을 촉구하기까지 했다.

> 기치를 올리야 해. 모두 뛰어나오도록……(X. 15)!

키케로도 친구의 성화에 대담하게 공격할 기회를 엿보기도 했다. 그런데 마침내 기회가 닥쳤을 때 키케로는 어떻게 했을까?

> 집에(아내가 주로 기거했던 폼페이의 별채) 도착하자마자 닌니우스[16]가 나를 찾아와, 3개 부대가 내일 나를 만나게 해달라고 부탁했다고 전하더군. 나를 모시겠다고. 내가 어떻게 했겠나? 마주치기 싫어 그날 밤으로 떠났어. 사실 3개 부대가 뭔가? 그보다 더 많은 대군이 몰려왔더라도 내가 어떻게 했을 것 같아(X. 16)?

16 닌니우스Lucius Ninnius Quadratus. 평민 호민관.

자신을 잘 아는 사람의 말이다. 반면 아티쿠스는 가담하지 않으면서 제 뜻만 폈다. 드러내지만 않았을 뿐 마음속 깊이 열의가 있었을까? 한발 물러서 있다가 가끔 투지에 환호하는 구경꾼 노릇이나 하지 않았을까? 일찍이 에피쿠로스는 사람들이 뒤얽혀 싸우는 광경을 언덕 위에서 차분히 내려다보았다. 하지만 너무 멀리 떨어진 곳에서 구경하며 응원해 봐야 아무 소리도 들리지 않는다. 아티쿠스는 더 능란하게 구경거리를 즐겼다. 혼란을 가까이에서 언제든 발을 빼고 달아날 궁리를 하며 자리를 지켰다.

중립을 지키기는 쉽지 않았다. 그가 존경하던 사람들이 그의 처신으로 상처를 입었을 때면 더욱 난처했다. 그가 좋아했고 친구도 많던 공화파는 카이사르 편보다 더 그를 괘씸해했다. 고대 사람들도 오늘날보다 훨씬 더 내전에 돌입할 때 카이사르가 했던 말을 칭송한다.

> 나를 반대하지 않으면 내 편 아냐? '내 편에 붙지 않는 사람은 나의 적'이라던 폼페이우스의 말을 뒤집었다고 비난들 하겠지만…….

하지만 가만히 사태를 들여다보면 이런 칭찬과 비난은 모두 불합리하다. 경쟁자들은 상황과 자기 역할에 맞춰 말하기 마련이다. 카이사르는 사람들이 자신을 어떻게 평가하든 세상을 뒤집었으니, 거기에 맞서지 않은 사람들에게 감지덕지했다. 그들에게 무엇을 더 바랄 수 있을까? 방해하지 않았다면 사실상 도운 셈이다. 하지만 기존 법질서의 편에서 보면 질서에 응하지 않는 자는 적이다. 공격받은 법을 지키지 않으면 법을 짓밟은 것과 같다. 로마에 도착한 카이사르가 아티쿠스와 파르살루스로 가지 않은 사람들을 환영한 것은 당연했고 폼페이우스 진영 사람들이 그들에게 격분한 것도 마찬가지였다. 아티쿠스는 이런 분노를 별로 개의치 않았다. 경솔하고 성질이 불같은 젊은이들이 말하는 대로 내버려 두었다. 로마를 떠났던 그들은 마음을 달래지 못하고 남아 있던 이들에게 복수하겠다고 위협했다. 이 협박이 그에게 무슨 의미가 있을까? 그는 당파에서 가장 중요하고 존경받는 두 사람에게 존경받는다고 확신했고 분노한 사람들의 증언에 반론으로 그 점을 내세웠다. 키케로와 브루투스는 신념이 확고했지만 그의 행위를 비난하지 않았고 그가 공적인 일에 참여하지 않아도 문제 삼지 않았다. 어느 날, 아티쿠스가 자신을 변호하려고 하자 키케로는 그에게 말했다.

> 자네, 솔직하고 고상하잖아. 내가 왜 모르겠어. 우리가 왜 차이가 없겠나. 각자 다르게 살아왔는데. 왜 명예를 바랐는지 나도 모르겠어. 솔직히 느긋하고 여유롭게 산다고 비난할 까닭이 뭐 있겠나.
>
> (I. 17, 『의무에 관하여』, I. 21, 26)[17]

브루투스도 자기 삶이 끝날 무렵에 그에게 편지를 썼다.

> 어르신을 어떻게 비난하겠습니까. 나이로 보나 경력과 가족으로 보나 모두 어르신이 쉬기만 바라는데……(『브루투스에게』, I. 17).[17]

17 마지막 구절에서 아티쿠스를 암시하고 있다.*

키케로와 브루투스는 자기들이 지킨 대의에 해를 끼칠지도 모른다는 것을 알면서도 아트쿠스에게 이런 선의를 보였다. 정말 놀랍다. 공화국은 적들이 대담하기도 했지만 지지자들이 무관심해서 무너졌다. 이전 반세기 동안 공화정과 공권력은 무기력했다. 새로운 법을 논의할 때마다 포룸에서 추악한 폭력이 자행되고 선거 때마다 캄푸스 마르티우스에서 혈투가 벌어졌으며, 공화파를 지키려고 검투사 군대들을 끌어들였다. 이렇게 창피한 혼란과 비열한 음모에 로마의 마지막 공권력을 탕진하자 양식 있는 사람들은 몹시 좌절했다. 그들은 공적 생활에서 멀어졌다. 그들은 폭력이 판치는 권력투쟁에 신물을 냈다. 포룸으로 나가려면 카토처럼 돌팔매를 맞고 피투성이가 되고 옷을 찢질 만큼 대담해야 했다. 하지만 대담한 사람들이 용기를 낼수록 소심한 사람들은 방관했다. 1차 '3인 집정관' 시대와 비불루스 집정관 시절부터 정직한 사람들은 무관심했다. 따라서 공화국을 갈망하는 야심가들의 손에 넘겨줄 것이 분명해 보였다. 게으른 부자들은 무너지는 세상에서 키우던 곰치들이라도 구하겠다고 양어장에서 낙을 찾았다. 키케로는 그들을 제대로 보았고 편지에서 그들을 신랄하게 조롱했다. 『공화국』을 소개하면서 "낙담한 나머지 다른 사람들까지 좌절시키려고 한다"라면서 "조국에 봉사 대신 자기 재산을 불릴 권리를 주장하는 사람들"이라며 공격한다. 그러면서 이렇게 마무리한다.

> 그렇다고 이미 일에 뛰어든 사람들까지 끌어내자는 소리는 아니다.
>
> (『공화국』, I. 2)

브루투스도 공화정이 불치병에 걸렸다는 사실을 알았고 로마 사람들의 나약함과 낙담을 호소한 적이 한두 번이 아니었다.

> 망명이나 죽음, 가난을 너무 두려워합니다(『브루투스에게』, I. 17).

이 고상한 말을 쓴 사람은 아티쿠스였다. 자신에게 적용할 생각은 없었다. 그가 얼마나 특이한 매력으로 깊은 우정의 힘을 보였길래, 두 거물이 이런 식으로 그를 두둔하면서 앞뒤가 맞지 않는 말까지 했을까? 어떻게 같은 이유로 다른 사람들을 비난하면서도 자기 친구만 용서했을까?

생각하면 생각할수록 아티쿠스의 처신을 정당화하기 어렵다. 그가 역사와 철학에 몰두해 과거와 미래에만 머무르는 학자였다면, 그 시대 사람들의 열정에서 멀리 떨어져 있기에 그들의 투쟁에 참여하지 않았다 해도 이해할 수 있다. 하지만 그는 당대 정치의 온갖 사소한 동향과 모호한 음모를 가장 생동감있게 즐겼다. 그는 정보를 수집하고 해석하는 능력이 탁월했다. 그의 호기심에 주는 일용할 양식이었다. 키케로는 그런 문제들을 알고 싶을 때면 아티쿠스에게 물어보곤 했다. 그는 홀로 성찰하는 온순하고 소심한 사람이 아니었고 활동적인 삶에 필요한 내면의 욕구조차 없는 사람도 아니었다. 명석하고 현실적인 사업가 아티쿠스는 오히려 훌륭한 정치가가 될 수도 있었다. 자신을 부유하게 만든 활력과 지성을 조금만 사용해도 조국에 도움이 되었을 것이다. 키케로도 그가 정치적 기질이 있다고 보았다. 하지만 아티쿠스는 별것 아닌 능력이라면서 또 어느 정파에도 관심이 없다면서, 정치적 의견도 없으니 어느 편에 가담해야 할지 모른다고만 했다. 그러면서도 키케로와 브루투스에게 보낸 편지에서는 정반대로 말했다. 그는 말끝마다 공화주의자로서 열을 올렸다. 하지만 공화정에 봉사할 기회가 실지로 오면 입을 다물었다. 공화정의 몰락을 늦추려는 노력 대신 그 잔해에 깔리지 않으려고 조심했다. 하지만 막으려 하지 않았더라고 최소한 안타까워하면서 마지막 남은 존경심이라도 보였을까? 전투에 나서지는 않더라도 어떤 식으로든 패배자의 편에 섰을까? 마지못해 굽신대는 서글픈 은둔자였을까? 아니다. 그는 삶에서 가장 혐오스러운 모습을 보였다. 그는 새 정권의 비위를 맞추었다. 자신이 추방자로 지목된 바로 다음 날 추방을 명령한 자들의 친구가 되어 있었다. 그들을 놀랍게 유혹하고 그들의 집을 뻔질나게 드나들면서 파티마다 참석했다. 아무리 그가 승자가 된 정권에서 언제나 그를 반기는 모습을 익히 보아왔어도 브루투스의 친구이자 키케로의 믿음직한 절친이 어떻게 그렇게 바로 안토니우스, 옥타비아누스의 친구가 되었다는 사실은 익숙해지지 않는다. 관용을 베푼 사람들은 그가 유명한 우정을 지키지 못했다는 것을 알게 될 것이다. 우정을 영광으로 여겼던 친구들의 기억을 배신하고 그들을 죽게 한 자들을 친구로 선택했다.

브루투스는 물론이고 키케로가 친구를 대한 태도에 동조하거나 공감하기가 거북하다. 하물며 아티쿠스에게 순진하게 열광했던 네포스에게 동조할 필요는 없다. 그는 자신이 그려낸 주인공 아티쿠스의 일생에서 위기를 모면하는 행운에만 감탄했다. 아티쿠스가 술라부터 아우구스투스까지 숱한 내전을 피했고 수많은 박해를 모면했으며, 다른 사람들이 죽어가는 자리에서도 절묘하게 목숨을 부지했다는 사실을 한 번 더 주목하지 않았다. 아티쿠스를 칭송해야 마땅한 인물로만 보았다.

> 폭풍과 암초에서 자기 배를 구하는 선장을 칭찬하듯이 정치의 격랑 속에서 자기를 구한 사람의 기지에 감탄하게 된다(『아티쿠스』, 10).

지나친 찬사 아닐까. 우리는 자기 원칙을 지키려 행동하고 정치적 신조를 옹호하려고 죽음을 무릅쓴 사람들을 기억한다. 그들은 승리하지 못했다고 존경받지 못할 이유는 없다. 키케로가 뭐라고 했든 침몰한 배보다 명예롭지는 않아도 다행히 살아남은 배가 있다. 전기 작가가 환심을 사려고 보낸 유일한 찬사이긴 해도 아티쿠스는 그 시대에 가장 지혜로운 사람이었다. 하지만 이보다 더 좋은 찬사가 있다는 것을 우리는 안다.[18]

18 카르코피노Jérome Carcopino(1881~1970). 『카이사르』(1936)의 저자. 『키케로 편지의 비밀』(1947)에서 아티쿠스를 비판했다. 키케로를 죽인 안토니우스의 친구가 되었고 안토니우스에게 승리한 아우구스투스의 환심을 사려고 자신이 받은 키케로의 편지를 이용했다.

M·AGRIPPA·L·F·COS

판테온 입구 광장

카사 델라파르네시나의 벽화, 로마국립박물관 팔라초 마시모 알레테르메

카일리우스

카이사르 시대의 로마 청년

우리가 지금 들여다보는 역사에서 카일리우스보다 더 호기심을 끄는 인물이 있을까? 우리는 그의 삶에 특별히 호기심을 느낀다. 그는 브루투스처럼 예외적으로 뛰어난 사람은 아니었다. 오히려 정말로 그 시대 사람다웠다. 주변 사람들과 다름없이 살았고 쿠리오와 돌라벨라 같은 그 시대 젊은이도 마찬가지였다. 어려서부터 타락했고 품위를 개의치 않았으며, 재산을 탕진하고 쾌락에 빠져 놀았다. 그러면서도 틈만 있으면 공직에 뛰어들었다. 야심에 안달하고 욕구에 허덕였으며, 양심의 가책도 없고 신념도 없었다. 따라서 카일리우스 이야기는 다른 사람들의 이야기나 다름없다. 그를 연구하면 그가 속한 세대를 모두 알게 된다. 이것은 키케로 덕분에 한결 쉬워졌다. 키케로는 행동 원칙이 까다로운 편이었지만, 카일리우스에게는 언제나 남다른 매력을 느꼈다. 짓궂고 재기발랄한 그와 대화하기 좋아했고 카토나 브루투스처럼 뻣뻣하지 않아 편안해했다. 카일리우스가 연애했던 여자 때문에 몰락할 뻔했을 때 키케로가 한 연설은 가장 흥미로운 변론으로 남았다. 나중에 킬리키아로 떠나서는 카일리우스가 정계 소식을 전했다. 다행히 편지들은 잘 남아있고 두 사람의 편지보다 더 짜릿하고 선정적인 것은 없다. 그 안에 흩어져 있는 세부 내용을 모아서 카일리우스 이야기를 해보려 한다. 카일리우스를 알면 당시 로마 젊은이들 알 수 있다. 그들은 카이사르가 성취하려던 혁명에서 중요한 역할을 했던 청년들이라 흥미로울 것이다.

I

카일리우스는 명문가 출신이 아니었다. 아버지는 아프리카에서 무역업으로 큰 재산을 모았던 푸테올리의 로마 기사였다. 평생 돈만 벌던 아버지는 아들에게 큰 야망을 걸고 그가 정치인이 되기를 원했다. 연설만으로 고위 인사가 된 모습을 보고 아들을 키케로에게 데려갔다. 그는 할 수만 있다면 유명한 연설가로 만들어 줄 것으로 생각했다(카일리우스는 키케로보다 24세 연하).

아직 젊은이를 수사학 학교에 가두고 가상의 소송을 연습시키던 시절이 아니었다. 흰 토가를 입자마자 16세쯤 되면 지체 없이 명망 있는 정치가에게 맡겼다. 매우 친밀한 사이가 되면 친구들과의 대화와 적들과의 논쟁을 들을 수 있었다. 스승이 침묵 속에서 큰 설전을 준비하는 모습을 보았고 그를 따라 공회당과 포룸에 갔다. 청중에게 변론을 하거나 말하는 것을 들었다. 마침내 스스로 변론에 나설 때가 되면 스승 편에서 그의 보호 아래 모습을 선보였다. 훗날 역사가 타키투스는 자기 시대에는 이런 살아있는 현장 교육이 부족하다며 안타까워했다. 젊은이들이 가상의 조건이 아니라 실제 상황에 적응하면서 자연스레 연설에 취미를 붙여야, 실전에서도 단번에 역량을 강화할 수 있다고 했다. "전쟁터에서 전쟁을 배워야 한다(『연설가에 관하여』, 34)!"이런 교육은 위험부담이 컸다. 천천히 알아야 좋을 것도 너무 일찍 배웠다. 공직 세계에 넘치는 빈번한 부패와 추문에 익숙해졌다. 너무 빨리 뛰어든 바람에 실력도 쌓기 전에 야심부터 품었다. 16세 청년이 파렴치한 늙은 정치가들과 어울리면서 정당의 온갖 권모술수를 접하다 보면, 젊은이다운 용기와 신중함을 잃어버리게 된다. 더러운 뒷거래를 보면서 음모에 맛을 들이지 않았을까? 성공만 예찬하고 권력에 미친 듯 매달리며, 수단 방법 가리지 않고 출세부터 하려는 욕망만 부추기지 않았을까? 대개 몹쓸 짓부터 먼저 배우고 좋아하게 되지 않던가?

카일리우스에게 일어난 일이다. 그는 3년 동안 키케로 곁을 성실하게 지켰다. 하지만 자신과 같은 정치적 자산을 가진 사람은 정부를 지키려는 자들보다 무너뜨리려는 자들 편에 서야 훨씬 유리하다는 사실을 깨닫고 카틸리나에게 붙기 위해 키케로를 버렸다. 카일리우스는 지체 없이 태세를 전환했다. 이제 그의 삶은 다른 방향으로 흘러갔다. 그는 선동적이고 난폭한 사람이 되었고 사람들은 그가 포룸에서 내뱉는 신랄한 연설과 캄푸스 마르티우스 들판에서 벌어지는 폭력을 두려워했다. 신관(포니펙스)으로 선출되었을 때 원로원 의원을 때렸다. 재무관으로 임명되었을 때 표를 매수했다는 비난을 받았다. 로마에서 민회(코미티아)를 휘저어 놓는 것으로 만족하지 않고 나폴리까지 내려가 민중 선동을 부추겼다. 그러는 사이에 그는 잘도 즐기며 다녔다. 그가 어울렸던 시끄러운 청년들은 방탕한 행태를 일삼아 계속해서 공공의 안녕을 해쳤다. 그들은 저녁 만찬 후 돌아다니며 로마 거리를 불안하게 했다. 몇 세대 전 풍자시인 플라우투스와 테렌티우스가 묘사한 얼빠진 녀석들처럼 그들은 길에서 마주친 정숙한 여자들을 추행했다. 이런 난장판에는 큰돈이 들었다. 카일리우스의 아버지는 부자이긴 해도 항상 돈을 댈 사람이 아니었다. 당연히 이때 푸테올리의 정직한 상인은 정치인으로 키우는 데 너무 많은 돈이 든다며 아들에게 품었던 기대를 후회했을 것이다. 아무튼 카일리우스도 성깔이 있어서 아버지의 질책을 견디지 못했다. 집을 떠나 포룸과 일터에 가깝다는 핑계로 팔라티누스 언덕에 1만 세스테르티우스짜리 집을 세내었다. 유명한 호민관 클로디우스의 집이었다. 그곳에서 클로디아를 만났고 그것은 그의 인생에서 큰 사건이었다.

키케로는 클로디아의 평판이 형편없었다고 전한다. 하지만 클로디우스를 몹시 미워했던 터라 그가 한 이복 누이 이야기도 완전히 믿기는 어렵다. 또 "클로디아가 점잖은 사람들과 좋은 관계를 유지했다"라며 먼저 한 말을 번복하기도 한다. 따라서 그가 비난했던 모든 죄를 클로디아가 실제로 저질렀다면 오히려 놀라웠을 것이다. 남편을 독살하고 클로디우스와 애인 사이였다면, 평판에 흠이 날까 노심초사하는 공화정 인사들이 클로디아를 계속 만날 수 있었을까? 하지만 그런 악평은 키케로가 지어낸 것이 아니라 항간의 소문을 옮겼을 뿐이다. 많은 로마 사람이 그렇게 믿었고 클로디아의 적들은 성벽마다 악의적인 노래를 휘갈겨놓았다. 일부 과장했지만 그럴듯했다. 증거는 없었지만 남편 독살 혐의는 터무니없이 널리 퍼졌다. 클로디아는 남편이 살아있을 때는 그를 매우 불행하게 했고 그가 죽었을 때도 크게 슬퍼하지 않았다. 또 이복형제의 애인이라는 소문을 믿지 않는다 해도 애인은 많았다. 하지만 이런 삶의 방식과 이 정도 추문은 로마의 명문가 여성들에게는 매우 흔했다. 그만큼 로마 사회는 풍기 문란으로 위기를 겪었고 어떤 골병이 들었는지 알려면 과거에서 그 원인을 찾아야 한다.

로마처럼 가족을 중시하는 나라에서 여성들은 매우 중요한 위치를 차지했다. 가뜩이나 집안에 막강했던 영향력은 밖으로도 미쳤고 사생활에서 차지했던 명예로운 자리를 공공 생활까지 넘보았다. 고대 로마 사람들은 여성의 권위를 질투하고 위협을 느꼈으며, 기존 관습을 지키려고 애썼다. 연극에서 몹쓸 악담으로 비난하며, 정치연설에서 조롱하기까지 했다![1] 하지만 그런 조롱의 뜻을 착각하고 그들에게 너무 불평해서는 안 된다. 그들은 여성들이 두려워서 공격했고 농담도 모욕이라기보다 경고였다. 거친 병사와 상스러운 농부는 여성들이 얼마나 자기들보다 훨씬 더 민첩하고 진취적인지, 얼마나 많은 면에서 더 능력이 있는지 알았다. 따라서 여성들을 가정에 가둬두려고 애를 썼지만 안심하지 못했다. 가정에서도 여성들은 순종하고 인내해야 했다. 나약하고

1 그라쿠스 형제 시대에 감찰관 메텔루스는 독신자들을 공격하는 연설을 했다. "시민 여러분, 우리가 여자 없이 산다면 얼마나 궁색하고 난처하겠소. 자연의 뜻 을 거스르는 것 아닙니까. 함께 사는데 어떻게 거북하고 불쾌하지 않겠습니까. 너무나 덧없는 인생의 낙이지만, 영원해야 할 공화국을 위해 희생 좀 합시다!" 결혼을 권장하는 방식은 꽤 효과가 있었다. 훗날 아우구스투스는 메텔루스의 연설을 시민들이 다시 들어야 한다고 생각했다.

휩쓸리는 존재라 자기 관리가 어려우니 서둘러 그들을 이끌어야 한다고 믿었다. 이런 핑계로 그들은 영원한 보호자가 되고 여성은 여전히 아버지와 남자 형제, 남편의 손안에 있다. 그들의 조언 없이는 여성 혼자 팔거나 사지도, 아무것도 할 수 없다. 이런 식으로 남자들은 여성들을 보호한다고 주장하지만, 사실은 여성들에게 자신들을 지키려는 것이다. 여성들의 강력한 적 카토는 솔직하게 털어놓았다.

> 기억하시겠지만, 오피아 법[2]은 조상들이 아내를 남편에게 복종시키려고 만든 규칙입니다. 그렇게 묶어두어도 다스리기가 좀 어렵습니까. 그렇다고 자유를 주고 같은 권리를 누리게 한다면 어찌 되겠습니까? 남자들이 주인이 될 수 있겠습니까? 여자들이 남자들과 동등해지면 더 우월해질 것입니다(리비우스, 『로마사』, XXXIV. 3).

우리가 다루는 시대가 바로 그날이다. 옛 관습이 저무는 동안에도 여성에 대한 법들은 존중되지 않았다.

> 여성에게 친절한 변호사들은 법을 위반하는 것처럼 보이지 않으면서도 법망을 빠져나갈 수 있는 기발한 방법을 알려주었다.
>
> (『무레나 반박연설』, 12)

2 오피아 법Lex Oppia(B.C.215~B.C.195). 칸나이 전투 직후, 사치를 방지하고 재정 문제 해결을 위해 호민관 마르쿠스 오피우스가 입안했다.

동시에 여성은 사교계에서 더 큰 역할을 하게 되었고 공화국 정부에서는 다분히 그들의 영향력을 고려했다. 그 당시 거의 모든 정치인은 아내와 애인에게 휘둘렸다. 따라서 사람들은 카이사르가 뿌리고 다니던 숱한 염문을 심오한 정책으로 보았다. 아우구스투스가 그랬던 것처럼, 남편들을 끌어들이려고 여성들의 환심을 사려했다고 생각했다.

따라서 낡은 법이 폐지되고 옛 격언도 변화하자 여성들은 자유로워졌다. 보통 되찾은 자유는 남용하기 마련이다. 오랫동안 억눌렸던 권리라 차분하게 누리기 어려웠고 어설프게 들인 맛이라 중독되었다. 당시 로마 사회에 일어난 일이다. 여성들의 모든 무절제한 행동은 부분적으로 새로운 자유에 이끌리고 도취한 탓이다. 키케로의 아내 테렌티아처럼 돈을 밝히는 여자들은 재산 처분권을 서둘러 누렸고 해방노예, 대리인과 손잡고 수상한 이익을 위해 결탁했다. 거리낌 없이 남편의 재산으로 투기와 불법 거래를 일삼았다. 그들은 놀라운 탐욕으로 졸부 취미에 젖었다. 재물보다 놀기 좋아하는 사람들은 쾌락을 탐닉했다. 대담하지 못한 사람들은 법적으로 다른 사랑을 택했다. 이혼마저 번거롭게 여기던 사람들은 뻔뻔스럽게도 추문을 퍼뜨렸다.

클로디아도 그중 하나였다. 하지만 방탕한 생활을 굳이 숨기지 않았고 몇 가지 좋은 면도 있다. 클로디아는 탐욕스럽지 않았다. 친구들에게 아낌없이 지갑을 열었고 카일리우스도 뻔뻔하게 그것을 이용했다. 교양 있는 사람들을 사랑했고 집으로 끌어들였다. 한때 키케로의 재능을 매우 존경해 어리석은 테렌티아를 버리고 자신과 결혼하기를 원했다. 하지만 의심 많은 테렌티아가 둘 사이를 극도로 틀어놓았다. 클로디아는 정숙한 여자로 보기에는 춤을 너무 잘 췄다(스콜리아 보비엔시아, 『로스키우스 변호연설』, 오렐리 판, p.304). 시도 썼을 것이다(루도비쿠스 슈바브, 『퀘스트, 카툴루스』, p.77). 문학을 즐기거나 교양 있는 사람들을 찾으며, 세련되고 우아한 쾌락을 즐긴다고 해서 비난할 일은 아니다. 요즘 같으면 상류사회 여성이 갖춰야 할 자질들이다. 로마에서는 다르게 생각했다. 화류계 여자들만이 자유롭게 교양 있는 삶을 추구하는 특권을 가졌다. 재능을 좇는 여성은 화류계 여자라는 오해를 무릅써야 했다. 하지만 클로디아는 평판에 신경 쓰지 않았다. 남자 형제 클로디우스가 공직 생활에서 보인 욕정과 열정을 클로디아는 사적인 행실과 애정 문제에서 똑같이 보여주었다. 언제든 지나친 행동도 주저하지 않았고 그것을 털어놓으면서도 부끄러워하지 않았다. 미친 듯이 사랑하고 증오하며, 절제하지 못하면서도 얽매이기 끔찍이 싫어했다. 위대하고 거만한 집안의 후손다웠다. 심지어 방탕하다는 면에서도 피를 속일 수 없었다. 고대 관습을 존중하는 나라, 예의 바른 고전의 땅에서 클로디아는 기존 관습에 충격을 주며 즐겁게 살았다. 남자친구들과 보란듯이 외출했다. 공원을 산책하거나 조상들이 건설한 아피아 가도를 걸었다. 클로디아는 아는 사람들에게도 대담하게 접근했다. 귀부인처럼 눈길만 주는 대신 대담하게 말을 걸었고(그들에게 가끔 키스하기도 했다) 만찬에 초대했다. 젊잖은 사람들은 분개했지만, 이 과감함이 거슬리지 않은 젊은이들은 매혹되어 클로디아와 식사를 했다(카일리우스 변론연설).

카일리우스는 로마에서 유행을 이끄는 젊은이 중 하나였다.

연설가로 이미 유명했고 사람들은 그의 신랄한 언변을 두려워했다. 무모할 정도로 용감했고 위험천만한 시도를 되풀이했다. 친구들과 피보호자들을 끌고 다니며 헤프게 돈을 썼다. 그처럼 춤을 잘 추는 사람은 거의 없었고(마크로비우스, 『사투르날리아』, II, 10) 누구도 옷을 입는 방법에서 그의 취향을 따라잡지 못했다. 변호인의 정복에 아름답고 넓은 자주빛 띠를 둘러 로마 사람들에게 화제거리가 되었다. 진지하거나 하찮아 보이거나 모두 클로디아를 유혹하기 위한 것이었다. 한집에 살면서 자주 마주쳤고 클로디아는 곧 그의 애인이 되었다.

키케로의 글로 그들의 생활을 추측할 수 있다. 클로디아가 테베레강변에서 애인과 그의 젊은 친구들을 위해 화려한 파티를 열었다. 하지만 연인들의 놀이터는 대부분 나폴리만의 바이아이[바이아] 해수 온천장[3]이었다. 얼마 전부터 바이아이는 로마와 이탈리아 멋쟁이들이 정기적으로 드나드는 명소가 되었다. 그 지역에 풍부한 온천은 이런 만남의 계기나 구실이 되었다. 4월부터 북적대기 시작해 여름 내내 온갖 수작을 펼쳤고 그 소문이 로마까지 들렸다. 점잖은 사람들은 소동을 애써 모른 척했고 그곳에 갔었다는 것만으로 키케로를 비난했다. 하지만 카일리우스와 클로디아는 몸을 사리지 않았다. 호라티우스가 세상에서 가장 아름답다고 노래한 그곳에서 모든 즐거움을 맘껏 누렸다! 로마 사람

3 나폴리 박물관장 마유리A. Maiuri는 폼페이 유적 발굴을 주도했고 고대의 별장과 신전 유적을 발굴했다(1923). 기행문집 『캄파니아 산책, 나폴리와 폼페이, 에르콜라노』(1957)를 남겼다.

들은 백사장에서 뛰어놀고 호화 파티를 열어 악사와 가수들을 태우고 뱃놀이하는 모습을 보고 너도나도 쑥덕거렸다. 이것이 키케로가 전한 전부이다. 그닥지 않게 카일리우스의 평판에 누가 되지 않도록 말을 아꼈다. 다행히 루크레티우스와 당시 가장 위대한 시인 카툴루스[4] 덕에 그들에 대해 더 많은 호기심을 충족시킬 수 있다. 그는 그곳에 드나들던 인물들과 매우 친한 사이라 실감 나게 묘사했다. 레스비아를 영원한 여인으로 칭송했다. 이 연가의 주인공은 지어낸 인물이 아니라 로마의 귀부인이다. 실명을 숨겼지만 카툴루스의 화법으로 미루어 누구인지 모두 알고 있었다(오비디우스, 『트리스티아』, II. 427). 훨씬 뒤에 살았던 아풀레이우스는 경솔하게도 레스비아가 곧 클로디아라고 가르쳐준다(아풀레이우스, 『마법에 관하여』, 10).[5] 카일리우스의 연적이었던 카툴루스는 팔라티누스 언덕의 집과 테베레강 강가의 정원에 자주 드나들었고 자신도 속해 있었던 이 모임을 노래로 자세히 전했다.

방금 말했듯이 클로디아는 시대를 막론하고 대범한 여성의 갈망으로 돈에 연연하지 않았다. 카툴루스 이야기는 그것을 잘 증명한다. 그는 베로나 출신 명문가(발레리이) 자제였지만 부자는 아니었다. 로마에서 몇 해 재미있게 살다 보니 빈털터리가 되었고 얼마 안 되는 영지마저 저당 잡혔다.

4 카툴루스Valerius Catullus(B.C.84~B.C.54). 고대 그리스의 애도곡을 근대의 '슬픈 사랑 노래'로 발전시킨 시인으로 대표작은 〈카르미나〉.

5 슈바브는 이 주장을 믿는다.*아풀레이우스Lucius Apuleius(125~170). 알제리 출신 문인, 철학자. 『황금 당나귀』라는 변신 이야기를 남겼다. 그중 에로스와 프시케의 사랑은 중세 내내 많은 문인과 예술가의 소재였다.

무서운 북풍과 거센 남풍에도 끄떡없던 곳인데 사방에서 부채가 폭풍에 날아가 버렸네. 얼마나 역겨운 구린내를 풍기며 불어대던지!

(카툴루스, 〈카르미나〉, 26)

더 가난하고 빚이 많은 "거미들만 들끓는" 친구들은 큰 도움이 되지 않았다. 클로디아는 카툴루스의 집안이나 재산이 아니라 그의 재능과 지성을 사랑했다. 클로디아처럼 사는 여성에게는 볼 수 없는 기품과 우아함에 완전히 반했다. 하지만 가문이 몰락했어도 여전히 귀족의 면모를 간직했다. 카툴루스는 시에서 레스비아를 당대의 가장 유명한 미인과 비교해서 말한다.

퀸티아는 누가 봐도 아름답다. 늘씬하고 백옥 같으며 반듯하다. 그녀의 모든 품성을 인정한다. 그렇다고 아름답다고 말할 수 있을까. 우아한 멋이 없다. 몸매만 늘씬하지, 매력과 재치는 눈곱만큼도 없다. 레스비아야말로 그 누구보다 아름답다. 너무나 우아해서 남들에게 우아함은 더는 남아있지 않다(86).

교양 있는 사람들을 매우 좋아하는 클로디아 같은 여성은 카툴루스 동아리와 어울리게 되어 기뻐했을 것이다. 로마에서 그렇게 세련되고 유쾌한 모임은 없었다. 문인과 정치인, 시인과 귀족들이 모였고 신분과 재산 차이는 있어도 모두 문학과 향락을 즐겼다. 코르니피키우스와 퀸틸리우스 바루스[7], 헬비우스 킨나[8]가 있었고 그들의 시는 매우 유명했다. 폴리오는 아직 풋내기였다. 시인이자 공직자 리키니우스 칼부스[9]는 당시 가장 독창적인 인물

중 하나였다. 21세 청년에게 뛰어난 재능과 기세로 공격받은 바티니우스는 겁에 질려 판사들에게 말했다. "적이 뛰어난 연설가라고 해서 내가 유죄는 아니다." 카일리우스 동아리에 그를 넣어 마땅하다. 키케로 이상으로 모든 똑똑한 젊은이들의 후원자였다. 그의 천재성과 영광을 자랑스럽게 여기며 카툴루스는 그를 "로물루스 자손 가운데 최고의 연설가"라고 표현했다.

재기 넘치는 이 모임에 정치인이 많았기에 정치는 자연스럽게 화제에 올랐다. 진성 공화파였던 이들은 카이사르에게 반대하며 맹렬한 풍자시를 발표했다. 카툴루스와 칼부스도 카이사르를 신랄하게 조롱한 글을 썼지만 유독 가혹했다는 칼부스의 글은 전하지 않는다. 정치 못지않게 중요한 대화 주제는 문학이었다. 가끔 삼류작가들을 도마 위에 올리고 본때를 보인다며 볼루시우스라는 시인의 시로 화형식을 치르기도 했다. 때때로 웃고 떠들다가 거나하게 취기가 오르면 서로 시 겨루기를 했다. 서판을 돌려가서 나름대로 가장 짓궂은 시를 썼다. 하지만 무엇보다 그들을 사로잡은 것은 쾌락이었다. 시인과 정치인 모두 젊고 사랑에 빠졌으며, 볼루시우스를 비웃거나 카이사르를 헐뜯는 것보다 사랑노래를 더 좋아했다. 그렇게 지은 시는 그들을 유명하게 만들었

6 퀸틸리우스 바루스Sextus Quinctilius Varus(B.C.?~B.C.42). 로마 공화정 회계관. 원로원 의원이던 아버지와 이름이 똑같다.

7 헬비우스 킨나Helvius Cinna(B.C.?~B.C.44). 근친상간의 사랑에 관한 신화적 서사시 〈즈미르나Zmyrna〉를 썼다. 카이사르의 장례식에서 군중이 그를 코르넬리우스 킨나(법무관, B.C.44)로 오인해 살해하였다.

8 리키니우스 칼부스Caius Licinius Macer Calvus(B.C.82~B.C.47). 키케로와 다르게 그리스의 연설법을 사용했다고 전한다.

다. 라틴의 서정시는 카툴루스가 레스비아를 위해 쓴 짧고 매력적인 작품과 비교할 가치가 전혀 없다. 프로페르티우스[10]는 사랑의 탄식에 신화를 너무 많이 섞었다. 오비디우스는 정신적인 방탕에 불과하다. 운율의 강세를 예리하게 짚어나간 카툴루스만 사랑의 깊은 상처에 진정으로 아파했다. 그전까지 그는 무분별하고 방탕하게 살았고 덧없이 스치는 관계에 지쳤다. 하지만 레스비아를 만나고서야 정념이 무엇인지 깨달았다. 클로디아에 관해 어떻게 생각하든 카툴루스의 사랑은 그녀를 고양시켰다. 이 멋진 시보다 더 호의적인 시각으로 그녀를 볼 수 없다. 카룰루스의 시를 읽으면 클로디아가 로마의 젊은이들에게 준 것을 현실화하고 살아있는 것처럼 보인다. 충분히 구체적이지 않아 아쉽다. 그가 그런 훌륭한 시를 지은 것은 이 매력적인 모임과 자유롭고 호화로운 식사들 때문이지 않았을까? 카툴루스는 테베레강변 나무 그늘에서 사포의 열렬한 단시를 모방하면서 레스비아를 노래했다. 나폴리와 카프리가 마주 보이는 바이아이 해변의 황홀한 하늘 밑에서 처음 읊었을 시였다. 그가 좋아했던 멋진 경치에 걸맞은 기품과 정념에 넘치는 노래였다.

레스비아, 우리 함께 사랑하며 살자.
우리 함께 늙은이들의 잔소리를 비웃어 보자.

9 프로페르티우스Sextus Propertius(BC 50~B.C.15?). 로마 공화정 말기 시인. 〈비가悲歌〉를 남겼다. "눈에서 멀어지면 마음에서도 멀어진다"라는 속담은 그가 우정을 노래한 구절에서 나왔다.

해는 다시 뜨려고 지지만
우리의 짧은 빛은 한번 꺼지면 영원한 밤일 텐데.
두 번 다시 깨어나지 못하고 잠들 텐데.
어서 나를 안아다오. 천 번, 만 번 안아다오,
안아주고 또 안아다오.
우리가 얼마나 수없이 부둥켜안고 입 맞추었는지,
헤아리고 시샘할 틈을 누구에게도 주지 말자꾸나(5).

로마 사회에서 보기 드물게 흥미로운 시절이었다. 교양 있는 사람들이 모여 모든 것을 토론하고 계층의 차이 없이 문인들은 정치인들과 어울렸다. 예술을 거리낌 없이 표현하고 지성을 강력한 힘으로 대우했다. 현대적인 표현으로 사교계 문화가 시작되었다. 이런 문화는 포룸이나 집안에서 삶을 보냈던 고대 로마 사람들에게는 없었다. 대중과 가족 사이에 있던 사교계라고 부르는 중간 지대를 거의 몰랐다. 세련되고 엄선된 모임이라 많은 사람이 모여도 혼잡스럽지 않았다. 가족 모임만큼 편하지는 않았지만 낯선 사람들이 모이는 공공장소보다는 자유로웠다. 이런 사교계 문화는 로마가 문명화하고 문학이 자리를 잡을 때까지 기다려야 했다. 공화정 말기에 가서야 비로소 실현되었다. 그렇다고 사실을 지나치게 부풀려서는 안 된다. 사교계는 이제 막 시작되는 단계라 매우 거칠게 보인다.

아름다운 시를 읊는 즐거운 식사 자리에는 냅킨을 훔치는 손님도 있었다(12).

어떤 위대한 시인의 풍자시로 보아 그들이 나눈 대화는 종종 위험했다. 교양 있는 사람들의 모임을 주관한 클로디아는 유례없이 기괴한 행동을 했다. 사교계 여성이 추구하는 우아한 쾌락에 만족하지 못했고 마침내 옛 친구들이 낯을 붉힐 만큼 도를 넘어섰다. 게다가 유행의 주인공들, 어디서나 교양을 자랑하고 매력적으로 말하며, 다정하게 시를 읊던 사람들도 그녀보다 행실이 바르거나 섬세하지 못했다. 그들은 클로디아와 관계를 이어가는 동안에는 많은 비난을 받았고 관계가 끝났을 때는 용서할 수 없는 잘못을 저질렀다. 과거를 존중할 줄 모르고 한 때 사랑했던 여성을 배려할 줄 몰랐다. 카툴루스는 가장 아름다운 자기 시에 영감을 준 사람에게 상스러운 독설로 상처를 주었다. 카일리우스는 가장 천한 매춘부에게 주는 대가를 언급하며, 포룸 한복판에서 '한 푼짜리 여자(콰드란타리아, 1아스의 4분의 1)'라고 불렀고 이 잔인한 별명은 그녀에게 각인되었다. 아직 갈 길이 먼 사회였다. 하지만 곧 시작될 군주제 덕에 속도를 낼 것이다. 아우구스투스 치하에서 모든 것이 바뀌었다. 옛 공화정 시절의 천박한 잔재는 새로운 체제에서 사라졌다. 그러한 진전으로 너무 까다로워져서 세련된 사람들은 곧 칼부스와 카툴루스를 조롱하고 희극작가 플라우투스를 야만인 취급을 했다. 그들은 세련과 품위를 얻는 동시에 멋을 잃었다. 궁정풍 연애 문학이 널리 퍼졌고 이런 갑작스러운 변화로 25년 만에 카툴루스에서 오비디우스로 취향이 바뀌었다.

클로디아와 카툴루스의 사랑은 매우 비극적으로 끝난다. 클로디아는 충실하다고 자부하지 않았고 자기 애인을 너무나 잘 정당화했다. 카툴루스는 다음과 같이 썼다.

> 여자의 약속이라고? 바람에 맡기거나 멀어지는 물결에나 실려 보내야지(70).

카툴루스는 착각을 깨닫고 사랑에 굴복한 자신에게 화가 났다. 이성적으로 생각해 보고 자책했지만 고칠 수 없었다. 용기 내려 했지만 사랑이 더 강했다. 가슴을 찢는 아픔으로 더는 견디지 못하고 경멸하면서도 사랑할 수밖에 없었던 클로디아 앞에 슬픈 얼굴로 돌아가 무릎을 꿇었다.

> 그대를 사랑하지만 밉기도 해. 그대는, 어떻게 그럴 수 있느냐고 물었지만 나도 알 수 없어. 다만 그렇게 느낄 뿐, 그래서 영혼은 갈기갈기 찢어지고……. (85)

이런 큰 고통과 체념은 클로디아에게 아주 살짝 와닿았을 뿐이다. 그녀는 점점 더 어두운 사랑만 탐닉했다. 가엾은 시인은 희망을 잃고 그녀와 영원히 헤어져야 했다. 클로디아와 카일리우스의 이별은 훨씬 더 비극적이었다. 형사 재판까지 치렀다. 이번에는 카일리우스가 먼저 싫증을 냈다. 버림받아 분노한 클로디아는 카일리우스의 적들과 어울리더니 독살 혐의로 그를 고발했다. 바이아이 해변에서 즐거웠던 축제의 서글픈 종말이다. 재판은 매우 흥미로웠다. 포룸으로 구경꾼들이 밀려들었다. 카일리우스는 그의 보호자들과 친구들, 거부 크라수스, 스승 키케로와 출두했다. 그들은 변론을 분담했다. 키케로는 특별히 클로디아와 관련된 부분을 맡았다. 키케로가 평결받은 변론은 이렇게 시작된다.

카일리우스는 여성의 적이 전혀 아니올시다. 하물며 모든 남자의 친구인 여자라면 말할 나위 있겠습니까!

키케로가 클로디아의 가족에게 당한 불행을 복수할 좋은 기회였다. 그날 클로디아는 자기 가족을 대표해 대가를 치렀다. 키케로가 그날처럼 날카롭고 신랄한 적은 없었다. 판사들은 실컷 웃었고 카일리우스는 무죄 판결받았다. 피보호자가 행실을 고칠 거라고 키케로는 변론에서 엄숙하게 약속했다. 하기야 젊은 객기가 얼마나 오래갈까. 카일리우스는 28세였고 아버지의 바람대로 정치인이 된다면, 시정관이나 호민관 선거를 준비할 때였다. 그 후에 키케로가 자기 이름을 걸고 했던 약속을 그가 잘 지켰는지 알 수는 없다. 너무 요란한 추문에 휩쓸리지 않도록 조심했을 것이다. 클로디아와의 사랑의 실패는 이 떠들썩한 모험들에서 그를 구했다. 하지만 그가 옛 로마 사람들처럼 금욕적으로 살지는 않았을 것 같다. 몇 해 뒤 시정관이 된 그는 시간을 내어 로마에서 일어난 온갖 추문들을 전했다. 킬리키아 총독 시절 키케로에게 보낸 편지를 보자.

새로운 일이래야 쉽게 짐작하실 만한 사소한 것들뿐입니다. 트리아리우스의 누이 파울라 발레리아가 아무런 이유 없이 남편이 지방에서 올라오자마자 이혼했습니다. 파울라는 데키무스 브루투스와 결혼한답니다. 선생님이 떠난 뒤로 이런 놀라운 일들이 꽤 많았습니다. 세르비우스 오켈라는 3일 동안 두 번이나 들통이 나지 않았다면, 운깨나 좋은 친구라는 소리를 들었을 텐데……. 어디에서 그랬겠어요? 사실 제가 가고 싶지 않은 곳이기도 합니다.[10] 다른 사람들에게 물어보시지요. 개선하는 길에 총독께서 어떤 여자이길래 사내를 그렇게 사로잡았냐고 사람들에게 물어보시면 재미있지 않겠습니까?(『친구들에게』, VIII. 7)

이런 편지를 쓴 사람을 완전히 개종했다고 볼 수 있을까. 그는 여전히 로마의 밤거리를 화려하게 누비던 청년이자 클로디아의 애인이었으며, 경박한 연애 사건을 유쾌하게 떠드는 재치 있는 남자이다. 그 뒤로는 자세히 알 수 없지만, 젊은 시절의 방탕을 절대 포기하지 않았고 행정관이자 정치인으로서 마지막까지 흥청망청 살았다.

II

카일리우스는 그저 그런 한량은 아니었다. 덧없는 인기에 연연하지 않았다. 그는 곧은 품성을 가졌다. 키케로의 가르침 덕에 곧 훌륭한 연설가로 성장했고 스승의 품을 떠난 지 얼마 되지 않아 눈부신 데뷔전을 치렀다. 그가 변론으로 꺾은 상대는 다름 아닌 스승 키케로였다. 이 승전보로 그의 명성은 하늘을 찔렀다. 포룸의 안목 있는 연설가들은 그의 재능이 더 감탄스럽고 완벽하다고

10 카일리우스를 사랑했던 여자와 함께 있었다는 뜻일 것이다. 키케로는 답장에서 그런 소문이 토로스산(킬리키아 지방)까지 들렸다고 했다. 성적인 탐닉으로 추측한다.*

생각했다. 카일리우스는 매우 무섭게 공격하고 조롱했다. 상대방의 우스꽝스러운 면을 잘 포착하고 도저히 잊지 못할 만큼 잔인하게 빈정거렸다. 퀸틸리아누스[11]는 이런 무서운 독설과 풍자를 대표 사례로 인용했다. 이 구절에서 키케로와 공동집정관이던 안토니우스에 대해 말한다. 카틸리나를 반대하는 연설자들이 안토니우스를 극찬했지만, 그는 형편없는 모사꾼이자 상스러운 탕아에 불과했다. 총독 시절 관행대로 마케도니아를 약탈한 후, 승장으로서 개선하려고 이웃 민족들까지 공격했다. 쉽게 승리가 예상된 전투에서 쾌락에 탐닉하다가 수치스럽게 패했다. 안토니우스가 돌아오자 카일리우스는 그를 공격했다. 만취해 늘어져 있다가 적에게 기습받던 장군을 상상하며 이야기했다.

> 파티가 벌어지는 방은 침대와 바닥에 나뒹굴거나 자빠진 여자들과 군인들로 가득했다고 합니다. 적이 들이닥쳤다는 소식에 여자들은 초주검이 되어 안토니우스를 깨우려고 기를 썼고……. 그의 목을 들어 일으키면서 악을 쓰고 이름을 불렀으며, 귀에 속삭이거나 거칠게 때리기도 했답니다. 그런 소란 속에서도 안토니우스는 여자를 안으려고 잡아당기기만 했다지 않습니까! 깨우려고 사람들이 아우성치니 잠을 잘 수도, 고주망태가 되었으니 깨어날 수도 없지 않았을까요? 수발들던 여자들과 부하들이 비몽사몽간에 늘어진 그를 간신히 구했답니다(퀸틸리아누스, 『연설 교육』, IV. 2)!

11 퀸틸리아누스Marcus Fabius Quintilianus. 문인. 1세기 수사학과 연설의 교범 『연설 교육』을 남겼다 .

이렇게 신랄하고 날카롭다면 공격적으로 느껴지는 것은 당연하다. 카일리우스는 혼자 싸우는 것이 가장 적합했다. 그는 논쟁을 좋아하고 추구했다. 승리를 확신했고 저항도 못 할 만큼 난폭하게 상대방의 기를 죽였다. 반론이 그를 자극하고 힘을 주었기 때문에 카일리우스는 반론을 원했다.

> 어느 날 카일리우스는 피보호자 한 사람과 식사했다. 그는 온화한 사람으로 느닷없는 행동에 곤란해질 수 있다는 생각이 들어 카일리우스가 무슨 말을 하든 맞는다는 대답만 했다. 상대가 무조건 동조하자 카일리우스는 화를 냈다. 뭐든 반박 좀 해보라고, 이거야 나 혼자 있는 것 같으니(세네카, 『분노에 관하여』, III. 8)!

카일리우스의 재능은 시대와 운 좋게 맞아떨어졌다. 높은 평판을 얻었고 명사 대우를 받았다. 아무리 논쟁과 조롱, 독설에 뛰어나도 다른 시대라면 크게 주목받지 못했을 것이다. 하지만 카일리우스는 연설가로서 또 고위공직자로서 정파들이 다투던 혁명의 와중에 소중한 완충 역할을 했다. 키케로는 종종 그를 칭찬했다.

> 그 친구만큼 정치를 잘 아는 사람이 어디 있어(『친구들에게』, II. 8)!

카일리우스는 사람들을 잘 간파했다. 상황 판단이 정확하고 빨랐다. 키케로는 자기에게 부족하던 그의 신속한 결단력을 높이 평가했고 민중은 추진력이 강한 그에게 열렬히 호응했다. 대담할수록 권력을 잡기 좋은 시대였으니 출세 가도를 달릴 만했다.

하지만 카일리우스는 자질에서 오는 큰 결점도 있었다. 그는 사람들을 잘 파악했지만 고약하고 못된 면을 주로 파고들었다. 모든 방향을 뒤집어 무섭게 파고들어 약점을 백일하에 까발렸다. 적들뿐만 아니라 가장 가까운 동지와 친지에게도 가혹했다. 그의 편지를 보면 상대방의 약점을 거침없이 떠든다. 단짝 돌라벨라를 "비밀을 지킬 줄 몰라. 촐랑대다가 죽을지도 모르고"라며 입이 가볍다며 걱정했다. 함께 정치를 도모하던 쿠리오를 "건더기 없는 맹탕이지. 산들바람만 불어도 달라지고 도무지 머리를 쓸 줄 몰라!"라고 말하고 다녔다. 쿠리오와 돌라벨라가 그를 카이사르 편으로 끌어들일 영향력이 있었을 때였다. 카이사르에 관해서는 그의 대의는 받아들였지만 그를 좋게 말하지 않았다. 굳이 '베누스의 아들(여신의 후손이라는 카이사르의 허황한 주장을 암시하며)'이라고 부르면서 "공화정의 이익을 우습게 알고 자기밖에 모르는 이기주의자"로 보았다. 그는 자신이 들어간 진영을 "과거에 지은 죄로 불안해하고 미래에 지을 죄에 희망을 거는 불순한 자들"뿐이라며 한심해했다. 모두에게 가혹했고 누구도 완전히 믿지 못했다. 누구도 그에게 감히 의지할 수 없었다. 대의를 위해서라면 완전히 헌신해야 하는데 티끌만큼도 눈감아주지 못하고 약점만 찾아낸다면 어떻게 될까? 신중하고 통찰력 있는 인물들은 절대 속지 않으려 하고 타인의 결함을 항상 꿰뚫어 본다. 하지만 그는 냉담한 친구이거나 쓸모없는 우군일 뿐이다. 자기 정파에도 믿음을 주지 못한다. 일을 도우면서도 완전히 뛰어들지 않고 발을 뺄 여지를 남겨두기 때문이다. 정파를 꾸릴 만큼 충분한 열정은 없으며 큰일을 도모할 만큼 필요한 열정도 부족하다. 그래서 우두머리도 병사도 못 된다. 다른 사람에게 집착하지도 않지만 끌어모으지도 못해 결국 혼자가 된다.

덧붙이자면 사람에 대한 환상이 없는 카일리우스는 정파도 선호하지 않았다. 그는 원칙주의자라는 명성이나 어떤 계급, 정파에 끼어들지 않았다. 정치판에서도 임기응변으로 살았다. 기회나 이해관계, 우정에 대해 조금도 개의치 않고 상황에 따라 신념을 바꿨다. 카틸리나가 더 막강해 보이자 키케로를 버리고 카틸리나 쪽에 붙었다. 키케로가 승리하자 그에게 되돌아갔다. 클로디아와 사귀던 시절에는 클로디우스의 친구로 지냈다. 그녀와 헤어지자 갑자기 밀로 편으로 넘어갔다. 그뿐만 아니었다. 그는 망설이거나 당황하지 않고 민중파에서 원로원으로, 원로원에서 민중파로 오락가락했다. 실제로 그에게 대의는 상관없었고 어느 쪽에서 일하든 별로 중요하지 않았다. 공화국의 운명이 걸린 문제 앞에서도 자기 생사에만 관심이 있었다. "당신의 일입니다, 부유한 노인 여러분"이라고 했다. 카일리우스에게 중요한 것은 대체 무엇이었을까? 항상 파산 상태였던 그는 잃을 것이 없었다. 어떤 정권도 그에게는 마찬가지였고 호기심으로 투쟁에 개입해 매우 활발한 불쏘시개 역할을 했다. 그가 요동치는 공적인 삶 속에 열정적으로 뛰어들었다면 사건을 좀 더 가까이 볼 수 있고 날카로운 생각과 재미있는 구경거리를 찾기 위해서이다. 그는 놀랄만한 혜안으로 곧 닥칠 내전과 불행에 대해 키케로에게 알렸다.

위험만 없다면 매우 흥미진진한 구경거리를 맞으실 겁니다.

(『친구들에게』, VIII. 4~14)

이 잔인한 말은 나중에 호된 대가를 치렀다. 위험 없이 피비린내 나는 놀이를 하고 구경꾼 노릇만 하다가 희생자가 된다.

키케로에게 예고했던 내전이 막 터지려던 바로 그즈음 카일리우스는 시정관에 임명되어 민중 축제 준비로 킬리키아 표범을 구하러 다니느라 여념이 없었다. 사방을 돌아다니다가 온 카일리우스는 원로원 의원들을 '우리 동지들'이라거나 '선량한 시민들'이라고 부르며 옹호했다. 평소처럼 선량한 시민이 저지를 만한 잘못을 눈여겨보고 기회가 왔을 때 '동지들'을 몹시 비웃었다. 키케로는 카일리우스가 냉소적이고 우유부단하다고 생각해 그가 좀 더 적극적으로 참여하기 원했다. 킬리키아로 떠나면서도 카일리우스의 훌륭한 자질을 끝없이 칭찬했다. 폼페이우스처럼 팔방미인이라며 "거물(폼페이우스)을 위해 한 번 뛰어보게. 그가 반색하지 않겠어?"라고 권했다. 하지만 카일리우스는 아무것도 하지 않았다. 그는 폼페이우스를 잘 알았고 몇 차례 신랄한 하마평을 날리기도 했다. 그를 존경하지도 좋아하지도 않았다. 그가 위세등등하던 시절에도 가담하지 않았다. 그의 권력이 흔들렸을 때 그의 품속으로 파고들려던 것이 아니었다. 예상했던 위기가 오자 카일리우스는 신중하게 사건을 기다렸다.

가장 정직한 사람들도 주저하는 순간이었다. 이런 망설임은 충분히 이해할 만했지만 오늘날 매우 심하게 비판한다. 하지만 그 시대 사람들은 후대에 보는 시각과 완전히 다르게 문제를 보았다. 멀리서 걱정 없이 바라본다면, 그 원칙과 결과를 동시에 아는 조건에서 보게 되면 결과에 따라 원인을 판단하기 마련이라 말은 정말 쉽다. 하지만 사건이 한창 벌어지는 와중에, 너무 가까이 있어 전모를 파악하기 힘들고, 과거의 경험을 되새기거나 개인 성향으로 기울어, 안전과 명운이 걸린 결정을 해야 할 때는 판단하기 어렵다. 사태를 확실하게 파악할 수 없다. 게다가 혼란마저 더해져 로마 공화정의 과거 정파는 완전히 무정부상태였다. 사실상 정파라고 할 만한 것이 더는 없었다. 이해관계로 이리저리 뭉쳤을 뿐이다. 그 전 반세기 동안 사람들은 원칙이 아니라 이익을 위해 싸웠다. 여론도 과거처럼 다져진 입장에서 나오지 않았고 전통을 존중하고 따르려는 소극적인 사람들은 우연한 물결에 휩쓸리며 수시로 태도를 바꾸었다. 존경받던 인사들이 놀라운 변신을 하자 확신 없던 사람들은 흔들렸고 무엇이 옳은지 판단하기 어려웠다. 미적대는 사람들의 심정을 꿰뚫어 보며 이용하려던 카이사르는 사람들이 갈팡질팡하도록 최대한 부추겼다. 그는 법질서를 무너뜨릴 준비를 하면서도 법을 존중하는 것처럼 보이는 재간을 부렸다. 이 분야의 전문가이자 로마법에 정통한 어떤 판사는 이 문제를 꼼꼼히 검토하고 나서 "카이사르에게 합법성이 있으며 그가 불평한 불만은 충분한 근거가 있다"라고 말했다.[12] 그래서 그는 모든 계획을 드러내고 나중에 지배자가 되었을 때 그가 했던 것만큼 솔직하고 말하는 것을 잘 지켰다. 그는 그라쿠스 형제의 후계자이자 민중 권리의 수호자로 자처했다. 사람들을 안심시키려고 공화국은 논쟁거리가 아니라며 논점을 흐렸고 두 강력한 경쟁자 사이의 세력 다툼으로 깎아 내렸다. 마침 이탈

12 이 부분에서 테오도르 몸젠의 논문 「카이사르와 원로원 사이의 법률문제」(1857)가 주목할 만하다. 나중에 단행본으로 출간하였다.

리아 북부 도시들에서 자기 군단을 결집시켰을 때, 단지 공공의 안녕과 평화를 지키려는 열망밖에 없다고 말했다. 상대편들이 더 폭력적이 될수록 오히려 그는 더 온건해졌다. 원로원이 그의 말을 듣고 싶어하지 않는다는 확신이 들자 아무리 수락할 만한 조건이라도 절대 제안하지 않았다. 반대편에 있는 온건파와 현명한 사람들이 있어야 할 진영에서는 거만하고 서투른 모습이었다. 내전에 약간이라도 반감을 가진 사람들을 공공의 적으로 취급했다. 추방과 재산 몰수에 대해서만 떠들었고 너도나도 술라의 사례를 거론했다. 이상한 모순이 일어났다. 가장 강하게 예외 조치(독재관이 불가피하다는)를 요구한 이들은 자유를 수호하는 사명을 지닌 진영이었고 전쟁을 기다리며 군대를 준비한 사람들은 평화를 제안하는 동안 무장 병사 한 명 없던 사람들은 서둘러 제안을 거부했다. 따라서 양측의 역할이 바뀌었고 각자 자기편의 원칙과 이익에 상반된 언행을 보였다. 술피키우스와 키케로처럼 조국에 헌신하는 존경스런 사람들이다. 하지만 이런 폭력적인 위기보다 평화로운 시기에 봉사하는 것이 더 적합해 보인다. 한 치 앞도 안 보이는 암담한 상황에서, 주저할 이유가 한 둘이 아닌데 그들이 즉시 결단하지 못했다고 해도 놀랍지는 않다.

카일리우스도 망설였다. 하지만 키케로, 술피키우스와 같은 이유는 아니었다. 두 사람이 어느 편이 옳을지 자문하는 동안 카일리우스는 오직 어느 편에 강한 군대가 있는지만 알아보았다. 그는 키케로에게 솔직하게 털어놓았다.

장내 분쟁에서는, 무기에 의지하지 않고 합법적 수단으로 투쟁하는

> 한, 가장 명예로운 정파 편에 서야 합니다. 하지만 전쟁이 터지면, 더 강한 쪽으로 방향을 틀 필요가 있고 가장 안전한 정파가 최고라고 할 수 있지요(『친구들에게』, VIII. 14).

경쟁 세력의 힘만 비교한다면 선택은 너무 쉬웠다. 눈만 크게 뜨기만 해도 충분했다. 한쪽에는 11개 군단이 있었는데, 백전노장들이 지원하고 공화국의 가장 위대한 장군이 지휘했다. 국경에 배치되어 부르면 언제든 행군에 나설 군단들이다.[13] 다른 편에는 훈련도 안 된 한 줌의 병력뿐이었다. 하지만 북적대는 명문가 젊은이들은 복종할 마음도 지휘할 능력도 없었고 정파에 봉사하기보다 가문의 명예만 자랑했다. 한쪽에는 군사 통치와 야전부대의 규율이 있다면, 다른 한쪽은 다툼과 분쟁, 원한, 세력 다툼, 의견 차이를, 마침내 공공장소의 모든 관습과 불편을 진영으로 옮겼다. 자유를 수호한다는 정파에서 보통 드러나는 당혹감이다. 언론의 자유를 지키려고 싸우는 사람들에게 침묵을 강요하기는 어렵고 권력 남용을 반대하려고 무기를 든 사람은 모든 권위를 의심한다. 하지만 두 정파는 무엇보다 지도자의 성격 차이가 컸다. 카이사르는 적들에게도 믿기 어려운 추진력과 뛰어난 혜안을 보여주었다. 폼페이우스의 경우에는 실수만 거듭하면서 오늘날까지도 이해하기 어려운 행보를 보였다. 전쟁은 느닷없이 일어나지

13 『갈리아 전쟁기』 8권 마지막 부분을 보면, 카이사르는 갈리아에 8개, 갈리아 키살피나에 1개, 폼페이우스에게 보낸 2개 군단을 가지고 있었다. 처음 전쟁 위협을 받았을 때 갈리아 군단에 국경으로 접근하라고 명령했다. 코르피니움을 점령한 후에는 3개의 옛 군단을 소유하고 있었다.*

않았다. 그는 키케로에게 오래전부터 예견했다고 말했다(『아티쿠스에게』, VII. 4). 오히려 전쟁이 터지길 바라는 것처럼 보였다. 카이사르의 제안은 그의 조언으로 거절되었다. 원로원의 주류는 폼페이우스의 의견을 듣고서야 움직였기 때문이다. 다가오는 위기를 알아차렸고 그렇게 오래, 실제 적대행위에 나서기 전에 외교전만 벌일 동안 대비할 시간은 충분했다. 따라서 그가 손을 놓은 것처럼 보였어도 모두 그가 준비를 끝냈을 거라고 믿었다. 그가 평소 허세 부리며 손가락 한 번만 까딱하면 군단을 데려올 수 있다고 말했을 때, 사람들은 그가 숨겨둔 추가 부담금이나 마지막 순간에 불러낼 미지의 동맹군을 말하는 줄 알았다. 폼페이우스는 겁에 질린 사람들을 자신만만하게 격려했다. 수많은 왕국을 정복하고 위대한 사건을 이끌었던 인물이 그렇게도 위험천만한 순간에 그런 이상한 자신감을 가졌다니 이해할 수 없다.

그렇다면 폼페이우스는 무엇을 믿고 그렇게 잘난 척했을까? 적의 군사력을 제대로 파악이나 했을까? 그의 말대로라면 카이사르 군대는 불만을 품었고 장군들은 불충했으며, 조국을 상대로 싸우는 전쟁에서 자기들의 지도자를 따르지 않았을 것이다. 진짜 그렇게 믿었을까? 아니면 그에게 명성과 승전을 가져다준 초년의 행운을 한 번 더 기대했을까? 확실한 것은 알레시아와 게르고비아 참전 용사들이 라벤나에 집결해 루비콘강에 접근하던 그 순간, 폼페이우스는 경솔하게 카이사르와 그의 군단을 몹시 경멸하는 태도를 보였다(VII. 8). 하지만 오래 못 갈 허세였다. 카이사르가 의연하게 로마로 진군한다는 소식을 듣고서는 갑자기 무너졌다. 조금 전까지 경쟁자를 경멸하고 물리치겠다고 장담하던 사람은 며칠 만에 공포에 질려 멀리 풀리아 구석까지 숨 한 번 못 돌리고 도망쳤다. 폼페이우스가 집정관과 적어도 코르피니움[코르피니오](이탈리아반도 중부 라쿠일라 지방의 고대 유적지)에서 버티려던 도미티우스[14]에게 쓴 편지가 있다.

알다시피, 나는 엄청나게 불안하네(VIII. 12).

지금 막 자신감에 넘쳐 했던 말과 얼마나 대조적인가! 잔뜩 부풀리던 희망이 갑자기 꺼지자 퍼뜩 정신을 차린 사람이 한 말이다. 승리를 너무 확신했던 나머지 아무것도 준비하지 못했다. 패배가 확실해지자 감히 아무것도 시도하지 못했다. 어쨌든 자신감도 희망도 잃었다. 어떠한 저항도 소용없어 보였다. 애국심을 일깨우고 자치 도시들의 공화파 청년들에게 호소할 생각도 못 했다. 적은 다가오는데 그는 훨씬 더 멀리 물러났다. 철옹성 브룬디시움에서조차 안심하지 못했다. 그는 이탈리아를 떠날 생각을 했고 카이사르와 바다를 사이에 두어야만 안전하리라 믿었다.

카일리우스는 태도를 정하는데 그리 오래 걸리지 않았다. 싸움이 시작되기도 전에 이미 어느 편이 우세한지 쉽게 짚어냈다. 그러고 나서 그는 대담하게 앞다퉈 카이사르의 동지들 사이에서 선두에 섰다. 폼페이우스를 히스파니아 속주로 돌려보내자던 칼

14 도미티우스Lucius Domitius Ahenobarbus(B.C.98~B.C.48). 로마 공화정 말기의 정치인. 집정관. 키케로의 귀족파 측근. 시정관으로 재직시 축제 경기에 에티오피아 사냥꾼들과 누미디아의 곰 각 1백 마리를 풀어놓았다. 파르살루스 전투에서 사망했다.

리디우스[15]의 제안을 강력하게 지지했다. 평화적인 해결책이 사라지자 친구 쿠리오, 돌라벨라와 함께 로마를 떠나 라벤나로 카이사르를 찾아갔다. 이탈리아를 가로지르는 그의 개선 행진을 따라갔다. 그는 카이사르가 코르피니움에서 붙잡은 도미티우스를 용서하고 폼페이우스를 추격해 브룬디시움까지 바짝 밀어붙이는 것도 보았다. 전광석화 같은 승리에 취해 카일리우스는 키케로에게 이렇게 편지를 썼다.

> 폼페이우스처럼 아둔한 사람을 본 적이 없잖습니까. 우리를 곤경에 빠트리고도 유치한 행동만 고집하지 않습니까? 그런데 승자로서 카이사르만큼 열의에 넘치고 통 큰 인물을 보거나 들었던 적이 있었습니까? 엄동설한에 병사들이 동토에서 고생하면서 전쟁을 끝냈는데 무슨 생각을 하고 계십니까(『친구들에게』, VIII. 15)?

카일리우스는 일단 자신이 참전하자 키케로를 자기편으로 모셔가려고 했다. 그보다 더 카이사르에게 유익한 일이 없다고 믿었다. 카이사르는 거지반 승리했지만 자기 밑으로 들어와 일하겠다는 인물들에게 별로 기대하지 않았고 정파의 위신을 크게 높여줄 젊잖은 사람들이 부족하다고 아쉬워했다. 키케로쯤 되는 거물이라면 카이사르 측근들이 주는 나쁜 인상을 바꾸기에 충분해 보였다. 하지만 키케로는 난감해했다. 그는 카이사르가 루비콘강

15 칼리디우스Marcus Calidius(~B.C.49). 법무관. 내전 초에 카이사르의 명령으로 갈리아로 가던 길에 사망했다.

을 넘고 브룬디시움을 무너뜨릴 때까지 하루가 멀게 망설였다. 카이사르와 폼페이우스 양측 모두 그를 영입하려고 했고 수뇌들이 직접 그를 설득하러 나섰다. 하지만 방법은 정반대였다. 폼페이우스는 사려 없는 짧고 간결한 편지만 보냈다.

> 뭐 하는 거요, 어서 아피아 길로 나서지 않고! 루케리아[루체라], 브룬디시움에서 함께 있다면 안전할 겁니다(『아티쿠스에게』, VIII. 11).

패배한 자가 여전히 주인처럼 훈계하듯 묘한 말투 아닌가! 반면, 카이사르는 노련했다.

> 아이고, 어서 오시지 않고 뭐 하십니까? 제발 조언 좀 해주시고 고명하신 분께서 도와주셔야지요(IX. 6)!

승리한 장군이 겸손하게 먼저 손을 내미는데 어떻게 둔감할 수 있을까. 카이사르는 키케로를 확실히 포섭하려고 그와 절친한 부하들에게도 편지를 쓰도록 했다. 오피우스[16]와 발부스, 트레바티우스, 특히 그를 끌어들이기에 가장 좋겠다고 보았던 카일리우스에게도 부탁했다. 모두 키케로에게 뭐 그렇게 마음이 여리냐며 채근했다. 그러면서 폼페이우스에 대한 해묵은 원한도 되살렸다. 가족을 위협하는 불행을 보라며 구슬렸다. 정파들을 화해시켜 공화국을 평화롭게 해야 할 분 아니냐면서 허영심까지 부채질했다.

16 가이우스 오피우스Gaius Oppius(B.C.1c). 로마의 기사, 작가.

쏟아지는 공세에 키케로는 결국 흔들렸다. 마지막 순간에 이탈리아에 남아 외딴 시골집이나 도시에서 공적인 일에서 벗어나 누구도 편들지 않고 모두에게 절제와 평화에 관해 연설했다. 시민들의 평화에 관한 연설을 쓰기 시작해 여유롭게 끝내고 싶었다. 연설로 강경파가 무기를 내려놓기를 바랐다. 허황한 상상이었다. 단호한 카토는 키케로가 모든 것을 너무 빨리 포기했다며 아쉬워했다. 차라리 중립을 지키며 양측에 고루 영향력을 행사했으면 좋았을 텐데 전투에 아무런 도움도 되지 않는 그가 파르살루스에 갔다며 비난했다. 하지만 모든 계획은 하루 만에 뒤집혔다. 폼페이우스가 불안해하며 브룬디시움을 떠나 그리스로 향하자 카이사르는 키케로를 놓치지 않으려고 그에게 소식을 곧장 전했다. 그것이 키케로가 마음을 바꾼 이유였다. 그는 카일리우스처럼 행운을 쫓아 성공하려고 결단하는 사람이 아니었다. 오히려 불행한 폼페이우스 소식을 듣고 더 측은하게 느꼈다.

> 그와 언제 행운을 나누길 바란 적이 있었나. 그와 불행이나 함께 해야지(IX. 12)!

공화파 군대가 거의 모든 과거 정치 동지들, 이탈리아의 집정관과 원로원, 고위 관료와 함께 떠났을 때 그는 깊이 고민했다. 자기 주변이 텅 비었다고 느꼈고 "세상에서 태양조차 사라졌다"라고 했다. 많은 사람이 그에게 신중하길 잘했다고 했을 때 도리어 그는 죄책감에 시달렸다. 나약함과 나이, 휴식과 평화에 대한 사랑을 자책했다. 그래서 되도록 빨리 떠날 생각만 했다.

> 더는 후회만 할 수야 없네. 나의 책과 학문, 철학이 다 무슨 소용 있어. 바다 쪽으로 어서 날아가고 싶은 새가 된 기분이라네(『IX. 10).

키케로는 결심을 굳혔다. 카일리우스는 잃어버린 재산과 아들의 앞날을 걱정하면서 애절한 편지로 그를 끝까지 붙잡았다. 키케로는 편지에 깊이 감동했지만 평소의 그답지 않게 완강했다.

> 정말 고맙네. 아들 걱정까지 해주다니. 하지만 공화정이 있어야 그 애도 아비 이름으로 풍족하지 않겠나. 공화정이 쓰러진다면, 우리 애도 다른 시민들과 같은 운명을 겪지 않겠나(『친구들에게』, II. 16).

이렇게 답장을 보내고 나서 키케로는 폼페이우스 진영으로 합류하려고 바다를 건넜다. 그는 승리와 성공을 바라며 떠나지 않았다. 약자 편에서 기꺼이 재앙의 한몫을 감당하려고 했다.

> 암피아라오스처럼 산 채로 구덩이로 뛰어드는 거야(VI. 6)!

키케로는 자신을 조국에 바치는 제물로 여겼다. 환상도 희망도 없었기에 더욱 당연하고 걸맞은 일이었다.

키케로가 폼페이우스에게 가는 동안 카일리우스는 카이사르와 히스파니아로 떠나는 바람에 활발하게 주고받던 편지도 이때부터 끊겼다. 마지막 편지 한 통은 이전의 편지들과 이상하게 다르다. 지금까지 설명했던 사건 몇 달 뒤, 카일리우스가 완전히 다른 상황에서 키케로에게 보낸 편지이다. 일부만 남아 모든 문장을 복원하기 어렵지만 카일리우스는 분명 격정에 휩싸여 펜을 놀린 것 같다. 키케로까지 끌어들이려고 했던 카이사르의 열렬한 추종자가 사나운 적으로 돌변했다. 그는 치를 떨며 말했다.

> 이렇게 여기 있느니 차라리 죽는 것이 낫겠어(VIII. 17).

도대체 그사이 무슨 일이 있었을까? 어떤 계기나 사건으로 그의 심정이 돌변했을까? 그 사정을 알아보면 독재관의 정치와 그 주변의 실상을 이해할 수 있다.

III

> 폭군에게 친구는 없다(『우정에 관하여』, 15).

카이사르를 염두에 둔 발언이다. 누구든 주인이 되면 아첨하는 추종자들이 꼬이기 마련이다. 돈을 주는 카이사르에게는 그런 자들이 많았다. 하지만 진정한 친구는 거의 없었다. 이름 없는 노예 몇 명은 있을지도 모른다(『친구들에게』, XI. 28).[17] 하지만 높은 자리에 앉히고 그와 행운을 함께 한 최측근 가운데 그에게 충실한 사람은 누구도 없었다. 관용을 베풀었지만 배은망덕으로 돌아왔고,

17 카이사르의 사망과 관련해 마티우스는 중요한 편지를 남겼다. 그는 카이사르의 진정한 친구였지만 공직자로 활동한 사실이 없다. 키케로의 편지로 알려졌다.

관대한 처분을 내렸지만 아무도 무기를 내려놓지 않았다. 카이사르는 가장 호의를 베풀었던 자들에게 배신당했다. 진짜 친구는 갈리아 땅에서 함께 생사고락을 한 전우들뿐이다. 이름을 일일이 기억하던 백인대장들은 그의 눈앞에서 장렬하게 전사했다. 디라키움[알바니아 두러스] 전투[18]에서 방패에 화살 130발이 박힌 스카이바, 파르살루스에서 출전하는 날 아침에 카이사르에게 이런 말을 했던 크라스티누스처럼…….

> 오늘 저녁, 다시 보게 되든 아니든 이번이 마지막 출전이겠지요? 내게 고마워할 거요(카이사르, 『내전기』, III. 53, 91).

병사들은 카이사르에게 충성했고 카이사르는 그들에게 의지했다. 하지만 장군들은 믿지 못했다. 그들은 승리한 후 돈과 명예를 쌓았지만 불평이나 늘어놓았다. 일부 정직한 장군들은 절대 권력을 위해 공화정을 파괴하고 피를 흘렸다고 슬퍼했다. 대다수는 이런 양심의 가책을 느끼지 않았고 보상을 충분히 받지 못했다고 생각했다. 카이사르가 제아무리 후하게 대우해도 그들은 만족하지 않았다. 그들은 법무관이나 집정관, 부유한 속주 총독 자리에 앉아서도 끊임없이 불평했다. 안토니우스는 폼페이우스의 집을 헐값에 차지했다. 사람들이 돈을 받으러 오자 화를 내며 모욕

18 디라키움 전투(B.C.48. 4~7). 폼페이우스 진영이 승리했고 카이사르는 패배의 책임을 군단병에게 지게 해 바로 이어진 파르살루스 전투에서 최종 승리하게 된다.

했다. 그는 그들이 자신을 존경하지 않는다고 생각했고 카이사르를 배은망덕하다고 말했다. 전투에서는 무적의 용사가 일상으로 돌아오면 천박한 야심과 시샘을 부리며 끝없는 탐욕을 부렸다. 처음에는 구시렁대고 불평을 삭이다가 기어코 모두 배반했다. 카이사르 시해 공모자 가운데는 최고의 장군들인 난투아테스족[19]에 승리한 술피키우스 갈바[20], 가장 뛰어난 기병대장 바실리우스, 마실리아 공성전의 영웅 데키무스 브루투스와 트레보니우스가 있다. 거사에 가담하지 않았다고 해서 더 나은 처신을 한 것은 아니다. 플루타르코스가 쓴 글을 읽어보면 카이사르를 지키려던 사람은 아무도 없었다. 시해에 직접 가담한 자는 60여 명에 불과했고 원로원 의원은 800명이 넘었다. 그중 더 많은 사람이 카이사르 군단에서 복무했다. 자격이 없는 이들이 카이사르의 덕에 원로원 의원이 되어 위신과 재산을 얻었다. 그들은 카이사르가 죽어가는 것을 보면서도 구경만 했다. 참혹한 싸움이 벌어지고 "카이사르가 마치 사냥당하는 짐승처럼 칼부림에 찢기고 뒹굴 때" 꼼짝도 하지 않았다. 브루투스가 피투성이가 된 시신 옆에서 무슨 말을 하려고 하자 그들이 낸 용기는 도망치는 것이었다. 현장을 목격했던 키케로는 이렇게 회상했다.

> 조국을 압제하던 자들이 쓰러지던 날, 그들에게 동지는 없었다.
>
> (『우정에 관하여』, 15)

19 난투아테스Nantuates. 스위스 남부 레만호 주변 발레 지방의 부족.
20 세르비우스 술피키우스 갈바Servius Sulpicius Galba. 법무관(B.C.54).

당연히 카이사르에게 충성해야 할 장군들까지 그를 배신했는데 그에게 봉사하기 전에 포럼에서 모집한 이 의심스러운 동맹들을 더 믿을 수 있을까? 누가 모든 원인을 제공했을까? 카이사르는 계획을 수행하려면 정치인이 필요했다. 새 정부가 완전히 군사정권이 아니라는 점을 보여주려고 되도록 많은 민간 정치인을 구했다. 그래서 그는 까다롭지 않았고 고르지도 않고 그들을 데려왔다. 그에게 환심을 사려고 찾아온 자들은 모든 정파의 불순한 자들이었다. 보잘것없는 자들이었지만 환대했고 여기저기 거느리고 다녔다. 카이사르가 그들을 이끌고 포르미아 별장을 찾아왔을 때, 키케로는 깜짝 놀라 아티쿠스에게 전했다.

> 이탈리아 어디나 못된 놈치고 그를 따라다니지 않는 자가 없어!
>
> (『아티쿠스에게』, IX. 19)

입이 무거운 아티쿠스도 그들을 보고 서슴없이 "끔찍한 패거리(IX. 18)"라고 불렀다. 보통 혁명을 잃을 것이 별로 없는 사람들이 주도하긴 해도, 카이사르가 명예로운 자기편을 찾지 못했다는 것은 놀라운 일이다. 카이사르를 극렬히 반대한 사람들도 그가 파괴하려던 것이 지킬 가치가 없었다는 것을 인정해야 한다. 카이사르는 혁명을 진지하게 고민했던 만큼 당연히 진정한 동지들이 있어야 했다. 하지만 정권 교체에 가담한 사람 중에 확신을 가지고 행동한 사람은 드물었다. 그렇다면 그들은 자신들이 좋아하지도 않는 인물과 또 잘못된 일이라고 생각했던 목적을 위해 진정성 없이 이익이나 챙기려고 가담했다는 것일까?

카이사르는 자파를 정상적인 방법으로 모집하지 않았다. 그가 대의를 앞세워 누군가를 포섭하려 했을 때, 그는 과거 정부의 잘못을 증명하거나 개혁 정부의 장점을 증명하는 데 별로 공을 들이지 않았다. 그저 단순명쾌하게 보수를 주겠다고 약속했다. 카이사르는 그 시대 사람들을 정확히 알았다. 사치와 쾌락에 찌든 사회에서 사람들은 나약한 신념 따위에 관심이 없다. 따라서 깊이 생각할 일이 아니라 넓게 부패로 엮기만 해도 될 일이었다. 갈리아가 제물이었다. 정복지로서 신바람나게 약탈했다.

> 신전에서 모든 것을 약탈하고 공격한 도시들도 모조리 털었다. 처벌을 대신한다는 구실로(수에토니우스, 『카이사르의 삶』, 54)!

이렇게 갈취한 자금으로 사람들을 모았다. 그를 찾아왔던 사람들치고 빈손으로 돌아간 사람은 없었다. 주인에게 영향력이 있던 노예들과 해방노예들에게도 선물을 안겨주었다. 카이사르가 로마에 없으면, 영리한 발부스와 금융인 오피우스가 그의 이름으로 금품을 뿌렸다. 곤경에 처한 원로원 의원들을 은밀히 도왔고 재산을 거덜 낸 청년들에게 무이자로 돈을 대주었다. 물론 받는 사람들은 나중에 어떻게 갚아야 할지 잘 알았다. 이런 식으로 쿠리오도 거금에 넘어갔다. 그는 6천만 세스테르티우스의 빚이 있었다. 비슷한 사정이던 카일리우스와 돌라벨라도 매수했다. 부패가 이렇게 넓은 층을 파고든 적은 없었다. 겨울마다 카이사르는 갈리아 키살피나에서 보물을 챙겨 돌아왔다. (그에게 돈을 받아 선거에서 이기려는) 영향력 있는 고위 공직자들이 줄줄이 찾아왔다. 어느 날, 루카에 있는 카이사르를 찾아 원로원 의원 200명과 고위 관리 120명이 모이기도 했다.

매수된 사람들은 돈이 떨어지면 충성심도 식었다. 이런 판국에 카이사르의 정치 동지들은 날이 갈수록 불만이 심해졌다. 그들만큼 언론의 자유를 누리고 남용하며 카이사르 덕에 권력과 명성을 누린 사람들은 없었다. 절대 정부를 세우려고 온 힘을 쏟았던 이들은 이상한 모순에 빠졌다. 공공장소에서의 투쟁과 사건의 선동, 정치 연설에서 감흥은 자유 정부에서만 존재하는 것들이었다. 이런 것들이 없다면 할 일이 거의 없었다. 법으로 보장된 가벼운 제약조차 못 견뎌 하던 사람들이라 훨씬 더 독재 권력에 숨이 막혔다. 그들은 잘못을 바로 깨달았다. 타인의 자유를 빼앗는 주인을 돕다 보니 자신들의 자유까지 넘겨주었다. 동시에 자기들 손으로 세운 정권이 과거 정권에서 주던 것을 줄 수 없다는 것도 쉽게 알 수 있었다. 한 사람이 권력을 독차지하는데 이들에게 준다는 위엄과 명예란 대체 무엇일까? 법무관도 집정관도 있었지만 모두 똑같이 한 사람의 변덕에 복종하고 그 권위에 짓눌렸다. 과거 공화정의 고위 관료들과 어떻게 비교할 수 있을까? 이런 사정으로 실망하고 후회하며 등을 돌렸다. 카이사르가 다양한 정파에서 모았던 동지들은 처음에는 꽤 쓸만했지만 끝내 큰 문제를 일으켰다. 침착하지 못하고 고집스러운 이들은 천성도 습관도 고치기 어려웠다. 그중 누구도 규율에 복종하지 않았다. 주인의 감시에서 벗어나고 강력한 지배력에 진압되자 옛 본능이 다시 들어섰다. 그들은 예전의 반란군이 되었다. 절대 권력으로 평정된 로마에서 카이사르가 자리를 비울 때마다 전처럼 다시 소동이 다시 일어났다. 이렇게 카일리우스와 돌라벨라, 안토니우스는 자신들이 유지해야 할 공공의 안녕을 위태롭게 했다. 새 정부에 합류한 청년들의 우두머리 쿠리오는 불만을 느끼기에는 너무 일찍 사망했다. 하지만 카이사르에 대한 사적인 대화에서 가볍고 경솔한 태도를 보면 그도 분명 다른 친구들처럼 행동했을 것이다(『아티쿠스에게』, X. 4).

이제 카일리우스가 불평한 이유가 무엇인지, 과거 공화정의 위엄이 충족시키지 못한 야망이 어떻게 새 정권에서 불편을 느꼈는지 이해하기 쉽다. 이런 불만 때문에 그가 키케로에게 쓴 이상한 편지와 카이사르 일파에게 한 선전포고가 설명이 된다. 그는 일찌감치 불만을 품었다. 내전이 터지자마자 그의 편의 승리를 축하하는 사람들에게 썰렁하게 답했다.

내게 닿지 않는 영광이 나랑 무슨 상관이야(『친구들에게』, VIII. 15)?

카일리우스가 보기에 새 정부에 자리는 하나밖에 없었다. 한 사람이 영광과 권력을 독식할 것이다. 카이사르는 카일리우스를 히스파니아 원정에 데려갔지만 그곳에서 무공을 세울 기회를 주지 않았다. 로마에 돌아와 카일리우스는 법무관 자리를 받았지만 명예로운 시정관 자리는 트레보니우스에게 돌아갔다. 카일리우스는 이렇게 밀린 것을 모욕이라며 울분을 토했다. 반드시 설욕하겠다고 틈만 노렸다. 마침 카이사르가 폼페이우스를 추격하러 모든 병력을 이끌고 테살리아로 떠났을 때를 기회로 삼았다. 독재관과 병사들이 없는 사이, 이탈리아가 전투의 결과에 대한 엇갈린 소문으로 들썩일 때 반란을 획책했다. 절호의 기회였다. 카일리우스가 싸울 각오를 했던 만큼 더없이 좋았다. 승자 편의 약점을 짚어내고 또 승리할 공격 지점을 단김에 알아내는 노련한 술수에서 그를 당할 사람은 없었다.

카이사르는 로마와 이탈리아의 지배자라 공화파 군대가 그를 저지하지는 않겠지만, 아직 극복해야 할 큰 난관이 남았다. 카일리우스는 그것을 잘 알고 있었다. 정치투쟁에서 성공은 위험으로 가득 찬 시련이다. 일단 적을 꺾으면 더 골치 아픈 문제가 불거진다. 그때까지 눈감아 주거나 부채질했던 욕망을 억눌러야 한다. 특히 그것을 채워주기 어려워질 때, 승리한 사람들에게 생기는 지나친 기대를 저지해야 한다. 보통 세력이 약한 정파는 지지자를 얻으려고 약속을 남발한다. 권력을 얻으면 지키기 어려운 공약 때문에 몹시 난처해진다. 카이사르는 민중파의 최고 지도자로 그의 힘은 거기서 나왔다. 이탈리아에 입국할 때 그는 소수 귀족의 노예가 된 공화국에 자유를 돌려주겠다고 말했다. 민중파의 대표라고 자칭한 카이사르는 정치적 계획안을 준비했다. 그것은 그라쿠스 형제의 개혁안과 달랐다. 한 세기 동안 피비린내 나는 투쟁을 겪으면서 증오가 깊어졌고 귀족의 광적인 저항과 반발로 민중의 요구도 급증했다. 가이우스 그라쿠스 이후 지도자들은 민중을 자기편으로 확실하게 포섭하려고 새로운 약속을 했다. 클로디우스는 비밀 결사의 권리를 무제한 보장하고 그것으로 공화국을 통치한다고 했다. 카틸리나가 약속한 몰수와 약탈은 여전히 인기가 있었다. 키케로는 자신을 추모하는 장례식 연회와 무덤을 뒤덮은 꽃들에 대한 이야기를 남겼다(『플라쿠스를 위한 변호연설』, 38). 그들을 계승한 카이사르는 그 유산을 완전히 거부할 수 없었다. 과업을 완수하고 민주주의의 소원을 이루겠다고 약속했다. 그는 정치 개혁보다 사회 혁명을 바랐다. 무상 분양을 되풀이하면서 식민지에서 귀족의 공유지를 재분배해 평민의 열망에 맞춰보려고 했다. 하지만 민중파는 이보다 더 집요하게 부채탕감과 채권 말소를 요구했다. 당국의 권위로 공공의 신용을 깨트리고 법으로 금융질서를 무너뜨리려고 했다. 과격한 계획이지만 카이사르는 민중파 수장이라고 공언한 만큼 수용하는 모습을 보였다. 얼마나 더 싸우게 될지 불확실해지자 자파의 분열을 막으려고 요구를 들어주었다. 그래서 민중파는 그가 승리한다면 즉시 약속을 지키리라고 믿었다.

하지만 카이사르는 정부나 뒤집어엎으려던 것이 아니라 과거와 완전히 다른 정부를 세우려고 했다. 하지만 약탈과 파산을 모르는 체하고 어떻게 견고한 정부가 가능할까? 그는 공화정을 전복시키기 위해 민주주의 의제를 거리낌 없이 이용한 후에야 새로운 역할이 시작된다고 직감했다. 로마를 장악한 카이사르는 정치가로서의 본능과 절대군주가 되려는 욕심 때문에 보수주의자로 돌아섰다. 그렇게 과거 온건파에게 손을 내밀며 옛 귀족정의 전통으로 거리낌 없이 되돌아갔다.

카이사르는 과업 전체를 보면 혁명 과업과는 거리가 멀다. 그의 법 중 몇 가지는 시해 사건 이후 키케로가 칭송했다. 민주주의 맹세와 희망에 충실하지 못했다. 하층민 8만 명을 식민지로 보냈지만 바다 건너 아프리카와 머나먼 그리스로 보냈다. 로마 사람들에게 보장했던 자유를 완전히 폐지하지는 않았지만 제한

했다. 공화정 치하에서 32만 명의 시민들이 참여하는 대신 15만 명만 인정했다. 그는 이 숫자를 넘지 말라고 명령했다. 법무관은 매년 나오는 사망자의 시민권을 다른 사람들로 대체했다. 공화정의 규제는 아무것도 바꾸지 않았고 외국 상품에 관세를 붙였다. 이전보다 더 엄격하고 방대한 법령집을 펴내었고 의복과 식사의 관례도 상세하게 규정했으며, 가차 없이 시행했다. 시장은 헌병이 지켰다. 금지 품목을 감시했고 가택까지 수색해 금지된 음식을 압수했다. 이렇게 상거래와 산업을 통제한 조치 때문에 손해 보는 사람이 많았다. 과거 귀족 정부의 전통을 따른 조치들이라 인기가 없었다. 집회의 자유를 제한한 조치는 더욱 인기가 없었다. 다른 어떤 권리보다 소중했고 공화정 말기까지 존중했던 자유 아닌가. 호민관 시절에 클로디우스는 그 자유 덕에 포룸에서 민중을 지배하면서 원로원을 무섭게 압박했는데……. 가정수호신[21]을 받든다는 구실로 사거리마다 구역별 협의체를 조직했다. 주로 빈민과 노예가 회원이었고 종교단체로 출범했지만 정치결사로 돌변했다. 클로디우스 시대에 이런 결사는 민주주의의 상비군 비슷했다. 로마에 소요 사태가 벌어질 때 맡았던 역할이다. 이렇게 상시 협의체와 나란히 그것을 모방한 임시 단체들도 큰 선거철마다 조직했다. 구역별로 사람들이 가입했고 10명, 100명 단위로 단장을 선택했다. 공짜로는 표를 주지 않는 법이라 미리 원로급 인사를 감사로 정해 후보가 내놓은 공탁금을 관리했다. 선

21 라레스Lares. 특정 장소와 관련된 로마의 신. '게니이 로키'라고도 부른다. 주로 각 가정에서 식구들을 수호하는 신이다.

거가 끝나면 그것을 각 단체에 재분배했다. 로마 공화정 말기의 총선거는 이런 식이었다. 훈련과 규율을 좋아하는 사람들이라 무질서를 다스리는 데 적합했다. 카이사르는 포룸에서 비밀결사를 종종 이용했지만 쓸모가 없어지자 활동을 불허했다. 활동을 방치한다면 정상적인 정부가 오래가지 못하리라고 생각했다.

따라서 엄격한 조치를 거두지 않고 조직적 혼란을 조장하는 행위를 단속했다. 동지들이 펄쩍 뛰며 놀랐지만, 정치 단체들을 단칼에 제거하고 온건하고 오래된 단체 몇만 남겨두었다. 강경조치로 많은 사람이 상처를 입었다. 문다와 탑수스[22] 전투 이후에 취한 조치였다. 아무도 그런 권위에 도전할 수 없었다. 옛 동지 민중파에 맞설 만큼 강한 자신감에서 나온 결단이었다. 카이사르는 파르살루스로 향하면서 동지들의 불만을 사지 않으려고 조심했다. 여전히 현안이 산적했고 적들도 많았다. 미루기 어려운 현안들은 주로 부채 청산 문제였다. 카이사르는 히스파니아에서 돌아오자마자 그 문제에 매달렸다. 보수파의 본능과 자파의 요구 사이에서 중도를 택했다. 부채 완전 탕감 대신 축소를 택했다. 우선 그때까지 갚은 액수에서 이자만큼 원금에서 공제하기로 했다. 이렇게 줄어든 액수를 쉽게 갚을 수 있도록 채무자의 재산을 중재인에게 맡겨 평가했고 실거래가가 아니라 내전 이전의 가치로 평가해 채권자는 평가액에 따라 빚을 돌려받았다. 수에토니우스

22 탑수스 전투(B.C.46. 4. 6). 메텔루스 스키피오의 보수파와 누미디아 유바 왕의 연합군이 카이사르 군단과 싸우다 패했다. 이 전투로 카이사르는 아프리카 지역의 저항을 누르고 세력을 강화했다. 항복한 적군 1만여 명을 사살했다. 코끼리 60마리도 생포했지만 여의치 않아 풀어주었다.

의 표현으로는 탕감책으로 채권은 4분의 1 넘게 줄었다. 분명 혁명적 조처였다. 우리로서도 이해하지 못할 권력의 개입이다. 개인 재산을 동기도 없이 훼손하다니, 법이 보장해 온 계약을 강제로 파기하는 것이니 얼마나 부당한가. 하지만 당시 반응은 달랐다. 채권자들은 그나마 한 푼도 못 받을까 걱정해 신중히 몸을 사렸다. 반면 채무자들은 자유롭게(빚에서 해방된다는 속셈으로), 가진 것도 없는데 무엇을 내놓으라는 말이냐며 여전히 투덜댔다. 카일리우스는 편지에 이렇게 썼다.

> 요즘, 고리대업자만 제외하면 모두 폼페이우스 편입니다.
>
> (『친구들에게』, VIII. 17)

카일리우스처럼 카이사르의 숨은 적에게 너무 좋은 기회가 왔다. 그는 급히 채무자의 불만을 이용했다. 대담한 전략이었다. 카이사르가 원하지 않던 급진 민중파의 역할, 요즘으로 치면 사회주의자로 불만을 품은 사람들로 과격파를 꾸려 지도자로 나섰다. 채무를 평가할 중재인 단은 미묘한 임무였으므로 최선을 다하려고 했다. 하지만 시정관 트레보니우스는 평가단이 제멋대로 한다는 불평과 항의를 받았다. 법정에서 카일리우스는 직속상관 트레보니우스 곁에 의자를 놓고 상관의 결정을 자기 직권으로 저지하려고 했다. 이런 식으로 사람들의 항의를 지지하겠다고 공언했다. 하지만 트레보니우스가 설득할 만한 조처를 했기 때문이었을까? 아니면 사람들이 카이사르를 두려워했을까? 항의하러 나타난 사람은 없었다. 처음 시도부터 어긋나버린 카일리우스는 몹시 실망했다. 하지만 상황이 어려울 때일수록 더욱 대담해야 한다면서 집정관 세르빌리우스와 관리들의 반대에도 급진적인 법령 2가지를 발표했다.

1. 모든 세입자에게 1년 치 집세를 돌려준다.
2. 모든 부채를 전액 탕감한다.

단호하게 자기들 입장을 지지하는 조치에 민중은 즉시 보답했다. 소동이 벌어졌고 포룸에서 과거처럼 피를 흘렸다. 공격받은 트레보니우스는 연단에서 떨어졌지만 기적처럼 목숨을 구했다. 카일리우스는 혁명이 시작되리라 생각했지만 기묘한 우연으로, 브루투스가 자초한 것과 똑같은 실수로 무너졌다. 동기도 성격도 전혀 다른 두 사람은 같은 착각을 했다. 두 사람 모두 로마 민중을 과신했다. 브루투스는 민중에게 자유를 찾아주면 그것을 지키려 할 것으로 믿었고 카일리우스는 민중에게 부자의 재산을 차지하도록 해줄 테니 싸우자고 호소했다. 하지만 민중은 누구의 말도 듣지 않았다. 고상한 본능에 둔감했고 그릇된 열정에도 둔감했다. 민중의 역할은 끝났다. 절대 권력에 굴복한 날, 과거의 기억조차 완전히 잃은 것처럼 보였다. 그때부터 정치적 주도권을 포기하는 것을 보았고 아무리 반감을 부추겨도 소용없었다. 그토록 악착같이 고생하며 간절히 구하던 끝에 성취한 권리, 민중파 수뇌들이 고심하며 부추긴 갈망, 호민관 제도와 농지개혁법 등 모든 것에 무관심했다. 민중은 이미 '제국 사람들(타키투스)'이었고 세상에서 가장 비참한 사람들이었다. 성공에 취해 반대편에게 무자비하며 승리하는 사람들만 반겼다. 어떤 혁명 때나 언제나 있었던, 싸움이 끝나면 승자의 행렬만 따라나서는 사람들이다.

그들은 어느 누구도 진정으로 지지하지 않았다. 그런 자들을 믿고 일을 꾸미다 실패했다면 그것은 카일리우스의 잘못이다. 타성에 젖은 자들이 위대한 약속에 감동받는 것처럼 보였다면 그저 일시적인 감정에 불과했고 기병 몇 명으로도 바로 진압할 수준이었다. 집정관 세르빌리우스는 모든 법적 권한을 단 한 사람(독재관)에게 집중시키는 원로원 비상 결의로 무장했다. 카일리우스의 법무관 직무를 박탈했고 그가 저항하자 법무관 의자를 부숴버렸다.[23] 카일리우스는 그 자리에서 버티다가 강제로 밖으로 끌려나갔다. 모두 구경만 했다. 과거의 열정을 일깨우려던 그를 위해 목소리를 내는 사람은 아무도 없었다. 공개적으로 망신을 당하고서 더는 로마에 머무를 수 없었다. 따라서 서둘러 일을 그만 두고 카이사르에게 사태를 설명하겠다고 말했다. 하지만 또 다른 계획도 세웠다. 자신을 버린 로마 대신 이탈리아를 선동해 내전을 재개하려고 했다. 무모한 시도였지만 거점을 마련했고 언젠가 성공하리라는 희망을 버리지 않았다. 이탈리아에는 과거의 책사 밀로가 있었다. 키케로 집정관 시기 직후 혼란기에 벌어진 폭력 사태 후에 그는 [클로디우스] 살인죄로 유죄 판결을 받고 마실리아로 추방되었다. 카이사르는 모든 추방자를 용서하고 다시 불러들였지만

23 퀸틸리아누스는 흥미로운 사실을 전한다. 목숨이 걸린 심각한 상황에도 카일리우스는 익살을 부렸다. 자기 의자가 부서지자, 가죽 띠로 엮어 짠 새 의자를 만들어 집정관에게 들고 갔다. 지켜보던 사람들이 모두 웃었다. 세르빌리우스가 어렸을 때 아버지에게 가죽 띠로 맞았다고 수군댔다.*

다루기 힘든 밀로만 제외시켰다. 밀로는 카일리우스가 부르자 은밀히 다시 돌아와 사태가 바뀌기를 기다렸다. 이탈리아 자유 도시마다 편지를 보내 큰 보상을 약속하며 무장봉기를 설득했지만 그들은 조용했다. 로마와 이탈리아 시민에게 버림받은 그들은 마지막 수단으로 노예 감옥을 열고 들어가 죄수들에게 연설했다. 자신들을 풀리아의 목동과 공공 축제 검투사의 보호자라고 내세웠다. 이런 방법으로 동조자를 몇 명 끌어모았다. 밀로와 카일리우스는 각자 운을 따르기로 하고 헤어졌지만 둘 다 성공하지 못했다. 밀로는 법무관이 버티는 꽤 큰 도시를 군단 병력으로 무모하게 공격하다가 돌에 맞아 죽었다.[24] 카일리우스는 나폴리와 캄파니아 지방으로 들어가 설득했지만 소용 없었고 투리움까지 내려가야 했다. 그곳에서 로마에서 보낸 히스파니아와 갈리아 기병대를 매수하려다가 그들 손에 죽었다.

카이사르의 운을 흔들어대던 용감한 34세의 청년은 이렇게 죽었다. 그의 원대했던 포부를 생각하면 결말은 너무 비참했다. 카일리우스는 처음 계획이 틀어지자 점점 더 만용을 부렸다. 몇 달 동안 로마와 이탈리아 민중과 노예를 부추기려고 애썼지만, 야만인들의 손에서 아무도 모르게 죽었다. 세상의 이목이 온통 파르살루스에 쏠렸을 때라 그의 죽음은 거의 눈에 띄지도 않았다. 애석한 결말이지만 인과응보가 아니라고 할 사람이 누가 있을까? 무엇보다 출세주의자다운 최후가 아니었을까? 키케로가

24 밀로가 마실리아를 떠나 나폴리 부근에 상륙해 이탈리아 남부에서 카이사르에 저항하는 봉기를 도모할 때였다(B.C.48).

말하듯 카일리우스는 타고난 정치인이 아니었다. 믿음이 부족했고 각오도 없었다. 감정 기복과 언행 불일치, 회의적인 시각도 영향을 미쳤다. 그의 재능은 성격 못지않게 해로웠다. 좀 더 일관된 삶을 살았다면, 일찍 어떤 온건한 정파에 충실했다면, 자기에게 걸맞은 자리를 찾아 완성시킬 수도 있었다. 그는 분명 죽을 수도 있었지만 파르살루스나 필리피에서 전사했다면 후대는 명예롭게 기억했을 것이다. 오히려 누구의 정의도 믿지 않고 반대파들을 번갈아 따르며 이해관계에 따라 변덕을 부리다 보니 지금까지도 불완전한 연설가이자 우연한 정치인으로 남았다. 그러다가 평범한 범죄자처럼 길 위에서 죽었다. 하지만 역사는 그를 가혹하게 다루지 않았다. 고대 문인들은 야담으로만 그를 입에 올렸다. 젊은 날의 광채와 흥과 운치, 최악의 상황에서도 챙기던 멋, 그럴듯한 핑계로 둘러대지 않던 대담한 솔직함, 정세를 바라보는 예리한 시각, 인간에 대한 이해, 풍부한 자금, 넘치는 기백, 모든 것을 감행하고 끊임없이 꾀를 내는 비범한 용기라는 훌륭한 자질들이 큰 결점과 뒤섞여 가장 엄격한 심판자들을 무장 해제시켰다. 현자 퀸틸리아누스는 카일리우스의 과격한 성격을 이해하지 못했지만 혹평도 하지 않았다. 그의 세련된 재기와 날카로운 연설에 찬사를 보낸 후 한 마디를 남겼다.

> 훌륭한 처신으로 더 오래 살아야 했을 인물이다(『연설 교육』, X. 1).

카일리우스가 죽었을 때, 카툴루스의 노래와 키케로의 편지 속 멋진 청춘의 모델은 사라졌다. 바이아이 해변의 축제를 화려하게 밝히고 포룸에서 환호하던 젊은이들은 거의 없었다. 카툴루스가 가장 먼저 세상을 떠났다. 한창 재능이 무르익고 진지해지며 높아질 나이였다. 그의 친구 칼부스도 곧 그 뒤를 따랐다. 35세였고 공무로 인한 과로사였다. 쿠리오는 카이사르의 군인에게 죽임을 당했던 카일리우스처럼 폼페이우스가 보낸 군인들 손에 죽었다. 돌라벨라는 살아남았지만 얼마 지나지 않아 비극적으로 죽을 것이다. 모두 혁명의 물을 먹고 자란 세대였다.

어느 시대, 어느 나라에서나 혁명은 제 새끼들을 잡아먹는다.[25]

25 피에르 베르니오Pierre Victurnien Vergniaud(1753~1793). 프랑스대혁명의 지도자.

카라칼라 욕장

갈리아의 루도비시 부부상, 로마국립박물관 팔라초 알템프스

카이사르와 키케로 I

갈리아의 카이사르 군영

어느 날 키케로는 카이사르에게 이렇게 말했다.

> 우리 시대가 지나도 당신을 둘러싼 논쟁은 끝나지 않을 거요.
>
> (『마르켈루스 변호연설』, 9)

카이사르는 여전히 가장 치열하게 논의되는 역사 인물이다. 그보다 더 많은 공감이나 반감을 일으킨 사람은 없었고 어느 편 주장이든 나름대로 설득력이 있다. 한 치의 망설임 없이 그를 존경하거나 비난할 수 없으며 한 편에서 거부하면 항상 다른 편에서 끌어들인다. 카이사르를 매우 싫어하고 그가 이룬 정치혁명을 용서하지 못하는 사람이라도 그의 승리를 생각하거나 글을 읽을 때면 남몰래 그를 흠모하게 된다.

복잡하고 논쟁의 여지가 많은 인물일수록 그를 알 수 있던 사람들에게 질문하는 것이 더 중요하다. 키케로는 카이사르와 정치적 견해차로 평생 관계를 맺지 않고 지냈지만 그와 친밀하게 지낼 기회가 두 번 있었다. 갈리아 전쟁 동안 그는 카이사르의 정치적 동맹이자 성실한 특파원이었다. 파르살루스 전투 이후 그는 승자와 추방을 선고받은 패자 사이를 중재했다. 카이사르와 가장 가까이 지냈던 이 두 순간에 관해 키케로가 쓴 편지는 가장 위대한 사람에 관해 알려줄 것이다.

I

먼저 키케로가 3인 집정관에게 봉사하기 위해 과거 집정관 시절부터 운명을 함께 했던 귀족파를 탈당한 사건부터 떠올려 보자. 호르텐시우스와 카토의 용감한 친구가 어떻게 폼페이우스와 카이사르에게 관대해졌을까? 키케로에게 좋은 시절이 아니었고 가장 열성적인 그의 추종자들도 되도록 그 문제는 숨긴다. 하지만 조금이나마 도움이 될지도 모르니 잠시 들여다보자.

클로디우스의 계략으로 집정관을 그만두고 망명했던 키케로가 돌아오는 길은 개선 행진이나 다름없었다. 그는 대중의 환호 속에 브룬디시움 항구에 도착했다. 아피아 가도와 맞닿은 모든 시 시민들은 도로에서 그를 기다렸고 그가 지나가는 것을 보려고 이웃 농가의 가장家長들은 가족을 이끌고 나왔다. 로마에서는 그를 환영하려는 인파가 포룸과 신전 계단을 가득 메웠다.

해방자라도 맞이하듯 온 시내가 들썩였다(『피소 반박연설』, 22).

키케로가 거처로 삼은 동생 집에서 원로원 거물들은 그를 기다렸고 로마의 모든 민중 단체도 축하를 전했다. 그들에게 서명한 사람 중에는 전 해에 그를 추방할 때 같은 열의로 투표하고 손뼉을 치던 사람도 있었을 것이다. 하지만 민중은 가끔 이상하고 관대한 충동을 느낀다. 원망과 불신, 편협한 당파적 사고에서 느닷없이 벗어난다. 가장 치열하고 격렬하게 편이 갈리는 순간 갑자기 뭉치더니 자신들을 압도한 천재나 기개 있는 인물에게 경의를 표한다. 대개 이런 인정과 감탄의 열기는 금세 식지만 단 하루만이라도 그런 대접을 받아본 사람에게는 영원한 명예가 된다. 대중으로부터 한번, 반짝 터트린 광채를 받은 사람은 그 빛으로 평생을 밝힌다! 따라서 키케로가 그날의 감격을 자주 입에 올리더라도 눈감아 주자. 그 정도는 자랑해도 정당하고 자연스럽다. 그처럼 민감한 영혼이 대중의 환호하는 개선 행진에 어떻게 황홀해하지 않을 수 있을까?

> 단지 망명에서 돌아오는 길이 아니라 하늘로 오르는 듯 했다.
>
> (집에 관한 변호연설』, 28)

이런 기분은 얼마 못 가 바닥을 쳤다. 처음에 무엇을 믿었든 간에 그는 곧 알게 되었다. 자신을 축제로 반겼던 이 도시도 자기 처지도 떠날 때와 마찬가지였다. 지난 3년 동안 로마는 무정부 상태였다. 프랑스 대혁명 시기를 예로 들 수도 있겠지만 로마가 얼마나 혼란스러웠는지는 상상하기 어렵다. 공화국 정부를 장악하려는 3인 집정관은 폭도들을 풀고 대중을 선동해 정국을 이끌었다. 주동자는 귀족에서 이탈한 강경파 호민관 클로디우스였다. 그는 귀족파를 공포로 몰아넣었다. 로마에서 대중 선동은 우리 시대보다 더 끔찍했고 위험한 요소들을 끌어모았다. 요즘도 (20세기 초) 도시 공단에서 하층민이 벌이는 시위에 질겁한다. 로마에서는 바닥층이 훨씬 더 내려갔다. 혁명의 도구인 굶주린 외부인 부랑자와 노동자 밑에는 노예제도로 사기가 꺾인 다수가 있었고 자유는 해를 끼칠 더 나쁜 수단만 제시했다. 짐승이나 인간이나 할 것 없이 죽이던 검투사들은 다른 사람의 목숨도 자기 목숨도 가지고 놀았다. 특히 이 중 최악이던 도주 노예들은 강도나 살인을 저지르고 노상강도로 떠돌며 이탈리아 전역으로 도피해서 로마의 뒷골목 빈민가로 숨어들었다. 가족도 조국도 없이 그저 세상에서 무법자 소리나 듣는 추잡하고 끔찍한 이 무리는 잃을 것이 없으니 존중할 것도 없었다. 클로디우스가 모은 패거리도 그런 자들이었다. 입영은 로마에서 가장 붐비는 아우렐리아누스 계단 근처에서 대낮에 이루어졌다. 이들로 10명, 100명 단위로 대장을 뽑아 무장대를 조직했다. 구역별로 비밀결사단을 구성해 밀명받았고 카스토르 신전(카피톨리누스 언덕)에 본부 겸 병기고를 두었다. 민중 시위가 필요할 때 호민관이 상점 폐쇄를 명령하면 직공들과 결사단은 포룸으로 몰려갔다. 그곳에서 이들이 만난 것은 겁먹은 귀족파가 아니라 원로원이 방어를 위해 피케눔[마르케]이나 갈리아의 험지에서 불러들인 검투사와 목동들이었다. 그렇게 전투가 벌어졌다. 몸젠은 다음과 같이 묘사했다.

> 런던을 상상해 보라. 뉴올리언스의 노예와 콘스탄티노플의 경찰, 현대 로마의 산업, 그리고 1848년 파리의 정치 상황을 떠올려 보자. 마지막 순간에 로마 공화정에 대해 어떤 생각이 들 것이다.

많은 시민과 판사들을 폭력으로부터 보호하던 법은 더 이상 없었다. 어느 날은 집정관의 파스케스(속간束杆. 도끼날 둘레를 막대기 다발로 엮은 것으로 권위를 상징한다. 파시즘의 어원)를 꺾고 다음 날 재판에서 사형선고를 내렸다. 원로원은 로마 사람의 마지막 긍지였던 존엄을 잃었다. 어떤 그리스 사람이 말했듯이, '왕들의 모임'은 격렬한 몸싸움을 벌였다. 키케로가 정적들을 '똥, 쓰레기, 썩은 고기'라고 불러도 놀라지 않았다. 때때로 언쟁이 너무 격렬해져서 원로원 근처 현관을 가득 채운 군중까지 들렸다. 그들은 뛰어들어 난동을 부렸고 겁에 질린 원로원 의원들은 서둘러 도망쳤다(『퀸투스에게』, II. 1). 포룸에서 사태는 최악으로 치달았다.

서로 모욕하다가 지쳤을 때는 얼굴에 침을 뱉었다(II. 3).

민중에게 연설하려면 연단을 목숨 걸고 지켜야 했다. 호민관들은 자신들이 내놓은 법안을 만장일치로 통과시킬 새로운 방법을 찾았다. 다른 의견을 가진 사람들을 몰아내는 것이었다. 하지만 투표 당일, 투쟁은 너무 치열했다. 공공연히 투표권을 밀매하던 시절이 차라리 좋았다. 이제는 공적인 위엄을 살 필요조차 없이 무력으로 빼앗으면 그만이었다. 정파들은 날이 밝기도 전에 캄푸스 마르티우스로 향했다. 길목에서 마주치면 서로 공격했다. 먼저 도착하려고 서두르거나 이미 자리 잡은 적들을 몰아냈다. 당연히 위엄은 자리를 고수한 이들의 몫이었다. 무장한 조직 사이에서 안전한 곳은 없었다. 불안해진 사람들은 자기 집을 튼튼히 할 수밖에 없었다. 검투사와 노예 행렬과 밖에 나갈 수 없었다. 동네에서 동네로 갈 때는 사막이라도 건너는 것처럼 매우 조심했다. 외진 곳에서나 느꼈을 두려움을 길모퉁이에서 마주쳤다. 로마 한복판에서 실제 전투가 벌어졌다. 적들의 집에 불을 질러 동네 전체를 불태우고 결국 유혈 충돌 끝에야 선거나 민중 집회가 열렸다.

> 시민들의 시신으로 테베레강이 넘쳤고 공공 하수구도 막혔다. 포룸에서 흘린 피를 걸레로 닦아내야 했다 (『세스티우스 변호연설』, 35).[1]

이런 모호한 혼란에서 로마 공화국이 멸망했고 수치스러운 혼란에 빠져 남은 힘마저 다 소모했다. 키케로는 피비린내 나는 무정부 상태가 얼마나 끔찍한 비극으로 치닫게 될지 예상했다. 따라서 로마로 돌아오기 전부터 조심하기로 결심했다. 그는 불행으로 더 강해지거나 불운과 싸우며 어떤 쾌감을 느끼는 사람이 아니었다. 망명 생활로 의기소침해졌고 테살리아에 머물면서는 슬픈 기억을 떠올렸다. 용기와 독자성을 지키려는 의욕, 권력자와 싸워야 했던 무모함, 가장 힘없는 정파를 최선이라고 선택했던 자신을 탓했다. 그는 결심을 굳히고 돌아왔다. 누구와도 되도록 엮이지 않고 호의를 베풀어 적들의 화를 자초하지 말며, 모두와 원만히 지내리라고 다짐했다. 이런 태도로 로마에 도착하자마자 키케로가 한 첫 연설은 정치술의 걸작이다. 그는 자기 귀환에 매우 적극적이던 귀족파로 여전히 기울었고 애국심과 감사하다

1 세스티우스Publius Sestius. 법무관(B.C.53). 내전 이후 카이사르 편으로 전향한 키케로의 친구. 그의 변론으로 몇 차례나 죄를 면하고 재기했다.

는 말치레로 정파를 치켜세웠다. 하지만 그는 이미 카이사르에게 호의를 보였고 폼페이우스를 칭송했다.

> 그는 모든 시대를 통틀어 가장 덕망 있고 지혜로우며 위대하다.
>
> (『망명에서 귀환 후 시민에게 전하는 연설』, 7)

동시에 민감한 현안을 앞두고는 원로원에 나가지 않았고 논쟁이 너무 격해지면 포룸에서 조심스럽게 빠져나왔다. 반향을 불러일으켜 달라고 그를 부추기는 이들에게는 이렇게 답했다.

> 더 강력한 치료법은 없소. 제도적으로 해결해야지.
>
> (『아티쿠스에게』, IV. 3)

하지만 그는 곧 눈치 빠른 신중한 태도만으로는 충분하지 않다고 느꼈다. 그가 떠난 후 파괴된 팔라티누스 언덕에 집을 다시 짓는 동안, 클로디우스 일당이 일꾼들을 덮쳐 해산시키고 이웃이었던 동생 퀸투스의 집에도 불을 질렀다. 며칠 뒤, 그가 신성한 길(비아 사크라)을 걷고 있을 때 갑자기 괴성이 들려 돌아보자 몽둥이를 치켜들고 칼을 휘두르는 이들을 보았다. 그를 암살하려던 자들이었다. 노예들이 그에게 도망갈 시간을 주려고 문 앞에서 용감하게 싸우는 동안 그는 친구 집 현관에서 간신히 도망쳤다. 카토라면 이 정도 사태에 동요하지 않았겠지만 키케로는 기겁했다. 이 사건으로 그는 신중한 처신만으로는 안전하지 않다는 사실을 깨달았다. 칭찬만 베푸는 키케로를 어떤 정파도 보호하려고 나서지 않을 것이다. 안전을 보장받으려면 무장한 정파 중 하나와 더 가까워져야 했다.

어느 정파를 선택해야 할까? 귀족 취향을 가진 키케로는 귀족파에 애착을 가졌고 집정관 시절 이후로 그들에게 봉사했다. 그 이유로 민중은 분노했고 키케로는 망명까지 떠났다. 하지만 망명 중에 귀족파도 얼마나 믿을 수 없는지 비로소 깨달았다. 마지막까지 원로원은 해결책을 제시하지 못하고 쓸데없는 칙령이나 남발하면서 집정관들 발치에 엎드려 호소나 했다. 자신을 어설프게 옹호하는 그들을 보면서 의심이 들었다. 이익을 과감하게 희생하지 않는 자들이라면 키케로가 명예를 잃었다고 분개하지도 않았을 것이다. 로마 귀족은 키케로가 무슨 공을 세웠든 간에 그의 출신을 절대 잊지 않았다. 명문가 사람들은 민중 선거로 자기네와 같은 지위를 얻은 아르피눔 촌뜨기가 눈에 거슬렸다. 키케로가 더 겸손했더라면 그의 행운을 용인했을까? 자존심에 상처를 입은 귀족은 그를 벼락출세한 졸부라며 공격했다. 그러면서도 무례한 자신들을 조롱으로 반격하는 그를 이해하지 못했다. 그가 투스쿨룸에 있는 카툴루스의 별장을 구입하고 팔라티누스 언덕에 있는 크라수스의 집으로 입주했다는 소식을 듣자 더 괘씸해했다. 키케로는 귀족의 이런 감정을 모두 꿰뚫어 보았다. 그는 망명에서 돌아온 이후 귀족파에 불만이 많았다. 그들은 키케로를 소환하려고 애쓰긴 했지만 그가 돌아올 때를 예상하지 못했고 그가 돌아왔다고 좋아하지도 않았다.

내 날개를 꺾은 자들은 다시 날개가 돋자 분통을 터트렸다(IV. 2).

이때부터 우호적이던 원로원 친구들도 그를 도우려 하지 않았다. 키케로는 재정적으로 몹시 위태로웠다. 건달들이 팔라티누스 자택에 불을 지르고 투스쿨룸과 포르미아 별장들을 약탈하고 파괴했다. 원로원은 마지못해 손실 보상을 결정했다. 키케로를 더 열받게 한 것은 자신에게 피해를 주도록 사주한 클로디우스에게 아무도 분노하지 않았다는 점이었다. 그가 크게 화를 내도 모두 냉정하게 침묵만 지켰다. 심지어 몇몇 약삭빠른 인사들은 뻔뻔하게도 대중 앞에서 질서를 파괴하는 호민관 클로디우스와 악수하며 은근히 그를 존중하는 태도까지 보였다. 관대하게 대할 필요도 없는 인물을 배려하는 이유는 무엇일까! 그를 이용하고 싶어서였다. 위기에 처한 귀족을 구하기 위해 선동정치를 은밀히 조장했다. 폭정 때문에 일어난 선동과 달라 이 동맹은 가능해 보였고 클로디우스 일당으로서는 귀족과 결탁하면 원로원에서 3인 집정관을 구성할 수도 있으니 서로 손해 볼 것이 없었다. 키케로는 그들의 협잡을 알아채고 자신이 희생양이 될까 봐 두려워했다. 원로원에 헌신한 시간을 몹시 후회했다. 그는 너무 큰 대가를 치렀다. 자신을 방어하기 위해 4년 동안 버텨 온 치열하고 불행했던 투쟁을 떠올렸다. 정치 자산은 몰락했고 경제적으로도 재앙을 맞았다. 그는 씁쓸해하며 말했다.

지금 와서 생각해 보니 내가 너무 바보였어(IV. 5).

따라서 키케로는 신중한 아티쿠스와 동생 퀸투스가 조언한 대로 3인 집정관 편으로 돌아섰다. 화재로 집까지 잃자 그답지 않게 조심스러워졌다. 3인 집정관과의 연합은 키케로가 새로운 위험을 무릅쓸 때마다 염두에 두긴 했지만 실제 결심하기까지 힘들어했다. 그때까지 그들은 키케로에게 가장 무자비한 적이었다.

카틸리나와 공범이라고 싫어했던 크라수스야 말할 것도 없고 클로디우스를 내세워 공격한 이가 카이사르였으며, 자신을 변호해 주리라 맹세했던 폼페이우스는 동료 집정관이 자신에게 공격하자 모른척했다. 하지만 선택할 여지는 없었다. 귀족파를 더는 믿을 수 없었으므로 다른 보호 장치가 필요했다. 키케로는 체념하고 받아들였다. 동생을 카이사르와 폼페이우스에게 보내 그들의 야망을 위해 봉사할 수 있도록 허락했다. 키케로가 돌아온 후 처음 한 행동은 폼페이우스에게 자신이 그토록 원했던 특권을 요청하는 것이었다. 그는 6년 동안 로마의 생필품 조달권을 맡았다. 거의 무제한의 권한이었다. 얼마 지나지 않아 국고가 바닥나긴 했지만 키케로는 카이사르에게 거액의 군비를 지출해 10개 중대를 지휘할 수 있도록 허가했다. 귀족파는 카이사르가 갈리아 정복에 나서는 의도를 알고 그를 고소하려고 했지만 그것을 막고 카이사르가 뜻을 이루도록 도운 사람도 키케로였다. 그렇게 해서 3인 집정관의 적이었던 키케로는 이제 원로원 앞에서 옹호자가 되었다. 그의 활약은 헛되지 않았다. 그의 명성과 연설로 모든 정파의 온건파가 몰려들었다. 소신 없이 흔들리던 사람들, 특히 무분별한 자유에 지쳐서 세상이 평안해지기만 바라던 사람들이었다. 또 카이사르와 폼페이우스의 친구들, 거부 크라수스의 하수인들, 절대군주제가 코앞에 닥쳤음을 예감하고 가장 먼저 반기려고 준비하던 별의별 야심가들이었다. 키케로를 앞세워 원로원에서 다수를 차지했고 3인 집정관이 전횡을 일삼던 권력을 합법적으로 정상화하는 임무를 맡았다.

키케로는 마침내 안심했다. 적들은 그를 두려워했고 클로디우스도 감히 그를 공격하지 못했다. 새로운 거물들과 친하게 지냈고 세련된 처세로 집정관들의 감사와 아티쿠스의 환호를 받았다. "삶이 다시 빛나는 것 같았다." 하지만 그들의 야망을 알고 여전히 공화국의 자유를 해친 자들을 돕는다는 회한도 적지 않았다. 그들을 위해 일하면서도 문득 애국심에 불타서 자괴감에 시달렸다. 그는 편지에 마음을 털어놓으며 매번 오락가락하는 심정을 드러냈다. 어느 날 그는 아티쿠스에게 가볍고 단호한 말투로 편지를 썼다.

> 명예니, 정의니 그럴싸한 말들이 다 무슨 소용 있어! 아무것도 하지 못하는 자들은 나를 사랑하지 않으니, 모든 것을 할 수 있는 이를 사랑하도록 하세(IV. 5).

하지만 그다음 날에는 창피해하며 이렇게 털어놓기도 했다.

> 우리 인생이 얼마나 처량한가! 특히 내가 그렇다네! 신념에 따라 말하면 미친놈 취급하고 이해관계를 따르면 노예라고 하질 않나. 입을 다물면 무섭다고 하고……(IV. 6).

그는 대중 연설에서 자기도 모르게 불쾌감을 드러냈다. 씁쓸하고 폭력적인 어조로 보아 당시 그가 얼마나 많은 상처를 받았는지 알 수 있다. 그때처럼 독설을 내뱉은 적도 없었다. 하지만 타인을 비난하는 격앙된 감정에는 종종 자조가 실렸다. 그의 연설이 그토록 신랄해진 까닭은 불편한 속내 때문이었다. 잘못된 길인 줄 알면서도 빠져나올 용기가 없었다. 키케로는 옛 동지들의 조롱과 새 동지들의 까다로운 요구를 무시하지 못했다. 비겁한 타협이라고 자책하며 원망했다. 바티니우스나 피소는 모두에게 대가를 지불해야 했다. 그런 마음으로는 누구에게도 믿음직한 동지가 될 수 없었다. 그는 갑자기 돌아서서 새 동맹자들에게 뜻밖의 불쾌한 타격을 입혔다. 때때로 자유를 완전히 잃지 않았다는 것을 증명하려는 듯이 가장 친하게 지내야 할 친구를 공격했다. 카이사르의 이익을 옹호하는 자리에서 그가 싫어하던 비불루스를 추켜세우는 연설로 모두를 놀라게 했다. 자신이 버린 귀족파로 돌아갈 준비를 하는 것처럼 보였고 새로운 정파와 정식으로 결별할 좋은 기회인 것 같았다. 3인 집정관과의 우정은 급격히 얼어붙었다. 폼페이우스는 갈리아 전쟁의 승리를 기뻐하지 않았다. 과거 자기 무공이 묻힐 판이라며 경쟁자 카이사르를 험담했다. 키케로는 짜증 난 폼페이우스를 잘 구슬려 옛 동지들의 사면을 받아낼 기회라고 생각했다. 카이사르의 농지개혁법 시행에 따른 난처한 상황을 이용했다. 5월에 민중에 분양한 캄파니아 토지공매 건에 관해 논의하겠다고 공언했다. 발언의 결과는 엄청났다. 3인 집정관의 동맹국들은 경악한 만큼이나 분노했다. 귀족파는 연설가가 자기네 편으로 돌아왔다며 반색했다. 하지만 며칠 만에 모든 것이 뒤집어졌다. 그가 이 훌륭한 결정을 내린 바로 그 순간, 동맹이 깨졌다고 믿었던 3인 집정관이 루카에서 결속을 다짐했고 서로 치켜세우며 세계를 다시 한번 나누었다. 키케로는 복수에 혈안이 된 클로디우스에게 자신을 넘기겠다고 위협하는 막강한 적 앞에 홀로 섰다. 아티쿠스는 질책했고 형을 위해 헌신했던 퀸투스는 할 말이 없다며 몹시 투덜댔다. 은밀히 변절을 부추기던 폼페이우스가 누구보다 더 화를 내는 척했다. 불운한 키케로는 사방에서 공격받았고 너무 많은 분노를 일으키자 겁에 질렸다. 서둘러 자신을 낮추고 그들이 원하는 대로 하겠다고 약속했다. 이렇게 키케로는 독립을 시도하려다가 오히려 예속 상태를 더 무겁게 만들었다.

이때부터 키케로는 새로운 상황을 바꿀 수 없다며 체념했다. 그는 항상 칭송에 굶주린 허영심 많은 폼페이우스를 끝없이 과찬했다. 오피우스, 발부스와 함께 카이사르의 사업을 도왔고 대규모 건축 사업 감사역까지 맡았다. 게다가 막강한 보호자들의 청탁으로 가장 적대시하던 자들에게 손을 내밀었다. 깊은 미움을 품은 사람에게 그것은 작은 희생이 아니었다. 하지만 단호하게 그들 편에 선 순간 그들의 계획을 옹호하면서 우정도 받아들여야 했다. 먼저 크라수스와 화해를 모색했다. 쉬운 일도 하루아침에 해결될 일도 아니었다. 진정되었다고 믿었던 두 사람의 해묵은 반감은 원로원 토론 중에 갑자기 되살아났다. 키케로는 자신도 놀랄 만큼 새로운 동맹자를 거칠게 몰아붙였다. 그는 순진하게 말했다.

> 나는 미움 같은 것은 사라졌다고 믿었는데 마음에 남아있었나 봐.
>
> (『친구들에게』, I. 9)

그 뒤, 키케로는 바티니우스의 변호를 요청받았다. 지난번에는 그를 사납게 몰아세웠지만 이번에는 선선히 응했다. 로마의 변호인들은 이런 갑작스러운 변신에 매우 익숙했고 키케로도 이미 그런 모습을 보인 적 있다. 가비니우스가 원로원 결의를 무시하고 프톨레마이오스 왕을 복위시킨 후 이집트에서 돌아왔을 때였다. 그를 참아줄 수 없었던 키케로는 그에게 죄과를 물을 기회라고 생각해 공격할 준비를 했다. 하지만 폼페이우스가 그를 변호해달라고 급히 간청하자 감히 거절하지 못하고 입장을 바꿨다. 자신이 경멸했고 잘못이 명백했는데도 소송에 찬성 의견을 제출했다. 그나마 소송에서 패소한 것으로 위안을 삼았다. 어떤 경우에도 승소를 열망하지만 이번 패소는 그렇게 고통스럽지는 않았다.

하지만 그렇게 많은 아첨과 굴복, 어쩔 수 없이 자처한 모든 명백한 자기모순은 결국 자신에 대한 여론을 불러일으킬 것이다. 따라서 키케로는 귀족파 지도자 중 하나인 친구 렌툴루스에게 편지를 썼다. 많은 사람이 읽을 것을 염두에 두고 자기 행동을 설명하려는 것이었다(9). 편지에서 그는 나름대로 사실을 전하고 자신이 떠난 정파 인물들을 혹평했다. 그들의 불만을 대비하고 그들에게 끼칠 악영향에 대해 책임을 돌리려는 수법이었다. 하지만 편지에서 의외로 솔직하게 정치적 변절을 변명했다. 정당화하는 이유가 항상 바람직하지는 않았다. 같은 편에 있어 봐야 더 나아질 것이 없다고 생각했다. 플라톤이 어디선가 "(최선의 정치체제를 실현하려고) 조국에 폭력을 가해선 안 된다"고 말한 것을 전제로 정치인은 시민이 원하지 않는 것을 고집하거나 쓸데없이 반대해서 공연한 헛수고를 하지 말아야 한다고 주장했다. 상황이 바뀌면 함께 변해야 하며 바람에 꺾이지 않으려면 바람을 타야 한다! 게다가 그렇게 달라진다고 정말로 변하는 것일까? 깃발과 명분만 다를 뿐 조국에 봉사하는 것은 마찬가지 아닐까? 상황에 따라 상반된 견해를 옹호하는 것이 아니라 반대 경로를 따라 같은 목적을 이룰 수 있다면 "항구에 도착하고 싶을 때 돛의 방향을 바꿔야 한다." 이것은 창의적인 정치인이 자기 약점을 감추기 위해 지어낸 일반적인 격언일 뿐이라 논의할 필요는 없다. 키케로를 방어하는 가장 좋은 방법은 그가 어떤 시대에 살았는지, 그가 얼마나 그 시대에 어울리지 못했는지 기억하는 것이다. 고상한 문인이자 기발한 예술가, 평화로운 예술의 친구는 운명의 장난으로 역사상 가장 폭력적이고 혼란스러운 시대에 놓였다. 무력이 지배하는 혈투 현장에서 유유자적하고 공부만 하던 사람이 무엇을 할 수 있을까? 그는 가진 무기라고는 말뿐이었고 평화로운 시대의 즐거움과 연설의 영광을 꿈꾸던 사람이었다. 공격에 맞서려면 더 의연한 영혼이 필요했다. 거친 사건들에 직면할 때마다 그는 헛짚었고 주저했다. 정계에 입문했을 때 키케로가 신조로 삼은 여가와 명예는 혁명의 시대에 동시에 가질 수 없는 것이었다. 어느 하나를 더 지키려다 보면 다른 하나를 잃게 된다. 이를 너무 잘 알던 아티쿠스나 카토 같은 인물들은 처음부터 여가나 명예 중 하나를 선택했다. 키케로처럼 우유부단한 사람은 상황에 따라 오락가락하다가 결국 둘 다 위태롭게 한다. 이제 우리는 그의 인생에서 여가를 위해 명예를 버리는 고통스러운 순간에 이르렀다. 너무 가혹하게 대하지 말자. 훗날 그는 명예를 지키려고 여가뿐만 아니라 목숨까지 희생했다.

II

키케로가 카이사르를 잘 알게 된 것은 정치를 다시 시작하면서부터이다. 지금까지도 모르는 사이는 아니었다. 그들은 젊은 시절에 같은 취향의 문학과 학문으로 한 동아리에 있었다. 자연스럽게 공감대가 만들어졌고 선의로 남아 있던 이 관계는 서로에게 자산이 되었다. 하지만 그 후 반대파에 발을 들여놓은 뒤로 급변하는 정세로 그들을 갈라놓았다. 포룸과 원로원에서 사사건건 논박하다 보니 두 사람은 자연스럽게 서먹해졌다. 하지만 키케로는 가장 격렬하게 맞섰을 때조차 카이사르가 자신을 미워할 리 없다고 말했다(『피소 반박연설』, 32).

두 사람은 정치로 갈라졌다가 정치로 다시 가까워졌다. 키케로가 3인 집정관 편으로 돌아서면서 둘의 관계는 다시 친밀해졌다. 하지만 그들의 관계는 예전과 달라졌다. 키케로의 옛 학우는 그의 보호자가 되었다. 더는 두 사람 사이의 성향이나 공통된 학문이 아니라 절박한 이해관계와 필요성으로 뭉친 관계였다. 그들의 새로운 유대감은 일종의 합의로 이루어졌다. 한 사람이 자기 재능과 약간의 명예를 바치면 다른 한 사람은 그에게 안정을 보장했다. 진실한 우정을 추구하는 사이에는 그다지 바람직해 보이지 않는다. 하지만 키케로가 속내를 털어놓은 편지를 보면, 처음에는 까다롭겠거니 짐작했기에 카이사르에게 별로 끌리지 않았다. 하지만 폼페이우스와도 연락하고 지낼 때라 동시에 그들을 비교할 기회가 생겼다. 카이사르는 적어도 상냥하고 예의 바른 사람이었다. 과중한 업무로 어깨는 늘 무거웠지만 그는 친구들을 생각해 농담할 틈을 찾았다. 승리를 거두었지만 "친밀하지만 너무 저열하지 않게(『퀸투스에게』, II. 12)" 편지를 썼다. "예의 바르고 친절한 배려와 호의로 가득 한(15)" 붙임성 있는 답장을 받은 키케로는 매우 기뻐했다. 반대로 폼페이우스는 상대방에게 위세를 부렸다. 거만하고 허영심 많은 그는 오리엔트 사람들에게서 아첨만 받다 보니 고약한 버릇이 들었다. 알바에 있는 집에서 로마로 가는 것만으로도 개선장군 행세를 했고 그의 오만 불손한 말투에 질린 사람들은 발길을 끊을 정도였다. 무례한 태도보다 한층 더 불쾌하게 하는 것은 그가 속을 알 수 없는 사람이라는 점이다. 그는 자기 계획을 다른 사람들과 의논하기 싫어했다. 자기에게 큰 도움과 버팀목이 될 사람들에게도 숨겼다. 키케로는 그가 무엇을 원하는지 알 수 없다고 몇 번이고 불평했다. 폼페이우스를 위해 일했다고 믿었는데 그의 진짜 의도는 전혀 달랐다는 사실을 알고 화가 난 적도 있었다. 아무것도 모르는 대중은 폼페이우스의 완고한 위장술이 의심의 여지 없는 심오한 정책처럼 보였다. 하지만 노련한 사람들은 그 이유를 바로 알아차렸다. 폼페이우스가 자기 의견을 밝히지 않았다면 그것은 의견이 없어서였다. 흔한 일이지만 그에게서 침묵은 공허함을 가리는 역할만 했을 뿐이었다. 그는 확정된 원칙이나 확고한 체계도 없이 내키는 대로 움직였고 한치 앞도 내다 보지 못했다. 그는 사건이 터질 때마다 놀라기나 했을 뿐 예상하거나 주도하지 못할 만큼 무능했다. 그의 지배적인 열정이었던 야망조차 뚜렷한 견해나 확실한 주장을 하지 못 했다. 그는 만족스러운 위신을 얻으면 즉시 또 다른 것을 원했다. 말하지 않아도 다들 알아챘다. 그의 침묵은 서투른 위장일 뿐이었다. 그의 평범한 전략은 무관심한 척하는 것이었고 자신이 가장 간절히 원하는 것을 마지못해 받아들인다는 식으로 남들이 알아주길 원했다. 유치한 희극인 데다 자주 되풀이하다 보니 아무도 속지 않았다. 결국, 폼페이우스는 모든 정파를 차례로 공격하고 방어했으며, 왕권에 가까운 권위를 원하는 것처럼 보였다. 그런 그가 권력을 가졌을 때 공화정을 파괴하려고 하지 않았다. 우리로서는 그가 어떤 계획을 구상했는지, 그런 계획이 있기라도 했는지 알 수 없다. 카이사르는 그렇지 않았다. 그는 자기 야망을 깨달았고 무엇을 원하는지 분명히 알았다. 그는 공직에 입문하기 전부터 계획을 세워두었다(『열두 명의 황제』, 9).[2] 젊은 시절부터 세상의 주인이 되겠다는 포부로 밑그림을 그렸다. 혁명의 풍경을 지켜보면서 떠오른 생각이었다. 자기 진가를 확신하고 시시한 적들을 보며 혁명을 감행할 힘을 얻었다. 그리고 위대한 모험에 뛰어드는 사람들이 그렇듯 자기 운명을 믿고 성공을 자신했다. 그렇게 목표를 향해 단호하게 나갔다. 지나치게 서두르지도 놓치지도 않았다. 자신이 원하는 게 무엇인지 제대로 아는 사람은 별로 없다. 특히 선악이 뒤섞인 혼란기에는 그것을 이해하는 사람만 성공한다. 카이사르는 누구보다도 탁월했다. 불확실한 계획과 주저하는 신념, 간헐적인 야망만 가진 우유부단한 정치인들 사이에서 투철한 야망과 확고한 의도를 가진 사람은 카이사르 하나였다. 강력하고 침착한 의지를 가진 사람만이 그에게 다가갈 수 있다. 그는 명확한 계획을 세웠고 자기 능력을 인식했으며, 승

2 이 점에 대한 고대 역사가들의 의견은 모두 똑같다.*

리에 대한 확신이 있었다. 그에게 편견이 있던 키케로도 그런 인상을 강하게 받았다. 일관되고 단호한 카이사르와 오랜 친구이지만 불안하고 모순된 폼페이우스는 비교되었다. 키케로는 동생에게 넌지시 말했다.

> 폼페이우스에 대한 너의 생각이 맞아. 아니 오히려 내 생각과 같아. 너무 오랫동안 카이사르를 몰라봤어(『퀸투스에게』, II. 13).

사실, 진정한 천재에게 다가가는 것만으로 깨닫기에 충분했다. 오래전부터 바보들의 추앙을 받으며 위엄을 과장하고 탄탄대로를 질주해 온 거물 폼페이우스는 공허해 보였다.

하지만 카이사르는 상황을 인정할 줄 모르는 고집불통은 아니었다. 필요하다면 자기 의견을 굽혔다. 목표를 이루기 위해서라면 주저하지 않았다. 그는 아무리 급박한 시기라도 중요 정책을 수정했다. 몸젠은 카이사르가 알렉산드로스 대왕과 나폴레옹 황제와 무엇이 다른지 잘 짚어주었다. 그는 애당초 장군이 아니라 정치가였다. 군인 출신은 아니지만 야전 생활을 하면서 정복자가 되었다. 청년기를 요동치는 로마의 정치판에서 보냈고 알렉산드로스 대왕이 죽고 나폴레옹이 패배한 나이를 훨씬 넘어서야(40대에) 갈리아 원정에 나섰다. 그는 무기를 사용하지 않고 세상을 지배할 계획을 세웠다. 안으로부터 혁명을 천천히 일으켜 공화국을 파괴할 생각이었다. 되도록 불법적인 시도로 밖으로는 합법적인 것처럼 보이려고 했다. 그가 생각하기에 민중파가 원하는 것은 정치적 자유보다 사회 개혁이었고 그것은 민주 군주제와 모순되지 않았다. 따라서 카틸리나, 클로디우스와 은밀하게 한패가 되어 분열을 키웠다. 지나친 자유 때문에 말썽에 지친 소심한 공화파들은 안정을 위해 기꺼이 자유를 희생할 것이다. 이런 일상적인 공격으로 가장 용감한 수호자들을 지치게 하고 흔들다 보면, 마침내 공화국은 폭력도 소란도 없이 쓰러질 것이다. 하지만 놀랍게도 교묘하게 계획된 밑그림이 성공할 듯 보이던 바로 그때, 그는 갑자기 모든 것을 포기했다. 단독 집정관을 지내면서 동료들을 무력화시키고 원로원을 침묵시킨 후, 10년 동안 로마를 떠나 미지의 땅을 정복하려고 나섰다. 이런 뜻밖의 결정을 하게 된 이유는 무엇일까? 로마에서 주도했던 비열한 모사꾼 생활에 혐오감을 느끼고 다시 전열을 가다듬으려고 했을지도 모른다. 하지만 그는 공화국이 자멸하리라고 확신했고 폼페이우스를 이기려면 군대와 군사적 명성이 필요하다고 생각했다. 따라서 충동적이거나 열정에 취해서가 아니라 치밀한 계산 끝에 갈리아 원정을 작심했다. 이 결단으로 그는 위대한 인물이 되었다. 그는 44세였다(『열두 명의 황제』, II. 1).[4] 파스칼이 말했듯 시작하기에 매우 늦었고 세계 정복에 관심을 두기에는 너무 늙었다. 카이사르의 강력한 의지력은 감탄스럽다. 타성에 젖어 살 만한 나이에는 한 번 들어선 길을 끝까지 따라가는 것이 맞다. 하지만 그는 갑자기 새로운 삶을 시작했다. 25년 동안 몰두했던 민중 선동을 그만두고서 지방 속주를 통치하고 군대를 지휘하러 나섰다. 지금 생각해 보면 더 놀라운 광경이다. 50세에 갑자기 총독이나 장군으로 나서기가 쉽지 않고 그런 역할에는 특별한 소명 의식이나 오랜 견습 기간도 필요해 보인다. 하지만 로마에서 사정은 달랐다. 미식가 루쿨루스 장군은 소아시아로 가는 도중 전술을 배워 원정지에 도착하자마자 미트리다테스를 격파하지 않았던가? 로마의 부유한 어떤 인사는 집에서 행정을 배웠다. 다스릴 넓은 지역과 노예 군단, 지금보다 더 막대한 재산 관리를 위해 일찍부터 통치술을 익혔다. 카이사르도 히스파니아 총독 시절에 지방 정부와 군을 지휘했다. 헬베티족을 정복하고 점령지 정비에 별다른 공부는 필요 없었다. 그렇게 그는 첫 번째 시도에서 훌륭한 장군이자 천재적인 행정가의 재능을 보였다.[3]

그 무렵부터 카이사르와의 친밀한 관계를 다시 시작했고 갈리아 전쟁 내내 이어졌다. 키케로는 종종 편지를 써서 그의 휘하에서 복무하기를 원하는 청년들을 추천했다. 당시 젊은이들은 카이사르의 진영에 가고 싶어 했다. 훌륭한 장군 밑에서 큰일을 하겠다는 포부 외에도 먼 나라에 가서 부자가 될 기대를 했다. 미지의 땅이란 항상 매력에 넘치고 꿈을 이룰 기대까지 부풀리지 않던가. 그때 갈리아는 16세기 아메리카 대륙과 비슷한 상상을 자극했다. 아무도 가보지 못한 땅에 엄청난 보물이 있다고 여겼고 재산 가진 모든 사람이 전리품으로 한몫 챙기려고 카이사르에게 서둘러 달려갔다. 이런 열망은 카이사르에게 기분 좋은 일이었다. 정복이 행사한 위신을 과시하고 그의 계획을 도왔으며, 기꺼이 사람들을 받아주었다. 이름 모를 로마 사람을 위해 한자리를 부탁한 키케로에게 카이사르는 기쁜 마음으로 편지를 썼다.

3 654년 출생으로 보면 42세.*

오피우스 씨를 추천하셨군요. 그가 렙타의 부관이 되기를 바라지 않는 한, 갈리아 왕으로 앉히겠습니다. 그를 부자로 만들 수 있도록 당신이 원하는 사람을 보내주십시오(『친구들에게』, VII. 5).

그 무렵 키케로가 아끼던 두 사람이 매우 궁색한 처지였다. 변호사 트레바티우스 테스타와 동생 퀸투스였다. 좋은 기회라고 생각한 키케로는 그 둘을 카이사르에게 보냈다.

훌륭한 인재이자 성실한 학구파였던 트레바티우스는 키케로 곁에 붙어살았다. 그는 일찌감치 고향을 떠나 로마로 왔다. 폰티노 늪지대 한가운데 있는 버려진 울루브라이(로마 변두리) 주민들을 '울루브라이 개구리'라고 불렀다. 그는 법학을 공부했기 때문에 키케로에게 많은 도움이 되었다. 사실 키케로는 법에 대해 많이 알지 못했고 비웃기나 했었다. 하지만 불행히도 법률 자문은 무료라 변호사들은 로마에서 돈을 벌지 못했다. 아무리 지식이 출중해도 트레바티우스는 가난했다. 아끼던 인재였지만 그의 장래를 생각해 키케로는 정중한 추천장을 카이사르에게 보냈다.

그에게 정부나 군단의 지휘를 요구하는 것은 아니올시다. 내가 무슨 결정을 하겠습니까. 우리의 우정만으로도 충분합니다. 그가 벌이하고 명예를 쌓을 일이라면 어떻게 반대하겠습니까. 모든 것을 맡길 따름입니다. 그가 믿음직하고 승승장구하는 분의 손을 잡고 잘 되기만 바랄 뿐이지요(『친구들에게』, VII. 5).

카이사르는 귀한 인재를 보내준 키케로에게 고마워했다.

주변에 사람이야 많지만 청원서 한 줄 쓸 줄 모릅니다.

(『퀸투스에게』, II. 35)

트레바티우스는 마지못해 로마를 떠났다. 키케로가 그를 '문밖으로 쫓아내다시피' 보냈다(『친구들에게』, VII. 6). 갈리아의 첫인상에 트레바티우스는 시무룩했다. 그는 반쯤 진압하고 위협적인 민족 사이에서 야생의 땅을 지나갔고 마음을 졸이게 하는 야만적인 환경에서 막 떠난 교양 있는 도시의 즐거움을 늘 생각했다. 그가 보낸 씁쓸한 편지를 받아본 키케로는 자신도 망명 중에 같은 기분이었다는 사실을 잊고 엉뚱한 생각은 하지 말라며 부드럽게 타일렀다. 주둔지에 도착하자 트레바티우스는 더욱 위축되었다. 전투병도 아니었으니 네르비이족[4]과 아트레바테스족[5]에 매우 겁먹었을 것이다. 카이사르가 브리타니아 원정을 떠나는 순간에 도착했지만 원정에 따라가지 않았다. 둠노릭스[6]처럼 바다를 무서워한다는 핑계를 댔을지도 모른다. 하지만 갈리아에 남아서도 위험과 지루함은 계속되었다. 겨울 주둔지는 불편했다. 음울한 하늘 아래 한파와 매서운 비바람에 시달렸다. 여름이 되면 들판을 차지해야 했고 공포는 다시 시작되었다. 트레바티우스는 불평을 입에 달고 살았다. 기대했던 이점을 한 번에 찾지 못하자 불만은 더 커졌다. 마지못해 떠난 곳이라 되도록 빨리 돌아오고 싶었다. 그

4 네르비이Nervii. 갈리아 지방에서 아미앵에서 쾰른으로 이어지는 동서 교역로를 장악한 부족이다. 수도는 바가쿰[바베]. 카이사르는 가장 사납다고 평했고 고대 사가들은 그들의 조상이 게르마니아족이라고 주장했다.

는 카이사르에게 전한 추천장을 약속어음처럼 생각했다(『친구들에게』,VII. 17). 그는 갈리아에서 돈만이 아니라 존경받고 위세 있는 자리도 기대했다. 카이사르에게 인정받고 싶었다. 키케로는 그에게 편지를 썼다.

> 자네는 금붙이보다 더 큰 것을 원하는군(『퀸투스에게』, II. 13).

카이사르는 바빠서 접근하기도 어려웠고 로마에서 온 학식 있는 변호사에게 처음에는 큰 관심도 없었다. 명목상 군사 호민관 직함과 보수를 제공하는 것으로 충분하다고 생각했다. 트레바티우스는 여행 기간과 위험을 무릅쓴 보상으로는 부족하다고 생각해 다시 돌아올 생각을 했다. 키케로는 이런 경솔한 행동을 막기 위해 애썼다. 그를 그곳에 남게 하려고 쓴 편지는 매우 재미있고 생생하다. 키케로는 이 무명의 청년과 있으면 마음이 편안했다. 트레바티우스 앞에서는 서슴지 않고 박장대소했다. 어느 자리에서도 볼 수 없던 모습이었다. 그가 울적해하면 허물없는 농담을 던져 기분을 풀어주려 했다. 불행한 친구의 기운을 북돋아 주려고 애쓰는 유쾌한 모습은 감동적이다. 키케로의 상냥한 마음은 그의 재치에 매력을 더해 준다. 착한 트레바티우스는 개의치 않았기에

5 아트레바테스Atrebates. 갈리아 벨기카의 벨가이족 일파. 일부는 브리타니아에 정착했다.

6 둠노릭스Dumnorix. 갈리아의 하이두이족 족장. 『갈리아 전쟁기』에서 전할 뿐이다. 카이사르를 제거할 음모를 꾸미며 괴롭혔다. 카이사르의 브리타니아 원정에서 기병대를 이끌고 도주했다가 살해되었다.

그를 웃게 하려고 악의 없이 장난을 치고 농담도 했다. 언젠가 키케로는 그에게 현지 사정을 자세히 알려달라고 했다.

> 나는 누구보다도 겁쟁이가 하는 말을 믿는다네(II. 18).

전투에서 멀리 떨어져 있으면 전체를 더 잘 볼 수 있기 때문이다. 또 한 번은, 그가 얼마나 위험한 곳에 있는지 알게 되자 두려움을 드러내고 이렇게 덧붙인다.

> 자네가 얼마나 조심스러운지 내가 아니 다행일세. 적을 괴롭히는 임무보다 소환장을 제출하는 일에 훨씬 대담하지. 자네가 수영을 잘한다고 해도 바닷물로 목욕하기 싫어 브리타니아로 건너가고 싶지 않았던 것도 기억하네(II. 10).

키케로는 트레바티우스의 조바심을 달래려고 심술궂은 농담으로 겁을 주었다. 그가 돌아온다면 라베리우스[7]가 익살극(파스)에서 웃음거리가 되지 않을까? 겁에 질린 변호사가 군대를 쫓아다니며 야만인들 틈에서 변론하는걱 보다 더 웃기는 코미디가 될 것이다. 썰렁한 농담꾼의 입을 닫게 하려면 돈만 벌면 된다. "나중에 반드시 부유하게 돌아올 것"이라고 발부스는 약속했다. 그는 은행가였다. 그가 하는 말은 스토아학자들과 같은 말을 했지만 뜻은 달랐다. 그들은 "하늘과 땅의 경치만 즐길 수 있다면 언

7 라베리우스Decimus Laberius(B.C.106?~B.C.43). 고대 로마의 극작가.

제나 충분히 부자"라고 주장한다. 로마 사람 발부스가 하는 말은 금화 한 보따리씩 지고 돌아갈 수 있다는 뜻이었다. 트레바티우스는 그곳에 남았고 잘 해냈다. 카이사르는 얼마 지나지 않아 그를 알아보고 마음에 들어 했다. 트레바티우스는 야영 생활에 익숙해졌고 시간이 지나면서 도착했을 때보다 조금 자신감이 생겼다. 그는 발부스가 장담한 대로 부자가 되어 돌아갔을 것이다. 갈리아에서 찾아낼 보물이 부족하다면 카이사르가 끝없이 공납물을 거두어 동지들을 부자로 만들어 줄 것이다. 그 뒤 트레바티우스는 정직하다는 평판을 유지하며 어려운 시기를 보냈다. 비록 악습에 젖어 있었지만 모든 정파가 그에게 정의로운 재판을 부탁했다. 그는 내전의 모든 위험을 벗어난 보기 드문 행운아였다. 호라티우스 시대까지 살면서 그에게 멋진 풍자시도 헌정 받았다. 젊은이들과도 잘 어울렸고 인정 많고 너그러운 노인이었다. 그는 의심할 여지 없이 그들에게 자신이 최후의 생존자 중 하나였던 갈리아 전쟁이라는 위대한 시대와 직접 목격한 카이사르와 장군들에 관해 이야기했다. 그는 오래 산 덕에 베르길리우스에게 루크레티우스를, 리비우스에게 키케로를, 프로페르티우스에게 카툴루스에 관해 증언할 수 있었고 라틴 문학의 찬란한 두 시대를 이어주었다.

키케로는 카이사르에게 그의 동생 퀸투스도 보냈다. 그는 키케로의 삶에서 매우 큰 자리를 차지했고 갈리아 전쟁에서 상당히 중요한 역할을 했다. 따라서 그에 관해 몇 마디 하는 것이 적절할 것 같다. 퀸투스는 형과 같은 스승에게 배웠지만 연설에 전혀 취미가 없었고 대중 앞에서 말하기를 항상 거부했다.

집안에 연설가 하나면 되잖아. 도시에서도 한 명이면 충분해.

(『연설가에 관하여』, II. 3)

그는 까다롭고도 변덕스러웠으며, 이유도 없이 격렬한 분노에 사로잡혔다. 정력에 넘치다가도 곧 낙담했고 주도하려고 애쓰다가도 주변 사람들에게 끌려다녔다. 이런 결함 때문에 퀸투스는 공직 생활에서 성공하기 어려웠고 사생활도 괴로웠다.

퀸투스는 아티쿠스의 누이 폼포니아와 일찌감치 결혼했다.[8] 하지만 두 친구가 더 가까운 관계를 기대하며 추진했던 결혼은 거의 깨질 뻔했다. 퀸투스 부부는 똑같았다. 둘 다 성급하고 열정적이어서 절대 의견을 모을 수 없었다. 게다가 주인 노릇을 하며 위세를 부리는 노예 스타티우스 때문에 가정은 해체될 지경이었다. 키케로의 편지를 보면 고대 가정에서 노예는 생각보다 큰 권한을 행사했다. 이제 노예가 자유로워졌으니 전보다 집안에서 더 중요한 자리를 차지하는 것이 당연해 보인다. 하지만 반대 상황이 벌어졌다. 존엄을 얻자 영향력을 잃었다. 그가 독립하면 주인은 어떠한 의무도 지지 않게 되었다. 그들은 이제 상호 의무를 부과하는 어색한 계약을 맺고 함께 살았다. 이 약한 유대감은 언제라도 깨질 수 있고 하루아침에 서로에게 냉담해지거나 다음날 적이 될 수도 있었다. 그들 사이에 더는 안심도 신뢰도 없다. 자신을 방어하고 서로 감시하면서 함께 시간을 보냈다. 노예제가 번

8 둘 사이에 퀸투스와 딸 폼포니아가 있다. 폼포니아 아티카는 나중에 황제가 될 옥타비아누스의 친구 아그리파의 첫 번째 부인이다.

창하던 고대에는 전혀 그렇지 않았다. 그들은 평생 함께할 인연으로 서로 이해하고 받아들이려고 애썼다. 노예는 주인의 총애를 받아야 더 나은 장래를 기약할 수 있어 고생도 마다하지 않았다. 그는 방어할 지위도 지켜야 할 위신도 없었으므로 주인에게 완전히 헌신했다. 비위를 맞추고 못된 짓도 예사로 도왔으며, 주인에게 없어서는 안 될 존재가 되었다. 일단 이렇게 내밀한 친분이 쌓이면 주인은 노예에게 주저 없이 사적이고 비밀스러운 요구를 하고 노예는 절대 마다하지 않고 도우며 가족을 지배했다. 따라서 언뜻 이상해 보이지만 하인은 노예 시절에 더 주인 같았다. 스타티우스가 바로 이런 노예였다. 그는 퀸투스의 약점을 잡고 비집고 들어가 집안 식구들이 그에게 굽신거리며 따르도록 했다. 폼포니아가 혼자 반발했고 더는 참을 수 없자 남편을 모욕하며 괴롭혔다. 이 집에서 자신은 이방인이라면서 저녁 식사에 참석하지 않거나 어쩌다 합석했다가도 손님들이 보기 민망한 추태를 보였다. 그렇게 어느 날 폼포니아가 유독 까탈을 부리며 잔소리를 늘어놓자 퀸투스는 시인의 재능을 보여준 노래 2편을 남겼다.

> 돛을 바람에 맞길망정, 우리의 영혼을 여자에게 맡기지는 말자.
> 변덕스러운 파도보다 여자의 말 한마디가 더 무서우니.
> 좋은 여자가 어디 있을까,
> 어쩌다 찾아낸들 불운이 잠시나마 행운이 될까.

이 시들은 다소 신사답지 않다. 다만 피곤한 아내를 둔 딱한 남편의 호소 정도로 봐줘야 한다.

퀸투스의 정치 경력은 사생활만큼 신통치 않았다. 자기 능력보다 형의 명성 덕에 공직을 얻었고 그 자리에 합당한 능력을 보이지 않았다. 그는 정무관과 법무관을 지낸 뒤 소아시아 총독으로 임명되었다. 무한한 권한은 퀸투스 같은 인물에게는 어려운 시련이었다. 절대 권력은 그를 자만하게 했다. 아무것도 억제하지 못한 그의 폭력은 끝이 없었다. 오리엔트 폭군처럼 화형과 교수형에 대해서만 말했다. 그는 무엇보다 정의의 사도라는 위인의 명예를 바랐다. 그는 존속 살인범 둘을 자루에 꿰매어 지방 하류지역에서 물속에 던졌고 다른 지역에 방문했을 때 질투하는 일이 없도록 같은 구경거리를 보여주고 싶어 했다. 따라서 그는 모친살해 혐의로 기소되어 무죄 판결을 받은 중요 인물인 제욱시스를 체포하려 했다. 총독이 도착하자 그의 의도를 눈치챈 제욱시스는 도망쳤고 화가 난 퀸투스는 그가 돌아오도록 친절한 편지로 유도했다. 하지만 그는 보통은 숨기지 않고 공개적으로 말했다. 부하들에게 횡령범 리키니우스와 그 아들을 생포하라고 명했다. 또 로마 기사 카티에누스에게 편지를 보내기도 했다.

> 속주 사람들의 환호를 받으며 언젠가는 화형에 처하기를 바란다.
>
> (『퀸투스에게』, I. 2)

잔인하다고 비난받자 잠시 웃자고 한 말이라고 얼버무렸다. 야만적인 본성을 드러내는 이상한 방식의 농담이었다. 퀸투스는 교양이 없는 사람도 아니었다. 플라톤과 크세노폰을 읽었고 그리스어를 훌륭하게 구사했으며, 여가 시간에 비극을 쓰기도 했다. 그는 예의 바르고 교양 있는 면모를 모두 갖췄지만 그것은 겉모습에 불과했다. 가장 고상하다는 로마 사람들 사이에서 문명은 종종 표면에만 있었다. 우아한 겉모습 속에는 무자비한 군인 혈통에 거칠고 야만적인 영혼이 숨겨져 있었다.

퀸투스는 임기를 마치고 꽤 나쁜 평판을 들으며 돌아왔다. 하지만 놀랍게도 그는 부자로 돌아오지 않았다. 동료 총독들처럼 횡령과 착복을 일삼지 않았고 잃은 재산을 만회할 만큼 충분한 돈도 벌지 못했다. 그는 낭비벽으로 매우 위태로웠다. 형 키케로처럼 사들이고 짓는 것을 좋아했다. 희귀 장서를 모았고 노예들의 부탁도 거절하지 못했다. 키케로가 망명하자 사업은 혼란에 빠졌고 그가 돌아왔을 때는 완전히 파산한 상태였다. 재정적으로 가장 어려웠을 때 로마에서 그의 집을 다시 짓고 아르피눔에 시골집을 샀으며, 아르카이에 있는 별장에 욕장과 현관, 연못, 그리고 국책사업이라고 불릴 정도로 번듯한 길을 닦았다. 그 시대 로마 사람의 가난은 많은 귀족의 재산이 될 것이다. 하지만 퀸투스는 채권자들에게 더는 돈을 빌릴 수 없는 날이 왔다. 난처한 채무자로서 최후의 수단으로 카이사르를 찾아갔다.

따라서 그가 갈리아 원정에 따라나선 이유는 명예만 얻기 위해서가 아니라 다른 사람들처럼 돈을 벌기 위해서였다. 결과는 기대에 못 미쳤고 갈리아 벨기카[벨기에 일대]와 게르마니아에서 기대하던 보물을 찾지 못했다. 하지만 그는 낙담하지 않았다. 오판과 착각을 거듭하면서도 부를 거머쥘 약속의 땅이라고 굳게 믿었다. 퀸투스는 브리타니아 원정에도 참전했다. 그곳에서도 한몫 잡을 계획이었다. 수에토니우스의 표현으로는 카이사르도 많은 진주를 거두고 싶어 했다(『카이사르』, 47). 하지만 이런 기대는 다시 한번 빗나갔다. 브리타니아에는 진주도 금광도 없었고 가치 없는 노예들만 붙잡느라 고생했다. 그들의 재산이래야 용감하게 몰고 다니며 싸우던 둔중한 전차뿐이었다. 따라서 키케로는 트레바티우스에게 유쾌하게 편지를 썼고 군에 실망했다고 호소했다.

> 금은보화를 못 찾은 모양이구먼. 브리타니아 달구지라도 잡아야 로마까지 한걸음에 달려올 수 있을 것 아냐(『친구들에게』, VII. 7).

퀸투스는 이 의견으로 충분했다. 중위로 임명했던 카이사르에게 환영받았더라도, 기대만큼 빨리 재산을 모으지 못하자 용기를 잃었고, 트레바티우스처럼 잠시 되돌아올 생각을 했다. 하지만 이번에는 키케로가 농담도 하지 않고 그를 자제시켰다.

바로 그해 겨울, 퀸투스는 전투에서 용맹한 무장武將으로서 명성을 날렸다. 소포클레스를 열심히 읽었고 비극을 썼지만 그는 바탕부터 군인이었다. 적 앞에서 그는 다시 자기 자신이 되었고 능력을 제대로 보여주었다. 하룻밤 사이에 허둥지둥 참호 속에서 반란을 일으킨 사람들 사이에서, 그는 1개 군단만으로 카이사르가 맡긴 진영을 방어했고[9] 로마군을 궤멸시킨 수많은 적과 맞서 싸웠다. 그는 병중이었지만 몸을 사리지 않고 분전했다. 병사들이 몸조심하라고 난리를 피웠을 정도였다. 카이사르가 『갈리아 전쟁기』에서 그 일화를 자세히 전했으니 다시 말할 필요는 없다. 갈리아 전쟁에서 가장 영광스러운 전투 중 하나였다. 이 훌륭한 무훈은 퀸투스를 돋보이게 한다. 그는 성격의 결점도 지우고 위대한 형에게 배은망덕하고 곤란한 모습 대신에 조금은 명예로운 모습을 보여 주었다.

III

키케로의 예상은 적중했다. 카이사르는 『갈리아 전쟁기』를 역사적 자료로 활용하기 위해서 썼다고 했다. 하지만 분별 있는 사람들은 그가 집필을 마치면 누구도 그 역사를 다시 쓰기 어렵다고 보았다. 플루타르코스와 디오도 갈리아 원정사를 다시 쓰지 못했고 그의 저서를 요약만 했다. 따라서 갈리아 전쟁에 관해서는 주인공이 직접 남긴 이야기로만 알 수 있다. 내용이 아무리 완벽해도 또는 너무 완벽하기 때문에 오히려 그것으로 충분하지 않다. 이 뛰어난 작품은 독자의 호기심을 풀어주려고 썼지만 오히려 호기심을 더 자극했다. 역사의 중요 사건을 시시콜콜 알고 싶은 독자의 욕심 덕에 키케로가 동생과 트레바티우스에게 쓴 편지들도 중요해졌다. 몇 편 없고 내용도 짧지만 갈리아 전쟁에 약간의 정보를 추가했다. 편지는 격식을 차리지 않았기에 갈리아 정복자의 사생활을 더 자세히 전한다. 막사로 들어가 카이사르가 직접 말하지 않았던 그의 여가와 휴식 시간도 엿볼 수 있다. 정말 흥미로운 광경이다. 편지는 갈리아 전쟁을 자연스럽게 보완했다. 카이

9 퀸투스는 제14군단장으로서 아투아투카 퉁그로룸(벨기에 플랑드르 지방 통헤런)에서, 라인강변에 살던 에부로네스 족장 암비오릭스에게 습격받았으나 용감하게 방어했다. 물론 피해가 컸다.

사르와 그 주변 상황을 알기 위해서는 흩어진 세부 사항을 꼼꼼히 수집하는 것이 좋을 것 같다.

카이사르 군단은 심각하고 음침하게 묘사된 고대 로마 군대처럼 항상 엄격한 통제와 융통성 없는 규율을 따르지 않았다. 위험에 처했을 때는 혹독하게 관리했지만 전혀 불평하지 않았다. 이들보다 더 전투 피로에 시달리며 위대한 업적을 이룬 군단은 없었다. 하지만 위기가 지나자 군율을 완화했다. 카이사르는 병사들에게 휴식하도록 했고 때로는 오락을 허용했다. 병사들은 화려한 무기로 자기 몸을 지키고 멋을 부렸다.

> 향수 좀 뿌린다고 어떻게 되겠습니까? 더 잘 싸울 겁니다.
>
> (『열두 명의 황제』, 67)

실제로 폼페이우스가 '계집애들'이라고 불렀지만 이 병사들은 디라키움에서 굶어 죽어가면서도 폼페이우스가 도주하도록 포위를 푸느니 차라리 나무껍질을 씹으며 버티겠다던 바로 그 용사들이다. 대부분 갈리아 키살피나 출신으로 로마 문명이 그들의 자질을 앗아가지 않았기에 전쟁 자체를 즐기는 붙임성 있고 영리한 병사들이었다. 군단의 예하 부대 지휘관들도 병사들과 거의 비슷했다. 활기차고 열정적이며 결정적인 순간에 뛰어난 지략을 보였으며, 판에 박힌 일상보다 영감을 더 믿었다. 그중 누구도 이전 전쟁에서 명성을 얻지 못했다. 카이사르는 그들의 군사적 영광이 자신에게서만 나오기를 바랐다. 그중에서도 가장 위대한 라비에누스[10] 같은 정치 동료들, 옛 음모자들은 그를 따라 준비 없이 민중 선동가에서 훌륭한 장군이 되었다. 반면에 명문가 출신 파비우스 막시무스와 세르비우스 갈바와 같은 사람들은 카이사르가 귀족 중에서 확보한 지지자이거나 볼모였다. 크라수스와 플란쿠스, 볼카티우스 툴루스, 데키무스 브루투스, 또 폴리오는 카이사르가 특별히 아끼고 위험한 작전도 기꺼이 맡기는 젊은 인재들이었다. 그는 개인적으로도 정치적 계산으로도 젊은이들을 좋아했다. 그들은 어느 정파에도 속하지 않았기에 공화정에 애착을 느낄 기회가 없었다. 카이사르는 젊은 친구들이 자신이 수립할 새 정권에 적응하기를 바랐다.

카이사르 휘하에는 전쟁을 배우려고 몰려든 명문가 자제들도 있었다. 서로를 '막사 동무(콘투베르날리스)'라고 부르면서 생사고락을 함께했다. 다른 용병들처럼 전투를 치르고 보상받은 젊은 병사들은 전투가 끝난 후 다시 친구가 되었고 대장의 길동무로 모든 원정을 따라나섰다. 그들은 도시에서 보호자를 수행하는 피보호자 같았다. 그 밖의 회동과 회식 자리에도 어울려 먹고 마시며 놀았다. 대장이 연설할 때는 그의 주변을 지켰다. 그것은 지방 총독이 이끄는 작은 궁정에 가까운 친위대(코호르트)[11]였다. 전하는 말로는 포에니 전쟁의 영웅 스키피오 아프리카누스가 정복 지역 주민에게 최고 권력을 과시하려고 생각해 낸 것으로 그 후 각 지

10 라비에누스Titus Labienus(B.C.100?~B.C.45). 카이사르의 심복. 하지만 카이사르가 공화국을 배신하자 그와 결별하고 공화파의 대의를 위해 싸웠지만 문다 전투에서 전사했다.

11 고대 로마 공화정에서 이탈리아 병사들로만 조직한 소규모 최정예 부대다. 주로 법무관이나 원정에 나선 야전 군단장 같은 고관들을 호위했다.

역 총독은 위신을 더하려고 친위대 유지에 매우 신경을 썼다. 그들이 다가 아니었다. 군인들 곁에 다양한 능력과 지위를 가진 사람들이 있었다. 유능한 금융인과 총명한 비서, 법률가도 총독 혼자 통치하기에 너무 방대한 지역 행정에 필요했다. 군대를 따라 이동하지 않던 유순한 트레바티우스도 네르비이족과 벨가이족 지역까지 자기 전문성을 발휘했다. 부사관이나 하인 같은 무리, 즉 행정관과 집행관, 서기관, 통역관, 관리인, 의사, 하인, 심지어 점복관까지 있었으니 지방 총독은 사실상 항상 신하들을 거느리는 왕과 같았다.

카이사르의 수행원들은 다른 이들보다 훨씬 규모가 컸다. 그가 지휘한 10개 군단과 정복하고 통치할 지역까지 고려하면 그의 주위에 왜 그렇게 많은 장교와 사람이 있었는지 설명할 수 있다. 게다가 그는 본래 거창한 것을 좋아했다. 자신을 찾아온 모든 사람을 기꺼이 맞이했고 그들을 붙잡기 위해 그들에게 줄 자리를 마련했다. 미개한 땅에서도 그들을 환대하며 강한 인상을 주었다. 수에토니우스의 표현으로는 카이사르는 쪽매나 모자이크로 된 나무판을 들고 다녔으며, 부유한 로마 사람들과 저명한 지방 사람들이 방문하면 2개의 전용 식탁을 항상 제공했다(『열두 명의 황제』, 46, 48). 부관들도 그를 모방했고 피나리우스[12]는 키케로에게 동생 퀸투스가 마련한 만찬 자리가 몹시 흡족했다며 편지를 전했다(『퀸투스에게』, III. 1). 카이사르는 성찬과 화려한 거처만 좋아했던 것은 아니다. 털털하고 소박한 면도 보였다. 야외에서도 잘

12 피나리우스Lucius Pinarius Scarpus. 피나리이 가문 출신 로마 고위 관료.

잤고 눈살 하나 찌푸리지 않고 산패한 기름도 먹었다. 하지만 보여주기와 호사 취미가 있었다. 공화정이 무너지기 전부터 그는 이미 왕이나 다름없었다. 브리타니아와 게르마니아에 있는 숙영지까지 열성적인 아첨꾼들과 추종자들이 있었다. 그들은 간신히 카이사르에게 말을 걸었다. 트레바티우스도 사실상 그에게 다가가기까지 오랜 시간이 걸렸다. 분명한 것은 카이사르는 폼페이우스처럼 뻣뻣하고 무게 잡으며 사람들을 맞이하지 않았다. 하지만 그가 관대하게 대해도 그에게는 항상 존경심을 불러일으키는 무언가가 있었다. 이런 여유는 분명히 우월감에서 나왔다. 민주주의를 지지했지만 자신이 귀족 출신이라는 사실을 잊지 않았고 조상들에 대해 기꺼이 이야기했다. 정치 생활 초기에 술라 체제를 과감히 공격하며 호민관 권력을 다시 돌려주려고 했을 때도 고모 율리아가 죽자 거짓 족보로 추도사를 하고 그 자리에서 가문의 혈통이 왕과 신의 후손이라고 내세웠다. 하지만 그는 유명한 전임자 그라쿠스 형제의 전통을 따랐을 뿐이다. 형제는 민중의 이익을 열심히 대변했지만 그들의 고고한 태도는 귀족 정치를 떠올리게 했다. 루이 14세 궁정에서처럼 피보호자를 대중과 개인을 구별하여 입장시켜야 한다고 처음 생각해 냈다.

카이사르 측근들의 문학 사랑은 특히 주목할 만하다. 물론 그때는 로마 장군들이 걸작을 불태우면서 무식함을 자랑하던 시대는 아니었다. 뭄미우스와 마리우스 이후, 문학은 일상에 머무르지 않고 병영에 침투했다. 하지만 카이사르 군대에서처럼 그렇게 많은 교양 있는 문인과 예술가, 사교계 인사가 모인 적은 없었다. 카이사르의 부관들은 키케로와도 친구였고 로마에서 문학의 공식 후원자로서 그와 긴밀한 관계를 유지했다. 크라수스와 플란쿠스는 그의 곁에서 변론하면서 연설을 배웠고 키케로의 강의에서 많은 것을 배웠다고 편지에 썼다. 마실리아 공성전의 승리자 트레보니우스는 키케로의 재치 있는 말들을 매우 즐긴다고 공언하며 모음집까지 출판했다. 키케로는 이런 찬사가 싫지는 않았지만 그의 편집자가 농담의 효과와 이해를 돕는다는 이유로 서론에 지나치게 몰두했다는 사실을 알았다. 따라서 키케로의 글을 읽기도 전에 "이미 웃음이 바닥났다." 훗날 카이사르에 이어 『갈리아 전쟁기』를 마무리했던 히르티우스는 뛰어난 역사학자였다. 마티우스는 우정을 끝까지 배신하지 않은 카이사르의 친구로 『일리아스』를 라틴어로 번역했다. 키케로의 동생 퀸투스는 비극 시인이었다. 그는 네르비이족과 싸우던 겨우내 16일간 4편을 쓸 정도로 열정에 사로잡혔다. 군사작전처럼 강행군하며 비극을 지었다. 가장 잘 썼다고 생각한 『에리고네』를 형에게 보냈는데 우송 도중에 분실했다. 키케로의 답변이 걸작이다.

> 카이사르가 갈리아에 나간 뒤로 '에리고네'만 길에서 무사하지 못했구나! (III. 9)

이렇게 많은 문인 장군을 만날 수 있다니 놀랍다. 하지만 더 중요한 것은 카이사르 원정에서 재물 관리와 납품을 담당했던 기사계급 모두 식량 수매나 징세 업무보다 문학에 더 열광했다. 수사본 장식 대문자 감정 능력이 있는 렙타는 수사학 개론서를 보내준 키케로에게 감사를 보냈다. 유능한 금융인 출신 발부스는 로마의 재정체계를 훌륭하게 정비한 인물로, 카이사르의 재정 관리보다 철학을 더 열정적으로 사랑했다. 신중한 사람이었지만 출간도 되지 않은 키케로의 책을 가장 먼저 읽으려고 실례를 무릅쓰고 그의 원고를 베꼈다.

하지만 이 모든 문인 중에서 가장 확고한 문학 취향을 가진 사람은 카이사르였다. 문학은 그의 우아한 본성에 적합했고 그처럼 뛰어난 정신에 주는 가장 즐거운 운동과 휴식처럼 보였다. 하지만 그는 취미에 그치지 않고 정치를 경이롭게 뒷받침했다. 모든 수단을 동원해서 여론을 제거해야 했는데 힘보다는 지성으로 여론을 두드렸다. 이런 생각에서 구상된 저서는 행동이었다. 갈리아 원정이 끝나갈 무렵에 놀라운 속도로 『갈리아 전쟁기』를 집필했다. 문학 애호가들을 매혹하려는 것이 아니라 로마 사람들이 자기 승리를 기억해 주기 바랐다. 그는 이런 멋진 방식으로 새롭게 이야기하고 싶었고 되도록 승전 효과를 더 높이고 싶었다. 2권의 『유추론』은 문인 프론토에 따르면 자신을 보고 놀랄 독자들의 반응을 염두에 두고 썼다.

> 창검과 화살이 허공을 가르는 데 글을 짓고 나팔 소리 요란한 데 문법을 탐구했다.

카이사르는 자기 대조적 모습이 얼마나 명예에 도움이 될지 알았다. 또 그토록 먼 곳에서 새로운 정복 소식과 함께 문법론을 받고 로마에서 놀라움과 감탄이 얼마나 클지 알았다. 키케로의 우정을 그토록 간절히 바란 이유도 같은 생각이었다. 카이사르처럼 섬세하고 특출한 인물이 사유의 폭이 깊고 넓은 인물과 사귀는 것만으로도 큰 즐거움이었다. 하지만 막강하게 여론을 움직이는 인물이 칭송한다면 얼마나 큰 반향을 일으킬까. 카이사르의 편지는 유실되어 볼 수 없지만 키케로처럼 쉽게 기뻐하고 만족하기 어려운 사람에게 보낸 편지인 만큼 분명 아첨과 칭찬으로 넘쳤을 것이다. 키케로의 답장 또한 격렬한 항의로 가득하다. 그는 카이사르에게 자식들 못지않은 애정을 느낀다고 말했다. 지금까지 편견으로 그를 멀리했다고 한탄했고 너무 늦게 우정을 나누었다고 섭섭해하지 말라고 했다.

> 예상보다 늦게 떠나는 여행자처럼 발길을 더 서둘러야겠습니다. 그러다 보면 서둘러 밤을 지새운 자보다 먼저 도착할 겁니다(II. 15).

두 사람은 말장난을 곁들여 시와 산문 작품들을 서로 칭찬하고 격려했다. 브리타니아 원정의 첫 번째 이야기를 읽으면서 키케로는 열을 올렸다.

> 정말 믿기 어려운 사건들입니다! 얼마나 놀라운 고장과 부족인지! 얼마나 놀라운 전투인지, 특히 장군이야 말할 나위가 있겠습니까.

키케로는 동생에게도 즉시 편지를 썼다.

> 그림을 그릴 테니 브리타니아에 대해 알려다오. 어떤 색인지도. 붓을 잡아야겠어(II. 16).

키케로는 갈리아 정복에 관한 서사시를 진지하게 쓰려고 했지만 원하는 만큼 진도를 나가지 못했다. 카이사르는 『유추론』을 키케로에게 헌정했다. 키케로는 거창하게 답했다.

> 당신은 연설의 풍요를 죄다 찾아냈고 가장 먼저 사용했습니다. 그런 자격으로 로마라는 이름을 얻었고 조국을 영광스럽게 했습니다. 가장 훌륭하고 위대한 장군들보다 더 나은 승리를 거두었습니다. 제국의 경계 못지않게 정신의 경계를 넓히는 것이 더 낫기 때문입니다(키케로, 『브루투스』, 12; 플리니우스, 『역사』, VII. 30).

어떤 문인이 카이사르 같은 승자에게 이보다 더 세련되게 아첨할 수 있을까?

이런 것들이 키케로가 갈리아 전쟁 동안 카이사르와 그의 장교들과 맺은 관계들이다. 키케로의 편지에 담긴 추억 덕에 교양 있는 이들의 취향과 기호를 알게 되어 더 생생하고 더 가까워진 듯하다. 모임에서 그들의 대화까지 엿듣는 기분이다. 그들의 관계는 로마에서도 큰 관심거리 아니었을까? 머나먼 갈리아 오지에서 청년 장교들은 로마에서 어떻게든 화젯거리가 되고 싶어 했다. 론강에서 대서양까지 미지의 땅을 주파하면서, 이 젊은이들은 공공 문제를 토론하는 향연과 동아리에서도 자신들 이야기를 하기 바랐다. 카이사르도 라인강을 나무다리로 건너면서 자기 소식을 궁금해하며 포룸에 모였을 한가한 사람들의 상상을 부풀릴 방법을 생각했다. 군대를 이끌고 브리타니아에 상륙한 후, 친구들과 특히 키케로에게 급히 편지를 썼다.[13] 여가 낼 틈은 없었지만, 어떤 로마 사람도 발 디딘 적 없던 땅에 들어왔으니 이 역사적인 날을 기념하고 싶다는 기분이 간절했을 것이다. 이렇게 소식을 전하면 로마에서도 매우 기뻐하며 극성맞게 편지를 읽었다. 절대 추억과 미련을 포기하지 못한 사교계 생활을 게르마니아와 브리타니아까지 옮겨 놓은 것처럼 보인다. 카이사르는 전령들을 갈리아 전역으로 끊임없이 보내 정확한 정보를 수집했다.

> 그는 크고 작은 모든 일을 보고 받았다(『퀸투스에게』, III. 1).

카이사르는 초조하게 기다린 호의적 해설을 곁들인 소식을 친구들과 매일 읽었다. 문학과 문법을 음미한 이 화려한 식탁에서 마티우스나 퀸투스의 시를 들었고, 특히 로마에서 온 이야기를 그리워하는 고상한 젊은이들은 그것에 대해 지치지 않고 말했다. 로마의 최근 소식과 정치적 혼란 또는 더 관심을 가졌을 사생활의 추문을 읽으면서 최신 어록을 인용하며 수다를 떨었다. 갈리아 벨기카와 라인강, 대서양처럼 먼 외지 한복판에서 전투를 앞둔 저녁의 풍경이라고 믿기 어려운 장면이다. 부유한 팔라티누스나 카리나이 구역의 귀족 저택에서 열린 재기 넘치는 사람들의 모임과 서로 닮았을 것이다.

키케로의 편지는 또 다른 면에서도 도움이 된다. 카이사르의

13 카이사르는 브리타니아에서 키케로에게 편지를 두 번 썼다. 첫 번째 편지는 로마에 도착하는 데 26일이 걸렸고, 두 번째 편지는 28일이 걸렸다. 이 때 사정으로는 빠른 것이었다. 카이사르는 브리타니아에 짧게 머물렀다.*

승리가 로마에서 얼마나 기적적인 반향을 일으켰는지 이해할 수 있다. 무력 정복 못지않은 대발견이었기에 사람들은 감탄을 넘어 경악했다. 예전에 이곳에 다녀온 상인들은 이 먼 나라들에 대해서 우스꽝스러운 이야기로나 전했다. 실상을 처음 알린 사람은 카이사르였다. 두려운 눈빛의 거인들이라고 막연히 들었던 게르마니아족을 과감하게 격파했다. 그는 브리타니아도 처음 탐험했다. 1년에 3개월은 완전히 깜깜한 밤이라고 떠들던 곳이다. 악몽 같던 전설 덕에 그의 승리는 더 기적처럼 들렸다. 하지만 그의 영예를 모두 인정하지는 않았다. 통찰력 있는 일부 귀족파는 공화국의 운명이 라인강변에서 결정될지도 모른다고 어렴풋이 느꼈다. 따라서 카이사르를 소환하고 다른 장군을 임명하려고 했다. 갈리아를 정복하지 못하더라도 자기 나라까지 정복할 야심은 없는 인물로 교체하려고 했다. 카토가 강경하게 밀어붙였다. 원로원에서 아리오비스투스[14]의 패배를 신께 기원했을 때, 오히려 승자 카이사르를 게르마니아족에게 넘기자고 제안했다. 하지만 이런 주장들은 여론을 바꾸지 못했다. 민중은 너무나 많은 미지의 나라를 그렇게 빠르게 정복하고 돌아온 영웅을 지지했다. 로마의 도매상과 금융계를 주도하던 기사계급은 드넓은 시장이 열렸다며 환호했다. 카이사르는 기사계급을 불러들여 알프스산맥을 넘는 통로를 제일 먼저 터주었다. 민중은 군의 영광을 사랑하고 열정에 주저 없이 따랐으며, 로마 사람들을 위해 세계의 경계를 무너뜨린 영웅에게 감탄했다. 승전보가 들리면 축제를 열어 승리의 신들에게 감사했다. 갈리아 벨기카를 꺾자 원로원은 여론에 떠밀려 기원제[15]를 15일 동안 열도록 인준했다. 누구에게도 허용하지 않던 연휴였다. 게르마니아 원정의 승전보가 들려오자 20일로 결의했고 알레시아 점령 후에도 20일로 했다. 보통 카이사르에게 이런 명예를 내리라고 요청한 사람은 화려한 언변으로 대중의 감탄을 받았던 키케로였다.

> 처음 우리는 갈리아 사람들을 공격했습니다. 지금까지는 그들을 물리치기나 했습니다. 로마 장군들은 침공을 막기만 해도 충분하다고 여겼습니다. 하지만 카이사르는 그들을 직접 찾아 나섰습니다. 우리 장군과 군단, 무기가 그곳을 질주했습니다. 역사에 한 마디 없었고 이름조차 모르던 곳입니다. 갈리아로 통하는 길은 좁은 산길뿐이었고 이제 이 민족들의 경계는 우리 제국의 경계선이 되었습니다. 하늘의 섭리로 이탈리아를 지켜주는 알프스라는 울타리가 있어 얼마나 다행입니까! 만약에 그 길을 뚫고 많은 야만족이 내려왔다면 로마가 어떻게 세계의 중심이 될 수 있었을까요? 하지만 넘을 수 없던 산맥이 마침내 뚫렸습니다! 이제 알프스산맥에서 대서양까지, 이탈리아가 두려워할 것은 하나도 없습니다.
>
> (『속주 통치에 관하여』, 13, 14)

14 아리오비스투스Ariovistus(B.C.75~B.C.58). 게르마니아 수에비족 수장. 갈리아 부족 사이의 전쟁에 개입하여 갈리아 전쟁의 원인을 제공하였다. 카이사르는 그와 우호를 맺고 게르마니아 왕으로 불렀다. 하지만 훗날 갈리아 영토 분쟁으로 로마 군단에 패했다(B.C.58. 9. 14).

15 수플리카티오Supplicatio. 로마 전통 종교제. 원로원에서 행사 일정과 방법을 정했다. 경사를 신께 감사하거나 사면 등의 조치에 따라 축제를 했다.

이 멋진 찬사로 키케로는 많은 비난을 받았지만 정치인들이 뭐라고 하든, 당시 정직하고 분별 있는 사람들이 왜 카이사르에게 열광했는지 쉽게 이해할 수 있다. 정복에 관한 아낌 없는 찬탄은 정당했다. 정복은 불가피한 일이었다. 미래에 위협이 되더라도 당시에는 절실했고 나중에 로마의 자유를 위태롭게 할지라도 당장은 로마의 안전을 보장했다. 민중의 애국 본능은 그들이 어떤 편견과 두려움을 느끼는지 알게 해준다. 꽤 합법적이긴 했지만 귀족들에게서 숨겼다. 그들을 서둘러 제압하지 않으면 조만간 위험이 닥치리라고 막연히나마 이해했다. 사실 그들이 두려워한 이들은 갈리아족이 아니었다. 그들은 이미 쇠퇴기에 접어들어 다른 민족을 정복할 생각이 없었다. 걱정스러운 상대는 게르마니아족이었다. 디오는 카이사르가 자기 영광만 위해 전쟁을 벌였다고 주장하는 큰 실수를 했다. 얼마나 이익을 얻었든 간에 카이사르는 전쟁을 선동했다기보다 감내했다. 먼저 쳐들어간 것은 로마가 아니라 게르마니아였다. 카이사르가 총독으로 임명되었을 때, 세콰니[16] 사람들이 사는 일부 지역을 차지한 아리오비스투스가 나머지도 점령하려고 했다. 게르마니아 부족들은 비옥하고 아름다운 고장에 이끌려 라인강을 넘어 갑자기 40킬로미터까지 서쪽으로 들어왔다. 로마가 내전으로 병력을 잃고 수에비, 시캄브리[17] 사람들이 론강과 알프스 산록까지 내려왔다면 이탈리아는 어떻게 될까? 1세기 전에 마리우스가 예측했던 침입이 결국 현실이 된다. 카이사르가 저지하지 않았다면 로마가 패망할 수도 있었다.

16 몸젠이 『로마사』에서 완벽하게 입증했다.*

훗날 4세기를 더 버텼지만! 게르마니아 사람들을 라인강 너머로 물리친 것은 카이사르에게는 영광이자 그 후로 거의 3백 년 넘게 살아남은 제국에도 영광이었다.

하지만 이것은 카이사르의 유일한 업적도 가장 큰 승리도 아니었다. 그는 정복한 갈리아 사람을 완전히 로마 사람으로 만들었다. 로마에 놀랍도록 빠르게 동화한 이유는 갈리아 사람들을 처음 발견했을 때 어떤 상태였는지 알면 비로소 이해하게 된다. 그들은 게르마니아족처럼 야만인이 아니었다. 정복자는 그들을 전혀 알지 못했지만 야만인으로 기록하지도 않았다. 그들은 대도시와 정규적 세금 제도, 종교적 신앙 공동체, 야심 차고 강력한 귀족 정치와 국가 교육을 이끄는 사제들이 있었다. 문화는 여전히 조잡했고 제대로 교양을 갖추지는 못했어도 깨어있었다. 갈리아 주민은 개방적이고 호기심이 많았으며, 부족한 점을 알아차릴 만큼 영리했다. 더 나은 것을 발견하면 편견 없이 자기네 것을 포기했다. 전쟁이 시작되자 로마식 전술을 모방하고 공성전에 투입할 기계를 만들었으며, 카이사르도 인정한 솜씨로 조작에 성공했다. 그들은 여전히 거칠고 야만스러웠지만, 자신들이 시샘하던 우수한 문명을 수용할 준비가 되어 있었다. 갈리아가 로마를 쉽

17 세콰니Sequani. 갈리아 동부의 부족. 나라 이름은 세쿠아나. 전설로는 세쿠아나는 센강 발원지의 여신이다. 기원전 2세기 무렵, 주로 부르고뉴 지방에서 살았다. 로마 사람들은 식민지를 건설하고 발원지에 신전을 세웠다. 신전 샘터는 질병에 효험이 있다고 알려져 많은 순례자가 찾았다.

18 시캄브리Sicambri. 카이사르가 이들의 존재를 처음 기록으로 전했다. 라인강 동부 연안에 살던 부족. 오늘날 네덜란드와 독일의 접경지대.

게 받아들인 이유이다. 그들은 10년 동안 맞서 싸운 로마의 언어와 관습을 주저 없이 받아들였다. 뜨거운 볕으로 갈라진 땅은 빗방울이 떨어지기 무섭게 허겁지겁 갈증을 채웠다. 로마 문명에 깊이 스며들자 자신도 모르게 갈망하게 되었다. 수 세기 동안, 숱한 혁명이 일어났어도 로마의 자취는 그대로 현재까지 유일하게 이어졌다. 결국 카이사르는 로마 영토만 넓힌 것이 아니라 더 크고 쓸모 있는 선물도 가져왔다. 로마에 지혜로운 시민을 주었다. 그들은 문명화하자마자 언어뿐만 아니라 영혼도 거의 로마 사람이 되었다. 갈리아 청년들은 자기 이익과 새 조국의 이익을 혼동했다. 로마를 지키려고 입대했고 예술과 문학에서도 뛰어난 재능과 열의로 낡고 지친 로마에 새로운 바람을 불어넣었다.

갈리아에서 대변혁이 이루어지는 동안 로마는 매우 수치스러운 혼란의 현장이었다. 더는 정부가 없었다. 민중은 포룸과 캄푸스 마르티우스에서 싸워가며 행정관리들을 겨우 선출했다. 귀족파가 겪었던 이런 불안들은 카이사르의 승리를 더욱 부각했다. 아리오비스투스나 베르킨게토릭스에게 맞서 벌인 전투와 로마 거리를 피로 물들이는 검투사들의 싸움은 얼마나 대조적인가! 아겐디쿰(센강 상류의 상스)과 알레시아 점령은 정적끼리 서로 죽고 죽이던 로마에 비해 얼마나 영광스럽게 보였을까! 로마에서는 클로디우스가 밀로의 집을 포위하거나 밀로가 클로디우스 암살하려고 몰두했다. 로마에 있던 폼페이우스와 키케로 같은 정치인들은 이런 음모에 연루되어 위신을 잃었다. 적절한 시점에 물러난 카이사르는 대다수가 타락했을 때 유일하게 위신을 지켰다. 비극적인 광경에 상처 입은 사람들과 로마 사람의 명예를 염려하던 사람들은 카이사르와 그의 군대를 눈여겨보았다. 프랑스 혁명 중에도 몇 차례 겪었지만, 군사적 영광은 국내의 망신과 불행에 상처 입은 정직한 사람들을 달래준다. 동시에 불운에 과도하게 시달린 사람들은 치료법을 찾아다녔다. 안정을 위해서는 강력한 권력이 필요하다는 생각이 퍼졌다. 키케로가 망명하고 나서 점복관들이 군주제가 다시 시작할 거라고 예언했지만(『하루스피스의 답변에 관하여』, 25) 굳이 점쟁이가 아니더라도 알 수 있었다. 몇 년 뒤, 병폐가 더 커졌고 공화파는 마지못해 잠시나마 임시 독재의 강력한 힘에 의존해야 했다. 폼페이우스를 단독 집정관으로 임명했지만, 그는 무정부 상태를 극복할 정력과 결의가 없다는 것을 수차례에 걸쳐 보여주었다. 강한 실력과 확고한 의지를 갖춘 지도자를 찾아야 했다. 갈리아의 영웅에게 눈길이 간 것은 당연했다. 카이사르의 명성은 독재관 역할에 제격이었다. 누군가는 희망을 걸고 다른 누군가는 두려워하면서 그에게 의무를 다하라고 촉구했다. 모두 그가 공화국을 물려받을 날만 기다렸다. 그가 루비콘강을 건널 때 혁명은 이미 차려 놓은 밥상이었다!

루도비시, 로마국립박물관 팔라초 알템프스

폰투스 제국의 미트리다테스 6세?, 로마국립박물관 테르메 디디오클레치아노

카이사르와 키케로 II

파르살루스 전투의 승자와 패자

내전이 시작되자 갈리아 전쟁 동안 유지했던 키케로와 카이사르 사이는 틀어졌다. 키케로는 오랫동안 참전을 망설이다가 양심의 가책을 느끼고 여론을 걱정하다가 친구들 따라 폼페이우스 진영에 합류했다.

> 무리를 따르는 황소처럼 정직한 사람들을 다시 찾아가네!
>
> (『아티쿠스에게』, VII. 7)

이렇게 말은 했지만 그는 마지못해 희망 없이 그곳에 갔다. 파르살루스 전투 이후, 더는 싸울 수 없다고 생각했고 디라키움에 모인 공화파 지도자들 앞에서 공개적으로 자기 뜻을 밝혔다. 그는 브룬디시움으로 서둘러 돌아가 승자의 처분을 기다렸다.

몇 해 전 망명지에서 자신감에 넘쳐 돌아오던 때를 떠올리며 키케로는 얼마나 회한에 잠겼을까! 환영 인파로 자신을 맞이했던 도시에 몰래 상륙하고 길잡이도 없이 사람들을 피해 다니며 밤에만 외출했다. 그는 항구에 고립된 채 불안에 떨며 11개월을 보냈다. 가장 서글프던 시절이다. 마음은 만신창이였고 공적인 사건들 못지않게 줄줄이 터진 집안 문제로도 더 슬펐다. 그가 없는 동안 재산도 고갈되었다. 가장 어려울 때 경솔하게도 폼페이우스에게 돈을 빌려주었다. 이집트 왕은 암살당했고 채권도 채무자도 사라졌다. 그나마 있던 가구와 살림살이도 아내와 해방노예들이 팔아치웠다. 카이사르 편에 보낸 동생과 조카는 자기들을 구하려고 키케로를 희생시키려고 했다. 사랑하는 딸 툴리아를 다시 만났지만 아버지의 불운과 남편의 배신으로 슬픔에 빠져 병들었다. 이렇게 잔인한 현실에 노심초사하는 괴로움까지 겹쳤다. 특히 평소에도 우유부단한 성격 때문에 골치를 썩였던 그는 이탈리아로 괜히 돌아왔다며 후회했다. 걱정스러운 상상력은 항상 상황을 최악으로 만들고 모든 곳에서 불만 거리를 찾았다. 안토니우스가 강제로 이탈리아를 떠나라고 했을 때는 가슴 아파했고 또 남아있어도 된다고 했을 때는 특혜라면서 평판을 해칠까 봐 걱정했다. 카이사르의 편지를 받지 못하면 바짝 긴장했다가 막상 편지를 받으면 호의로 쓴 편지라도 움찔하면서 동기를 의심하며 주눅이 들었다. 가장 큰 폭의 완전무결한 사면이라는 말에도 안심하지 못했다.

그렇게 쉽게 용서할 때는 필경 두고 보자는 뜻 아니겠어(XI. 20).

마침내 키케로는 거의 1년 가까이 지내고서야 시끄럽고 악취 나는 항구 도시 브룬디시움을 떠났다. 그가 매우 사랑했던 아름다운 시골집으로 돌아와 그의 책을 다시 붙들고 중단된 연구를 재개했다. 그동안 별생각 없이 즐겼던 소중한 것들을 다시 맛보고 잠시 잃어버렸던 안전과 여가를 비로소 즐길 수 있었다. 그렇게 많은 풍파를 겪은 후 투스쿨룸에서 평온하게 보낸 첫날은 정말 매력적이었다. 간만에 되찾은 마음의 평화에 흠뻑 젖었다. 키케로는 친구 테렌티우스 바로에게 이렇게 썼다.

> 나는 돌아온 후 옛 친구들과 화해했습니다. 사실 화가 나서 피했던 것은 아니었잖습니까! 어수선해서 들여다볼 수 없었지요. 너무 떠들썩한 사태에 수상한 동지들과 함께 뛰어들었으니 책의 가르침대로 따르지 못했습니다. 시골로 돌아와 보니 책을 붙들던 때가 현명했던 것 같습니다. 그들을 떠나지 않은 당신이 현명하다고 말합니다. 다시 책들과 어울리다 보면 우리를 짓누르고 위협하는 해악도 견딜 만하지 않을까요(『친구들에게』, IX. 1).

이제 키케로가 해야 할 행동은 분명해 보였다. 그는 되도록 새 정부와 거리를 두고 지냈다. 철학과 문학에서 활동할 자리를 찾고 공직에서 명예롭게 은퇴했다. 그는 자기 처지를 아티쿠스에게 털어놓았다.

> 묵묵히 참고 숨어지내면서 어중간한 자유나마 지켜야지.
>
> (『아티쿠스에게』, XVI. 31)

파르살루스 이후 항복한 사람들처럼 침묵하고 숨는 것이 최선이라고 생각했다. 그가 어떻게 다짐에 충실했는지 알아보자.

I

정치에서 하루아침에 발을 끊기란 너무 어렵다. 공무 수행과 권력 행사가 만족스럽지 않을 때도 그 외의 다른 것들에 환멸을 느끼고 채울 것이 없는 사람에게는 삶이 공허해 보인다. 키케로가 그랬다. 브룬디시움을 떠날 때 '문학에 은거'하기로 각오했지만 다짐한 만큼 성실하지 못했다. 쉬는 것도 지치고 너무 조용하다 보니 즐거웠던 공부도 지겨워졌다. 바깥소식이 궁금해 투스쿨룸을 떠나 로마로 돌아왔고 자기도 모르게 옛 습관에 이끌려 원로원으로 돌아갔다. 그의 집으로 문학을 사랑하고 교양 있는 사람들이 다시 모여들었다. 카이사르 파에 있는 친구들과도 어울리고 그들을 통해 카이사르와도 다시 관계를 시작했다.

모두 적의를 품고 있었지만 쉽게 화해했다. 지적 쾌락에 대한 취향이 그들을 하나로 묶었고 그것은 모든 정치적 반감보다 강했다. 처음에 약간 껄끄러웠던 사이는 사교계에 드나들다 보니 언제 그랬냐는 듯 곧 편안해졌다. 하지만 이런 관계는 키케로에게 어느 때보다 다루기 어려운 문제였다. 이제 옛 학우는 보호자일 뿐만 아니라 주인이었다. 예전처럼 그들 사이에 서로 의무를 지는 조약이나 협정은 없었다. 전쟁의 권리가 모든 것을 허용하는 승자와 그의 관용으로 목숨을 빚진 패자만 있었다. 상황은 더 어려워졌다. 승자가 더 까다롭게 굴수록 패자에게 유보하라는 여론은 높아졌다. 갈리아 전쟁 당시 키케로는 우정에서든 신념에서든 카이사르의 계획을 옹호했다. 하지만 내전 중에 그는 대담하게 자기 의견을 표명하면서 이전의 입장을 번복했다. 한때나마 카이사르에게 품었던 호의는 그저 저급한 아첨에 불과했고 수치스러운 방법으로 사면을 받았다. 이미 파르살루스에서 귀국하기 무섭게 키케로는 큰 비난을 받았다.

> 세상 사람이 나를 가만히 내버려 두지 않는다(『친구들에게』, X. 1).

사람들은 카이사르의 친구들과 친하게 지내는 키케로를 못마땅해했다. 그가 발부스의 집을 뻔질나게 드나들고 판사, 안토니우스와 함께 부유한 볼룸니우스[1]의 집에서 저녁 식사를 하며, 배우 키테리스와 나란히 앉아 패자들에게 빼앗은 돈으로 돌라벨라가 마련한 호화판 파티에 참석한다며 험담했다. 사방에서 악의를 가지고 그의 약점에 촉각을 곤두세웠다. 따라서 키케로는 자기 평판과 안전을 위해 일단 승자와 패자 모두를 만족시켜야 했다. 승자에게 지나치게 아첨하지도 비위에 거슬리지도 않아야 했다. 아슬아슬한 관계에 맞춰 명예와 안전을 위해 줄타기하듯 지냈다. 미묘한 상황을 키케로는 재치 있게 대처했다. 그는 아첨할 때조차 비굴하지 않게 상황을 피하는 놀라운 자질을 보여주었다.

> 재치는 곧 위엄이다.

마담 드세비녜[2]가 한 이 말은 모든 면에서 사실이다. 어려운 시기에 재치만큼 힘이 되는 것은 없다. 절대적인 주인 앞에서 재치를

1 볼룸니우스Lucius Volumnius. 원로원 의원이자 키케로의 친구.

보존하고 다른 사람들의 침묵과 공포 속에서 감히 농담하며 웃을 수 있다면 그는 권위에 주눅 들지 않고 버틸 만큼 강하다는 뜻이다. 권력 앞에서 주인으로서 남는다는 것은 여전히 용기 있는 일이다. 하지만 까다롭고 의심 많은 독재자는 용기 있다고 의심되는 자들과 마찬가지로 감히 자기 앞에서 재치 있게 행동하는 자들을 불쾌하게 여겨야 할 것 같다. 영혼의 용기는 열정적인 결심을 불러일으킨다. 하지만 근처에 있는 재치를 무시해서는 안 된다. 종종 유일하게 용감한 역할을 한다. 결의에 찬 사람들이 패배한 뒤에는 재치 있는 사람들 차례이다. 다른 사람들이 더는 아무것도 할 수 없을 때도 여전히 도움을 준다. 신중하고 유연하기 때문에 필요에 따라 자세를 낮출 수 있어 정파가 파멸해도 어느 정도 명예를 유지한다. 그들의 조롱은 아무리 신중하더라고 모두에게 가해지는 침묵에 대한 일종의 항의이고 행동할 자유를 잃은 후에 언론의 자유까지는 잃지 않도록 막는다. 따라서 재치는 사소한 영향이나 미치는 별 볼 일 없는 것이 아니다. 그것은 장엄함을 가지고 있다. 모두 침묵하고 좌절하며 절망할 때도 재치는 사라질 위험에 처한 인간의 존엄성을 지킨다.

바로 그 역할을 그 당시 키케로가 맡았고 얼마나 중요한 역할이었는지 인정해야 한다. 위대한 도시 로마에서 온순하고 말수가 적은 그 혼자만 감히 말할 수 있었다. 그는 일찍이 브룬디시움에 머물 때부터 말하기 시작했다. 사면이 확실하지 않은 상황

2 마담 드세비녜Madame de Sevigné(1629~96). 후작 부인으로서 과부가 된 뒤, 결혼해 멀리 떨어져 살던 딸과 20년 넘게 편지를 썼다.

에서 키케로의 자유로운 발언은 아티쿠스를 놀라게 했다. 사면을 받은 후에는 당연히 그는 더 대담해졌고 로마로 돌아온 후, 그는 할 수 있는 가장 유쾌하고 신랄한 조롱으로 답했다. 카이사르도 비록 자신이 억압하긴 했지만 재치를 좋아했다. 그는 키케로의 농담에 화를 내는 대신 그 재담을 모았고 히스파니아에서 한창 전쟁 중일 때도 전령들에게 보내라고 명령했다. 그 사실을 알았던 키케로는 거리낌 없이 말했다. 당시 매우 드물게 누리던 자유였으므로 모든 사람이 주목했다. 그렇게 많은 사람에게 둘러싸인 적도 없었다. 카이사르의 친구들은 자기네 지도자를 따라 자유롭고 관용을 베푸는 분위기를 주려고 기꺼이 키케로를 찾았다. 폼페이우스와 카토가 죽은 이후, 가장 유명한 생존자 키케로 곁으로 공화파 지지자들이 몰려들었다. 사방에서 그를 보러 왔고 모든 정파가 아침마다 키케로의 집 현관에서 만났다.

> 슬퍼하던 많은 정직한 사람과 우쭐한 승자들이 함께 드나들었다.
>
> (『아티쿠스에게』, IX. 20)

이런 열기는 그에게 아첨할 만한 것이 있다는 뜻이었고 키케로는 자신이 중요한 존재라는 사실을 새삼 확인하며 즐거워했다. 하지만 사람들이 친분을 맺으러 자주 집을 찾으면서 거물로 재기한 키케로는 처음에 했던 다짐을 시작부터 그르쳤다. 거의 비슷한 시기에 망명자들이 돌아오자 다른 것들은 잊었다. 그는 카이사르의 제안에 대응하려고 은신을 포기했다. 그가 어떻게 그의 관대함에 감사하려고 더는 침묵을 지키지 않았는지 보자.

카이사르가 베푼 관용책은 충분히 칭송할 만하다. 그는 고대의 무자비한 전쟁에서 인류애를 처음 보여주었다. 승자의 권리를 거침없이 행사하던 시절이었다. 카이사르 이전에 누가 패자를 존중하고 실천할 생각을 했을까? 그는 승리해도 보복하지 않고 무장 해제한 적을 공격하지 않겠다고 선언했다. 술라의 추방과 옥타비아누스의 추방 사이에 관용과 온정을 보여주었다. 병사들을 배에 태워 산 채로 불태우고 포로들조차 학살하던 시절이었다. 하지만 지나친 찬사로 역사를 허구로 만들어서는 안 된다. 카이사르의 영광을 깎아내리지 않고 패자들을 용서한 이유가 무엇인지, 관용의 한계는 어디까지였는지 생각해 보자.

키케로의 친구 쿠리오는 어느 날 그에게 말했다.

> 카이사르는 잔인한 사람이네. 민중의 환심을 사려고 적들을 살려둔 거라고(X. 4)!

회의주의자 쿠리오는 카일리우스처럼 항상 사람들의 나쁜 면만 보았고 자기 상관을 중상모략했다. 사실 카이사르는 본성과 정책이 모두 관대했다(『아프리카 전쟁기』, 88). 『갈리아 전쟁기』를 이어서 기록하고 카이사르를 잘 아는 사람(히르티우스)은 "마음은 그대로여도 정책은 상황에 따라 바뀔 수 있다"라고 말한다. 본성이 선한 사람은 항상 선하다. 하지만 관용을 베푼 효과를 계산하게 되면 관심이 줄어드는 순간 그다지 관용도 베풀지 않게 된다. 사람들을 자기편에 끌어들이려고 정책적으로 온건하고 인간적이었던 사람은 그들을 위협할 필요가 있으면 정책적으로 잔인해질 것이다. 카이사르에게도 일어난 일이다. 그의 삶을 자세히 연구해 보면 그는 관용만 베풀 수 없었다. 그 시대 사람들처럼 무차별적인 폭력을 저지르지는 않았지만 어떤 이점이 있다면 자제하지 않았다. 히스파니아에서 법무관 시절에 그는 항복한 도시들을 공격하고 약탈했다. 갈리아에서도 끔찍한 복수를 서슴지 않았다. 베네티족[브르타뉴 모르비앙만 일대] 원로들을 모조리 참수했고 기병이 막강했다는 라인강 연안의 우시페테스족과 텡크테리족도 학살했다. 케나붐[오를레랑, 카르누테스 부족의 도성] 주민 4만 명을 노예로 팔아치웠고 봉기한 욱셀로두눔[도르도뉴강 상류 지역] 사람들의 손을 모두 잘랐다. 갈리아 부족 연합군으로 자신에게 도전했던 베르킨게토릭스를 5년간 투옥했고 결국 최후의 승리를 거두던 날 교수형에 처했다. 내전에서도 항복하지 않는 적에게는 관용을 베풀지 않았다. 관용을 보여도 투쟁이 길어지자 결국 포기했다. 패배에 절망한 공화파와 이들의 저항에 사나워진 승자 사이에 전쟁은 무자비하게 전개되었다. 탑수스 전투를 마무리하면서 패자들을 고문했고 대장의 분노에 군대는 눈앞에서 패자들의 목을 베었다. 마지막 히스파니아 원정에서 그는 "관용도 모두 바닥났다. 무기를 내려놓지 않는 자는 모두 죽이겠다"라고 공언했다. 따라서 문다 전투는 끔찍했다. 디오의 표현으로는 양측 군대는 평소에 부르던 군가 대신에 침묵의 분노로 공격했다. 때때로 "쳐 죽여라"라는 말들만 들렸다. 전투가 끝나면 학살이 시작되었다. 숲속으로 도망쳤던 폼페이우스의 장남을 발견하자 무참히 살해했다.

파르살루스에서 돌아왔을 때 카이사르는 관용을 보였다. 두 번 다시 탄압과 추방을 하지 않겠다는 편지를 남겼다.

술라 흉내는 내지 않으렵니다. 승리할 새 방정식이 필요합니다. 우리의 안전을 관용과 온정으로 찾아봅시다(『아티쿠스에게』, IX. 7).

거짓말은 아니었다. 승리한 카이사르는 병사들에게 동포의 목숨을 아끼라고 명령했다. 총사면은 아니었지만[3] 전투 현장에서조차 그는 브루투스를 비롯한 여러 사람에게 손을 내밀었다. 반대로 카이사르가 없을 때 로마를 통치하던 안토니우스는 금지령을 내렸다. 폼페이우스 편에서 이탈리아로 돌아오려면 허가를 받아야 했다. 무서운 것 없던 키케로와 라일리우스(스키피오 아프리카누스의 친구와 다른 인물이다)만 예외였다. 그 뒤로 많은 사람이 각자 특별 칙령을 받고서야 돌아왔다. 카이사르는 관용책을 최대한 활용했다. 사면은 공짜가 아니었고 망명자들은 재산 일부를 내놓았다. 즉시 사면되는 일도 드물었다. 로마의 문을 완전히 열어주지 않고 시칠리아를 들러 본토로 들어오도록 했다. 카이사르는 호의를 반복해서 보여주면서 사면의 수위를 능란하게 조절했다. 민중의 존경을 받으려는 술책이었다. 아첨꾼들이 찬사를 합창할 때마다 승자의 관대함을 축하하는 노래가 그치지 않았다.

파르살루스 전투 이후, 그리스와 소아시아에 머물던 수많은 망명객은 귀국 허가를 초조하게 기다렸다. 키케로의 편지가 알려주는 바로는 대영주를 비롯해 도매상, 징세청부업자까지 다양했다.[6] 허가는 쉽게 떨어지지 않았다. 그곳에서 만난 3명의 문인은 가장 홀대받았다. 그들 가운데 법무관을 지낸 암피우스는 열렬

3 수에토니우스가 이야기한 대대적 사면조치는 훨씬 뒤에야 시작되었다.*

한 공화주의자였지만 의연하지 못했다. 그는 명사 이야기를 쓰려고 했는데 곁에서 망명 생활하던 훌륭한 인물들을 주목할 기회를 그냥 흘려버렸다. 반면 학자 니기디우스 피굴루스[5]와 에트루리아 출신 도매상 카이키나에 관해서는 흥미로운 사실들을 전한다. 테렌티우스 바로에 버금가게 해박한 니기디우스는 철학과 문법, 천문, 물리, 수사학, 법률에 두루 능통했는데 그의 신학적 깊이는 특히 대단했다. 그는 바빌로니아의 칼데아 사람들과 오르피우스 추종자들의 교리를 파헤쳐 거물 마법사로 통했다. 미래를 예언하고 죽은 자들을 부활시켰다는 풍문까지 돌았다. 그렇게 다방면으로 분주했지만 나랏일에도 무심하지 않았다. 그때는 학자라고 해서 시민의 의무를 면제받지 않았다. 그는 공직에 진출해 어지러운 시절 법무관으로서 성실하게 일해 눈길을 끌었다. 카이사르가 이탈리아로 돌아왔을 때, 니기디우스는 스승 피타고라스의 "위태로운 법을 구할 지혜를 구하라"라는 가르침대로 행동했다. 그는 책을 접고 파르살루스로 달려가 선봉에서 싸웠다. 카이키나도 처음에는 니기디우스만큼이나 강경하게 공화주의 수호에 나섰다. 카이사르에게 맞서 봉기했고 개전 초에는 그를 모욕하는 소책자를 내놓기도 했다. 하지만 나약해서 폭력적이었던 그는 망명 생활을 견디지 못했다. 로마에서의 쾌락을 잊지 못했고 그곳에서 쫓겨나자 풀이 죽었다. 사면 혜택을 받으려고 자기 과거를

4 마르켈루스, 토르콰투스, 도미티우스 같은 거물 정치인 곁에 트레비아누스, 토라니우스 등 전혀 알려지지 않은 인물들이 있었다. 시민도 카이사르의 보복의 대상이었다.

5 니기디우스 피굴루스Nigidius Figulus(B.C.98~B.C.45).

부인하는 내용의 책 『원망』을 썼다. 카이사르에게 아첨을 아끼지 않고서도 여전히 충분하지 않을까 봐 두려워했다. 그는 키케로에게 "사지가 떨립니다. 과연 이 정도로 될까요? (『친구들에게』, VII. 7)"라고 편지에 털어놓았다. 너무 많은 굴욕과 비굴함을 무릅쓴 글에 결국 승자도 마음이 움직였다. 아첨할 줄 모르는 니기디우스는 망명지에서 잔인하게 죽도록 방치했지만, 카이키나는 시칠리아에 정착하도록 허가했다.

키케로는 망명자들을 위로했고 자기 신망을 활용해 그들의 조건을 개선했다. 망명자들을 정성껏 도왔다. 마음에 들지 않는 인물들도, 그들의 불행을 알고서는 잘못을 새삼 들추지 않았다. 그들을 위로하고 도움이 된다면 자기 의견은 개의치 않고 각자의 형편과 감정에 맞추면서 감동적인 편지를 썼다. 로마에서 멀어졌다고 한탄하는 사람들에게는 로마로 돌아가길 바라면 잘못이라며 공화국의 불행을 목격하느니 차라리 그 이야기만 듣는 것이 낫다고 했다. 정반대로 절망에 빠진 가족이 돌아오라고 호소하는 데도 꿋꿋이 망명 생활을 견디는 사람들에게는 사면을 간청하라는 편지를 썼다. 이런 식으로 키케로는 카이사르에게 비굴하게 애걸하는 사람들의 성급함을 질책했고, 불운한 사람에게는 신중하게 자기 존재를 상기시켰다. 거침없이 카이사르를 험담하던 사람에게는 만용을 부리지 않도록 서둘러 입을 막았다. 키케로는 진땀을 빼며 동분서주했다. 카이사르의 친구들을 찾아다니거나 직접 카이사르를 만나기도 했다. 그렇게 빌고 약속하고 애원하면서 결국 사면을 받아냈다. 키케로를 자기 정파로 포섭하고 싶은 카이사르도 호의를 보였다. 일단 사면을 받으면 초조하게 기다리는 망명객에게 가장 먼저 소식을 전했다. 막상 자신은 그렇지 못했으면서도 잘 견뎌냈다며 기뻐하고 축하했다.

망명객 가운데 가장 중요한 인사는 집정관을 지낸 마르켈루스[6]였다. 그는 카이사르에게 미움을 받을 만도 했다. 과거에 그는 잔인한 허세로 카이사르가 부여한 로마 시민권(바티니아 법)을 어떤 경우에 행사하는지 보여준다며 코모(이탈리아 북부 알프스 산록의 호반 도시) 시민에게 태형笞刑을 가했다. 파르살루스 전투 이후 친척들과 키케로가 그의 사면을 얻어내려고 고생하는 동안 그는 레스보스섬으로 들어가 돌아올 생각을 하지 않았다. 키케로는 시작부터 예상치도 못한 벽을 만났다. 카이사르에게 간청만 하면 된다고 생각했는데 마르켈루스를 달래는 것부터 시작해야 했다. 그는 패배했다고 낙담하지 않는 혈기 왕성한 사람이었고 진정한 철학자였다. 노예로 사느니 로마로 돌아가지 않겠다고 다짐한 완고한 공화주의자였다. 따라서 오랜 협상 끝에 카이사르에게 사면 허가를 받았고 그때에도 마르켈루스에게 겨우 동의받았다. 키케로가 보낸 편지로는, 물론 그의 유려한 화술에 감탄하게 되지만 그가 왜 마르켈루스의 사면에 그렇게 매달렸는지, 왜 로마로의 귀환에 본인보다 더 관심을 가졌는지 알기 어렵다. 두 사람은 친밀한 사이도 전혀 아니었다. 키케로는 마르켈루스의 아집을 거침없이 비난했다. 뻣뻣하고 고집스러운 성격은 키케로와 맞지 않

6 마르켈루스Marcus Claudius Marcellus(B.C.95?~B.C.45?). 집정관. 2차 포에니 전쟁 영웅 마르켈루스의 자손이다. 파르살루스에서 패한 뒤 사면 받고 귀국 준비를 하던 중 노예에게 살해당했다.

았다. 따라서 키케로가 마르켈루스의 귀환을 간청한 이유는 다른 곳에서 찾아봐야 할 것 같다. 그가 직접 밝힌 적은 없지만 아마 여론 때문이었을 것이다. 대의를 위해 헌신하지 않았다는 비난을 받았고 너무 쉽게 포기했다는 죄책감을 느꼈다. 로마 한복판에서 히르티우스와 돌라벨라가 마련한 호화로운 만찬을 즐기면서도 노예 상태에서 벗어나 아프리카와 히스파니아에서 죽거나 그리스의 누추한 오지에서 망명 생활을 하는 용감한 사람들을 떠올렸다. 그들과 함께 있지 못한 자신을 원망했고 그 고통을 생각하면 종종 흥이 깨졌다. 그가 망명자들의 귀환을 위해 열심히 뛰어다닌 이유였다. 하루빨리 자신이 누리는 행복과 정반대로 비참하게 사는 사람을 한 명이라도 더 줄이려고 했다. 그들의 당당한 태도 때문에 비굴한 복종이 웃음거리가 되지 않기를 바랐다. 망명객이 로마로 돌아올 때마다 키케로는 적의를 가진 자들의 비난을 면하는 것처럼 보였다. 그러다가 뜻밖에 마르켈루스가 사면되자 그는 기쁘기 그지없었다. 2년 동안 침묵하리라는 결심도 잊고 원로원에서 카이사르에게 감사를 표하며 지금까지 전해지는 유명한 연설을 했다.[8]

연설의 평판은 매우 분분했다. 오랫동안 아낌없이 칭송받았고 지난 세기 문인 르봉 롤랭은 가장 뛰어난 연설로 꼽았다. 하지만 대중은 군주를 찬양하는 섬세한 기술을 인정하지 않게 되면서 이런 열광은 많이 줄어들었다. 가장 기발한 아첨보다 자유롭고 열린 표현을 더 높이 평가했다. 키케로가 연설에서 좀 더 품위를 지켰더라면 좋았을 것이다. 사람들은 특히 내전에 대한 당혹스러운 기억들이 다뤄지는 방식에 충격받았다. 차라리 침묵하거나 좀 더 과감하게 말했어야 했다. 굳이 공화파가 무기를 든 대의를 숨기고 모든 투쟁을 두 거물의 야망 충돌로만 몰아갔어야 했을까? 이미 패배한 폼페이우스를 제물로 바쳐가며 카이사르가 승리를 잘 활용하지 못했다고 주장해야 했을까? 키케로가 승리한 정파에 양보했던 사정을 너무 엄격하게 판단하지 않으려면, 어떤 상황에서 연설했는지 기억해야 한다. 키케로는 파르살루스 전투 이후 처음 대중 연설에 나섰다. 카이사르가 의원들을 숙청하고 추종자들로 채워놓은 원로원에서 언론의 자유는 아직 없었다. 그의 친구들과 숭배자들만 발언했고 키케로가 아무리 과찬해도 매일 아침을 듣던 사람에게는 별다른 감흥 없이 들렸을 것이다. 게다가 그때까지 카이사르에게 관용을 요구하는 사람이 없었기에 그 선은 어디까지인지, 그 선을 넘으면 어떻게 되는지 알 수 없었다. 이런 두려움은 그에게 걸림돌이었다. 게다가 망명자를 대변한 연사 자신은 패배자 중 하나였다. 승자의 무한한 권리를 알았고 그 점을 굳이 숨기지 않았다.

> 우리가 졌으니, 그대가 우리 모두를 죽여도 정당하겠지.
>
> (『마르켈루스 변호연설』, 4)

오늘날 상황은 많이 바뀌었다. 인류는 이런 무자비한 권리를 약화했고 그걸 아는 패자도 쉽게 굴복하지 않는다. 이전보다 훨씬

7 나는 이 연설의 진실성을 믿는다. 소모적인 이유로 논란이 되었던 연설은 사람들이 주장하는 것처럼 비열하거나 비굴하지 않았다.*

위험이 줄어든 상황에서는 더 쉽게 용기낼 수 있다. 하지만 승자는 절대 권력을 가졌고 우리가 누리는 자유와 생명은 언제든 번복할 수 있는 승자가 베푼 호의 때문이라는 사실을 깨달으면 예전처럼 대담하게 말할 수 없다. 그런 상황에서 조심스럽게 대처했다고 키케로가 비겁했다는 비난은 공정하지 않다. 다소 지나친 찬사였지만 그는 진실을 말했다. 승자의 권리가 클수록 그것을 행사하지 않으면 더 대단해 보인다. 증오할 이유가 분명한데도 오히려 지지한다면 더 품격 있어 보인다. 카이사르가 적들을 사면하자 원로원 의원들은 매우 흥분했고 키케로도 마찬가지였다. 연설문을 채운 감격과 존경에 넘치는 표현은 겉치레가 아니었다. 술피키우스에게 사적으로 보낸 편지에서도 찾을 수 있다.

> 정말 멋진 날이었네. 공화국이 다시 살아난 것 같았지!
>
> (『친구들에게』, IV. 4)

너무 멀리 간 표현이지만 실제로 조국을 위해 봉사한 죄밖에 없는 사람들을 사면하는 독재자의 자의적인 행동은 마치 공화국이 부활한 것처럼 보였다. 이런 격렬한 과장은 그가 카이사르의 관용에 진심으로 감동했다는 증거이다. 예민한 키케로는 순간의 인상에 큰 영향을 받았다. 보통 감탄이나 증오에 사로잡히면 표현을 절제하기 어려웠다. 따라서 누군가는 그런 표현을 찾지 못했다고 하더라도, 마르켈루스 변호 연설에서 보이는 다소 과장된 찬사와 지나친 칭찬 문구들은 이런 맥락에서 설명할 수 있다.

일단 권력자가 양보하자 찬사 일색이었다. 키케로의 연설은 아첨만 담은 것이 아니다. 주의 깊게 편견 없이 읽으면 다른 것을 발견한다. 카이사르의 관용에 감사한 후, 몇 가지 진실과 몇 가지 조언을 한다. 지금은 관용이라는 눈 부신 빛에 가려져 있지만 더 호기심을 끄는 부분으로 당시에 큰 반향을 일으켰을 듯하다. 그는 출판을 앞두고서 연설문을 수정했지만 즉흥의 묘미는 그대로 살렸다. 라틴어의 화려하고 우렁찬 맛을 다시 살리지 못했어도 최소한 생각의 순서와 논리의 일관성은 크게 바뀌지 않았을 것이다. 연설은 조금씩 활기를 띠다가 점점 더 대담해진다. 오랫동안 박탈당했던 연설은 성공했다. 자기 말을 듣고 박수갈채를 보내는 친구들과 감탄하고 놀라워하는 풋내기 원로원 의원들 속에서 그는 취기를 느꼈다. 그가 말하는 장소 자체가 연설에서 암시한 원로원 성벽이었고 너무나 많은 감동적이고 자유로운 목소리를 기억하는 곳이었다. 이 모든 것이 용기를 북돋아 주었다. 키케로는 연설을 시작하자마자 소심한 주의 사항을 잊고 대담하게 끝을 맺으며 절대 권력을 간접적으로 공격했다.

> 공화국의 운명을 보면 괴롭습니다. 영원해야 할 공화국을 언젠가는 죽을 수밖에 없는 한 사람이 쥐고 흔들지 않습니까?
>
> (『마르켈루스 변호연설』, 7)

더 날카롭고 잔인하기까지 한 다음과 같은 말은 어떨까?

> 당신은 사람들에게 존경을 없애기 위해 많은 일을 했습니다. 칭송받을 만큼 충분히 하지 않았습니까(8)?

그렇다면 카이사르는 미래에 감탄할 만큼 칭송 받기 위해 무엇을 해야 할까? 존재하는 것을 모두 바꿔야 한다.

공화국은 그대로 존재할 수 없다.

직접 말한 적은 없지만 키케로는 원한 것은 자유였다. 파르살루스 이전에 누렸던 온전한 자유는 아니었다. 강하고 승리를 거둔 정부와도 잘 지낼 수 있는 온건하고 절제된 자유, 로마가 유일하게 지지할 수 있는 자유였다. 그는 카이사르와 자유를 타협할 수 있다고 믿었던 것 같다. 승자의 권리를 일부 과감하게 포기한 사람이 다른 몇 가지 권리를 왜 포기하지 못하랴? 사적으로 개인들에게 관대한 모습을 보였다면 조국에도 자유를 허용할 수 있지 않을까? 실오라기 같은 희망이라도 놓쳐서는 안 되었다. 무슨 수를 써서라도 카이사르가 그것을 성취하도록 부추겨야 했다. 따라서 카이사르에게 더 많은 일을 하도록 거침없이 찬사를 보낸 키케로를 탓하지 않았다. 그의 의도를 생각하면 키케로가 칭송하는 말들을 두고 노예처럼 체면을 구겼다고 비난할 이유도 없어 보인다. 카이사르는 키케로의 찬사에 기꺼이 귀 기울였고 화내지 않고 충고를 들었다. 그가 마침내 침묵을 깬 것이 너무 기뻐서 그가 한 말에 화낼 생각도 못 했다. 모두가 주목하는 이 정치인이 어떻게든 공직에 복귀하는 것이 중요했다. 거물 연설가가 침묵하면 새 정부에 항의하는 것으로 보였다. 반대할 시도조차 하지 않는 모습은 반대할 자유조차 없으며 더 심하게 억압하는 것처럼 보였다. 따라서 카이사르는 키케로의 목소리를 다시 듣는 것만으로도 너무 만족해서 그가 마음대로 말하도록 내버려 두었다. 키케로는 재빠르게 그것을 알아차리고 이용했다. 그때부터 공개석상에서 연설하는 그의 목소리는 더 편안해졌다. 어조는 더 단단해지고 감탄이나 찬사도 줄였다. 마르켈루스를 변호 연설로 그는 자신이 취할 수 있는 자유를 시험했다. 그렇게 자기 입지를 확인하자 더 확신을 두고 내디뎠다.

독재관 카이사르 시절에 키케로가 취한 상황이었다. 한 일이 별로 없다는 주장과 다르게 그는 독재 시대에 자유를 위해 봉사했다. 이런 활동이 제대로 평가받지 못했다고 해서 놀랍지는 않다. 예술작품처럼 사람도 마찬가지이다. 멀리서 보면 대담한 상황과 뚜렷한 태도만 눈에 띄고 세부 사항과 미묘한 상황은 지나친다. 쿠리오나 안토니우스처럼 완전히 승자 편으로 돌아선 사람들 또는 라비에누스나 카토처럼 끝까지 저항한 사람들을 이해하기는 쉽다. 하지만 재치 있고 유연한 사고를 하는 사람들, 복종과 저항 사이에서 교묘히 살던 사람들, 무리하지 않고 난관을 피하는 사람들, 몇 가지 진실을 말할 권리를 약간 아첨을 대가로 치르는 사람들에게는 항상 엄격하게 대한다. 멀리서는 그들의 태도를 잘 분간할 수 없다. 그들의 사소한 아첨은 비겁하게 보이고 그들이 인사만 해도 절을 하는 것 같다. 그들에게 가까이 다가가야, 사실을 더 자세히 들여다보아야 그들을 공평하게 대할 수 있다. 이 치밀한 연구는 키케로에게 불리하지 않을 것이다. 나중에 키케로가 이 시기에 대하여 말했을 때 그의 생각은 틀리지 않았다.

노예라고 명예가 없는 것이 아니다(『필리포스 탄핵연설』, III. 11).

II

파르살루스 이후 키케로와 카이사르의 이야기를 하면서 일부러 카토 우티켄시스를 두고 벌어졌던 정중한 논쟁에 대해서 일부러 말하지 않았다. 너무도 진기한 사건이어서 따로 연구할 가치가 있어 보인다. 두 사람의 이 투쟁에 임하는 감정을 더 이해하기 위해서는 논쟁의 대상이었던 인물을 알아보는 것부터 시작하는 것이 의미있을 것 같다.

우리는 카토를 매우 정확하게 파악하고 있으며 그를 공격하는 사람이든 존경하는 사라이든 그의 성격상 주요 특징에 거의 동의한다. 그는 종잡기 어렵고 여러 면을 가진 키케로처럼 이해하기 어려운 사람은 아니다. 오히려 그보다 더 노골적이고 무뚝뚝한 사람은 없었고 역사상 그처럼 장단점이 뚜렷한 인물은 없었다. 그를 연구하는 학자들은 그의 두드러진 성격을 부풀리고 싶은 유혹만 피하면 된다. 이 촌스럽고 거친 모습을 그저 완고한 고집불통으로만 보기 쉽다. 이것은 카토의 초상화가 아니라 캐리커처이다. 이런 극단적인 상황에 빠지지 않으려면, 그에 관해 말하기 전에 킬리키아 총독으로 나가 있던 키케로에게 부친 편지부터 읽어보자(『친구들에게』, XV. 5). 카토가 유일하게 남긴 이 짧은 글은 그에게 선입견을 품은 사람들에게는 놀랄 만한 기록이다. 여기에는 거칠고 잔혹함이 아니라 오히려 세련되고 재치 있는 모습이 보인다. 카토는 매우 곤란한 상황에서 편지를 썼다. 그는 키케로의 간절한 부탁을 거절해야 했다. 키케로는 노년에 승자가 되려는 충동을 느꼈고 그가 방금 받은 사면령의 성공을 위해 신들에게 감사의 제사를 올려달라고 원로원에 요청했다. 원로원은 보통 청탁을 들어주곤 했는데 카토만 반대했다. 하지만 키케로와의 사이가 틀어지는 것을 원치 않았던 그는 뛰어난 재치로 거절을 정당화하는 편지를 썼다. 자신이 반대해야 키케로의 영광에 오히려 도움이 된다고 해명했다. 승리를 신들에게 감사하지 않는 이유를 하늘의 가호로 어쩌다 운이 좋아 거둔 승리가 아니라 인간 키케로에게 돌리는 편이 더 명예롭다는 주장이다. 기막히게 사교적인 거절 방법이었고 키케로는 불만스러웠어도 화를 낼 여지가 없었다. 언뜻 보기에는 짐작이 안 되지만 카토는 그 시대에 때때로 재기 넘치는 모습을 보였다. 그는 그리스 문학에 심취해 성격이 유연해졌다. 세련된 세계에서 살다 보니 자연스레 몸에 익었다. 이것이 이 재치 있는 편지를 의심하게 되는 이유이다. 그를 본데없이 자란 사람이라고 생각하려는 마음이 들 때마다 이 편지를 기억하고 다시 읽어봐야 한다.

하지만 카토는 평소 뻣뻣하고 고집이 세서 자신도 힘들고 다른 사람에게도 엄격했다. 이런 성향에 아집까지 더했다. 고집 세고 타협하지 않으며 기이한 독창성을 추구하는 이런 성격은 기질 하나로만 설명되지 않는다. 종종 기질을 더 강하게 끌어내는 것은 약간의 자만심이다. 카토는 자기 이름 때문에 이 결함에 말려들었다. 그의 눈앞에 훌륭한 조상이 항상 있었다. 그는 시대와 사람의 차이를 고려하지 않고 할아버지와 닮으려고 했다. 흉내를 내다보면 장점을 과장하게 된다. 돋보이는 부분만 취하고 마땅치 않은 부분은 무시한다. 카토가 이런 식이었다. 키케로는 할아버지의 거칠고 딱딱한 면만 흉내 낸다며 카토를 제대로 꼬집었다.

자네의 엄격함에 어르신의 유쾌하고 너그러운 태도를 좀 취한다면 얼마나 좋겠어(『무레나 반박연설』, 31)!

대 카토는 손자가 알지 못하는 면이 분명히 있었다. 신랄한 재치와 투박한 유쾌함, 비아냥거리는 순박함을 지녔다. 그는 무뚝뚝함과 고집을 극단으로 몰고 갔다.

선善을 지나치게 강조하면 너무 위험하다. 가장 고치기 어렵다. 잘못인데도 자화자찬하기 마련이라 아무도 감히 비난하지 않는다(독선은 편협하다). 모든 점에서 중도를 모른다는 것이 카토의 가장 큰 결함이었다. 자기 의견을 확고히 하려고 친구의 조언과 경험에 귀 기울이지 않았다. 삶은 실천이다. 보쉬에처럼 말하자면, 오만한 여인처럼 애인을 붙잡지 않았다. 기세는 종종 완고했고 의협심은 때때로 너무 철저한 것이 흠이었다. 이런 극도의 섬세함은 그가 공직 진출을 위한 선거 운동을 방해했다.[9] 민중은 표를 구걸하는 후보들에게 매우 까다로웠다. 선거가 있던 한 해 동안 민중은 여기저기 끌려다니고 이용당했다. 그러다가 선거일이 되자 주인이 누구인지 보여주었다. 후보자들은 민중의 변덕에 아첨해야만 표를 얻을 수 있었다. 키케로는 종종 이 불행하고 친절한 후보들을 비웃었다. 이들은 아침부터 집마다 방문하고 인사하며 시간을 보냈다. 장군들이 출전하거나 개선할 때마다 로마 성문에서 기다렸다가 따라다녔다. 영향력 있는 연사들을 끌고 다니며 모든 사람을 끝없이 배려하고 존중해야 했다. 정직한 유권자들에게는 아첨만 해도 되었지만 금전을 밝히는 유권자들도 있었다. 카토는 이런 일을 할 사람이 아니었다. 아첨이나 거짓말도 하지 않는데 매수를 할 턱은 더욱 없었다. 관행이라며 식사 대접과 선물 공세는 해야 한다고 주위에서 부추기면 그는 내뱉었다.

> 아니, 젊은 건달들과 재미 좀 보자는 거야 뭐야? 로마 사람들에게 정부를 맡겨달라고 부탁하는 거 아냐? 자기가 쌓은 덕으로만 요구해야 해(35)! …… 말도 안 되는 소리야.

모든 고위직을 사고팔던 시절이었다. 아무도 그의 말을 듣지 않았고 오히려 관행에 익숙한 사람들을 불쾌하게 했다. 자기 덕성만으로 호소하겠다고 고집하던 카토는 번번이 돈을 뿌리는 후보들에게 고배를 들었다.

솔직하고 단호한 사람들은 정도의 차이는 있지만 공적 생활에서든 사생활에서든 만나게 된다. 이들은 역사에서 연극 무대까지 활약한다. 방금 인용한 거만한 대답은 의도치 않게 어떤 희곡을 떠올리게 한다. 몰리에르가 『인간 혐오자』(1666)에서 그리는 인물은 카토 같은 사람이 아닐까? 여기에서는 세계 정부가 아니라 한 개인의 운이 걸린 소송 문제일 뿐이지만 주인공(알세스트)은 카토와 똑같이 말한다. 자신이 동의하지 않는다면 관습을 따르지 않는다. 판결에서 지더라도 판사를 매수하지 않을 것이다. 사람들이 묻는다면 그는 카토처럼 자랑스럽게 대답한다.

8 카토는 집정관직에 도전했으나(B.C.51) 청렴한 선거운동으로 당선에 실패했다. 법무관을 역임하기는 했다.

필랭트: 그러면 누구에게 청할 작정인가?

알세스트: 누구냐고? 이성과 내 정당한 권리, 공정성이지.

어쨌든 이런 인물은 항상 큰 존경심을 불러일으킨다. 그들을 비난하고 싶은 마음은 없다. 하지만 나무랄 수 있도록 용기를 내야 한다. 지나치게 엄격한 편견으로는 정직과 명예, 자유 같은 고귀한 대의를 제대로 지켜낼 수 없다. 쓸데없이 단호하고 엄중하면 더 불쾌하게 하고 부패와 방종에 맞서 싸우기에도 그만큼 불리하다. 양심의 가책이 지나치면 미덕은 무장 해제된다. 이 정도면 중상을 입히기에 충분하다. 왜 미덕을 혐오하게 할까? 원칙을 희생시키지 않으면서 지배하려면 그들의 뜻에 따라야 한다. 절대 양보하지 않겠다는 사람들도 겨우 버티다가 결국 몇 가지 양보를 하게 된다. 이 엄격하고 가혹한 알세스트도 결국 사회의, 그것도 최상류 사회의 일원이다. 우리는 그가 어떤 사람인지 잘 알 수 있다. 그의 태도와 외모만으로 말하는 것이 아니다. 녹색 리본을 단 남자(허울뿐인 귀족)는 멋지고 우아하게 차려입었지만 그가 쓰는 예의 있는 말들은 다 거짓이다. 그 말을 친구 필랭트에게서 들을 때는 묵인할 수 없다. 자기가 쓴 소네트를 평가해 달라는 귀족(오롱트)의 요구에 그는 교묘하게 틀에 박힌 형식으로 에둘러 대답한다. 우리는 오직 진실만을 얼핏 엿보았을 뿐이다.

오롱트: 그럼 제 소네트에서 뭔가 잘못된 점을 찾았나요?

알세스트: 저는 그렇게 말하지 않습니다.

그가 그렇게 "저는 그렇게 말하지 않습니다"라는 말을 반복하는 이유는 무엇일까? 인간 혐오자의 완고함으로 판단한다면 자만심이나 나약함은 비난받아 마땅하다. 루소는 알세스트를 심하게 비난했다. 카토가 자기 원칙에 충실한 사람이라면 루소에게 아무 반박도 하지 못할 것이다. 이런 모순된 태도는 카토에게서도 어렵지 않게 볼 수 있다. 이해관계에 따라 움직이는 사람들을 극히 혐오하는 카토는 후보로서 아무것도 하지 않다가 당선을 위해 결국 유세에 나섰다. 다른 후보들처럼 캄푸스 마르티우스로 달려가 시민들의 손을 잡고 한 표를 당부했다. 키케로는 그를 비웃었다.

> 뭐야! 거꾸로 하니 기분이 좋아졌나? 자네가 내게 한 표 부탁한다고? 나를 위해 피곤과 위험까지 무릅쓰다니, 고맙네. 고마워(36)!

가식에 치를 떨던 카토는 더 많은 거짓말을 했다. 다른 후보들처럼 모든 로마 사람의 신상을 꿰뚫고 있는 노예(노멘클라투라)를 부렸고 딱한 유권자들이 자신들을 알아준다고 믿도록 했다.

> 그건 대중을 속이고 기만하는 것 아니야?

키케로의 말이 옳았다. 하지만 한 인격의 존엄성과 통일성을 훼손시키면서까지 양보했는데 아무 소용이 없었다. 카토는 너무 늦게 도움을 요청했다. 유권자의 이름을 알려주는 노예가 도왔지만 한 번도 집정관에 앉지 못했다. 키케로는 일을 그르치게 한 그의 졸렬한 엄격성을 질책했다. 카토는 집정관이 되지 않아도 괜찮았지만 공화국은 그가 집정관 자리에 있어야 했다. 많은 선량한 시민이 보기에 양심의 가책과 지나친 정직함은 자신들을 배반하고 가장 사악한 자들에게 승리를 넘겨주는 것과 같았다.

알세스트처럼 인간의 접근에서 도망치려는 사람이 보이는 이러한 과장과 과도한 행위를 이해한다. 하지만 그들과 어울려 살려면 더는 받아들이기 어렵고 그들을 다스린다면 더욱 용납할 수 없다. 정부 운영이 아무리 까다롭고 어려워도 다스릴 사람들을 쫓아내는 것부터 시작해서는 안 된다. 물론 그들을 더 나은 상태로 만들어야 하겠지만 그들을 있는 그대로 받아들이는 것이 먼저이다. 할 수 있는 것만 바라는 것이 정치의 최우선 법칙이다. 카토는 이 법칙을 대체로 간과했다. 민중을 다스리는 데 꼭 필요한 배려를 하지 못했고 그들의 관심사를 거들떠보지도 않았다. 성공적으로 과업을 해낼 수 있는 융통성도 적절한 술책도 부족했다. 대립하는 주장을 한데 모으고 질투심 많은 경쟁자를 진정시키는 유연성이 부족했으며 변덕과 의견, 이해관계에 따라 나뉜 사람들을 한 사람을 중심으로 모으지도 못했다. 그는 단지 그 시대의 행태에 대해 눈에 띄는 항의만 할 수 있었을 뿐이었다. 당파의 지도자감은 아니었다. 사람들에게 존경은 받았지만 편협했기에 완고했다. 양보해야 할 지점과 끝까지 방어해야 할 지점을 구분하지 못했다. 스토아학파의 추종자로서 모든 잘못은 다 똑같다고 했고 키케로가 농담했듯이 “필요 없이 닭을 죽이는 것은 아비의 목을 조르는 것과 마찬가지로 잘못되었다”라고 말했다. 그는 이 딱딱하고 이상한 이론을 정치에도 적용했다. 사소한 것까지 악착같이 적법성만 따졌다. 과거에 대한 동경은 어떤 차별도 받지 않았다. 고대 의상을 모방했고 카밀루스[9]를 따라 토가 아래 튜닉을 입지 않았다. 그는 마음의 여유가 없고 편협했으며 완고한 열정으로 공화국에 여러 번 피해를 줬다. 플루타르코스가 그를 비난하는 것은 당연하다. 카토는 대수롭지도 않은 폼페이우스의 허영심을 만족시키지 못해 그를 카이사르 품에 던져 넣었다. 키케로는 그가 원로원을 회유하느라 몹시 고생한 기사들에게 불만을 샀다고 비난했다. 아마 기사들이 무리한 요구를 했겠지만 그들이 막대한 재산을 카이사르에게 후원하도록 내버려 두기보다는 모든 특권을 인정하는 것이 옳았다. 키케로가 그에 대해 말한 것은 바로 이런 경우였다. 이 말은 너무 많은 것을 요구하다가 결국 아무것도 얻지 못하는 서투른 정책을 멋지게 함축했다.

> 그는 로물루스의 진흙이 아니라 플라톤의 공화국에 있다고 믿는다.
> (『아티쿠스에게』, II. 1)

카토는 타고난 반항아였다. 학파도 정파도 거부했다. 그는 대항자에게 정면 돌파로 기어코 이겨냈다. 카토는 불길한 결정이 예상되면 어떻게든 민중의 선택을 막으려는 발언을 줄곧 했다. 플루타르코스는 카토가 온종일 지치지 않고 떠들었다고 했다. 웅성대고 외치고 위협해도 그는 겁내지 않았다. 관리가 연단에서 그를 연단에서 끌어내렸지만 곧장 다시 올라갔다. 어느 날 호민관 트레보니우스가 더는 참지 못해 그를 감옥으로 끌고 갔다. 그

9 카밀루스Marcus Furius Camillus(B.C.446?~B.C.365). 로마의 건국 영웅.

는 끌려가면서도 흔들림 없이 군중에게 자기 뜻을 호소했다. 카토는 사실 민중에게 인기를 누리기도 했다. 그의 용기에 환호하던 민중은 결국 그의 끈질긴 냉정함과 불굴의 완고함까지 감내했다. 카토가 가진 무적의 병기였다. 때때로 민중의 이익과 선택에 반하는 주장도 했다. 민중의 막강한 지지를 받던 카이사르조차 카토의 독설을 두려워했다.

그런데도 이미 말했다시피, 카토는 정파의 지도자가 될 수 없었다. 더 유감스러운 일은 그가 싸우던 정파에 지도자가 없었다는 것이다. 모두 출중한 거물이었지만 다른 사람들을 지배할 자질은 없었다. 수상한 동맹자였던 폼페이우스는 말할 것도 없고 스키피오는 도도하고 잔인해 모든 사람에 반감을 샀다. 아피우스 클라우디우스는 신성한 점괘나 바라는 완고한 점복관이었다. 마르켈루스는 융통성과 인정이 부족했고 아무도 자신을 좋아하지 않는다는 사실을 잘 알았다. 세르비우스 술피키우스는 깐깐한 법률가의 약점을 빠짐없이 갖추었다. 카토와 키케로는 정반대 방향으로 오류를 범했다. 완전한 정책을 위해서는 둘이 타협하거나 수정해야 했다. 따라서 공화파는 뛰어난 인물들은 많았지만 파르살루스 전투가 벌어지기 전까지 지도자가 없었다. 질투심 많은 이기심과 경쟁심만 앞세워 잘 섞이지 못했다. 하나의 정파라고 하기에도 난처했다.

내전은 많은 사람에게 골칫거리였고 그들은 너무 많은 비루함과 비겁함을 고스란히 드러냈다. 하지만 카토는 오히려 모든 선함과 위대함을 드러냈다. 그 시기에 그는 성격에 일종의 위기를 맞았다. 가끔 병이 죽음에 이르면 정신이 더욱 고양되고 명료해지듯이 내전이라는 무서운 재앙으로 이제 곧 자유로운 체제가 무너질 위기가 닥치자 정직한 영혼은 정화되었다. 공공의 위험을 감지하며 상황을 더 정확하게 이해하게 되었다. 두려움은 다른 사람들을 극단적으로 만드는 반면, 카토는 평소 지나친 행실을 고쳤다. 공화정이 처한 절체절명의 위험을 생각하면서 갑자기 신중하고 온건해졌다. 언제나 무모한 저항을 시도하던 카토는 카이사르에게 양보하라고 조언했다. 그는 요구를 받아들이고 내전을 피하려고 모든 것을 양보했다. 내전이 터지자 카토는 슬퍼하며 참담한 사태를 줄일 방법을 마련했다. 그는 자문받을 때마다 온건파 쪽에 섰다. 세련된 로마 사회의 주인공인 젊은이들 사이에서, 교양 있고 우아한 인재들 사이에서 인류애라는 대의를 수호한 사람은 거친 카토였다. 맹렬한 폼페이우스가 승리했어도 카토는 어떤 도시도 약탈당하지 않고 어떤 시민도 전쟁터 밖에서 살해당하지 않을 거라는 결정을 내렸다. 예상했던 재앙이 닥치자 단호한 마음이 누그러들었다. 디라키움 전투가 벌어지던 날 저녁, 폼페이우스 진영에서 모두 환호할 때 카토 혼자 수많은 동포의 시신을 보며 울었다. 얼마나 숭고한 눈물인가. 마치 옛날에 카르타고를 무너뜨리고 그 폐허에서 눈물을 쏟았다는 스키피오 장군 같았다. 파르살루스 막사에서 카토는 학살과 추방 문제, 패자의 집과 땅을 나누는 문제로 쑥덕대는 자들을 엄하게 질책했다. 패전 후, 과격파 대부분이 카이사르에게 항복했지만 카토는 혼자 적들을 찾아 나서 세계 끝까지 내전을 다시 지폈다. 전투 전에 그들이 양보하기를 바랐던 것처럼 더는 자유를 기대할 수 없게 되자 항복하지 않기로 결심했다. 그는 아프리카에서 영웅적인 저항을 했다. 카이사르에게 맞서 용감하게 저항하면서도 과격한 만행을 저지르던 사나운 공화파에 맞섰다. 탑수스에서 벌어진 최후 결전에서 카토는 승자의 용서를 받아들이지 않았다. 그는 (고향) 우티카에서 자결했다.

그의 죽음은 로마 세계에 엄청난 반향을 일으켰다. 항복한 사람들은 비굴했다며 부끄러워했다. 낙심했던 공화파는 용기를 되찾았다. 카토는 살아서는 자기 정파에 그다지 봉사하지 못했지만 죽어서는 큰 도움이 되었다. 그때부터 탄압받고 추방당한 사람들은 그를 성스러운 대의를 상징하는 이상이자 순교자로 삼았다. 위대한 카토의 이름 아래 다시 뭉쳤다. 특히 로마처럼 불안하게 요동치는 대도시, 많은 사람이 비록 고개는 숙였지만 굴하지 않던 곳에서 카토의 영광은 저항 세력의 통상적인 화제였다.

> 사람들은 카토의 시신을 모시고 투쟁했다. 마치 트로이아 전쟁 때 파트로클로스의 시신을 둘러싸고 싸우던 사람들 같았다(몸젠).

수많은 사람이 그를 칭송했다. 키케로는 브루투스의 부탁으로 카토를 추모하는 글을 쓰기 시작했다.

> 아르키메데스가 쓰는 걸세(XII. 4).

처음에는 너무 어려운 주제라며 손사래를 쳤지만 일단 집필에 들어가자 흥미를 가지고 열광적인 글로 마무리했다. 이 글은 전하지 않는다. 카토를 아낌없이 옹호했다고만 알려졌다.

카토를 숭고하게 치켜세웠다(타키투스, 『연대기』, IV. 34).

키케로는 카토와 번번이 의견이 틀어졌고 종종 편지에 거침없이 불화를 실토했다. 하지만 늘 그렇다시피 죽음으로 다시 화해했다. 게다가 자기 정파를 위해 한 일이 없었다고 자책하던 중이라 키케로는 죄책감을 덜 기회를 찾아 기뻐했다. 저자와 영웅 이름을 제목으로 함께 올린 그의 책은 카이사르가 우려할 만큼 대성공을 거두었다. 하지만 카이사르는 불쾌한 기분을 내색하지 않고 오히려 작품에 발휘한 재능을 축하하기 위해 키케로에게 아첨하는 편지를 썼다.

읽다 보니, 마치 나마저 입심이 좋아진 듯합니다.

(『아티쿠스에게』, XIII. 46)

카이사르는 엄격한 조치 대신 "펜으로 받은 공격에 펜으로 복수해야 한다(타키투스)"라고 생각했다. 카이사르의 명으로, 부관 히르티우스가 키케로에게 장문의 편지를 써 보냈다. (공개된) 편지에서 그의 책에 관해 의논했다. 나중에 이런 대응만으로 부족하다는 듯 카이사르는 직접 싸움판에 뛰어들었다. 히스파니아 전쟁으로 불안한 가운데 『카토에 반대한다』를 집필했다.

박해를 글로 대신한 온건한 대응은 무한한 권력자에게서는 보기 드문 일이라 호평받았다. 관대한 처신은 좋았지만 카이사르는 『갈리아 전쟁기』에서 카토를 항상 신랄하게 꼬집었다. 적에게도 공정하려던 카이사르도 그를 비난할 기회는 놓치지 않았다.

> 카토는 카이사르의 오랜 정적이었고 선거에서 패하자 앙심을 품고 있었다(카이사르, 『내전기』, I. 4).

자기를 버리면서까지 조국을 걱정하는 사람은 누구일까? 두 사람은 정치적 견해보다 성격 차이가 더 컸다. 카이사르는 카토의 결점이 특히 거슬렸다. 청렴한 그의 미덕은 추구할 생각도 없었지만 이해할 수도 없었다. 옛 풍습을 조롱하기 좋아하는 카이사르가 적법성을 답답하게 해석하고 케케묵은 관습만 따르려는 사람을 어떻게 보았을까? 나랏돈이든 자기 돈이든 따지지 않고 펑펑 쓰는 데 익숙했던 카이사르 같은 사람이 공금 유용에 극구 엄중한 정당함을 요구하고 그 시기에는 의아한 일이지만, 사욕과 야심보다 공공복지를 위해 사재를 쏟아붓고 빚만 졌던 카토를 어떻게 보았을까? 거듭 말하지만 이해할 수 없는 것들이었다. 따라서 카이사르는 진지하고 확신에 넘쳐 카토를 공격했다. 원칙에 무관심하고 평판을 불신했으며, 재치와 쾌락을 즐겼던 카이사르는 가볍고 세련된 사교계에 익숙했다. 그런 그가 보기에 카토는 광신적이고 야만적이었다. 정중한 예절과 절제된 감정을 더 중요하게 여겼기 때문에 무례한 미덕보다 우아한 부도덕이 더 잘 어울렸다. 반대로 카토는 지적인 문학과 사교계의 활기가 낯설지 않았지만 옛날 로마 사람의 본성이 남아 있었다. 사교계와 문학의 힘으로도 야만성을 완전히 극복할 수 없었다. 그의 기질과 인종에 빚진 야만적인 태도는 그가 취한 가장 최고의 행동에서도 찾을 수 있다. 플루타르코스가 감동적으로 묘사한 카토의 마지막 순간이 그랬다. 노예가 주인에게 차마 칼을 건네지 못하자 카토는 손에 피를 묻히며 격하게 스스로를 쳤다. 카이사르처럼 까다로운 사람의 눈에 그런 주먹질은 미개한 본성을 드러내는 것으로 보였고 그는 이 죽음의 장엄함을 이해하지 못했다. 두 사람의 대조되는 처신과 반감은 그들의 사적인 행동 전반에 걸쳐 발견된다. 카이사르는 친구들을 용서하라는 격언을 굳게 따랐고 배신조차 눈감아줄 만큼 아량이 넓었다. 하지만 카토는 지나치게 엄격했고 자기 사람들을 특히 감시했다. 키프로스에서 그는 평생의 동반자였던 무나티우스[10]에게 주저하지 않고 공격적으로 불신을 보여줌으로써 사이가 틀어졌다. 가정에서는 명예롭고 충실한 모범적인 가장이었지만 당연히 대우했어야 할 아내에게 존경과 존중을 하지 않았다. 카토는 고민도 별로 하지 않고 아내를 포기하고 친구 호르텐시우스에게 보냈다가 그가 죽은 뒤 다시 데려왔다.[12] 카이사르는 아내에게 불만이 많았지만 대처 방법은 너무 달랐다. 그는 밤에 집에서 한 남자를 보고 놀랐고 사건은 법정으로 갔다. 무도한 침입자를 응징할 수도 있었지만 덮어버렸다. 증인으로 출석한 카이사르는 아무것도 모른다고 증언했고 아내의 평판을 지키려고 연적을 구했다. 소문이 잠잠해지자 아내와 이혼했다. 세상을 어떻게 살아야 하는지 아는 사람이었다. 여기서 다시, 카토와 카이사르 사이에는, 지조가 없거나 둘 다 대체로 명예롭지 못하다. 변덕스럽고 자유분방한 남편으로서 미묘한 이점만 누렸다. 두 사람의 대조적인 행동과 대립하는 성격은 카이사르가 책에서 카토를 대하는 방식을 보면 정치적 이견보다 더 잘 설명

10 무나티우스Munatius Rufus. 카토의 친구.

해준다. 남아있는 단문들과 플루타르코스의 증언을 보면, 카이사르는 극도로 폭력적으로 카토를 공격했고 그를 우스꽝스럽고 불쾌한 인물로 만들려고 했다. 하지만 쓸모없는 헛수고였다. 사람들은 키케로의 『카토』를 읽고 감탄했다. 카토의 명성은 카이사르의 모욕에도 끄떡없었고 제국 시대에 접어들어서 더 높아졌다. 폭정이 극심했던 네로 시대에 트라세아[11]는 카토 이야기를 다시 썼고 세네카는 그의 책에 대폭 인용했고 마지막까지 그는 명예와 존엄성을 유지한 양심적 인사의 자부심이자 모델이었다. 그들은 카토의 삶보다 죽음을 더 연구했다. 죽는 법을 배워야 했기 때문이다. 죽음이 임박했을 때 그의 이름을 되뇌면서 그의 모범을 상기했다.[13] 잔인한 시련 앞에서 고귀한 마음을 지지하고 위로한 것은 분명 큰 영광이다. 카토도 다른 것을 바라지 않았을 것이다.

III

파르살루스 전투 이후, 카이사르는 키케로가 공화파에 더 가까워지기를 원했다. 달리 방법도 없었다. 공화정 전복 문제인 이상, 모두의 지지를 받아들였고 특히 최악의 인간들이 먼저 다가왔다.

11 트라세아Publius Clodius Thrasea Pætus. 네로 황제 집권기 철학자. 원로원 의원. 집정관서리(56). 고대 신앙 연구에 매우 중요한 『무녀 예언서』의 소장자였다. 그에 관한 사실은 주로 타키투스의 『연대기』에서 전한다.

12 세네카는 반역 음모 혐의로 네로 황제의 명령으로 억울하게 강제 자살했다. 네로의 어린 시절 스승이었던 그의 『네로에 관한 담화』는 유실되어 후대 저자들이 인용한 부분만 전한다.

빛에 쪼들려 다 잃었을 때, 뭐든 저지르는 악당까지, 카이사르는 그런 자들을 친구로 삼았다(『필리포스 탄핵연설』, II. 32).

하지만 이 양심도 원칙도 없는 사람들은 권력을 뒤집고 새 힘을 모으는 데 쓸모없었다. 카이사르 정부는 불안한 거친 완력가(군인 출신)들뿐이었고 존경받는 인사들은 주로 패자들 쪽에만 있었다. 카이사르는 그의 승리로 한 정파만 이익을 얻어야 한다고 생각하지 않았다. 그는 다른 야심을 품었다. 마리우스나 술라 때처럼 자기 파벌의 승리를 위해서만 일하지 않았다. 새 정부에 의견이 다른 사람들도 참여시켰다. 그는 정파들을 화해시키려 애썼다는 칭송도 받았다. 하지만 이 칭송은 정당하지 않다. 그는 화해가 아니라 무력화시켰다. 그가 세우려던 군주제(플루타르코스, 『브루투스』, 7)[13]에서 공화정의 옛 정파들은 설 자리가 없었다. 그는 민중과 원로원의 불화를 교묘하게 이용하여 모두 지배했다. 첫 승리 후에 우선 그들을 떼어놓았고, 파르살루스 전투 후에 카이사르 자신만 제외하면 사실상 남은 사람들은 패자 측 사람들밖에 없었다. 일단 승리한 카이사르는 원로원 지지자들과 민중파 지지자들을 차별 없이 이용했다. 어차피 모두 (새로운 독재관 치하에서) 신민이 되었으니 당연히 동등하게 대우했다. 다만 카이사르는 옛

13 카이사르의 계획은 그의 사망으로 중단되어 그 실체를 알기 어렵다. 종신 독재관이나 군주제를 세우려 했다고 짐작한다. 몇 마디로 단정할 수 없는 문제인데, 애당초 독재관만 생각했다가 강력해질수록 군주제를 생각하게 되지 않았을까? 플루타르코스의 『브루투스』에서 추론할 수 있을 뿐이다. 아무튼 카이사르는 세습 문제를 매듭짓기 전에 사망했다.*

공화파를 고분고분하게 부릴 수 없었다. 적어도 겉으로는 공화국의 일부 모습을 보존하려면 그들에게 행동과 발언의 자유를 허용해야 했고 사실 들어주기 어려운 요구도 아니었다. 카이사르는 군주들처럼 자유를 끊임없이 혐오하지 않았다. 절대 권력에서 태어나 자유라는 소리만 들어도 두려워하고 저주하던 그들과 달랐다. 그는 25년 동안 자유와 함께 살았고 익숙했으므로 그 중요성을 알았다. 그래서 자유를 완전히 파괴하지 않았다. 과거를 아쉬워하는 목소리를 당장 입막음하지 않았다. 심지어 그의 승리에 웃음거리로 대응하려던 성가신 반대파에게도 침묵을 강요하지 않았다. 카이사르는 자기 행정부에 대한 비판과 조언도 허용했다. 명민하던 카이사르는 시민들이 공적인 일에 무관심하고 흥미를 잃으면 나라가 쇠약해진다는 것을 알았다. 무기력하게 순종만 하는 곳에서 튼튼한 바탕을 다질 수 없다. 자기가 설립한 정부에서는 공적인 생활을 유지하기를 원했다. 민중의 활력이 살아있어야 유리했다. 키케로는 편지에서 흥미로운 말을 했다.

> 여기 너무 조용하네. 조금 소란스러워야 건전할 텐데 말일세. 카이사르도 나와 같은 생각이고……(『친구들에게』, XII. 17).

이런 계산으로 카이사르는 파르살루스에서 개선한 뒤에는 관용책으로 기울었다. 자기에 맞서 싸웠던 자들을 사면하고 권력을 나누자며 망명자 대부분을 다시 불렀다. 카시우스를 부관으로 임명했고 브루투스를 갈리아 키살피나 총독으로, 술피키우스를 그리스 총독으로 보냈다. 처음 두 가지에 대해 자세히 이야기할 것이다. 카이사르의 정책을 더 잘 이해하기 위해서는 세 번째 정책도 알아야 한다. 어떻게 승자의 호의에 걸맞게 행동했는지, 그들에게 어떤 방식으로 이익을 얻었는지 알아내기 위해서이다.

세르비우스 술피키우스는 로마 명문가 출신으로 당대 가장 유명한 법률가였다. 키케로는 그가 법에 철학을 처음 도입했다며 찬사를 보냈다. 그는 일반 원칙과 포괄적인 시각으로 구성된 학문의 모든 상세한 규칙과 정확한 공식을 서로 연결했다(『브루투스』, 51). 따라서 당시 로마 법학의 화신이었던 스카이볼라 일가[16] 못지않다고 호평했다. 하지만 그들과 술피키우스는 큰 차이가 있다. 스카이볼라 가문은 로마에 변호사와 점복관, 신관을 배출했다. 말하자면 기존 체제를 조용히 다스리는 솜씨가 탁월했다. 또한 그들은 매우 적극적인 시민이었고 결단력 있는 정치인이었으며, 반란군과 외국에 맞서 조국을 지키던 용사였다. 또 어떤 사태가 일어나도 상황을 장악하고 해결할 만큼 유능했다. 키케로도 안면이 있던 점복관 스카이볼라는 노익장을 과시하기도 했다. 원정지에서 점괘를 부탁하는 사람들을 위해 새벽부터 일어났다. 그는 민회에도 가장 먼저 출석해 동료들이 도착할 때까지 독서에 몰두했다. 하지만 마리우스의 측근 사투르니누스가 공공의 안녕을 위협하던 날, 공부에 몰두하던 병약한 노인은 한쪽 팔밖에 쓸 수 없는 불구의 몸으로 창을 들고 카피톨리누스를 공격하며 민중에 앞서 행진했다(『라비리우스 포스투무스 변호연설』, 7). 점복관 스카이볼라는 유능한 변호사였을 뿐만 아니라 청렴한 행정가였다. 소아시아에서도 그를 절대 잊지 않았다. 징세청부업자들이 속주의 파산을 막으려 한 재무관 루틸리우스 루푸스를 공격했을 때, 스카이볼라는 어떤 협박에도 꿈쩍도 않고 그를 변호했다. 그는 첫 번째 추방령이 떨어졌을 때도 로마를 떠나지 않고 소송과 피보호자들을 포기하지 않았다. 그는 마리우스의 장례식 날 상처를 입고 며칠 후 베스타 신전 근처에서(마리우스 아들의 사주로) 암살당했다(『로스키우스 변호연설』, 12). 로마에 이런 인물들이 꽤 있었다. 공화파가 한창이던 시절에는 모든 시민은 보통 농부이자 병사, 관리이자 금융인, 변호사나 법률가였다. 아직 전문가가 없었고 고대 로마 사람은 요즘으로 치면 4, 5명 역할을 해야 했다. 하지만 우리가 얘기하는 시대쯤 한 사람에게 요구되던 다양한 능력은 분리되었다. 각자 특수한 지식과 능력에 따라 분야별로 연구자와 활동가를 구분하기 시작했다. 집단의 성격이 역동성을 잃어버렸는지 아니면 그리스 걸작들을 알고 걸작을 연습한 뒤로 모든 학문이 더 복잡해져서 혼자서 모든 일을 감당할 수 없어서였는지 이유는 모르겠다. 어쨌든 술피키우스가 법률가로서 스카이볼라 일가보다 우수했더라도 시민으로서는 그들만큼 확고한 의지를 보이지 못했다. 법무관이든 집정관이든 그는 책상머리에서만 일했다. 그는 결단을 요구하는 상황에서 행동을 취해야 할 때마다 불편했다. 이 정직하고 온건한 사람은 혁명적인 공화국의 최고 행정관감은 아니었다. 폭력의 시대에 그는 항상 조정하고 중재자 역할을 할 때마다 웃음거리만 되었다. 친구였지만 키케로도 어지간히 그를 조롱했다. 거물 평화주의자가 비서와 나누는 대화에 비유했다. 술피키우스는 정파들이 죽어가는 데도 그들을 중재한다며 법 조항만 검토하면서 진땀을 흘리는 모습이다.[14]

카이사르는 술피키우스가 자기를 강하게 반대할 사람이 아니라고 생각했고 일찍이 포섭에 나섰다. 그의 집에서 막강한 동맹군부터 만들었다. 그즈음 로마에서는 선량한 술피키우스를 아내 포스투미아[16]가 좌지우지한다는 소문이 파다했다. 키케로도 이런 짓궂은 소문을 몇 차례 전했다. 수에토니우스는 평판이 좋지 않았던 포스투미아의 이름을 카이사르의 많은 애인 목록에 올렸다. 카이사르의 애정 행각은 기이한 특성을 보였다. 바람처럼 애인을 바꿔치기하는 데도 여자들은 여전히 헌신적인 친구로 남았다. 카이사르의 배반을 용서하고 정치적 성공을 도왔다. 사랑에 빠진 여자만이 가진 절묘하고 집요한 기적을 일으켰다. 술피키우스가 집정관 시절 내내 카이사르를 위해 일하기로 한 것은 아내 때문이었을 것이다. 하지만 이런 약점에도 그는 진지한 공화주의자였다. 내전이 터지자 카이사르에게 맞서겠다고 선언하고 이탈리아를 떠났다. 전쟁에서 패하자 다른 사람들처럼 굴복했다. 카이사르는 은퇴한 그를 찾아가 그리스 총독 자리를 맡겼다.

사실 그곳보다 더 좋은 자리가 있을까? 부유한 로마 사람들에게 아테네는 거물 망명객들의 피신처였던 당시보다 훨씬 매력 있는 곳이었다. 세계에서 가장 유명한 철학자와 수사학자의 강의를 들었고 마르켈루스와 토르콰투스 같은 인사들과 로마와 공화국의 문제를 허심탄회하게 나누었다. 모든 취향을 한 번에 만족시킬 수 있었으니 이보다 더 이 학자이자 문인을 기쁘게 할 만한

14 스카이볼라 가문은 세습 점복관 집안이다. 본문에서 말하는 인물은 점복관 퀸투스. 집정관(B.C.95). 그의 딸 무르키아 테르키아는 폼페이우스의 세 번째 부인이다.

것은 없었다. 정치인으로 광범위한 권력을 행사했지만 위험 없이 세계에서 가장 아름답고 위대한 나라 중 하나인 그리스에서 가장 세련된 지성을 즐겼다. 따라서 카이사르는 술피키우스에게 로마 사람들이 '놀러 가는' 아테네에 한자리를 주고 자기 뜻대로 그를 이용했다. 하지만 술피키우스는 이런 특혜에 쉽게 빠져들지 않았다. 그는 그리스에 도착하자마자 잘못 온 것 아닌가 마땅찮아했고 떠날 날만 기다렸다. 물론 싫지 않은 나라였고 그만한 곳은 어디에도 없었다. 하지만 그는 공화국을 그리워했다. 방어도 제대로 못 했기에 공화국의 몰락을 마음을 달랠 수 없었고 공화국을 거꾸러트린 자를 위해 일한다는 자괴감에 빠졌다. 그리스에서 그는 이런 심정을 키케로에게 편지로 밝혔다.

> 우리는 가장 소중한 것들을 빼앗길 운명인가 봐. 명예도 위신도 조국도 모두 잃었잖아. 우리가 사는 동안, 가장 행복한 사람들은 먼저 떠난 친구들 아니겠나(『친구들에게』, IV. 5).

술피키우스처럼 소심하고 온건한 인물이 이렇게 말했을 정도니 다른 사람들은 오죽했을까! 키케로는 새 정부의 공직자들도 같은 심정일 거라고 생각하며 편지에 솔직히 털어놓았다. 그는 소아시아 총독 이사우리쿠스[15]에게 절대 권력자에 불만을 품고 권력을 저지하고 싶어 하는 사람을 대하듯이 말한다(XIII. 68).

15 이사우리쿠스Publius Servilius Vatia Isauricus(B.C.40). 정치인. 카이사르의 오랜 심복. 카이사르 사망 이후 안토니우스에게 맞서 싸웠다.

아프리카 총독 코르니피키우스에게는 로마가 심상치 않다면서 해로운 사건들이 벌어지고 있다고 했다(XII. 18).

> 자네도 귀족파와 공화국의 불운을 걱정하고 있겠지(VI. 9).

시칠리아 총독 푸르파니우스에게도 망명자를 추천하는 편지를 보냈다. 카이사르에게 요직을 받은 인물들은 그와 권력을 나누며 친구 행세를 했다. 하지만 그들은 누린 몫을 절반만 카이사르에게 넘겨주고 나머지는 자신들이 챙겼다. 일찌감치 새 정부에 참여한 사람들 사이에서 이런 저항은 어디에서 왔을까? 몇 가지 동기가 있지만 첫 번째가 가장 중요했다. 새 정부가 그들에게 준 명예는 과거 공화정에서 누리던 것보다 못했다. 군주제가 자리 잡으면서 공직 개혁으로 정무관은 임명직이 되었다. 과거 공화정에서는 시정관부터 집정관까지 모든 관리는 자기 관할권 안에서 절대 주권자였다. 하지만 절대 권력 치하에서 통치를 위한 행정은 불가능했다. 이 세상 끝까지 한 사람의 의지를 전달하는 노릇이나 했다. 물론 공공 안전이 개선되어 끊임없이 요동치던 권력 투쟁은 사라졌다. 탐욕스러운 총독들의 전권을 제거했으므로 지방 속주로서는 큰 다행이었다. 개혁으로 주민들은 유익했지만 관리들은 불만이 컸다. 명령만 따르게 되자 직권은 줄어들고 절대 권력자의 중압감에 짓눌렸다. 야심가들은 줄어든 권한을 불평했고 선량한 사람들도 자유를 잃었다며 쉽게 적응하지 못했다. 카이사르를 위해 일하던 사람들도 마찬가지였다. 자유가 부족하다고 느꼈다. 한번 특혜를 받으면 또 다른 것을 바라게 되고 얻은 것보다 부족한 것을 아쉬워한다. 키케로도 마찬가지였다. 처음에는 카이사르의 관용에 환호했고 마르켈루스의 귀환을 공화정의 복원이라며 반겼으나 곧 감정과 말투가 달라졌다.

무기를 내려놓아도 마음은 풀지 않았다(『마르켈루스 변호연설』, 10).

그는 편지를 쓸 때마다 씁쓸해했다. 원망하는 사람들을 혹평했던 사람이 이제 쓰라리게 원망했다. 모두 잃었다면서 노예 신세라고 한탄하며 살아남은 수치를 곱씹었다. 그는 불가분한 조치와 정당한 행정마저 무자비하게 공격했다. 태양력을 조롱했고 로마의 확장을 추문으로 보이게 하려고 애썼다. 그뿐만 아니라 원로원에서 고대 왕들의 입상 곁에 카이사르의 입상을 세우도록 했을 때, 건국 시조들이 어떻게 몰락했는지 신랄하게 암시했다.

카이사르가 로물루스를 닮아가니 그것참 보기 좋구먼!

(『아티쿠스에게』, XII. 45)

그대의 안전이 우리의 안전일세(『친구들에게』, IV. 5)!

키케로가 카이사르에게 조국의 이름으로 간곡히 당부하던 때가 언제였던가? 마르켈루스를 옹호하고 나서 1년도 안 되었다.

카이사르 주변에는 불평하는 사람들로 넘쳤다. 그의 과업을 도와야 이롭겠다고 기대했던 온건 공화파는 공화정의 패배를 받아들이지 않았다. 로마로 돌아온 망명자들은 관용을 인정하기보다 굴욕감에 치를 떨며 원한을 거두지 않았다. 게다가 부와 명예를 거머쥔 카이사르 휘하 장군들은 한술 더 떠 대장을 배은망덕하다고 비난하면서 암살 모의까지 했다. 그를 우상으로 떠받들며 어떤 요구든 흔쾌히 받아주던 민중도 멀어졌다. 전처럼 승리에 환호하지 않았고 너무 강해진다며 그를 두려워했다. 왕들의 입상 곁에 카이사르 입상을 세우자 그 앞을 지나던 군중은 침묵했다. 이런 이상한 침묵은 전 세계 동맹국으로 소문으로 퍼졌다. 사방에서 혁명이 임박했다고 생각했다(『데요타루스 변호연설』, 12). 폼페이우스의 패잔병들이 숨어 지내던 오리엔트 속주들에서 내전의 불길은 틈만 나면 다시 피어올랐다. 심각한 위기로 치닫지는 않았지만 계속되는 경고는 공공 평화를 흔들었다. 로마 사람들은 공화정을 찬양하는 키케로의 작품들을 열심히 읽었다. 유례없이 과격한 책자들이 수없이 나돌았다. 큰 위기를 앞두고 모두가 현재를 불평하고 미래를 걱정하며 뜻밖의 사태에 대비했다. 이런 긴장된 상황에서 비극은 예상되었다. 브루투스의 칼부림은 흔히 말하듯 어쩌다 터진 사건이 아니다. 전반적인 불안이 초래한 무서운 결말이다. 시해 음모에 가담한 사람의 수는 60여 명이었지만, 사실 로마시민 전체였다(『필리포스 탄핵연설』, II. 12).[17] 누적된 불안과 원한, 지난날에 대한 쓰라린 후회, 못다 이룬 한, 어긋난 선망, 노골적이거나 은밀한 증오, 좋든 나쁘든 들뜬 마음뿐이었다. 그러다가 결국 3월 15일, 모든 분노가 핏줄기로 솟구쳤다.

16 제2차 규탄에서 키케로는 이렇게 말했다. "웬만한 사람들 모두 갖은 방법으로 카이사르를 죽이려 했다. 방법과 결단이 부족했고 의지는 있었지만 기회가 없었다."*

그 사건으로 카이사르는 모든 계획을 물거품으로 만들었다. 그는 생각대로 관용을 베풀지 못했고 세상의 갈채를 받으며 시도했던 화해 정책은 실패했다. 정파들을 무장 해제시키지도 못했다. 그 영광은 재능도 없고 관대하지도 않은 오직 한 사람, 교활하고 잔인한 옥타비아누스를 위해 남겨 두었다. 위대한 인물이 실패했을 때 평범한 인물이 그 자리를 꿰차는 서글픈 광경을 역사에서 종종 볼 수 있다. 하지만 이런 종류의 과업에서 성공은 상황에 따라 다르며, 옥타비아누스에게 특히 유리했다. 타키투스는 제정의 설립을 말하면서 그 행운의 근본 원인을 이렇게 보았다.

공화정을 겪어본 사람은 아무도 없었다(『연대기』, I, 3).

반대로 카이사르가 통치하려던 사람들은 모두 공화정에 익숙했다. 선동과 파란으로 안락했던 삶이 흔들리자 많은 사람이 공화정을 원망했고 공화정이 사라지자 모두 아쉬워했다. 공화정 시절의 자유로운 생활은 위험을 무릅쓰고서라도 잊지 못할 절대적인 매력이 있었다. 절대 잊을 수 없어 무서운 기억은 카이사르의 재능마저 부숴버렸다. 자유의 위대한 장면들을 목격하고 공화국을 겪은 사람들은 악티움 해전 이후에는 더는 없었다. 20년 동안 세계 인구를 감소시킨 전쟁 중 가장 잔인한 내전은 거의 모든 것을 파괴했다. 새로운 세대의 기억은 카이사르 세대보다 더 과거로 거슬러 올라가지 못했다. 그들이 처음 들은 소리는 파르살루스와 탑수스, 문다의 승자들에게 환호였고 처음 본 광경은 패자의 박해와 추방이었다. 약탈과 학살 속에서 자랐고 20년 동안 재산과 목숨을 지키느라 매일 떨며 살았다. 안전에 목말라했고 평안을 위해서라면 무엇이든 희생할 각오가 되어 있었다. 카이사르의 세대가 매력을 느꼈던 과거는 관심도 없었다. 오히려 폭력으로 물든 시절의 기억뿐이라 당시 정권에 더 애착을 느꼈다. 어쩌다 과거를 바라보더라도 아쉬워하기는커녕 질색했다. 절대 권력이 공화국을 평화적으로 계승할 수 있었던 최적의 상황이었다.

팔라티누스 언덕

브루투스 캄파나, 루브르박물관

브루투스

카이사르 시해의 진정한 내막

키케로의 편지가 없다면 브루투스도 알 수 없다. 차분하게 그를 이야기한 적이 없고 정파들이 그를 내세웠을 때도 증오나 희망의 상징으로 이용하기 위해서였다. 따라서 그의 진정한 모습은 일찌감치 지워졌다. 브루투스는 그 이름만으로 열띤 토론이 벌어졌다. 루카누스는 그를 천국에 있다고 치켜세웠고 단테는 그를 지옥으로 몰아넣었다. 그렇게 브루투스는 신화의 주인공이 되었다. 그러던 차에 키케로의 편지를 읽게 되면 우리는 현실로 돌아오게 된다. 감탄과 공포로 끝없이 부풀렸던 이 인상적이지만 어렴풋한 브루투스의 모습은 편지 덕분에 더 뚜렷해지고 인간에게 맞게 바로잡힌다. 그와 가까워지면서 위대한 영웅은 잃었지만 드디어 진짜 살아있는 사람을 얻었다.

키케로와 브루투스의 관계는 10년 동안 이어졌다. 어떤 문법학자가 서한집 9권을 인용했다는 기록으로 보아 그동안 주고받은 편지는 더 많았을 것이다. 카이사르 사후에 쓴 25통만 제외하고는 모두 유실되었다.[1] 많은 사료가 사라졌지만 브루투스는 키케로가 남긴 저서에서 여전히 큰 자리를 차지하고 있다. 특히 편지에서 그를 잘 알기 위해 필요한 내용을 모두 찾을 수 있다. 나는 이 사료들을 수집해서 다시 쓸 것이다. 브루투스 이야기라면 너무나 유명한 카이사르 시해 사건을 먼저 떠올리겠지만 여기에서는 키케로와의 관계에 관해서만 다루겠다.

I

키케로는 브루투스를 마당발 아티쿠스의 주선으로 만났다. 키케로가 망명에서 돌아온 지 얼마 되지 않은 700년쯤이었다. 카틸리나 같은 저속한 선동가 클로디우스가 일으킨 혼란 속에서 카이사르는 자기 뜻을 더 쉽게 이룰 생각으로 로마 귀족이 기운 빠질 때만 기다리던 시절이다. 당시 공화국에서 키케로와 브루투스는 처지가 매우 달랐다. 키케로는 고위 공직들을 차례로 무사히 수행한 뒤였다. 그는 재능과 청렴성으로 귀족파의 소중한 자산이 되었고 연설로 민중의 마음을 사로잡았다. 속주 주민은 탐욕스러운 총독에 맞서 이익을 지켜준 그를 좋아했다. 최근에는 이탈리아 사람들이 브룬디시움에서 로마까지 그를 개선장군처럼 모시고 들어와 변함없는 애정을 보여주었다. 브루투스는 겨우 31세였다. 그는 대부분의 세월을 로마에서 멀리 떨어진 곳에서 보냈다. 아테네에서 그리스 철학을 열심히 공부했고 키프로스와 오리엔트에서 카토를 수행했다.[2] 그는 정권에서 요직을 경험한 적이 없었

1 편지들의 사실 여부는 여전히 논란거리이다. 저자는 『키케로의 편지에 대한 연구』에서 이 문제를 별도로 다루었다.*

다. 집정관직을 노려본 것은 그로부터 10여 년 뒤의 일이다. 하지만 그는 이미 주목받고 있었다. 나이나 사회적 지위에서 큰 차이가 나는데도 키케로가 먼저 브루투스를 배려하고 챙겨주었다. 그에게 특별한 기대를 걸었고 큰일을 낼 젊은이라고 막연히나마 느꼈다. 키케로가 킬리키아에 있는 동안 아티쿠스는 그에게 브루투스의 부탁을 들어주라고 채근했다.

> 그곳에서 브루투스의 우정만 가져와도 대단할 거야!
>
> (『아티쿠스에게』, VI. 1)

같은 시기에 키케로도 그에 관해 편지를 썼다.

> 그는 이미 젊은이 중에 가장 뛰어나. 로마에서도 그러지 않겠어?
>
> (『친구들에게』, III. 11)

모든 것이 브루투스에게 눈부신 미래를 약속했다. 브루투스는 로마 명문가 후손인 카토의 조카이자 카시우스와 레피두스의 처남이었고 얼마 전 아피우스 클라우디우스의 딸 중 하나와 결혼했다. 그의 또 다른 딸은 이미 폼페이우스의 장남과 결혼했다. 이렇게 막강한 혼맥으로 엮인 브루투스를 더 돋보이게 한 것은 출신 배경보다 성격과 태도였다. 그는 청소년기를 엄격하게 보냈

2 외삼촌 카토가 브루투스를 입양했다. 브루투스는 카이사르의 양아들인 적이 없다. 플루타르코스가 잘못 퍼트린 소문이다.

다. 그는 철학을 공부했다. 단순한 애호가가 아니라 정신을 단련하는 유용한 학문을 교훈으로 적용하는 현자였다. 아테네에서 지혜로운 청년이라는 평판을 들으며 돌아온 것으로 보아 얼마나 그가 도덕적이고 규칙적인 생활을 했는지 알 수 있다. 그의 인품에 대한 감탄은 주변 환경과 몹쓸 유혹에 그가 어떻게 저항했는지 알려지자 몇 배로 늘어났다. 어머니 세르빌리아는 카이사르의 첫 사랑이자 그가 가장 열렬하게 사랑했던 여인이었다. 카이사르에게 막강한 영향력을 행사했고 덕분에 파르살루스 이후 추방당한 패자들에게 몰수한 재산(흑진주, 별장 등)으로 부자가 되었다. 나이가 들면서 독재관이 자신에게서 빠져나간다고 느끼자 그를 계속 지배하려고 카시우스의 아내였던 자기 딸과 사랑을 나누게 했다. 레피두스와 결혼한 딸도 평판이 나쁘기는 마찬가지였다.[3] 키케로는 이 딸과 관련된 이야기를 농담 삼아 전한다. 겉멋 든 로마 청년 C. 베디우스가 한 무리를 이끌고 킬리키아를 지나면서 집주인에게 짐 일부를 맡겨두었다. 불행하게도 이 주인이 죽었고 여행자의 짐을 풀게 되었는데 이때 나온 귀부인들 초상화 가운데 브루투스 누이(아버지가 다른 누이)의 것도 들어 있었다.

> 말이 나와서 하는 말인데……. 오누이가 모두 제 이름값을 하려는 모양이야. 오빠(브루투스)는 멍청하게 아무 눈치도 없고 서방(레피두스)도 불평 한마디 못 하고 견디잖아(『아티쿠스에게』, VI. 1).

3 데키무스 유니우스 살리아누스와 재혼하여 딸 셋을 낳았고 막내딸 유니아 테르티아는 카이사르 암살 주모자인 가이우스 카시우스와 결혼했다.

브루투스 가족은 이런 식이었다. 친구들이야 말할 필요도 없다. 당시 로마의 부유층 청년들이 어떻게 살았는지, 카일리우스와 쿠리오, 돌라벨라가 어떤 행실을 보였는지 잘 알고 있다. 브루투스는 이런 무절제한 청년들과 달랐다. 일 처리에 엄격했고 유흥을 멀리했다. 학문에 대한 애착은 창백하고 진지한 얼굴에서도 엿보인다. 따라서 다른 청년들과 전혀 닮지 않은 의젓한 그에게 모든 시선이 쏠렸다. 나이답지 않게 점잖고 위엄에 넘쳐 보였다. 어른이자 윗사람인 거물 키케로와 카이사르, 심지어 정적 안토니우스조차 이런 인상을 받았다. 놀랍게도 이렇게 새겨진 느낌이 브루투스 자신보다 더 오래 살아남았다. 바로 앞에 있는 것처럼 기억 속에서 그의 존재감을 느꼈다. 그는 살아서든 죽어서든 존경받았다. 키케로를 혹평했던 제국의 공식 역사가 디오와 티베리우스 황제에게 아첨했던 벨레이우스[4] 모두 브루투스를 존경했다. 정치적 원한과 아첨하려는 욕구, 정파의 폭력성도 엄격한 브루투스 앞에서는 누그러졌다.

사람들은 그를 존경하면서도 사랑했다. 이런 감정을 동시에 느끼기는 쉽지 않다. 아리스토텔레스에 따르면 "연극에는 모든 점에서 완벽한 영웅을 등장시키지 않아야 한다. 그들은 관객의 관심을 끌지 못한다." 삶에서도 마찬가지다. 흠잡을 데 없는 인물을 보면 자신도 모르게 움찔하며 뒤로 물러난다. 누구나 있는 인간적 약점 덕에 오히려 더 가까워지는 만큼, 빈틈없는 사람에게

4 벨레이우스Velleius Paterculus(B.C.19~A.D.31). 로마 역사가. 『로마사』에서 로마 제국 초기의 속주와 인물들을 훌륭하게 묘사했다.

매력을 별로 느끼지 못하고 완벽한 모습을 멀리서 우러러볼 뿐이다. 하지만 브루투스에 대해서는 그렇지 않았다. 키케로는 그를 위해 쓴 작품(몇 권의 연설론)에서 이렇게 말했다.

자네만큼 존경받고 사랑받는 사람이 누가 있을까?

(『연설가에 관하여』, 10)

하지만 브루투스가 사랑하는 사람들은 그에게 약점이 되었다. 어머니와 누이들의 말이라면 꼼짝 못 하고 따르다가 잘못을 저지르기도 했다. 그는 친구가 많았고 키케로는 그들의 충고에 너무 솔깃하지 말라고 조언했다. 친구들은 무능했지만 정이 많은 브루투스는 그들을 멀리하지 않았다. 필리피에서 브루투스는 플라비우스[5]와 부관 라베오가 전사했다는 소식에 실성한 듯 통곡했다. 그는 죽기 전에 자기를 배신한 친구가 없어 다행이라는 말을 남겼다. 당시에는 매우 드물던 이런 우정으로 그는 마지막 순간에 큰 위로를 받았다. 군단 병력 대부분이 카이사르의 옛 용사들이었지만 노략질과 약탈하는 자들을 처벌하면서 그들을 단단히 손아귀에 넣었다. 바로 그 군단이 그를 사랑했고 충성을 유지했다. 처음에는 브루투스의 뜻에 반대했던 로마 사람들도 그에게 공감을 표한 적이 한두 번이 아니었다. 옥타비아누스가 카이사르의 암살자들을 공개하며 연단에서 브루투스의 이름을 부르자 모두 슬퍼하

5 플라비우스Flavius. 서무에 가까운 초급관리로 회계관 아래 직급의 인물로만 알려졌다.

며 고개를 숙였다. 추방을 직감하며 겁에 질린 원로원 한복판에서도 그를 절대 비난하지 않겠다는 용감한 목소리가 들려왔다.

키케로도 다른 사람들처럼 그에게 매력을 느꼈지만 거부감도 조금 있었다. 브루투스와의 우정은 큰 틀에서는 같은 입장이었지만 많은 문제와 언쟁이 오갔고 여러 번 불화가 일어났다. 그들의 의견 차이는 성격 차이였다. 두 사람은 정말이지 닮은 구석이 없었다. 사회생활에 이보다 더 적합한 사람이 또 있을까 싶게 키케로는 성공에 필요한 자질과 장점을 고루 갖추었다. 융통성이 뛰어났고 타인에게 관대했으며, 자신에게도 지나치게 까다롭지 않았고 모든 정파를 원만하게 조율했다. 또 모든 것을 이해하고 수용하는 너그러운 성품도 타고났다. 운문에 재능은 없었지만 시인 못지않게 특이한 감흥과 예민한 감수성, 유연하고 폭넓고 빠른 두뇌 회전으로 즉시 생각해 냈다. 그러다가 재빨리 생각을 버리고 이쪽 끝에서 저쪽 끝으로 건너뛰곤 했다. 중요한 결단을 단번에 내리고 이튿날이면 후회했다. 정파를 선택할 때마다 처음에 화끈하게 결정했다가도 이내 심드렁해했다. 이와는 반대로 브루투스는 빠르게 판단하지 못했다. 그는 보통 어떤 일이든 처음에는 꾸물대며 단번에 결정하지 않았다. 진지하고 느리지만 모든 일을 차근차근 밀고 나갔다. 하지만 일단 마음을 굳히고 나면 그 어떤 것에도 흔들리지 않고 자기 소신을 고집했다. 틀어박혀서 자기 확신에 빠졌고 그것에 대해 흥분하며 깊은 생각으로 끓어올랐다. 마침내 융통성 없는 논리를 따랐다. 그는 생시몽이 말했던 '미친 듯 열중하는 사람'이었다. 그런 집요한 면이 브루투스의 진정한 힘의 원천이었다. 카이사르도 이 점을 잘 알았다.

브루투스가 원한다고 한다면, 그건 정말이야. 그는 진정으로 바라는 것만 원하거든(『아티쿠스에게』, XIV. 1)![6]

닮은 점이 거의 없는 두 사람은 사사건건 충돌했다. 문학에 관한 생각부터 달랐다. 당시 법정에서는 관례에 따라 중요한 사건을 여러 변호인에게 나누어 맡겼다. 각자는 자기 장점에 적합한 역할을 맡는다. 판사들 앞에 자주 나서야 했던 키케로는 친구들, 제자들과 참석했고 부족함이 없도록 빈틈없이 역할을 분담했다. 그는 주로 변론의 마무리만 맡아서 열정적인 연설을 했다. 두 사람이 처음 친했을 때, 브루투스도 키케로의 지휘에 따라 변론 일부를 맡았다. 하지만 그는 키케로의 제자가 아니었다. 연설가 데모스테네스의 광적인 추종자였고 선조들의 조각상 사이에 그의 조각상을 두었다. 아테네 학파 거장들을 열심히 연구해 그들의 우아한 엄격함과 강력한 힘을 재현하려고 했다. 타키투스에 따르면 "브루투스의 노력은 순조롭지만 않았다." 아쉽게도 "수사와 비장함을 피하려다 보니 싱겁고 냉랭해졌다." 정확성과 강렬

6 캄파나 박물관에 〈브루투스 캄파나〉 입상은 매우 흥미롭다. 지금은 루브르 소장품이다. 그를 이상화하지 않았고 사실성을 고취하려 했다. 하지만 우리는 브루투스를 잘 알고 있다. 앞이마는 묵직하게 두드러진 얼굴보다 좁아 고집쟁이로 보인다. 열병에 걸린 표정으로 청년기를 건너뛰어 일찍 늙은 사람의 얼굴이다. 게다가 이상하게 슬퍼보인다. 거대한 숙명에 짓눌린 표정이다. 하지만 카피톨리누스 박물관에 있는 〈브루투스〉 흉상은 온화하고 조금 슬퍼 보여도 병적인 모습은 아니다. 만년에 발행된 유명한 메달에서 보는 모습과 닮았다. 뒷면에는 2자루의 검 사이에 프리기아 모자를 새겨넣었다. 미켈란젤로의 〈브루투스〉 흉상은 미완인 채 피렌체 우피치 미술관에 있다. 고대의 초상을 모델로 삼은 것으로 보인다.*

함만 좇다가 삭막하고 뻣뻣해졌다. 키케로에게 이런 결점은 혐오감을 주었지만, 어떤 식으로든 브루투스를 자기 동아리로 끌어들이려고 애썼다. 하지만 허사였고 이 문제에서 두 사람은 서로 이해하지 못했다. 카이사르가 죽은 뒤 문학 논쟁과는 다른 문제가 불거졌다. 브루투스는 키케로에게 카피톨리누스 신전[의사당]에서 방금 발표했던 연설문을 바로잡아 달라고 부탁했다. 키케로는 조금도 손대지 않으려고 조심했다. 그는 문인의 자존심을 너무 잘 알았다. 원래 실력보다 더 낫게 고쳐준다면 브루투스를 불쾌하게 할 위험이 있었다. 게다가 연설은 매우 훌륭해 보였고 아티쿠스에게 이보다 더 우아하거나 잘 쓴 글은 보지 못했다고 했다. 하지만 한 마디 덧붙이는 것도 잊지 않았다.

나라면 더 많은 열정을 쏟았을 거야(XV. 1. B).

브루투스라고 왜 열정이 없을까. 하지만 가장 가까운 사람들에게만 닿았던 비밀스럽고 절제된 불꽃이었다. 군중의 마음을 사로잡는 강렬한 감정과 격정의 불길을 좋아하지 않았다.

따라서 그는 키케로에게 충실한 제자도 허물없는 친구도 아니었다. 그는 융통성이 없었고 말투도 항상 무뚝뚝하고 거칠었다. 두 사람이 처음 가까워졌을 때, 거물만 상대하던 키케로는 이 젊은 친구가 보낸 편지를 신랄하고 건방지다고 생각해 상처받았다. 그에게 품은 불만은 이것뿐만이 아니었다. 이 위대한 집정관은 까다로운 데다 의심이 많고 묘한 허영심까지 있었다. 칭찬을 매우 좋아했고 자화자찬도 잘했다. 기다려도 다른 사람들이 칭찬하지 않으면 노골적으로 듣고 싶어 했다. 순박한 그의 약점에 관대한 친구들은 그가 보채기 전에 먼저 칭찬해 주었다. 하지만 브루투스만 끝내 인색하게 굴었다. 더구나 눈치도 없이 속에서 우러나는 대로 솔직하게 털어놓았다. 키케로는 브루투스가 칭송을 거래하려 한다며 종종 불평했다. 그러던 어느 날 심각하게 화를 냈다. 키케로가 집정관으로서 고심 끝에 렌툴루스와 논의한 결과 카틸리나의 공범들을 처형하는 문제였다. 그가 그때처럼 용기를 내서 움직인 적은 없었고 이 사건으로 망명이라는 대가를 치렀으니 자랑스러워할 만했다. 하지만 브루투스는 외삼촌 카토를 주인공으로 내세우고 키케로를 들러리 세우듯 역할을 축소했다. 음모를 찾아냈다는 말은 하지 않고 처벌했다는 칭찬만 했을 뿐 '훌륭한 집정관'이라는 표현으로 키케로의 이름 석 자조차 입에 올리지 않았다. 키케로는 아티쿠스에게 편지로 섭섭함을 털어놓았다.

> 그것도 칭송이라고! 쩨쩨하게, 누가 들었다면 적이 한 말이냐고 하지 않겠어(XII. 21)?

하지만 이런 자존심 싸움은 쉽게 풀어질 사소한 차이였다. 그만둬야 마땅한 더 심각한 견해차가 있었고 그것은 그 시대 로마 사회에 관해 많은 시사점을 준다.

브루투스를 알고 지낸 지 얼마 지나지 않아 키케로는 킬리키아 총독으로 떠났다. 난제가 산적한 자리라 맡고 싶지 않은 자리였다. 그 의무를 다하려면 귀족과 보호자, 기사, 피보호자와 소송 의뢰인의 도움이 필요했다. 평소 적대 관계였던 귀족과 기사계급은 속주 약탈 문제만큼은 한마음이었다. 징세청부업자인 기사계급은 "계약 기간 5년 동안 재산을 불리려는(리비우스, 『로마사』, ILV. 18)" 생각만 했다. 그들은 지역 생산물에 10퍼센트, 상품거래와 관세, 목초지에 20퍼센트를 과세했다. 속주 주민에게도 로마의 모든 공납세를 요구했다. 그들의 탐욕은 거침없었다.

징세청부업자가 들어가는 곳마다 정의도 자유도 없었다(리비우스).

비참한 속주 도시에서 금융업자들은 탐욕스러웠다. 무능한 관리들이 공금을 부실하게 운용하거나 부패한 관리들이 착복을 일삼아 금고가 텅 비었다. 어떻게 해서든 돈이 필요했다. 하지만 전 세계 은행을 1세기 동안 지배한 로마의 금융업자가 아니면 어디에서도 돈을 구할 수 없었다. 별수 없이 그들에게 손을 벌렸다. 자금이 넉넉한 거부들은 속주나 외국 군주에게 빌려주기도 했는데 키케로가 소송에서 변호한 라비리우스 포스트무스도 그런 사람이었다. 그는 왕국을 되찾도록 이집트 왕에게 자금을 대주었다. 다른 사람들은 위험을 줄이기 위해 금융 회사를 설립해 로마의 유명 인사들에게 자금을 투자받았다. 폼페이우스도 푸테올리에서 클루비우스가 세운 비밀 출자회사에 상당한 지분을 가지고 있었다. 대부업자들은 개인이든 기업이든, 기사든 귀족이든 가리지 않고 4~5퍼센트 정도의 고금리로 돈을 빌려주었다. 이자를 걷기는 쉽지 않았다. 이런 가혹한 조건은 대체로 파산한 사람들이나 받아들였기에 빌려준 돈은 항상 위태로웠다. 만기가 되면 가난한 속주 도시들은 그 어느 때보다 돈에 쪼들렸다. 갖은 말도 안

되는 소리를 늘어놓으며 총독을 내세워 원로원에 하소연했다. 하지만 보통 총독은 적들과 한통속이었다. 채권자들은 구워삶은 총독의 협조로 안심하고 속주로 해방노예나 대리인을 보내기만 하면 되었다. 총독은 공권력을 사익에 봉사하도록 동원하고 수금대리인에게 부관과 병사, 권한까지 주고 채무를 갚지 못한 속주 도시를 약탈하게 했다. 키케로의 표현으로는 "속주를 멸망시키지 않으려고(『퀸투스에게』, I. 1)" 권력 남용을 거부하는 총독에게는 속주를 우려먹던 자들이 반발했다. 부채를 회수하지 못한 귀족과 기사는 무서운 적으로 돌아섰다. 사실 총독은 속주 사람들의 존경을 받아봐야 도움도 안 되었다. 오리엔트 속주 주민은 "역겨운 아첨으로 오랫동안 노예 상태로 길들었다." 입상을 세워주며 받들던 총독들이 가장 큰 도둑이었다. 두려워서 아첨하며 우상화했을 뿐이다. 킬리키아를 완전히 거덜 낸 키케로의 전임 총독에게 주민들은 신전까지 바치려고 했다. 총독으로 부임한 키케로가 마주친 난제였다. 그는 명예롭게 대처했다. 로마 공화정 치하 속주에서 그보다 더 훌륭한 통치자는 없었다. 하지만 그는 인정은 받았지만 금전의 보상은 변변치 않았다. 이 문제로 적들만 늘어났고 브루투스와는 거의 싸울 뻔했다.

브루투스가 그런 뒷거래를 했다고 누가 상상이나 했을까? 그는 아르메니아 소국 왕 아리오바르자네스와 키프로스섬의 도시 살라미스[살라미나]에도 돈을 빌려주었다. 임지로 떠나는 키케로에게 아티쿠스도 강하게 권했던 사업이기도 했다. 하지만 브루투스는 잘못 투자한 자금을 날릴 판이었지만 키케로에게 손 써달라고 부탁할 수 없었다.

이보다 더 가난한 왕과 비참한 왕국을 어디에서 볼 수 있을까?

(『아티쿠스에게』, VI. 1)

결국 브루투스는 왕에게서 한 푼도 돌려받지 못했다. 무엇보다 살라미스 사태는 더욱 심각했다. 브루투스는 자신이 직접 연루된 사실을 차마 털어놓지 못했다. 폭리가 어마어마했고 그와 같은 추문의 파장을 잘 알기 때문이다. 사건의 자초지종은 이러했다. 브루투스의 친구 스캅티우스는 살라미스 주민들에게 매달 4퍼센트의 이자로 거액을 빌려주었다. 주민들이 빚을 갚지 못하자 스캅티우스는 관례대로 처신했다. 키케로의 전임 총독 아피우스 풀케르에게 기병대를 지원받아 살라미스 원로원을 너무 바짝 포위한 나머지 의원 5명이 굶어 죽었다. 이 사건을 알게 된 키케로는 충격을 받고 악습에 연루된 군인들을 서둘러 소환했다. 그는 아직 브루투스의 피보호자 한 명에게만 해를 끼치고 있다고 믿었다. 그러다 차츰 사태가 험악해지자 브루투스가 개입한 정황이 더 많이 드러나자 키케로는 그를 배려해서 일 처리에 융통성을 보였다. 하지만 브루투스는 대폭 삭감해 주지 않으면 돈을 돌려받을 가망이 없다는 것을 알았을 때, 매우 기분이 상했다. 따라서 스캅티우스는 명의만 빌려주었고 실제 채권자는 자신이라는 사실을 알리기로 결심했다. 이 사실을 들었을 때 키케로가 놀라움을 모두 공유했다. 브루투스의 행동은 그의 품행 전체와 모순되는 것처럼 보인다. 그는 분명 청렴하고 정직했다. 몇 해 전, 카토는 그에게 키프로스 왕의 보물을 로마로 가져가는 임무를 맡겼다. 정직한 인물이 드물었던 만큼 누구를 믿어야 할지 몰랐기 때문이다. 분명한 것은 브루투스가 살라미스 주민들에게 한 행동은 그렇게 해도 된다고 믿었기 때문이다. 그도 관례대로 대다수가 따르는 편견에 굴복했다. 로마 사람들에게 속주는 정복한 지역이었다. 속주 주민이 패배의 기억을 지우기에는 너무 짧은 시간이었고 로마 사람들도 그들을 믿지 않았다. 어떠한 경우든 기억하고 있었다. 승자들은 끔찍한 전쟁 법칙으로 무장했고 고대에는 아무도 반대하지 않았다. 승전국의 권리로 보면 패자의 재산은 승자의 것이었다. 패자의 것을 빼앗는 것이 아니라 오히려 약탈하지 않은 나머지를 그들에게 주었다고 생각했다. 죽지 않을 만큼 남겨놓았으니 관대하다고 생각했을 것이다. 속주는 로마 사람의 영토와 재산이었다. 속주 주민을 관대하게 대한 이유는 연민이나 애정을 느껴서가 아니라 용의주도한 지주들을 모방했기 때문이다. 그들은 과도한 경작으로 밭을 황폐화하지 않도록 했고 인정이 아니라 미래를 위해 당장은 조금 남겨두려는 계산이었다. 공화정에서 속주 보호법이란 이런 의미였다. 브루투스도 승자의 권리와 패자의 조건이라는 관점을 전적으로 받아들였다. 그는 정직했지만 옹졸한 인간의 약점을 보였다. 로마 귀족의 이기주의에 젖어 살아온 탓에 부당함을 인식할 만큼 마음이 넓거나 의식이 높지 못했다. 타고난 온순함과 인간성이 자기 계급의 전통과 교육에 관한 기억을 능가할 때까지 주저 없이 그것을 따랐다. 그는 속주를 통치하면서 타고난 정직성과 뿌리 깊은 편견 사이에서 갈등했다. 살라미스 주민을 고리대금업으로 파산시킨 후, 갈리아 키살피나에서는 사리사욕을 탐하지 않아 명예를 얻었다. 하지만 키프로스섬에서는 비난을 샀다. 또 밀라노 사람들은 아우구스투스 치세까지 그가 베푼 선정善政을 기억했다. 브루투스가 마지막으로 나섰던 원정도 매우 대조적이다. 그는 항복하지 않고 자살했던 크산토스[키닉] 주민들을 보면서 괴로워 울었다. 하지만 필리피 전투 전날에는 병사들에게 테살로니카와 라케다이몬[스파르타]을 약탈해도 좋다고 약속했다. 플루타르코스는 이때 그가 일생일대의 실수를 저질렀다고 보았다. 브루투스는 올곧았지만 자신이 태어났던 사회가 끝날 때까지 이 끈질긴 편견을 절대 벗어나지 못했다.

하지만 이런 편견에 모든 사람이 영향을 받지는 않았다. 키케로는 정치 신인으로 전통의 횡포에 더 쉽게 맞섰고 속주에서 더 많은 인류애를 보여주었으며, 그들에게 얻은 이득을 추악하다며 비난했다. 동생에게 부친 편지에서 이 원칙을 강력하게 선언했다(『퀸투스에게』, X. 1). 로마 사람의 이익뿐만 아니라 속주의 이익을 위해서, 최대한 행복과 안녕을 줄 수 있는 방식으로 다스려야 한다고 했다. 매우 새로운 관점으로 그가 킬리키아에서 실제 하려 했던 일이다. 따라서 그는 브루투스의 처신으로 큰 상처를 입었다. 양심에서는 더 융통성이 있던 아티쿠스가 브루투스의 부탁을 들어달라며 열렬히 간청했지만, 키케로는 어떤 일에도 관여하지 않겠다고 단호히 거부했다.

> 브루투스를 기쁘게 할 수 없어 속상하네만, 내가 생각했던 친구가 아니라 더 속이 쓰리네(『아티쿠스에게』, VI. 1).
> 브루투스가 나를 비난한다면 그런 친구는 필요 없네. 적어도 그 댁 어르신 카토는 나를 비난하지 않을 거네(V. 21).

매우 신랄한 말투다. 당시 심각한 사건들이 일어나서 그들이 다시 가까워지지 않았다면 그들의 우정은 이 분쟁으로 많은 고통을 받았을 것이다. 키케로가 이탈리아로 돌아오자마자 오래전부터 예견했던 내전이 터졌다. 큰 싸움을 앞두고 사사로운 반감은 잊어야 했다. 게다가 키케로와 브루투스는 하나의 공동체 의식으로 묶여있었다. 두 사람 모두 폼페이우스 진영으로 갔지만 열의나 열망보다 의무감 때문이었다. 브루투스는 매번 아버지 같은 애정을 보여준 카이사르를 사랑했고 게다가 폼페이우스를 증오했다. 그의 거만한 허영심이 자신을 불쾌하게 했고 술라의 내전 중에 살해당한 아버지의 죽음을 용서할 수 없었다. 하지만 공화정이 위태로워지자 개인적인 애증을 잠시 접고 브루투스는 집정관과 원로원이 있던 테살리아로 갔다. 브루투스는 폼페이우스 진영에서 대단한 열정을 쏟았다(XI. 4). 하지만 그곳에서 많은 상처를 입었다. 너무 많은 사사로운 원한과 야심이 그가 지키려던 자유라는 대의에 뒤섞여 있었다. 그 점을 키케로와 카시우스도 못마땅하게 여겼고 두 사람은 폼페이우스 측근들이 광분하며 쏟아내는 소리에 분개하여 남들이 바라는 대로 무리한 전쟁을 계속하지 않기로 결심했다. 훗날 키케로는 카시우스에게 이렇게 썼다.

> 아직도 그 허심탄회한 대화를 기억하네. 오랜 숙고 끝에 행동하기로 결심했지. 정의가 아니더라도 적어도 우리가 한 결정 때문이라도 결전에 나서기로 했던 날이지(『친구들에게』, XV. 15).

그 자리에 브루투스가 있었는지 알 수 없다. 하지만 셋은 같은 방식으로 행동했다는. 파르살루스 전투 이후, 키케로는 공화파 패잔병의 지휘를 거부했고 카시우스는 자기 함대를 카이사르에게 곧바로 넘겼다. 브루투스는 전투하는 동안에는 최선을 다해 임무를 수행했다. 하지만 전투가 끝나자 할 만큼 했다고 생각하고 승자에게 갔다. 카이사르에게 환대와 특별대우를 받으면서 폼페이우스의 퇴각 정보까지 털어놓았다. 그 대화 후 브루투스는 모든 것을 얻었다. 아프리카로 퇴각한 공화파에 합류하지 않았고 이집트와 소아시아를 정복하기 위해 카이사르를 따라나섰다.

II

파르살루스 전투를 치를 때 브루투스는 37세였다. 로마 사람들은 정치 활동을 할 나이였다. 재무관이나 시정관이 되었고 그다음에 법무관과 집정관을 노렸다. 로마 청년은 포룸과 민회에서 용감하게 투쟁하며 자격을 갖추었다. 정계에 입문한 젊은이가 최고라고 상상하는 모습은 법이 허용하는 나이에 이런 영예를 얻는 것이었다. 40세에 법무관, 43세에 집정관이 되면 최고였다. "제 나이에 법무관이나 집정관이 되었다"라는 말처럼 명예로운 것은 없었다. 운 좋게도 자리에 있는 동안 전쟁에서 5천 명의 적을 죽이고 승리할 기회를 잡는다면 더 바랄 것이 없었다.

브루투스라고 이런 기대를 품지 않았을 리 없었고 그의 출신과 재능이라면 그것을 성취할 수 있었다. 하지만 모든 계획은 파르살루스 전투로 뒤집혔다. 친구 덕에 명예는 조금 얻었지만 한 사람이 모든 권력을 차지했기 때문에 이름뿐인 명예였다. 주인은 단 한 사람이었고 누구와도 권한을 나누지 않았다(IV. 9). 다른 사람들에게 정치 생활은 더는 없었다. 특히 몇 년 동안 격렬한 난리를 겪은 이후에는 새 정부를 차지한 사람들조차 무기력해졌다. 베르길리우스의 표현으로 "신은 모든 이에게 여가를 주었다". 브루투스는 할 수 없이 중단했던 공부로 돌아갔다. 학문의 세계로 돌아오자 키케로와 더 가까워졌다.

그는 카이사르를 따라 소아시아로 가던 길에 키케로에 관한 소식을 들었다. 키케로가 브룬디시움을 떠나자 독재 정부는 파르살루스로 떠난 그를 위협했고 폼페이우스 일파는 너무 빨리 돌아왔다며 그를 비난했다. 양쪽으로 시달리던 키케로는 기진맥진했다. 브루투스는 기운을 북돋아 주려고 편지를 썼다.

> 당신이 한 행동이 당신에 대해 말해줍니다. 당신 침묵해도 죽은 후에도 살아남을 것입니다. 국가가 안전해 공화국이 무사하든, 파멸을 초래해 사라지든 간에 영원히 당신의 정치적 행위를 지지하는 증인이 될 것입니다(키케로, 『브루투스』, 96).

키케로는 이 편지를 읽으면서 오랜 병에서 나은 것 같았고 다시 빛을 보는 듯했다. 브루투스가 로마로 돌아왔을 때 그들은 더 친해졌다. 서로 더 잘 알게 되면서 더 좋아하게 되었다. 상상력이 풍부하고 젊은 마음을 지녔던 키케로는 60세였지만 브루투스에게 푹 빠졌다. 이렇게 호기심 많고 정직한 영혼과 끊임없는 소통으로 키케로는 재능을 되살리고 젊어졌다. 당시 발표한 키케로의 저서에서 브루투스는 늘 큰 자리를 차지한다. 키케로는 브루투스로 가득 차 그에 대해 자주 이야기했으며, 그를 치켜세우는 것으로는 모자라 그를 기쁘게 해주려고 애썼다. 키케로는 브루투스의 칭찬과 우정에만 관심이 있는 것 같았다.

무엇보다 철학 연구는 그들을 하나로 묶었다. 두 사람 모두 어린 시절부터 철학을 사랑했고 열심히 공부했다. 독재 정부에서 배제된 그들은 철학에 더 몰두했다. 쉴 줄 모르는 키케로는 남은 기력을 철학에 쏟았다. 그러면서 친구와 제자들에게 말했다.

> 그리스는 늙었어. 철학적 영광을 뿌리째 뽑아보자고!
>
> (『투스쿨룸 대화』, II. 2)

그는 가장 먼저 작업을 시작했고 한동안 시행착오도 겪었다. 플라톤 철학서 가운데 가장 모호한 『티마이오스』를 번역하면서 한때 미묘한 형이상학 문제로 이끌었다. 하지만 실용 감각과 상식을 중시한 로마 사람들은 질색했고 키케로도 자신이 틀렸다는 것을 인정했다. 『투스쿨룸 대화』에서 적합한 도덕의 문제로 돌아와 더는 벗어나지 않았다. 정념의 다양한 특성과 미덕의 고유성, 의무의 단계, 정직한 사람이 일생 제기하는 모든 문제, 특히 그가 종종 뒤로 물러서지만 항상 끔찍한 집념과 괴로움으로 돌아오는 것, 즉 가장 물질적이고 가장 세속적인 영혼들을 혼란스럽게 하는 사후 세계 문제이다. 변증법의 힘이나 학파, 제도를 편견 없이 연구했다. 새로운 개념에 대한 관심보다 실용적이고 합리적인 원칙을 취하는 것이 더 효율적이었다. 이 점을 비난하지 않도록 하자. 서구의 수많은 대중은 로마 철학 덕분에 그리스의 지혜를 한

결 명쾌하게 이해했다. 로마에서 철학은 로마 제국처럼 파르살루스 전투에서 시작되었고 카이사르의 승리로 덕을 보았다. 카이사르가 정치 활동을 억압하자 호기심 많은 사람은 철학에서 활력을 찾았다. 낙심하고 괴로워하던 사람들이 먼저 열렬하게 받아들였다. 황제의 권위가 커지자 철학의 인기도 더 올라갔다. 사람들은 자기 내면을 파고들면서 폭정을 피하는 한편 자신을 좀 더 이해하면서 자기 힘이 닿지 않았던 미지의 세계를 개척하고 키웠다. 황제들도 이것을 잘 알았다. 독재의 권위가 통하지 않는 학문은 치명적인 적이었다. 황제들은 역사와 함께 철학도 수상해 했다.

이미 너무 잘 알려진 사실이라 고대 로마의 공화정 말기와 제정 시대 철학서들이 같은 주제를 다룬 우리 시대의 책들보다 왜 더 중요한지 새삼 강조할 필요는 없을 듯하다.[7] 종교가 의례에 국한되고 종교 서적이라고 해 봐야 공식의 모음과 세부 실천 사항만 담고 있었고 사제와 열성 신자를 위한 희생제 방법을 설명한 것뿐이었다. 철학만이 갈피를 못 잡고 가르침을 구하며 고민하는 사람들에게 그나마 위안을 해주었다. 그 시대 도덕론은 훌륭한 연설로 매혹하는 한가한 문인들을 위한 것만은 아니었다. 루크레티우스의 글은 (『사물의 본성에 관하여』) 되는대로 사는 사람

7 이 문제에 관련해 방자맹 콩스탕 마르타B. C. Martha의 『로마 제국의 윤리학자, 철학자, 시인』(1865)을 참고할 수 있다.* 에트루리아 미술 전문가 아들 쥘 마르타J. Martha는 키케로 전문가로서 『브루투스』, 『최고 선악에 관하여』을 프랑스어로 번역했다. 빅토르 브로샤르V. Brochard의 『그리스의 회의론자』(1887, 2002. 개정판)는 니체가 탐독한 참고서다. 평론가 앙투안 콩파뇽A. Compagnon이 주장하는 바로는 마르셀 프루스트의 소설 『잃어버린 시간을 찾아서』에 나오는 브리쇼는 브로샤르를 모델로 삼았다.

들, 곧 민중을 위한 것이었다. 이렇게 철학의 가르침을 실천했고 이론으로 행동 규칙을 삼았다. 모든 도덕이 살아났다. 키케로는 『투스쿨룸 대화』 첫머리부터 "죽음은 악이 아니다"라는 점을 증명하려고 했다. 너도나도 연설을 익히고 학파가 번창한 것으로 보였지만 사실 새로운 세대는 다른 것을 찾았다. 사람들은 추방 전날에 정신을 단련하려고 철학서를 읽었다. 독서로 큰 불행을 견딜 수 있었다. 누구를 위해서도 자기 삶을 위험에 빠트리지 않았던 이기주의자 아티쿠스도 전에 없이 친구의 주장에 공감했다. 키케로는 이렇게 썼다.

> 『투스쿨룸』이 마음에 든다니 잘됐네. 내가 말한 처방대로 해봐! 무슨 일이든 즉시 확실하게 맞설 수 있을 거야(『아티쿠스에게』, XV. 2).

처방이란 다름 아닌 죽음이었다. 많은 사람이 혜택을 받았다. 이때처럼 믿을 수 없을 만큼 목숨을 경시한 적은 없었고 죽음을 두려워하지 않은 때도 없었다. 카토 이후로 자살은 미친 듯 유행했다. 패자는 자살로 자신을 구하려고 했고 다른 방법을 알지 못했다. 유바와 페트레이우스, 스키피오가 그렇게 자결했다. 라테렌시스는 동지 레피두스가 공화국을 배신하는 것을 보고 한탄하며 자살했다. 스카풀라는 코르도바에서 더는 버틸 수 없자 장작더미를 쌓고 산 채로 자신을 불태웠다. 도망자 데키무스 브루투스가 영웅적 선택을 주저하자 친구 블라시우스는 그 앞에서 본보기를 보였다. 필리피에서 어처구니없는 일들이 속출했다. 패배한 사람들은 목숨을 건질 수 있었는데도 살려고 하지 않았다. 퀸틸리우스 바루스는 제복과 훈장을 갖춘 뒤 노예에게 검을 주고 목숨을 끊었다. 라베오[8]는 무덤을 파고 그 자리에서 죽었다. 카토는 적들 앞에서 투구를 벗어 던지고 "내가 카토다"라고 외쳤다. 카시우스는 너무 성급하게 자살했다. 브루투스는 침착하고 품위를 보인 놀라운 자살로 이런 비극을 마감했다. 『투스쿨룸 대화』에서 논평한 기이하고 지독한 죽음은 일반적 진실이 되었다. 많은 용기 있는 사람들이 결행하였고 죽음에 관한 상투적인 생각을 깼다.[8]

브루투스의 철학에 관한 글은 짧은 단편들만 남았다. 자기 철학에 따랐다는 점에서 그의 사상은 무의미하거나 모호해 보이지 않는다. 가장 잘 알려진 『미덕에 관하여』는 키케로에게 바친 것인데 두 사람 모두에게 걸맞다. 저자가 확신을 두고 말한다는 점이 특히 마음에 든다(『퀸투스에게』, X. 1). 세네카는 중요한 단락을 인용해 전했다. 그 구절에서 브루투스는 미틸리니[뮈틸레네](레스보스섬)에서 추방 생활을 하던 마르켈루스를 만난 이야기를 한다. 나중에 그는 키케로가 카이사르에게 청원해서 사면받았다. 마르켈루스는 로마와 그곳에서의 향락을 잊은 채 침묵과 휴식 속에서 더없는 행복을 느끼며 진지하게 학문에 몰두했다.

> 브루투스가 말했다. 그를 놓아둔 채 나 혼자 떠나자니, 그곳에 남아 있던 마르켈루스가 아니라 내가 망명길에 오르는 기분이었다.
>
> (세네카, 『위로에 관하여, 어머니 헬비아에게』, 9)

8 퀸투스Quintus. 실명은 라베오Pacuvius Antistius Labeo. 법률가로 술피키우스의 제자. 카이사르 시해의 공모자로 브루투스를 끌어들였다.

마르켈루스의 모습을 보며 브루투스는 망명을 불평할 필요는 없다고 생각했다. 망명 생활 중에 덕을 닦을 수 있기 때문이다. 이 책의 교훈은 행복하게 살려면 자기 자신만이 필요하다는 것이다. 지금도 흔한 격언이지만 브루투스는 이 원칙을 따르려고 노력했고 그것을 살아있는 진리로 만들었다. 그가 발전시킨 것은 철학 논제가 아니라 다른 사람들에게 제안하고 자신을 위해 취한 행동 규범이었다. 그는 일찍부터 자기 생각과 교감하고 즐거움과 고통을 규범 안에 두었다. 그러한 이유에서 가장 심각한 사태에 처했을 때도 정신의 자유를 지켰다. 그 시대 사람들이 주목했던 피상적인 문제를 경멸하면서 그 일에서 쉽게 벗어날 수 있었다. 파르살루스 전투를 앞두고 모두 불안에 떨었을 때도 브루투스는 조용히 폴리비오스의 책을 읽고 전투 순간을 기록했다. 카이사르를 시해한 3월 15일 이후, 동지들이 흥분해서 두려워하고 있을 때도 그만이 한결같은 차분함을 유지했다. 이런 점 때문에 키케로는 약간 짜증 나기도 했다. 로마에서 쫓겨나 카이사르의 옛 용사들에게 위협을 받을 때도 브루투스는 이렇게 마음을 달랬다.

> 사람들 일에 괘념치 않고 좋은 일만 기억하면 최고지.
>
> (『브루투스에게』, I. 16)

바깥일에 초연하고 자기에게 몰두하는 것은 성찰하고 연구하는 사람에게는 분명 가치 있는 자질이다. 철학자에게는 이상적이지만 행동파와 정치인이라면 곤란하다. 일의 성공이 여론에 달려있는데 다른 사람의 의견을 멀리하는 것이 과연 적절할까? 양심에 귀를 기울이고 의연히 따르겠다는 핑계로 주변을 조금도 고려하지 않고 대책 없이 모험에 뛰어들어야 할까? 실제로 사람들에게 거리를 두고 완전히 자기 열정만 지키려 한다면 결국 관계가 단절되고 그들을 제대로 이끌 수 없지 않을까? 아피아노스[9]는 공화파 군단의 마지막 원정전을 이야기하면서, 브루투스가 항상 자기 관심에만 몰입해 심각한 논란거리에서 벗어나 있었다고 전한다. 그는 대화와 독서를 좋아했고 원정 중에도 흥미로운 고장에 들르면 주민들과 이야기를 나누었다. 그는 야전의 철학자였다. 반대로 카시우스는 전쟁에만 몰두했고 다른 곳에 눈길을 주지 않았다. 마치 싸움판에 뛰어든 검투사처럼 목적에만 충실했다(아피아노스, 『내전기』, IV. 133). 그를 보고 브루투스는 천박하다며 비웃지 않았을까? 하지만 현실에서 성공하는 사람은 모든 혼을 쏟아야 살아남는 검투사 같은 인간형이다. 오늘의 열정을 넘어서기를 원하는 사람들은 군중의 마음을 뒤흔들거나 이끌지 못한다. 그들은 현자일지 모르지만 정파를 이끌 재목으로는 부적합하다.

게다가 브루투스는 정파의 지도자가 될 생각조차 없었고 새로운 권력을 적대하지도 않았다. 카이사르는 폼페이우스의 최측

9 아피아노스Appianus Alexandrinus(95~165?). 트라야누스 황제와 하드리아누스 황제 치세에 알렉산드리아에서 활동했다. 유대민족 봉기(116~117) 때 아라비아반도로 피신했다. 『로마사』(전24권) 일부가 전한다. 특히 내전 부분이 중요하게 평가된다(13~17권). 굴리엘모 페레로는 『로마 공화국의 영광과 몰락』(1907)에서 그의 글을 많이 인용했다. 연대기 대신 지리와 민족 중심으로 로마의 정복사를 구성했다는 점이 독보적이다. 이런 구성에 따르다 보니 시대의 혼돈이 불가피했다. 하지만 지리에 바탕을 둔 정복의 논리와 로마의 전략을 이해하는 데 귀중한 참고서로 꼽힌다.

근 동지들을 용서했듯이 브루투스도 포용했다. 로마로 돌아온 브루투스에게 중요한 속주 갈리아 키살피나를 맡겼다. 그 무렵 탑수스 전투에서 공화파가 패하고 카토가 사망했다는 소식을 듣고 브루투스는 매우 슬퍼했다. 그는 외삼촌 카토에 바치는 송가를 키케로에게 부탁했다. 하지만 플루타르코스를 통해 알 수 있듯이 브루투스는 카이사르의 관용을 거절했다며 키케로를 비난했었다. 방금 사면을 받은 마르켈루스가 아테네 부근에서 암살당하자 카이사르가 연루되었다는 소문이 돌았다. 브루투스는 키케로가 놀랄 만큼 열을 올리며 그의 결백을 주장하는 편지를 썼다. 그만큼 카이사르에게 반해 있었다. 덧붙이자면 브루투스는 폼페이우스 진영으로 참전했지만 내전의 참상에 치를 떨었다. 토르콰투스와 트리아리우스처럼 앞날이 유망하던 소중한 젊은이들을 잃고 비통해했다. 내전의 혼란과 희생자들을 생각하면서 브루투스는 친구 파보니우스와 같은 말을 했다.

> 무도한 전쟁을 되풀이하느니 차라리 독재 권력에 시달리는 것이 낫지 않을까(플루타르코스, 『브루투스』, 12)?

이런 생각까지 했던 브루투스가 어떻게 그들이 다시 자신을 끌어들이게 했을까? 그의 친구들은 어떤 신통한 음모로 내켜 하지 않는 마음을 이겨내고 자신이 사랑했던 사람에 맞서 무기를 들게 했으며, 세상을 발칵 뒤집을 음모에 그를 참여시켰을까? 이것이 이야기할 가치가 있는 질문들이고 키케로의 편지는 그것을 엿볼 수 있게 해준다.

III

파르살루스 전투 이후 귀족계급은 불만이 여전했다. 오랫동안 세계를 지배했던 그들은 단번에 패배를 인정할 수 없었다. 처음에 불리한 조건에서 싸웠기에 마지막까지 싸우는 것이 당연해 보였다. 하지만 그들은 명분을 폼페이우스와 하나로 묶으면서 나쁜 지형에 놓였다. 폼페이우스는 카이사르만큼도 자유에 대한 확신을 주지 못했다. 그는 특권에 맛을 들여 공권력을 독점하려고 했다. 내전이 시작될 때 매우 적절한 제안을 너무 재면서 거절했고 그것은 위기에 처한 공화국을 구하기보다 오히려 불편했던 경쟁자를 제거하려는 것처럼 보였다. 키케로의 표현으로는 폼페이우스는 누구의 의견도 받아들이지 않았고 그의 진영 사람들은 건방지게 나댔다. 전쟁 전부터 이러한 모습을 보니 승리 후에는 당연히 군주가 되리라 예상하지 않을까? 따라서 많은 양식 있는 인사와 키케로가 폼페이우스 지지를 그토록 오랫동안 망설였다. 특히 첫 패전 이후 브루투스와 같은 용감한 사람들이 서둘러 무기를 내려놓았다. 폼페이우스의 의도가 의심스러워 완전히 마음을 놓지 못했다면, 카이사르의 계획을 믿을 수 없는 것은 마찬가지이다. 카이사르는 어떤 종류의 권력을 원했을까? 질서 회복을 위해 자유를 억압하긴 해도 파괴는 하지 않는, 무정부 상태 이후 자유국가에서 필요한 임시 독재 정권이었을까? 마리우스와 술라처럼 공화국을 유지하는 것이었을까? 그렇게 될 수도 있겠지만 당시에 카이사르의 몇몇 장교들은 그렇게 믿지 않았다. 그들은 속지 않았고 나중에 카이사르를 상대로 음모를 꾸몄다.

하지만 파르살루스 전투가 끝나자 이런 환상을 더는 품을 수 없었다. 카이사르는 예외적인 권한이 아니라 새로운 정부를 세우겠다고 밝혔다. 공화국은 무의미한 단어이고 술라는 독재관을 스스로 내려놓는 바보였다고 말했다. 자기에게 유리한 일련의 조치를 내놓았다. 민중 선거를 시행하고 다년 임기의 집정관과 법무관을 미리 지명했다. 국세 수입과 국고 관리를 자기 해방노예와 노예들에게 맡겼다. 풍속감찰관과 종신독재관, 연임집정관이라는 모든 관직을 독차지했다. 마침내 지휘와 법령으로 전권을 장악했다. 카이사르는 훗날 아우구스투스처럼 권위 범위를 숨기려고 위장술을 펴지 않았고 정적들을 별로 신경 쓰지 않고 권력을 숨김없이 휘둘렀다. 오히려 냉소적인 회의주의와 대담한 무례함으로 귀족을 저버렸고 고대 관례를 따르는 광적인 지지자들에게 충격을 주었다. 카이사르는 원로원에서 감히 신들을 부정하면서 경악하는 신관들과 점복관들을 대놓고 비웃었다. 고대 관습을 맹목적으로 따르는 늙은 형식주의자들이라며 조롱했다. 게다가 카이사르는 쾌락주의자로서 권력을 행사하는 것뿐만 아니라 그 열매도 마음껏 즐겼다. 그는 군주의 권위에 만족하지 않았다. 추앙받기에 필요한, 위엄에 넘치는 거창한 호칭까지 원했다. 그는 자신이 갈망하는 '왕' 소리만 들어도 로마 사람들이 얼마나 치를 떠는지 알았다. 하지만 그는 낡은 편견에 기꺼이 맞설 만큼 강인했다. 이런 솔직함으로 자기 이름[카이사르]으로 권력을 행사하는 것이 더 명예롭겠다고 생각했다. 그의 행동으로 오리무중이던 모든 의문이 풀렸다. 덕분에 더는 환상도 오해도 사라졌다. 문제는 이제 파르살루스 시절처럼 두 경쟁자의 야심이 아니라 상반된 두 정부 형태의 차이였다. 늘 그렇듯, 한 편의 의견이 분명해지자 다른 편의 입장도 분명해졌다. 군주제를 세우겠다는 카이사르의 공개적 공언으로 위대한 공화파가 설립되었다.

공화파에서 가장 강경하고 과격한 사람들이 어떻게 단결하고 조직화했을까? 어떻게 자신감으로 독재자의 목숨을 노린 음모를 꾸미게 되었을까? 정확히 알아내기는 어렵다. 알 수 있는 것은 음모가 처음에는 완전히 반대되는 두 진영에서 동시에 구상되었다는 것이다. 파르살루스의 패배자와 놀랍게도 카이사르의 장군들 사이에서 동시에 구상했던 것 같다. 양측은 각자의 셈법에 따라 음모에 돌입했다. 카시우스가 키드누스(베르단강) 강가에서 카이사르를 죽이려고 했을 때, 트레보니우스는 나르보[나르본]에서 그를 암살하려고 했다. 그들은 마침내 뭉치게 된다.

거사 계획은 주동자를 물색하는 것으로 시작했다. 전통을 따른다면 폼페이우스의 아들 섹스투스 폼페이우스를 내세워야 했다. 그는 파르살루스와 문다 전투에서 기적적으로 살아남았다. 패했지만 낙심하지 않고 산이나 해안가를 돌아다니며 민첩한 유격대원이자 겁 없는 해적처럼 생활했다. 그의 곁에 골수 폼페이우스 잔당이 몰려들었지만 거사를 도모하는 사람들은 가담하지 않았다. 누구라는 이름이 아니라 사심 없이 공화국과 자유를 대표할 만한 원칙주의자를 원했다. 품행과 태도, 성격 면에서 공격할 정부와 정면으로 맞설 만한 인물이 필요했다. 부패한 권력에 맞서야 했기에 정직하고 카이사르 주변에 있는 탐욕에 항의하려면 이해관계도 없어야 했다. 당파에서 신뢰받는 인물로 카이사르에게 과감한 일격을 가할 수 있는 젊은 인물이 바람직했다. 적임자는 브루투스밖에 없었다. 모두 그를 지목했다. 카이사르와 친하게 지내던 동안에도 여론은 그를 공화파의 우두머리로 꼽았다. 사방으로 공모자들을 물색하기 시작했을 때 모의자들은 항상 같은 대답을 들었다. "브루투스가 이끈다면 따르겠다." 브루투스의 우정을 믿었던 카이사르조차 위험이 어디에서 닥칠지 예감한 듯했다. 어느 날, 안토니우스와 돌라벨라가 불만과 협박에 경종을 올리려고 했을 때 카이사르는 대답했다. "아니, 두려워할 자들은 그 방탕한 자들이 아니라 마르고 창백한 자들이야"라며 브루투스를 가리키는 듯 했다.

브루투스의 속내가 어떻든, 그에게 결단을 촉구하는 공식적인 권고가 더 필요했다. 사방에서 그를 설득했다. 법정 기록들과 할아버지의 조각상 발치에 있는 비문들은 플루타르코스가 『인물열전』(영웅전)에서 자세히 설명했다. 그를 주동자로 포섭할 계획을 결정적으로 도운 사람은 키케로였다. 하지만 주모자들이 누구인지는 몰랐다. 그 무렵 그의 편지는 잃어버린 자유에 대한 원한과 분노, 회한이 아주 생생하게 터져 나온다.

나는 노예인 게 부끄럽네(『친구들에게』, XV. 18)!

그는 어느 날 카시우스에게 편지를 썼다. 그가 비밀리에 수단을 찾는다는 사실을 의심하지 않았다. 당시 펴낸 책에서 이런 감정은 드러날 수밖에 없다. 냉정하게 읽는 우리가 보기에도 찾을 수 있다. 증오로 속을 끓이던 사람이 언급하고 열정으로 가득 찬 사람이 읽는다면 훨씬 더 많이 보였을 것이다. 우리가 미처 듣지 못하는 얼마나 진한 독설이 담겼을까! 자극적이고 신랄한 말들은 지금은 인지하지 못하지만, 주인과 그의 친구들을 비판하는 대화는 박수받고 악의적으로 반복되었다. 키케로는 그 분위기를 재치있게 표현했다.

> 자유에 물린 자국은 침묵에 가장 잘 찢어진다(『의무에 관하여』, II. 7).

이런 암시는 어디에서나 찾을 수 있다. 키케로가 고대의 연설을 감탄하며 말했던 까닭은 버려진 포룸과 입을 닫은 원로원은 부끄러움을 알아야 한다는 경고였다. 과거 정권에 대한 기억을 되살려 새로운 정권을 공격했고 죽은 자를 칭송하면서 산 자들을 조롱했다. 키케로의 글이 가진 힘이었다.

> 내게는 원로원이나 법정에서 발언하는 자리와 똑같았다.
>
> (『예언에 관하여』, II. 2)

다른 것들은 아무 소용이 없었다. 키케로의 책만이 과거를 그리워하면서 현재를 역겨워하도록 여론을 들쑤셨고 마침내 다음에 일어날 사건에 큰 도움을 주었다(계몽사상가의 책들이 훗날 대혁명의 불쏘시개가 되었다고 하듯이).

키케로의 글을 읽고 누구보다 깊이 감동한 이는 브루투스였다. 바로 그에게 바쳐진 글이었고 그를 위해 씌었다. 대중에게 영향을 주려는 의도였지만 브루투스에게 더 직접 언급한 구절들을 포함했다. 그에게 애국심을 일깨우면서 소년 시절의 기억과 열망을 떠올리게 했다. 교묘하게 브루투스의 허영심을 건드리며 정부 복원이라는 사명을 내세워 그가 할 일을 보여주었다.

> 자네 보기가 새삼 민망하네. 어렸을 때 얼마나 과감하고 열정적이었나. 하지만 이게 뭔가, 갑자기 공화국의 불행한 운명에 사로잡혔으니. 괴롭네. 아티쿠스도 마찬가지로 걱정한다네. 모두 자네만 바라보네. 자네의 덕이 결실을 보기만 바라네. 자네가 어느 날 공화국을 되살리고 한 번 더 자네가 대표하는 두 가문의 영광을 드높이기만 비네. 자네가 경쟁 없이 포룸을 지배하기를 바라네. 우리는 쓰라린 가슴만 조이고 있네. 자네 대신 공화국을, 아니면 공화국 대신 자네를 잃으면 어쩌나 하고……(『브루투스』, 97).

키케로가 탄식하자 브루투스는 흔들렸다. 안토니우스가 카이사르 죽음의 공모자라고 키케로를 비난한 것도 완전히 틀린 말은 아니다. 키케로는 직접 나서지 않고 휘두를 사람 손에 무기를 쥐여주었다. 따라서 카이사르를 살해하고 원로원 밖으로 나온 거사자들은 피 묻은 칼을 휘두르며 키케로의 이름을 불렀다.

브루투스는 밖에서보다 집안에서 더 부추김을 받았다. 세르빌리아는 카이사르에게 영향력을 행사해 항상 아들을 그와 더 가까워지도록 애썼다. 이 중요한 시기에 브루투스가 사촌 포르키아와 결혼하는 바람에 어머니의 영향력은 시들었다. 카토의 딸이자 비불루스의 아내였던 포르키아는 아버지와 전남편의 시련을 고스란히 안고 시댁으로 들어갔다. 모든 불행을 안겨준 카이사르를 특히 증오했다. 시집가자마자 시어머니와 부딪치며 반목했다.

키케로는 고부간의 갈등만 전했고 동기를 밝히지 않았지만, 브루투스를 두고 다투지 않았을까? 아마도 이런 집안 문제로 세르빌리아는 영향력을 잃었다. 그녀의 목소리는 며느리의 위세에 밀려 카이사르에게 더는 예전 같은 힘을 쓰지 못했다.

모든 것이 브루투스를 부추겼다. 나약하고 소심한 브루투스는 사방에서 동시에 시달렸다. 달아오른 여론과 과거의 기억 또 가문의 전통과 그의 명성, 그가 은밀히 심어둔 측근들이 전하는 경고에 시달렸다. 자책과 고민을 거듭하다 못해 결국 거사에 나서기로 했을까? 플루타르코스가 전하듯이 거사 전날에는 꼬박 뜬 눈으로 밤새워 주저했을지 모른다. 하지만 내면의 갈등은 확인하기 어려운 일이라 역사가들도 증언을 남기지 못했다. 한참 뒤 브루투스가 그 시기를 회상하려 애쓰던 편지 한 통이 다행히 남아 있다. 편지에서 그는 두 번이나 같은 말을 했다.

> 조상들은 우리가 압제자에게 고통받지 말아야 한다고 믿었다. 아버지일지라도……. 법과 원로원보다 더 큰 권한은 인정할 수 없다.
>
> (『브루투스에게』, I. 16, 17)

아버지 같은 정을 주고 자신을 아들이라 부르던 사람에게 무기를 들어야 했던 브루투스가 항상 품은 대답이 아니었을까? 자신이 받는 총애로 다른 것을 모두 덮어버릴 수도 있었겠지만 그는 생각을 가다듬고 꿋꿋하게 참아냈다.

> 어떤 노예 상태도 자유를 버릴 만큼 유리한 거래는 아니다(I. 17).

이런 뜻을 품고 브루투스는 독재자의 친구들과 어머니에게 맞섰다. 어머니는 카이사르의 왕권을 묵인한다면 그것을 함께 나눌 수도 있다고 현혹했다. 브루투스는 자유를 포기하고 다른 이들을 지배할 권리를 사려하지 않았다. 불리한 거래로 보였다.

> 노예가 되느니 누구에게도 명령하지 않는 것이 낫다. 명령 없이 살 수 있지만 노예가 되면 살 이유가 없다(『퀸투스에게』, IX. 3).

온갖 불안으로 뒤숭숭한 가운데 대중을 매우 놀라게 한 사건이 벌어졌다. 키케로의 편지에도 별다른 설명은 없다. 카이사르가 폼페이우스의 아들 섹스투스를 제압하고 로마로 돌아온다는 소식을 듣고 브루투스는 급히 그를 만나러 갔다. 많은 사람이 그의 행보를 비난했다. 무슨 계획이었을까? 키케로가 한 몇 마디 말로 추측해 본다면, 결단을 내린 뒤에도 브루투스는 카이사르를 한 번 더 공화국으로 끌어들이려고 했다. 그 앞에서 키케로를 비롯해 패배한 정파의 인사들을 칭찬하며 그들이 다시 일선에 복귀하기를 바랐다. 카이사르는 그의 말에 귀 기울이고 환대하면서 너무 낙심하지 말라고 격려했다. 고지식한 브루투스는 그 말만 믿고 서둘러 로마로 돌아갔다. 모든 사람에게 카이사르가 다시 양식 있는 사람들에게 되돌아온다고 알렸다. 심지어 키케로에게도 독재관에게 선의의 권고와 선행 조건을 담은 정치 서한을 보내라고 권하기도 했다. 하지만 키케로는 그런 희망에 동조하지 않았고 몇 번 망설이다가 끝내 쓰지 않았다. 게다가 브루투스의 환상은 오래가지 않았다. 안토니우스가 선수를 쳐서 카이사르 곁에 달려갔다. 조용하던 로마를 광분하며 흔들어 놓았다면서 용서를 구했다. 브루투스가 카이사르를 어떻게든 공화파와 가까워지도록 애쓰는 동안, 안토니우스는 그의 마음을 휘어잡으려고 애틋한 욕망을 부추겼다. 안토니우스는 루페르칼리아[10] 축제에서 카이사르의 마음을 사로잡으려고 월계관을 내밀었다. 이때 브루투스는 카이사르의 속내를 분명히 알게 되었다. 축제로 안토니우스의 계획이 성공하지는 않았다. 양측 호민관들이 대립하는 가운데 군중은 왕관을 거절하라고 카이사르에게 외쳤다. 하지만 이런 실패로 낙심하지는 않았다. 다시 기회가 왔다. 파르티아 제국과 전쟁을 앞두고 원로원에서 전통에 따라 무녀의 신탁을 받았다. 신탁은 파르티아가 왕에게만 패할 것이라면서 카이사르에게 왕의 자격을 주라고 요구했다. 외부인과 비겁한 자들이 많은 자리에서 답은 정해놓은 것이나 마찬가지였다. 이때 카시우스는 진행되던 음모를 브루투스에게 밝히고 그를 주동자로 만들기로 결심했다.

그때부터 카시우스는 브루투스의 이름과 떼려야 뗄 수 없는 사이가 되었고 그와 대조를 이루었다. 그는 크라수스의 패잔병들을 구하고 시리아에서 파르티아를 물리치면서 군사적으로 큰 명성을 얻었다. 하지만 동시에 그는 놀기 좋아하고 경솔하게 권력을 탐한다고 비난받았다. 속주에서 약탈을 일삼던 전임 총독들처럼 그도 속주를 털었다. 그가 구해주었다는 시리아 사람들은 오히려 파르티아 치하를 그리워했다. 이런 조롱에 카시우스는 격분

10 루페르칼리아 축제Lupercalia. 매년 2월 15일의 다산 기원제. 가죽 채찍으로 맞으면 아이를 낳을 수 있다고 믿었다.

하면서 포악하게 굴었다.[11] 로마로 돌아온 뒤 그는 순회 법무관을 지냈다. 그는 카이사르를 죽이려고 했다. 플루타르코스의 이야기를 들어보면 독재관의 눈에 들지 못한 카시우스는 시정관 자리를 브루투스가 차지하자 사사로운 원한으로 이를 갈던 끝에 더욱 난폭한 행동에 나섰다고 한다. 하지만 개인적 복수심뿐이었다면 연루자이자 혜택을 본 사람과 어울리지 않았을 것이다. 그가 카이사르를 증오할 이유는 많았다. 귀족 출신이자 열정적인 카시우스는 깊은 앙심을 품고 피비린내 나는 복수를 하려 했다. 카이사르가 패자에게 관용을 보여도 여전히 짓눌린 귀족의 꼴을 보면서 분을 삭이지 못했다. 브루투스가 원칙을 지키려고 했을 때 카시우스는 대놓고 편파적이었다. 그는 일찍이 파르살루스의 치욕을 암살로 갚으려고 했다. 키케로가 전하는 바로는 사면을 받고 불과 몇 달 안 되어 키드누스강 부근에서 카이사르를 덮치려고 했다. 하지만 카이사르는 우연히 맞은편 길로 간 덕에 목숨을 구했다. 카시우스는 로마에서 예우받았지만 뜻을 접지 않았다. 불평하는 사람들을 찾아다니며 시해 음모를 꾸몄다. 지도자로 브루투스를 내세워야 한다는 의견이 많자 그에게 직접 말했다.

그들은 얼마 전까지만 해도 시정관 자리를 다투던 사이였다. 카시우스는 모든 감정을 제쳐두고 처남[12]을 찾았다. 아피아노스는 이렇게 전한다.

11 키케로가 받은 편지들 가운데 카시우스의 것들이 전하는데 그중 재미있는 것들이 있어 흥미롭다. 험담도 서슴지 않았다.*

12 카시우스의 아내 유니아 테르티아이는 브루투스와 아버지가 다르다.

카시우스는 브루투스의 손을 덥석 잡으며 말했다.

카시우스: 아첨꾼들이 카이사르를 왕으로 추대하겠다는데 어쩌지?

브루투스: 원로원에 나가지 않을 생각이네.

카시우스: 뭐라고? 법무관 자격으로 소환하면 어쩌려고?

브루투스: 공화정을 지켜야지. 목숨을 걸고라도…….

카시우스는 브루투스를 껴안으며 대답했다.

카시우스: 원로원 의원 몇 명을 끌어들여야 하지 않겠어? 하층민과 용병, 또는 로마 시민들이 자네의 판단을 따를 것으로 믿는가 보군. 축제나 경주, 사냥에 필요한 관리들이야 좀 많아. 사람들이 자네에게 뭘 바라겠나. 선조들이 그랬던 것처럼 로마에 자유를 주는 것 아니겠어?(『내전기』, II. 113)

마침내 카시우스는 브루투스를 포섭했다. 오래전부터 애원하던 사람들에게 브루투스는 흔들렸다. 여전히 망설였지만 거의 설득되었고 단호한 결의로 직면할 일만 기다렸다. 드디어 거사의 지도자가 결정되자 망설이거나 기다릴 이유가 없었다. 경솔하거나 약점을 피하려면 신속한 행동이 필요했다. 카시우스가 브루투스에게 모든 것을 밝힌 것은 2월 15일에 루페르칼레스 축제가 끝난 직후였고 그로부터 한 달도 채 지나지 않은 3월 15일, 카이사르는 원로원[쿠리아 폼페이아]에서 공격을 받았다.

IV

브루투스는 처음 생각해 내지는 않았지만 실제로 거사의 주동자였다. 처음부터 거사를 계획한 카시우스가 지휘할 생각을 잠시 했을지도 모른다. 그의 실행 계획을 보면 폭력성이 전면에 드러난다. 카이사르와 측근들, 특히 안토니우스까지 모두 제거하자고 했다. 브루투스가 반대하자 나머지 가담자들은 그를 따랐다. 강압적이고 오만한 카시우스라도 브루투스의 위세를 따를 수밖에 없었다. 그의 영향력에서 벗어나려고 여러 번 시도했지만, 많은 우여곡절 끝에 동료의 냉정한 판단력에 압도되었다. 따라서 브루투스가 실제로 거사를 이끌었다.

사건의 설계와 실행 방식을 보면 브루투스의 성격과 사고방식과 완전히 일치한다. 보통 생각하는 그저 그런 음모가 아니었다. 전문 모사꾼과도 폭력배, 투기꾼과도 관계가 없었다. 그들은 다른 사람의 재산이나 명예를 탐내는 천박한 야심가들도, 정치적 증오로 미쳐 날뛰는 미치광이도 아니었다. 물론, 역사가들은 이런 감정이 거사 가담자들에게 왜 없었겠느냐고 말한다. 하지만 브루투스는 그러한 감정을 억제하고 숨기도록 했다. 그는 차분한 위엄으로 반드시 완수해야 한다고 강조했다. 목표는 정치체제 하나였지 특정인에 대한 증오나 반감이 아니었다. 그는 카이사르를 타격한 후에도 그를 모욕하지 않았다. 반대 여론이 들끓었지만 장례식과 유언 공개를 허락했다. 개인의 야심이나 정파의 이익을 위해서라는 쓸데없는 오해를 피하려고 했다. 매우 이질적인 성격의 인물들이 가담했지만, 브루투스의 정신으로 완전히 녹아있었다. 그것은 뒤따른 사건들에도 영향을 미쳤다. 키케로가 시해의 우발성을 강조했고 이후 다른 사람들도 같은 말을 반복했다. 하지만 거사는 어쩌다 벌어진 사건이 아니라 정해진 행동 규칙과 계획에 따른 거였다. 불행히도 사람들과 소통하지 않았고 이치를 따지는 논리학자처럼 브루투스 혼자 생각으로만 세운 계획이다 보니 실제로 적용할 수 없었다. 혁명의 한복판에서 보통 때처럼 폭력 행위까지 정당화하고 존중받으려고 했다. 브루투스는 착각을 인정하고 모든 양심을 계속 버려야 했다. 하지만 그는 필요에 따라 행동하는 정치적 유연성이 없었기에 너무 늦게 계획을 접었고 어쩔 수 없이 포기했던 훌륭한 계획을 항상 후회하는 마음으로 돌아보았다. 그렇게 브루투스는 일관성 없이 주저했다. 그가 원래 구체적 계획을 세우지 못해서 실패했다는 주장이 있지만, 오히려 공상적인 계획에 지나치게 충실했기 때문에 실패했다. 이것이 브루투스와 그 일파가 패배한 원인이자 헛된 피를 흘렸다는 것을 보여주려면 사실을 간략히 설명해도 충분할 것이다.

카이사르가 숨지자 거사자들은 검을 흔들며 원로원에서 나와 민중을 불렀다. 그들의 말을 듣고 놀란 사람들은 크게 화를 내지도 조금도 공감도 하지 않았다. 자기 편이 없다는 것을 알자 거사자들은 카피톨리누스 언덕으로 올라가서 몇몇 검투사의 보호 아래 틀어박혔다. 항상 성공하는 것처럼 보이는 정파 편에 서려는 수상한 친구들만 합류했다. 뒤따르는 사람도 공격하려는 사람도 별로 없었다. 카이사르 추종자들은 겁에 질렸다. 안토니우스는 집정관 관복을 벗어 던지고 피신했다. 돌라벨라는 마치 잘 되었다는 듯 거사자들에게 공감하는 척했다. 많은 사람이 로마를 떠나 농촌으로 급히 도피했다. 하지만 모두 침묵을 지켰고 거사자들은 그저 카피톨리누스에서 연설하는 것으로 만족한 것으로 보이자 용기는 두려움에 떨었던 사람들에게 돌아갔다. 대담한 행동으로 공포를 일으켜 놓고 아무 권리도 행사하지 않다니 놀라운 일이었다. 다음 날, 안토니우스는 자리로 돌아와 동지들을 불러 모았고 담력을 되찾고 사태를 계산해 보았다.

> 남자다운 용기를 냈지만 어린애 같은 행동을 했다.
>
> (『아티쿠스에게』, XV. 4)

거사자들은 준비도 계획도 없었던 것처럼 보였다. 3월 15일 저녁, 그들은 아무 조처 없이 결과를 기다렸다. 거사는 즉흥적이고 조심성 없이 치른 것일까? 그렇지 않다. 그것은 체계적이고 깊은 생각 끝에 나온 계획이었다. 브루투스는 제도에 족쇄를 채운 사람에게서 공화국을 구하려고 다른 사람들과 함께행동했을 뿐이다. 독재관이 사망하자 민중은 권리를 다시 찾았다. 하루이긴 해도 거사자들은 카이사르에게 빼앗긴 권위를 자신을 위해 행사하는 것처럼 보였다. 하지만 칙령이나 법률을 마련하고 미래를 규제하려고 조정하며, 국정운영의 방향과 수단을 알린다는 것은 공화정 전체를 책임지는 것과 같지 않을까? 카이사르라고 그 이상 무엇을 더 할 수 있었을까? 따라서 거사를 치른 이들은 카이사르를 모방하고 야심 때문에 경쟁한 것처럼 보일까 봐 우려했다. 일단 큰 타격을 입자 권력을 포기했다. 그들은 사리사욕과 적법성에 대한 이상한 편견에 사로잡혀 자발적으로 무장을 해제했다. 카이사르를 제거하기로 의기투합했다가 일단 성사되자 사태의 주도권과 정부의 선택을 시민에게 내주었다. 정부를 구한 사람들에 관한 판단을 민의에 맡겨둔다며 그냥 방치했다.

거기서 환상이 시작되었다. 민중과 자유 사이를 가로막은 것은 카이사르였고 그 사람만 없다면 자유가 당연히 되살아날 것으로 믿었다. 하지만 권리를 다시 찾으라고 호소했을 때, 대답하는 사람은 아무도 없었다. 더는 시민이 없었기 때문이다. 아피아노스는 이 자리에서 다음과 같이 전한다.

> 오래전부터 로마 사람들은 모든 민족을 섞어놓았을 뿐이었다. 해방노예는 시민과 동등한 권리를 가졌다. 게다가 노예와 주인을 구별할 수 있는 것은 아무것도 없었다. 마침내 로마에서 밀을 분배하자 이탈리아 전역에서 게으름뱅이와 가난뱅이, 범죄자들을 끌어들였다(『내전기』, II. 120).

과거도 전통도 없이 여러 나라를 떠도는 이 사람들은 더는 로마 사람이 아니었다. 오랫동안 이어진 폐단이었고 선견지명 있는 사람들은 오래전부터 알아차렸다. 특히 선거에서 얼마나 쉽게 표를 거래하는지 보면서, 키케로도 가끔 의심하는 것처럼 보인다. 겉으로는 여전히 잘 돌아가는 듯했지만, 충격파에 사태가 흔들렸다. 이런 상황에서 국가가 관성만 따르다 보면, 하루만 멈춰도 아무것도 돌아가지 않게 된다. 이제 카이사르와 함께 물려 돌아가던 오래된 기관을 멈추게 했다. 중단 기간이 길지 않았지만 장치가 헐거워지면서 여기저기 무너져 내렸다. 따라서 거사자들은 내전 이전에 존재했던 것을 복구하지 못했고 내전에도 끝까지 남아 있던 공화정의 불완전한 그림자조차 영원히 사라졌다.

따라서 그들을 이해하거나 따르는 사람은 없었다. 무관심한 민중을 보고 카피톨리누스에 그들만 남겨지자 가슴이 철렁 내려앉았다. 특히 키케로는 그들이 훌륭한 연설만 하는 것을 보고 안타까워했다. 그는 그들이 행동하고 좋은 기회를 잡기를 바랐으며, 죽을 각오가 있기를 바랐다.

그렇게 큰 대의를 위해서라면 죽어도 영광스럽지 않을까?

평소 우유부단하던 이 노인은 지금 거사에 대담하게 가담한 청년들보다 더 큰 결단을 했다. 하지만 결국 무엇을 제안했던가?

민중을 다시 부추겨야 한다. …… 원로원을 소집해 유리한 결의를 끌어내야 한다(『아티쿠스에게』, XIV. 10; XV. 11).

원로원은 당연히 그들이 원하는 대로 투표했겠지만 결의를 받아낸들 어떻게 집행되었을까? 모든 계획이 불충분했고 위법을 저지르지 않으려고 작심했던 사람들을 설득할 수는 없었다. 마지막 수단은 과감하게 권력을 잡고 추방조차 불사하면서 폭력과 불법으로 그것을 유지하는 것이다. 방금 파괴한 민중의 폭정을 귀족의 독재로 대체하는 것이었다. 다시 술라의 역사를 시작하는 것이다. 카시우스라면 그렇게 했겠지만 브루투스는 폭력을 혐오했다. 어느 쪽의 폭정이든 범죄라고 보았고 이렇게 공화국을 구하느니 차라리 공화국과 함께 죽는 편이 낫다고 생각했다.

그 뒤 며칠은 엎치락뒤치락하며 이상하게 지나갔다. 기회가 왔는데도 정파마다 몸을 사리며 자리를 비워두었다. 민중은 거사자들을 따르지도, 그렇다고 다른 쪽을 지지하지도 않았다. 어느 편에 서야 할지 몰랐던 양측은 무작위로, 때때로 모순되고 놀라운 방식으로 행동했다. 어느 날 휴전을 선언하고 브루투스는 레피두스의 집으로 저녁을 먹으러 갔다. 그다음 날 거사자들의 집에 불덩어리가 날아들었다. 독재 정권을 폐지한 후 독재관의 행위를 승인했다. 카이사르의 동지들이 포럼에 기둥과 제단을 세웠고 카이사르의 동지 하나가 그것들을 쓰러뜨렸다. 두 정파가 감히 나서지 못하고 망설이며 주저했다. 이 난감한 상황에서 어느 쪽이 더 힘이 세고 정권을 장악하게 될지 저울질하며 눈치만 살폈다. 이제 주인이 될 사람들이 나타났다.

오랫동안 로마에서는 은밀한 혁명이 일어나고 있었다. 느리지만 꾸준히 진행되던 그 혁명이 완수되자 국가의 형태가 바뀌었다. 로마 근처와 이탈리아에서만 싸웠던 만큼 전투는 짧았다. 시민들은 병영에서 잃어버릴 만한 습관 같은 것이 없었다. 직업군인으로서 병사도, 장군도 군무원도 여전히 없을 때였다. 하지만 더 먼 곳에서 전쟁을 지속하면서 참전한 사람들은 로마에서 멀리 떨어진 생활에 익숙해졌다. 너무 오랫동안 포룸을 떠나 있었던 그들은 도시의 열정과 관습을 잊었다. 동시에 시민권이 확장되면서 군단은 모든 인종의 사람들에게 개방되었다. 출신이 다른 군인들이 뒤섞이다 보니 도시로 묶였던 유대관계는 약화하였고 군영을 조국처럼 여겼다. 10년이나 끌던 갈리아 전쟁이 끝난 뒤, 카이사르 군단의 참전용사들은 시민으로서 살던 시절을 거의 잊었고 아리오비스투스와 베르킨게토릭스밖에 기억하지 못했다. 카이사르는 이들의 고생에 보상하려고 이탈리아의 가장 훌륭한 땅을 새로운 조건으로 나누어 주었다. 그때만 해도 병사들은 전쟁이 끝나면 주민 품으로 돌아갔다. 식민지로 건너간 병사들은 그곳 주민들에 완전히 동화되었지만 그들이 분양받은 땅에 바로 정착하면 군인 정신을 잃지 않았다. 퇴역한 전우들은 서로 멀지 않은 곳에 살며 종종 만나 야전 생활의 취미를 즐겼다. 아피아노스는 이렇게 전한다.

> 그들은 혁혁한 무공을 쌓을 때처럼 어려운 농사도 함께 했다.
>
> (『내전기』, III. 42)

이들이 이탈리아 한복판에서 전쟁의 소문에 민감하고 부르기만 하면 언제든 출전할 준비가 된 주민이자 퇴역 용사였다.

카이사르가 시해당한 그 무렵, 많은 퇴역 용사가 전공으로 받을 땅의 분양을 기다리며 로마에 대기 중이었다. 다른 퇴역 용사들은 가까운 캄파니아 지방에서 정착할 준비를 했는데 고된 농사에 염증을 느꼈다. 이들 다수가 사건 소식을 듣고 로마로 돌아왔다. 나머지 용사들은 땅값이 오르기 기다리거나 자신들의 몸값을 부풀리며 불러줄 때를 기다렸다. 모두 위대한 독재관의 유산을 탐냈다. 용병으로 다시 싸울 준비가 되어있던 이 병사들은 경쟁 정파마다 보충병으로 들어갔다. 우선 안토니우스는 집정관 권리와 또 카이사르와 동지애의 추억으로 그들을 지배했다. 하지만 그의 곁에는 모든 정파를 기웃거리던 돌라벨라, 또 카이사르의 후계자로서 에페이로스에서 돌아온 젊은 옥타비아누스가 있었다. 반면, 자기 이익을 위해 여러 군단을 투입하지 않고 어떤 야심도 보이지 않았던 무능한 레피두스는 지지받지 못했다. 중요 속주의 지배자들은 모두 용병에게 둘러싸여 서로 싸우기 기다리면서 의심스럽게 감시하고 있었다.

그동안 브루투스는 무엇을 했을까? 3월 15일에 첫 번째 기회를 놓친 후에도 카이사르 추종자들이 주도권을 다투는 동안 그들을 제압할 수도 있었다. 브루투스 편 사람들은 서둘러 이탈리아와 속주에서 카이사르의 죽음에 환호하던 모든 젊은이에게 무기를 들게 하고 궐기하라고 충고했다. 하지만 브루투스는 또다시 내전을 선동할 수 없었다. 민중이 되찾은 자유를 서둘러 받아들이면 공화정은 평화롭게 회복될 줄 알았다. 환상은 이것만이 아니었다. 12년간의 참혹한 내전의 빌미가 된 그 시해 사건으로 영원히 공공의 안녕이 보장될 것 같았다. 이런 믿음으로 브루투스는 카이사르를 시해하고 원로원 밖으로 나와 로마 거리를 돌아다니며 "평화, 평화!"라며 외쳤다.

평화는 이제 브루투스의 신조였다. 동지들은 위험을 예감하고 그를 지키려고 파견 나갔던 자치 도시에서 로마로 들어왔다. 브루투스는 폭행의 빌미를 주지 않으려고 집안에 틀어박혀 있었다. 로마를 떠나야 했을 때 한동안 인근 정원에 숨어있었고 퇴역 용사들의 위협을 걱정해 밤에만 외출했다. 하지만 여전히 민중이 거대하게 들고일어나기 기대했다. 하지만 동요는 없었다. 그는 더 멀리 라누비움과 안티움의 별장들을 전전했다. 내전이 터질 것이라는 소문을 들었고 모든 정파가 싸울 준비에 나서는 것을 보았다. 그 혼자만 꼬박 여섯 달 동안 나날이 닥쳐오는 무서운 싸움에 뛰어들지 않으려고 했다. 내전을 벌일 결단을 하지 못한 채 모든 사람의 의견을 따랐다. 키케로는 편지에서(『아티쿠스에게』, XV. 11) 브루투스가 안티움 별장에서 어떻게 하는 것이 좋을지 조언을 해주기도 한다. 세르빌리아는 며느리 포르키아와 브루투스, 카시우스와 함께 그곳에 있었고 파보니우스와 키케로 같은 믿음직한 친구들을 불렀다. 아들의 명예보다 안전이 더 걱정되던 세르빌리아는 그가 멀리 떠나기를 바랐다. 여전히 친하던 안토니우스에게 하소연해 아들과 사위를 위한 특임 대사직을 얻어냈다. 시칠리아로 밀을 구하는 용무였다. 이탈리아를 떠나는 안전하고 확실한 구실이었다. 하지만 안토니우스의 재가를 받아 떠나면 망명을 선처처럼 받아들이게 된다. 얼마나 수치인가! 카시우스는 동의하지 않고 분개했으며 “전쟁뿐이야!”라고 협박했다. 반대로 브루투스는 차분히 한발 물러나 동지들에게 질문했다. 목숨을 걸고서라도 그들의 뜻을 존중하기로 결심했다. 동지들은 브루투스가 로마로 돌아가기를 바랐을까? 그는 거기에 갈 준비가 되었다. 그 제안에 모두 반대하며 소리를 질렀다. 로마는 거사자들에게 너무나 위험했고 자유의 마지막 희망을 무익하게 드러내고 싶지 않았다. 그렇다면 어떻게 할까? 모두 씁쓸하게 자신들의 대응을 후회했다. 카시우스는 안토니우스를 죽였어야 했다며 한탄했다. 키케로는 그것을 반박할 필요가 없었다. 이런 비난은 아무 소용이 없었다. 과거를 불평만 할 때가 아니고 앞날에 대처해야 할 순간에 해법을 찾지 못했다.

의논 끝에도 브루투스는 즉시 마음을 정하지 못했다. 라누비움 별장에 남아 그리스 철학자들과 함께 읽고 토론하며 정상적인 사회를 따져보겠다고 했다. 하지만 그는 떠나야 했다. 이탈리아는 점점 더 불안한 상황이었다. 퇴역 군인들은 길을 휩쓸고 다니면서 시골집을 약탈했다. 브루투스는 자기를 그리스로 데려가려고 대기 중인 선박에 합류했다. 그는 출항을 망명이라고 불렀고 전쟁의 신호탄이 되지 않기를 바랐다. 안토니우스가 전쟁 준비를 한다고 비난하자 브루투스는 자신과 카시우스의 이름으로 놀라운 답신을 보냈다.

> 우리가 겁을 낸다고 착각하지 마시게. 우리는 두려워하는 사람들이 아니거든! 자네가 싸울 수밖에 없게 했잖아. 마음이 자유로운 사람들한테 협박이 통할 것 같은가. 우리가 전쟁을 얼마나 싫어하는지 잘 알지 않나. 우리가 싸움터로 끌려갈 사람인가? 우리가 겁나서 이런다고 착각해 협박하는 모양인데, 잘 들어. 우리는 자네가 자유로운 나라에서 존경받고 사는 모습을 보고 싶네. 자네 적이 되고 싶지도 않지만 자네와의 우정보다 더 소중한 자유를 위해 할 일이 많아! 그러니 자네와 공화국을 위해 제발 좋은 말씀 좀 해주시라고 신들께 빌겠네. 자네 쪽 사람들도 되도록 다치지 않고 로마의 자유와 영광을 바랄 뿐이네(『친구들에게』, XI. 3).

벨리아에서 브루투스는 키케로를 다시 만났다. 키케로는 꼼짝하지 않는 동지들에 낙담했고 적들이 협박하자 질겁해 그리스로 도망치려 했다. 하지만 강풍에 떠밀려 이탈리아 연안으로 쓸려왔다. 브루투스가 멀어지고 있다는 것을 알았을 때 그를 다시 보고 싶어 했다. 가능하다면 그와 함께 떠나려고 했다. 키케로는 그때의 마지막 만남의 감정을 종종 쓰라린 어조로 곱씹었다.

브루투스가 내전을 피해 이탈리아에서 먼 곳으로 떠났어. 사람들은 물론이고 함대와 연안도 멀리하고! 조국의 구원자가 도주했어. 망나니들만 으스대게 내버려 두고……(『필리포스 탄핵연설』, X. 4).

이 서글픈 순간에도 브루투스는 마지막까지 공공의 안녕만 생각했다. 많은 실망을 했어도 여전히 로마 사람들에게 기대했다. 그들의 열정을 깨울 만큼 충분히 하지 않았다며 아쉬워했다. 더는 시민이 없다는 것을 믿을 수 없었다. 그는 법의 테두리 안에서 마지막 싸움을 치르지도 못했다고 아쉬워했다. 물론 그는 로마로 돌아가 원로원에 출두할 수도 없었다. 하지만 키케로는 그다지 명예가 손상되지 않았고 그의 영광은 사람들에게 존경심을 불러일으켰다. 사람들은 그의 말을 듣기 좋아했다. 그렇다면 마지막 투쟁을 시도할 수는 없을까? 브루투스는 항상 그렇게 생각했다. 이 순간 그는 감히 그렇게 말했다. 그는 키케로에게 완수해야 할 의무와 수행해야 할 큰 역할을 지적했다 그의 조언과 비판, 호소를 듣고 키케로는 항해를 포기하고 로마로 돌아가기로 했다. 그리고 두 사람은 다시 만나지 못했다.

조국이 자신을 다시 부르는 소리를 듣는 심정이었다(X. 1).

하지만 브루투스는 6달 동안 잘 버티다가 사태가 불가피하게 기울자 결국 내전에 끌려들어 갔다. 그는 이탈리아를 떠나 과거에 철학 강의를 듣던 아테네로 갔다. 학자 테오메네스트와 소요학파(페리파토스학파) 크라티푸스의 철학 강의를 들으며 시간을 보냈다. 플루타르코스는 "비밀리에 전쟁을 준비했다"라며 그의 행동을 교묘한 잠행으로 보았다. 반대로 키케로의 편지들을 보면 그는 별수 없이 전쟁에 불려 나갔다. 폼페이우스의 옛 용사들은 파르살루스 전투 이후에도 테살리아와 마케도니아에서 살았다. 에게해 섬들과 그리스 도시들은 망명자의 피신처로 여겨졌고 카이사르에게 복종하지 않는 많은 사람이 머물렀다. 3월 이후에는 안토니우스에게서 도망친 사람들의 피난처였다. 사실 아테네는 로마 명문가 공화파 청년들이 교육을 마치려고 와 있었다. 모두 무기를 들기 위해 브루투스만 기다렸다. 그가 도착하자 사방에서 저항할 수 없는 거대한 움직임을 보였고 아풀레이우스와 바티니우스는 병력을 이끌고 그를 찾아왔다. 호르텐시우스 휘하에 마케도니아의 퇴역 용사들은 이탈리아에서 꾸역꾸역 모여들었다. 집정관 판사는 브루투스의 신병들을 막으려고 불평하고 위협했다. 키케로의 아들과 젊은 호라티우스를 포함해 아테네 학생들은 학업을 중단하고 브루투스 밑에 입대했다. 몇 달 만에 브루투스는 8개 군단으로 그리스 전체를 장악했다.

이제 공화파는 모든 곳에서 동시에 깨어나는 것 같았다. 키케로는 로마에서 기대 이상으로 성공을 거두었고 안토니우스는 모데나 전투에서 패했다. 브루투스는 그리스에서 상당한 군사력을 갖추었다. 카시우스는 소아시아 곳곳을 돌아다니며 병력을 모았고 오리엔트 전역이 그를 위해 싸우겠다고 선언했다. 소심하던 사람들도 희망을 되살렸고 우호적인 공화파 방어자들은 협력할 태세였다. 하지만 바로 그 순간, 힘을 합쳐도 모자랄 판에 키케로와 브루투스는 심각한 불화로 갈라섰다.

두 사람은 도대체 왜 그랬을까? 먼저 불평한 사람은 키케로였다. 평소 나약하고 주저하던 사람이 카이사르가 죽은 뒤로 유난히 기운이 넘쳤다. 그 상황에서 그는 더는 현명하고 너그러우며 온건하던 사람이 아니었다. 싸우지 말고 이기자던 사람이 모두에게 전쟁을 설교했다. 적법성을 엄격하게 따지던 사람이 그까짓 것이 무슨 상관이냐고 했다.

원로원 결의를 기다려서 뭐 하려고?(XI. 7)

여러분이 곧 원로원 아니오(X. 16)?

목적을 이루기 위해서라면 가장 폭력적인 수단조차 마다하지 않았다. 별로 좋아하지 않던 사람들과도 선뜻 손잡으려고 했다. 반대로 브루투스는 무기를 들기로 했지만, 여전히 양심의 가책을 느껴 폭력을 피하려고 했다. 암살로 유명해졌지만 피를 역겨워했다. 비정한 승자 우선의 법칙을 무시하고 적들을 살려주었다. 안토니우스의 동생이 자기를 잡은 병사들을 매수하려고 했을 때도 그를 부드럽게 대했다. 큰 범죄는 분명 아니지만 로마 사람들은 매우 흥분했다. 온건하던 사람들조차 격분했다. 겨우 탈출한 안토니우스의 사나운 위협과 6개월 동안 겪었던 두려움과 만행에 대한 기억은 가장 침착한 사람들을 화나게 했다. 극단으로 내몰릴 때, 온건한 사람들이 터트리는 분노는 얼마나 거센가! 어떤 대가를 치르더라도 되도록 빨리 끝내고 싶어 했다. 그들은 당장 싸우지 않고 뜸 들이는 브루투스에게 염증이 났다. 그가 또다시 망설이며 시간만 끌다가 복수할 기회마저 놓칠지 걱정했다.

이런 대중의 불만을 키케로는 편지로 브루투스에게 전했다. 카이사르가 죽은 후 그가 실수한 점을 적나라하게 지적했다. 브루투스가 망설이는 바람에 결의에 찬 사람들이 실망했다고 꼬집었다. 엄숙한 연설로 공공의 안녕을 바라는 꼴이 우습다고 했다.

> 지금 때가 어느 때인지 모르겠는가? 악마의 무리가 신전들까지 위협하네. 사느냐 죽느냐가 달린 싸움이네. 누구를 살려주는 건가? 무슨 짓을 하는 걸까? 저들을 봐주는 것이 현명한가? 저들이 이기면 우리는 흔적조차 남기지 않을 텐데 말이네(『브루투스에게』, II. 7).

이런 비난은 브루투스를 자극했고 그도 비난으로 응수했다. 그도 나름대로 키케로와 원로원에 불만이 있었다. 필리포스 탄핵연설에 감탄했지만 그것을 읽으면서 여러 가지로 상처받았다. 브루투스는 한 인간이 아니라 공공의 적으로서 냉정하게 카이사르를 쳤다. 따라서 그 연설에서 폐부를 찌르는 독설이 기분 좋을 리 없었다. 하지만 탄핵연설은 자유에 대한 큰 사랑도 있지만 개인에 대한 격렬한 증오도 있다. 이 공공의 적은 사적이면서도 개인적인 적이다. 키케로는 로마를 사로잡으려고 했지만 또한 이전 집정관의 약점을 조롱하는 자유도 얻었다. 들끓는 허영심으로 독설을 퍼부었다.

> 이빨로 물어뜯었다(『친구들에게』, XI. 23).

공공의 적에 대한 반감에서 싹튼 인간적인 증오는 사적인 원한으로 불타올랐다. 14번의 규탄문을 통해 점점 더 힘을 내며 치명적인 투쟁을 벌였다.

> 독설로 그를 넘어뜨리고 후세까지 영원히 욕보이리라.
>
> (『필리포스 탄핵연설』, XIII. 19)

열정적인 끈기와 충동적이고 폭력적인 어조에 브루투스는 기분이 상했다. 키케로가 아첨하자 불쾌했고 그다지 걸맞지도 않은 사람들에게 과장된 칭송을 하자 불만을 품었다. 그들은 키케로가 정직한 사람들의 정파라고 부르면서 어렵게 포섭했던 자들이었다. 대의를 가리지 않고 봉사했던 장군들과 정권을 가리지 않고 결탁했던 정치인들, 야심가들, 모사꾼들이었다. 특히 키케로가 어린 옥타비아누스에게 아낌없는 찬사를 보내며 공화국을 바치는 모습을 보자 괴로워했다. '조국을 수호하라고 신이 보낸 신성한 청년'이라는 소리를 듣자 더는 분노를 억누를 수 없었다.

누가 옳았을까? 결말을 생각해 보면 물론 브루투스였다. 그가 생각하기에 옥타비아누스는 야심꾼이자 배신자일 뿐이다. 그가 물려받은 카이사르라는 이름에 이끌려 공화국을 넘긴다면 곧 공화국을 잃을 것이다. 옥타비아누스는 안토니우스보다 더 두려워해야 할 인물이었다. 키케로가 칭송한 '신 같은' 청년이 장차 제국의 주인, 자신이 죽인 자의 후계자가 될 것이다. 브루투스가 옳았고 당연히 옥타비아누스를 증오했다. 키케로를 비난해야 할지, 사정상 어쩔 수 없었다고 이해해야 할지 모르겠다. 옥타비아누스의 지원을 거절할 자유가 그에게 있었을까? 당시 공화국에는 안토니우스의 군단에 맞설 병사가 한 명도 없었고 그의 병력을 받아들이지 않으면 죽은 목숨이었다. 옥타비아누스 덕분에 공화국은 구했지만 감사와 명예를 거래했으니 불행한 일이었다. 게다가 용병들은 보상과 종종 선금까지 요구했다. 원로원은 그의 동의가 무산될까 봐 거래를 서둘러 재가했다.

> 이런 급박한 사정으로 옥타비아누스에게 명령권을 주었다. 우리는 채찍만(군 지휘권만) 주었다(XI. 8).

따라서 키케로가 안일하다고 탓하며 약점을 비난하기 전에 난처했던 그의 처지를 생각해 봐야 한다.

그는 공화국을 반대하고 사랑하지 않았던 자들의 도움을 받아서라도 공화국을 일으키려고 했다. 히르티우스는 폼페이우스파에 반대해 가혹한 법을 내놓았고 플란쿠스와 폴리오는 카이사르의 과거 심복이었으며, 레피두스와 옥타비아누스는 카이사르 자리를 탐냈다. 하지만 지원을 기대할 곳은 그들밖에 없었다. 시해 다음 날 바로 주인 자리를 탐내는 위대한 야심가가 더 음흉한 일당과 손잡는 것을 방치할 수는 없었다. 드러내거나 숨겨진 욕망 사이에서 방향을 잡는 것은 매우 어려운 일이었다. 그들을 서로 견제하게 하고 끌어들이려면 아첨도 해야 하고 그들을 억제하려면 반쯤 그들을 만족시켜야 했다. 이런 이유로 막대한 보조금이나 명예를 약속했고 지나친 찬사와 칭호를 수여했으며, 과장하여 공적인 인정을 했다. 이런 불가피한 선택을 감내한 키케로를 죄인으로 몰아서는 안 된다. 합법적인 투쟁으로 민중을 선동해 봐야, 한 번 더 민중의 기억과 연설의 힘을 믿어봐야 쓸데없이 위험과 실망만 자초하는 것이다. 키케로는 이 사실을 잘 알았다. 때때로 치열한 공방을 벌이면서도 카시우스에게 순진하게 편지를 쓰던 날처럼 잠시 연설에서 거둔 승리에 취한 적도 있었다.

> 좀 더 자주 떠들다 보면 공화국과 자유를 되찾기가 그렇게 어렵지는 않을 것 같네(『친구들에게』, XII. 2).

환상은 곧 깨졌다. 순간적인 도취가 끝나자 연설은 어떤 힘도 없었다. 오히려 가장 먼저 키케로가 공화파 군단에 희망을 걸자고 주장했다. 편지에서도 일관된 입장이 드러난다.

> 자네가 전에 말했잖아. 브루투스에게 공화국이 달렸다고 생각하면 큰 오산이라고. 하지만 사실 그럴 수밖에 없어. 브루투스 외에 또 누가 공화국을 구할 수 있겠나(『아티쿠스에게』, XIV. 20).

키케로는 환상도 희망도 없었지만 합법적 저항과 평화적 투쟁을 악착같이 고집하는 브루투스가 바라는 대로 마지막 계획을 시도했다. 따라서 브루투스는 키케로가 굴복했다고 비난할 자격이 없다. 키케로는 망설이면서도 벨리아에서 친구와 나누던 대화를 자주 떠올리며 로마로 돌아갔다. 이 기억으로 자신을 변호했다. 스스로 막다른 모험에 뛰어들었던 키케로는 브루투스가 내지르던 모든 독설을 막아야 했다.

키케로는 이런 비난으로 깊이 상처받았지만 그에 대한 우정은 변함없었다. 여전히 그에게 기대했고 이탈리아에서 모든 것을 잃어버린 것처럼 보일 때도 그에게 호소했다. 그가 마지막으로 경종은 정말 감동적이다.

> 이보게 브루투스, 우리는 그저 제멋대로인 병사들과 건방진 대장들의 노리갯감이야. 그들은 공화국에서 자신이 가진 힘만큼 권력도 갖고 싶어 하잖아. 그자들이 이성을 알겠어? 정도를 알겠어? 법도 의무도 모르는 자들인데! 여론이나 후대의 심판 따위는 걱정도 하지 않아. 그렇다면 자네의 용기로 얻은 자유를 아직 누리지 못한 우리에게도 주게. 모두 자네 곁으로만 몰려들잖아. 자유는 자네 막사 안에만 있다네. 이게 지금 우리 입장이네. 더 나아질 수 있기를! 일이 틀어진다면 나는 공화국을 위해 울기만 할 거네. 공화국은 영원해야 하네. 나는 살날이 얼마 남지 않았네(『브루투스에게』, I.10).

몇 달 후, 3인 집정관 레피두스와 안토니우스, 옥타비아누스는 공화국 재건을 위해 볼로냐 근처에서 모였다.[13] 그들은 서로를 너무 잘 알았다. 무슨 짓을 저질러도 이상하지 않은 사이기에 서로 극도로 경계했다. 섬을 회동 장소로 정했고 같은 수의 부대를 거느리고 참석했다. 검을 숨길까 봐 불안해 서로 몸수색을 마친 후에야 협상에 들어갔다. 공화국 복원 문제는 중요하지 않았다. 권력을 어떻게 나눌지에만 관심을 쏟았고 복수할 살생부를 꼼꼼히 작성했다. 그 점을 디오는 특히 주목했다.

> 그들은 서로 혐오했다. 셋 중 하나가 누군가와 연대한다면 나머지

한 사람은 치명타를 입을 것이다. 따라서 세 사람 모두 새로운 동맹자의 제일 중요한 동지부터 제거하려고 했다!

그들은 상대방에 대한 존중보다 미움이 더 강했다. 동지와 가족을 희생시켜서라도 적을 죽이려고 했다. 그것을 유리한 거래라고 생각했다. 모두 같은 심보였기에 살생부 작성은 의외로 쉽게 끝났다. 당연히 키케로도 명단에 올랐다. 안토니우스가 극성을 부렸고 훗날 제정 치하 문인들이 말했다시피, 옥타비아누스도 키케로를 옹호하려고 그리 애쓰지 않았을 것 같다.

브루투스 이야기는 키케로의 죽음과 함께 마무리하겠다. 나는 앞서 두 사람의 관계에 대해서만 연구하겠다고 제안했다. 브루투스의 죽음에 관해서는 플루타르코스가 쓴 이야기로도 충분하다. 비장한 이야기를 요약해 봐야 싱거워진다. 방금 키케로가 죽었다는 소식을 듣고 몹시 괴로워하는 브루투스의 모습이 눈이 선하다. 그는 친구만 잃은 것이 아니었다. 절대 놓지 않으려던 소중한 희망도 함께 사라졌다. 하지만 이제 인정해야 했다. 로마에 시민은 더는 없다. 자기들의 수호자를 죽도록 내버려 둔 비굴한 대중에게 완전히 절망했다. 브루투스는 슬퍼하며 말했다.

노예들이지. 독재자가 아니라 노예처럼 살던 사람들의 잘못이지.

13 이 회동(B.C.44. 10)을 굴리엘로 페레모는『로마 공화국의 영광과 몰락』(III. 11)에서 자세히 설명했다.

어떤 고백도 이보다 더 큰 대가를 치르지 않았다. 카이사르를 죽인 이후로 브루투스는 계속된 환멸뿐이었고 사건은 그가 세운 모든 계획을 농락하는 것처럼 보였다. 합법성에 대한 양심의 가책으로 공화국을 구할 기회를 잃었고 자신에게만 중요했던 반전反戰의 감정에만 매달리다가 내전에 임할 시기만 늦어졌다. 그는 자신도 오르게 법을 어기고 동료 시민과 싸우도록 강요받았다는 것을 알았다. 너무 많은 기대로 다른 사람을 잘못 보았다. 존경하는 철학자들과 멀리서 공부할 때는 그들을 호평했다. 하지만 그들을 가까이 대하게 되자 그는 의견을 바꾸었다. 가장 정직하고 용감하다고 생각한 사람들에게서 나약한 정신력을 목격하고 은밀한 탐욕과 터무니없는 증오, 비겁한 두려움을 읽었다. 브루투스는 너무 깊게 상처받았다. 마지막 순간에 키케로가 나약한 모습을 보였다는 것을 알게 되자 가장 좋아했던 학문이자 인생의 즐거움이었던 철학마저 의심하게 되었다.

> 조국의 자유와 명예, 죽음, 망명, 빈곤에 대해 그토록 많은 글을 썼다는 게 그에게 무슨 의미가 있나? 이제 키케로가 그토록 몰두했던 철학을 어떻게 믿어야 할까?(『브루투스에게 보낸 편지』, I. 97)

이 씁쓸한 말을 읽으면서 그가 죽기 전에 한 말을 떠올리게 된다. 하나의 문제는 다른 문제와 같은 내적 원인을 갖는다. 브루투스는 공적인 사건을 겪을수록 점점 더 인간과 삶을 환멸을 느꼈다. 가장 깊이 연구했던 사람들에게 나약한 모습을 보자 철학을 의심했다. 동포에게 추방령을 내린 정파가 승리하자 미덕을 의심했다. 따라서 이 생각하는 사람은 죽는 것이 적합해 보였고 그는 마지못해 행동하는 사람이 되어 자기 본성마저 뿌리치고 사건에 휩쓸렸다.

로마국립박물관 테르메 디디오클레치아노

아우구스투스의 평화의 제단

옥타비아누스

아우구스투스의 정치 유산

키케로는 젊은이들을 사랑했다. 그들과 어울려 지내다 보니 그도 젊어졌다. 공직에 있을 때 그는 장래가 기대되는 카일리우스와 쿠리오, 브루투스를 포룸에 데려가 변론하도록 했다. 훗날 파르살루스에서 패하고 정부에서 물러났을 때 승자 편을 따르던 활기찬 젊은이들과도 허물없이 어울리며 틈틈이 연설을 가르쳤다.

> 연설하는 법을 가르칠 때는 제자들이지만, 저녁 만찬을 즐길 때는 스승들이지(『친구들에게』, IX. 16).

카이사르 시해 이후, 잇따른 사건들 덕에 키케로는 정치판에 막 등장한 젊은 세대와 가까워졌다. 새 정부에서 요직을 맡게 될 플란쿠스와 폴리오, 메살라 등이 그를 찾아왔고 제국을 세울 옥타비아누스, 즉 아우구스투스는 그를 아버지라고 불렀다.

옥타비아누스와 키케로가 주고받은 편지들은 3권 분량으로 출간되었다. 보존되었더라면 파탄으로 끝난 그들의 우정을 면면이 살펴볼 수 있었을 텐데 아쉽다. 옥타비아누스에게 처음 보낸 편지들은 의례만 갖추었을 뿐 냉정하고 불신하는 어조였다. 사람들이 뭐라 하든 공화국을 구해달라고 옥타비아누스를 불러들인 사람은 키케로가 아니었다. 옥타비아누스가 먼저 나섰다. 매일 키케로에게 편지로 갖은 항변과 약속을 퍼부었으며 헌신을 다하겠다고 약속했다(『아티쿠스에게』, XVI. 11). 키케로는 오랫동안 이런 열성을 받아들이지 못했다. 옥타비아누스는 똑똑하고 결단력이 뛰어나지만 아직 애송이라고 보았다. 그의 가문과 친구들을 생각해 보면 의구심이 들었다.

주변이 너무 좋지 않아. 선량한 시민이 되기는 글렀어(XIV. 12).

이런 말까지 했지만 결국 옥타비아누스를 지지했다. 그 애송이가 모데나에서 포위를 풀고 승리하자 그에 대한 불신을 잊었다. 그가 가진 자질을 과찬하기까지 하자 신중한 아티쿠스가 비난했고 브루투스는 매우 불쾌하게 생각했다. 키케로는 안토니우스가 패배했다는 것만으로도 너무 고소해서 다른 것은 잊어버릴 정도였다. 증오심에 사로잡혀 감정을 자제하지 못했다.

그 주정뱅이가 옥타비아누스의 덫에 걸려 넘어졌잖아!

(『친구들에게』, XII. 25)

기쁨은 오래가지 못했다. 옥타비아누스는 승리하자마자 곧 배신했다. 편지는 이 시점에서 특히 흥미로워진다. 우리가 잘못 알고 있는 키케로의 마지막 몇 달을 명확히 해줄 것이다. 키케로는 배신자에게 굴복했다는 비난을 부당하게 받았다. 옥타비아누스에게 아무것도 요구하지 않고 품위를 지켰다면 좋았을 것이다. 하지만 키케로 혼자 힘으로는 어찌할 도리가 없었다. 로마에는 옥타비아누스를 대적할 병력이 없었다. 그를 무장 해제시키려면 그가 한 약속을 기억하라고 알려주는 것뿐이었다. 이기적인 그에게 불씨만 한 애국심이라도 기대할 수 있을까? 희망은 거의 없어도 시도는 해야 했다. 공화국도 키케로의 삶도 위태로운 상황에서 그는 자기를 위해서는 하지 않았을 일을 공화국을 구하기 위해 시도해야 했다. 조국의 자유를 수호하고 방어할 다른 방법이 없을 때 간청밖에 할 수 없었다. 그가 옥타비아누스에게 비굴할 정도의 저자세로 편지를 썼을 때는 그렇게 끔찍한 순간이었다.

> 내가 어떻게 해야 좋을지 좀 알려다오. 기대 이상일 테니.
>
> (요한 카스파 폰오렐리, 『키케로 단편』, p.465.)

신뢰를 저버린 옥타비아누스에게 간청까지 해야 하는 키케로를 비난할 수 없다. 고지식한 그를 희롱한 애송이 앞에서, 공화국의 생사여탈을 좌지우지하는 주인 앞에서 몸을 사리는 노인처럼 딱하고 뭉클한 모습이 어디 있을까!

안타깝게도 이 편지는 일부분만 남아 있어 내용을 더는 알 수 없다. 키케로의 삶에서 최후에 벌어진 사건의 주인공 옥타비아누스를 알고 싶다면 다른 곳에서 찾아야 한다. 로마 제국 역사가들이 전하는 의견이 쉽고 참고할 점도 많겠지만, 나는 지금까지 방식을 끝까지 따르겠다. 키케로와 마찬가지로 옥타비아누스가 직접 시인하고 털어놓은 말로 판단하려 한다. 두 사람의 편지와 회고록이 사라진 마당에 우리가 주목할 것은 앙키라 위업비偉業碑밖에 없다. 이 비문은 아우구스투스의 일생을 요약한 정치적 유언장으로 다행스럽게도 온전하게 전해졌다. 아우구스투스 황제[옥타비아누스]는 자기 묘 앞 청동판에 업적을 새기라고 명했다(수에토니우스, 『아우구스투스의 삶』, 101). 아우구스투스 위업비는 1세기 기독교 시대에 널리 퍼졌다. 아첨과 감사의 표시로 복제품을 늘리며 전 세계에 걸쳐 제국의 창시자에 대한 숭배를 알렸다. 위업비는 아폴로니아 유적에서 파편을 발굴했고 고대에 앙키라라고 부르던 오늘날 튀르키예 앙카라에 남아 있다. 앙키라 주민들은 은인이었던 아우구스투스의 신전을 봉헌하면서 황제 자신이 지은 치적을 기념비로 남기는 것이 최상이라고 생각했다. 그 후 기념비 자리는 그리스 신전과 비잔티움 성당, 튀르키예 학교 등으로 바뀌었다. 지붕이 무너져 기둥머리 장식과 주랑은 사라졌다. 고대 유적에 비잔티움과 튀르키예 건축물의 잔해가 쌓여 폐허가 되었다. 하지만 기구한 운명으로 아우구스투스의 활동을 묘사한 대리석 판들은 벽에 단단히 붙어 있었다.

위업비를 연구할 좋은 기회도 찾아왔다. 발굴을 주도한 페로 박사가 갈라티아에서 더 정확한 라틴어 사본과 라틴어를 명확하게 보완할 새로운 그리스어 번역본의 일부를 가져다주었다(페로, 기욤, 델베, 『갈라티아 고고학 탐사』). 덕분에 별로 중요하지 않은 누락분만 제외하면 비문은 복원되었고 끝까지 읽을 수 있다. 따라서 비문 전체를 파악하고 판단할 수 있게 되었다.

I

앙키라 비문을 읽을 때 가장 먼저 눈에 띄는 특징은 장엄한 어조이다. 매혹되지 않을 수 없다. 위압적인 목소리로 반세기 넘게 전 세계를 통치했고 자기 과업이 얼마나 중요한지 이야기한다. 새로운 국가를 만들었고 인류의 가장 거대한 변화를 주도했다고 자부한다. 사실을 간추리고 수치만 인용하면서도, 당당하고 건조하게 열거만 하는데도 글을 읽다 보면 너무나 위엄에 넘쳐 존경심이 저절로 우러난다. 하지만 경계해야 한다. 위엄은 많은 약점을 가리는 편리한 장막일 수 있다. 루이 14세의 예를 보더라도 무턱대고 믿으면 안 된다. 게다가 위엄은 현실이 사라진 후에도 로마가 오랫동안 모습을 유지할 정도로 진정한 로마의 특징이었다. 제국 말기 비문을 보면 로마가 망할 징조는 조금도 엿볼 수 없다. 지방 속주 몇 곳만 다스리는 초라한 군주들이 마치 전 세계를 호령하는 것처럼 당치도 않은 위엄을 부린다. 따라서 정확한 로마 역사 기념비를 연구하면서 속지 않으려면 거창한 첫인상에 매달리기보다 사태를 좀 더 가까이 들여다보아야 한다.

우리가 연구하는 비문의 제목은 '아우구스투스의 위업'이지만, 여기에서 그는 모든 것을 밝히지는 않았다. 의도적으로 내용을 선택했고 여기저기 건너뛰어 빈틈이 꽤 많다. 모든 사람의 존경과 찬사를 한 몸에 받던 76세 때, 아우구스투스는 과거를 한 줄로 꿰어 회상했다. 거북한 추억도 많았다. 정치 초년생 시절에 관해 마지못해 말해야 했을 때, 침묵으로 구설에 오르느니 용의주도하게 사실을 왜곡하는 편을 택했다.

> 19세에 나는 자진하여 사비를 들여서 군사를 일으켰다. 그것으로 나는 파벌이 억압하는 공화국을 해방했다. 그 보답으로 원로원은 법령으로 짐을 공동 집정관에게 합류시키고 군사령권을 주었다. 총독 자격으로 집정관 가이우스 판사, 아울루스 히르티우스와 함께 공화국의 안전을 감시하도록 부탁했다. 같은 해 두 동료 집정관이 서거하자 로마 사람들은 짐을 그들의 자리에 앉히고 공화정을 바로 세우려고 3인 집정관으로 불렀다.

비문의 머리 부분에 쓰인 이 몇 줄의 글에서 해야 할 말을 교묘히 피했다. 열거한 고위직들은 모두 같은 명분으로 얻었다. 첫 번째 관직과 3인 집정관에 오르는 사이에 있었던 일도 언급하지 않았다. 경솔하게 언급했던 원로원 결의는 키케로의 규탄 덕에 알려졌다. 원로원은 젊은 카이사르[옥타비아누스]를 높이 받들어 축하했다. "로마 시민의 자유를 지키고 안토니우스"를 물리쳤기 때문이다. 하지만 3인 집정관은 옥타비아누스가 로마 민중을 통제하려고 회동한 볼로냐에서 안토니우스와 음흉하게 합의한 후 받은 관직이었다. 차라리 거머쥐었다고 해야겠지만, 되도록 이런 일들을 언급하지 않으려고 했다.

회담 이후 벌어진 일은 말하기 훨씬 더 어려웠다. 아우구스투스가 사람들이 잊기를 특히 바랐던 부분이다.

> 아버지를 시해한 자들을 추방하고 정식 재판으로 그들을 처벌했다. 그 후에 그들이 공화국과 내전을 도발했으므로 짐은 2차례 전투에서 그들을 진압했다.

추방에 관해서는 언급하고 있지 않다. 살벌한 탄압을 축소할 만큼 능란한 궤변을 늘어놓기는 어려울 것이다. 아우구스투스는 추방에 대해 침묵했다. 타키투스가 훌륭하게 짚었듯이 "입을 다물기는 쉬워도 잊기는 어렵다." 아우구스투스는 사는 동안 과연 떠올린 적이 한 번도 없었을까? 회한까지야 아니더라도 새 정치를 펴려면 꺼림직한 과거를 무섭게 부정해야 했으니 종종 곤혹스럽지 않았을까? 점잖고 덕망 높은 인물이라는 평판이 무색하게 탄압하지 않았나. 이 부분에서도 그런 난처함이 드러난다. 침묵만으로 안심하기 어려워 조심스레 이야기했지만, 그것을 읽는 사람의 아픈 추억마저 되살아나지 않을 리 없다. 그래서 그것을 미리 누그러뜨리려고 이렇게 덧붙였을까?

> 짐은 전 세계 땅과 바다에 군대를 보내 내전과 대외전을 치렀다. 승리자로서 전투에서 생존한 시민들을 용서했다. 피해를 주지 않은 다른 나라들에 대해서는 파괴하지 않고 보존하려 했다.

일단 이런 난처한 행간을 벗어나면 나머지 이야기는 하기 쉬웠을 것이다. 악티움 해전 이후 지친 정파들이 화해에 내전의 기억은 방해가 된다고 걱정했을까? 비문 전체에서 원한을 살만한 대목은 하나도 없다. 과거의 경쟁자들에 대해서도 거의 말하지 않았다. 레피두스를 무시한 말은 기껏해야 한 마디뿐이며, 안토니우스에 대한 불쾌한 기억은 그저 신전의 보물을 가로챘다고 비난했을 뿐이었다. 자신을 괴롭혔던 섹스투스 폼페이우스와 그를 패배시킨 용감한 선원들에 대해서는 이렇게만 말했다.

> 짐은 해적을 소탕해 바다를 평화롭게 했다. 전쟁에서 도주 노예 3만 명을 붙잡아 주인들에게 넘겼다.

세계 제국을 안겨준 악티움 전투의 대승에 관해서는 아우구스투스는 이탈리아와 서로마 속주들이 서둘러 지지를 선언했다는 점만 언급했다. 치세 말년의 사건들을 주로 강조했다. 로마의 승리에 대해서는 더 편안하게 진술했다. 자기 이전에 로마 사람의 위엄에 모욕을 주었던 이들에게는 어떻게 복수했는지 기억하며 뿌듯해한다.

> 짐은 히스파니아와 달마티아에서 승리하고 일부 장군들이 빼앗겼던 군기들을 회수했다. 이전에 파르티아 사람들은 로마 3개 군단의 깃발과 유해를 돌려주면서 우호를 청했다. 짐은 되찾은 군기들을 복수의 신 마르스의 성소에 바쳤다.

아우구스투스가 게르마니아 원정을 흔쾌히 전하는 까닭은 이해할 만하다. 바루스가 겪은 재앙에는 말을 아꼈고 당대인들의 상상을 강렬하게 자극하는 원정의 추억만 간직하려고 했다.

> 로마 함대는 태양이 뜨는 쪽으로 뱃머리를 두고서 라인강 하구부터 거슬러 항해했다. 육로든 해로든 어떤 로마 사람도 가 본 적 없는 머나먼 고장까지 올라갔다. 킴브리와 카뤼데스, 셈노네스족 사람들과 그들과 같이 온 다른 게르마니아족 사람들이 사절을 보내 짐에게 우호를 청했다. 짐은 동시에 두 군대를 에티오피아와 아라비아

로 보냈다. 여러 종족을 정복하고 많은 포로를 잡았다. 에티오피아로 들어가서 메로에에 인접한 나바타 성까지 이르렀으며, 아라비아에서는 사바 왕국[예멘] 국경과 마리바[마르시아바]까지 들어갔다.

이런 역사적 기억이 흥미롭고 유익하겠지만, 앙키라 기념비가 특별히 흥미로운 까닭은 따로 있다. 비문은 아우구스투스의 내정을 알려준다는 점에서 매우 중요하다.

물론 아우구스투스 정부가 신전 벽에 정치의 원칙을 게시하거나 행정의 비밀을 알릴 리는 없다. 모두에게 전하지만 모두 말하지는 않았다. 따라서 정권의 사상적 바탕과 진실은 다른 곳에서 찾아야 한다. 이 문제에 관해서는 디오의 글이 가장 충실하지만 아무도 그의 책을 읽지 않는다. 끝없는 장광설로 자주 흐름이 끊겨 아무리 참을성이 많은 독자라도 질색한다. 그는 정치 역량이 없고 시야도 좁으며, 엉뚱한 미신에 사로잡혀 역사 인물들을 편견으로 바라보았다. 읽기도 지겹다. 타키투스와 같은 주제를 놓고 쓸데없는 비교를 되풀이한다. 그렇다고 그를 무시해서는 곤란하다. 글은 지루해도 매우 긴요하다. 타키투스만큼 시야는 넓지 않아도 정확하고 꼼꼼한 안목을 보여주었다. 평생 착실한 공무원으로 일했기에 공직과 행정 사회에 밝았다. 정확하게 말하는 것을 좋아했고 성실한 공직자였다. 아우구스투스 정부의 내정 개혁에 강렬한 인상을 받지 않았을까? 개혁을 세목별로 전하면서 아우구스투스에게 개혁안을 권했던 마이케나스[1]의 발언을 소개한다(디오, 『로마사』, LII. 14-40; 에밀 에거, 『아우구스투스 시대에 대한 역사가들 고찰』, VIII). 이 연설은 제국에서 인정한 공식公式을 담고 있다.

이런 흥미로운 구상은 나중에 실현되어 앙키라 비문 연구에 도움이 된다. 아우구스투스가 정비한 제도의 바탕은 깊이 들여다볼 만하다. 그의 관용책과 언급한 사건들의 숨은 뜻, 특히 다양한 신민 계층의 관계를 이해할 수 있다.

우선 아우구스투스가 군인들과 어떤 관계였는지부터 보자.

> 짐은 무장한 수많은 로마군을(정확한 수치는 원본에서 해독 불가 상태) 식민지로 보냈다. 복무를 마치고 정착한 장병은 30만 명에 달했다. 이들 전원에게 식민지의 토지나 매입 자금을 주었다.

아우구스투스는 폼페이우스, 안토니우스와 싸운 2차례 내전에서 50여 개 군단을 지휘했다. 그가 사망했을 때 남은 군단은 25개였다. 군대의 수는 절반으로 줄었지만 유지비는 여전히 재정에 큰 부담이었다. 제국은 오래 번영했지만 대규모 상비군 유지에 막대한 비용이 들었기 때문에 균형 예산을 맞추기 어려웠다. 그는 4차례나 개인 재산(9억 5천만 세스테르티우스)으로 국고를 채웠다. 재정적으로 어려움이 커지자 궁여지책으로 군인 연금을 생각했다. 왕과 동맹 도시, 부유한 로마 시민들에게 기부를 청했고 자신이 먼저 모범을 보였다(1억 7천만 세스테르티우스). 하지만 기부만으로는 역부족이었고 세금을 늘려 상속세와 거래세로 채워야 했

1 마이케나스Gaius Cilnius Mæcenas(B.C.7~8). 아우구스투스 황제의 최측근 정치인이다. 베르길리우스와 호라티우스 등 문인들을 후원했다. 그의 이름은 문예를 후원한다는 뜻의 '메세나'라는 일반명사가 되었다.

다. 이렇게 해도 퇴역 군인들은 쥐꼬리만 한 연금을 받았고 이것은 판노니아 군단이 티베리우스 황제에 맞서 봉기한 이유 중 하나였다. 군대는 분명 아우구스투스 행정부에서 가장 큰 고민거리였다. 적군 못지않게 당혹스러웠다. 지난 10년 동안 자신들을 실세라 여기는 군인들을 달래며 약속해 왔다. 전투를 앞둔 군인들은 온갖 요구를 내세웠고 승리하면 방자한 객기를 부렸다. 그래서 이탈리아 주민들의 재산과 토지를 대거 수용했다. 필리피 전투 이후에는 정책을 바꾸었다. 이탈리아 주민의 원성이 높아지면 안정적인 정부를 세울 수 없기 때문이다. 따라서 퇴역 용사들에게 분양하는 토지 소유주에게 보상을 시작했다.

> 짐이 4번째 집정관 시절이었다. 크라수스와 렌툴루스와 공동집정관 시절(A.D. 14), 장병들에게 분양한 농지 가격에 맞춰 지방 도시들에 돈을 풀었다. 이탈리아 농지에 6억 세스테르티우스, 속주 농지에 2억 6천만 세스테르티우스를 배상했다. 이탈리아와 속주의 퇴역 용사들이 정착한 식민지에서 이런 조치를 한 이는 지금까지 짐이 처음이자 유일하다.

자랑할 만한 치적이다. 그 시기에 이런 사례를 보여준 장군(또는 총독)은 없었다. 비문을 보면 아우구스투스는 퇴역 용사의 요구를 모두 들어주기 어려울 때는 목숨 걸고 싸운 적이 한두 번이 아니었다. 그는 군인의 처우를 개선했다는 큰 명예를 얻었다. 모든 것을 군인에게 빚진 그는 카이사르의 자질도 안토니우스의 결함도 없었지만 당당히 맞서 결국 그들을 지배했다. 전쟁으로 권력을 잡았지만 문민성을 우선시한 정부였다. 군의 힘으로만 제국을 통치했다면 오히려 군사 군주국이 되기 어려웠을 것이다.

아우구스투스와 민중의 관계는 매우 단순했다. 앙키라 비문이 전하는 내용은 마이케나스의 이야기와도 완전히 일치한다. 그가 민중을 먹이고 즐기게 한다. 먼저 그가 민중을 먹여 살리기 위해 쓴 돈은 다음과 같다.

> 아버지의 유언에 따라 로마 민중에게 1인당 300세스테르티우스와 나의 5번째 집정관 시절, 짐의 이름으로 전리품으로 100세스테르티우스를 치렀다. 10번째 집정관 시절, 다시 한번 나는 개인 재산으로 모든 시민에게 상여금으로 400세스테르티우스를 더 주었다. 11번째 집정관 시절, 짐은 개인 재산으로 밀을 12회 나누어 주었다. 12번째 호민관의 권한을 받았을 때, 사람들에게 1인당 400세스테르티우스를 더 주었다. 이 모든 배급은 25만 명 이하로 떨어진 적이 없었다. 18번째 호민관의 권한과 12번째 집정관 시절, 짐은 로마 시민 32만 명에게 1인당 60데니에르를 주었다. 4회의 집정관 시절 동안, 짐은 전리품을 모아 군인들을 위해 수천 개의 종자를 정착촌에 배포했다. 약 12만 명의 정착민들이 승리한 공적에 따라 그들의 몫을 받았다. 13번째 집정관 시절, 밀을 분배한 사람들에게 60데니에르를 주었다. 20만 명이 조금 넘었다.

이렇게 놀라운 선심을 쓰고 나서 아우구스투스는 민중을 위한 축제를 언급한다. 몇 가지 누락된 부분이 있지만 생계비 못지않게 거액이 들었을 것이다.

> 검투사 경기를 짐의 이름으로 10회, 짐의 자손 이름으로 5회 개최했다. 여러 번의 경기에서 1만 명의 검투사가 겨루었다. 짐을 대신하여 4회, 손자 대신 3회 모든 나라의 검투사와 싸웠다. 짐의 이름으로 4회, 축제의 비용을 대기 어려운 법무관 대신 23회 경기를 열었다.[2] …… 짐과 자손의 이름으로 야외극장과 포룸, 원형극장에서도 아프리카 야수 사냥제를 26회 개최했다. 축제 중에 동물 3천5백 마리를 잡았다. 오늘날 '황제의 숲'이 들어선 자리에서 테베레강 너머의 해전 광경을 보여주었다. 길이 549미터, 너비 366미터로 뚫은 운하에서 가상 해전을 펼쳤다. 30척의 함선과 공성추와 이단노선, 삼단노선으로 무장한 수많은 소형 선박이 싸웠다. 배에는 노 젓는 인원 외에 선원 3천 명이 승선했다.

바로 이것이 풍자시인 유베날리스가 말하는 '빵과 서커스'이다. 아우구스투스가 고심 끝에 요행을 부린 정책은 그 뒤의 정부에서도 전통으로 유지되었다.

아우구스투스와 원로원의 관계는 우리가 이해하는 것보다 더 까다롭고 복잡했다. 아우구스투스는 파르살루스와 필리피 전투 이후로도 유력 귀족 가문의 비위를 건드리지 않도록 조심했다. 이들은 힘이 많이 빠졌어도 여전히 두려운 존재였고 몇 가지 장점도 있었다. 유언장을 보면 아우구스투스는 원로원을 절대 존

2 숫자는 읽을 수 없는 상태로 훼손되었다. 많은 검투사가 싸우다 죽었을 것으로 추정된다. 세네카는 죽음에 관해 얼마나 무관심해질 수 있는지 보여준다. 티베리우스 황제 치하에서 한 검투사는 이런 대규모의 학살이 드물다며 아우구스트 시대를 빗대어 "그때가 좋았다"라며 불평했다.*

중하지 않는다. 그 이름을 일종의 가식으로 이용한다. 겉으로는 원로원이 주인이었고 군주는 그 명령을 따르는 것처럼 보였다. 아우구스투스는 이런 모습을 사실로 믿게 하려고 평생 권위를 숨기거나 한탄하며 보냈다. 팔라티누스 언덕의 황궁에서 그는 산적한 현안에 쓰러질 지경이니 제발 부담을 덜어달라고 원로원에 부탁하는 편지를 쓰곤 했다. 모든 권력이 자신에게 집중되던 순간에는 더 염증 내는 모습을 보였다. 이런 전략은 그의 유언장에서도 고스란히 드러난다. 후대에도 권력을 혐오하는 모습으로 남는데 성공했다시피 그 시대에도 적중한 전략이다. 그래서 겸손과 초연을 가장한 코미디를 했다. 예를 들어 그는 자신이 받은 명예인 절대 권력[3]을 원치 않는 척 극구 사양했다.

> 마르켈루스, 렌툴루스의 공동집정관 시절(A.D. 18), 원로원과 민중은 짐에게 절대 권력을 받으라고 요구했지만(『아우구스투스의 삶』, 52) 사양했다. 기근이 심해 식량 감독관 자리마저 거절하지는 못했다. 또 짐의 개인 재산을 털어 민중을 두려움과 위험에서 구했다. 그 보상으로 1년 임기로든 종신 임기로든 집정관직을 제안받았지만 고사했다.

그가 절제한 것은 이것만이 아니다. 명예나 선물도 거듭 거절했다. 하지만 정말 중요한 사실이 여기 있다.

3 수에토니우스는 『아우구스투스의 삶』에서 그리스어로 비문에 '절대 권력' 이라는 표현은 '독재관'을 다르게 부른 표기로 보았다.*

> 6번째와 7번째 집정관 시절, 내전을 진압하고 모든 시민이 합의해 짐에게 최고 권력을 주었을 때, 짐은 원로원과 민중에게 공화정을 넘겼다. 그 보상으로 원로원 결의로 짐에게 '존엄한 황제'라는 뜻의 '아우구스투스'라는 칭호를 내렸고 궁 입구에 월계관을 걸었다. 이 영예는 비문에 기록되었고 황금 방패와 함께 쿠리아 율리아(의사당)에 놓였다. 거기에 짐의 미덕과 관대함, 정의, 경건함을 칭송하는 글을 붙였다. 그날부터 짐은 다른 고위 관직들보다 높은 자리에 올랐지만, 동료보다 더 큰 권력을 부여하지 않았다.

곧이곧대로 듣는다면 속기 쉽다. 기록대로라면 로마력 726년 아우구스투스의 관용으로 공화정이 복원되었다. 하지만 그 시기에 황제는 절대 권력을 확립했다. 보복이 두려워 아무도 이의제기하지 못했다. 황제의 공식 사관이었던 디오는 차마 양심을 속이지 못하고 이 정부가 사실상 군주제였음을 보여주었다. 그나마 "절대군주제는 아니었다"라고 덧붙였을지는 모른다. 한 사람이 공화정의 모든 집정관직을 받았고 그 한 사람에게 모든 권력이 집중되었다(『로마사』, VIII. 17).[4] 아우구스투스는 민중의 뜻을 완전히 배제했다. 제멋대로 원로원을 구성하고 장악했다. 집정관이자 대신관大神官으로서 그는 행동과 신앙을 규제했다. 신성불가침한 호민관의 권위로서 아무리 사소한 한마디로도 그에게 반대하면 신성 모독죄가 되었다. '풍속감독'이라는 감찰관으로서 개인의 행

4 로마 헌법이 어떻게 권력분립으로 자유를 보장하고 그 집중만으로 거대한 전제주의의 도구가 되었는지 잘 볼 수 있다.*

동까지 통제하고 원할 때마다 타인의 사생활에 개입했다. 사생활과 공직생활, 원로원부터 은밀한 가정사까지 모두 그에게 종속되었다. 사방에 그의 권위가 침투했다. 그는 문명 세계에 포함되는 모든 것을 지배했다. 그에게 복종하지 않는 곳은 야만 세계뿐이었다. 따라서 이런 전횡을 부리는 독재가 문명 세계를 완전히 덮어 야만의 땅으로 가지 않는 한 망명지 삼아 떠날 곳도 없었다.

이렇듯 어마어마한 힘을 가진 바로 그 사람이 절대 권력을 수락하고 싶지 않았다고 이야기했다. 조심스럽게 위장했던 그 절대 권력을 어떤 수를 써서라도 용서받으려고 했다. 아우구스투스는 자유를 잃은 민족에게 해야 할 보상을 로마 사람들에게 했다. 그의 통치하에서 1백만 명 가깝게 시민의 수가 증가한 물질적 번영을 말하는 것이 아니다.[5] 심지어 내전이 끝나갈 무렵 전 세계에 가장 절실했던 안식과 안전을 말하는 것이 아니다. 로마를 장식했던 비할 데 없는 찬란함을 말하는 것이다. 온갖 미화 작업으로 비할 데 없는 광채를 띠었다. 이것은 민중의 환심을 얻는 확실한 방법이었다. 일찍이 이를 잘 알던 카이사르는 자기 이름의 포룸을 조성할 토지 구매비로 1억 세스테르티우스를 지출했다. 아우구스투스는 그보다 더 많이 지출했다. 앙키라 비문에 새긴 그가 지은 공공건물 목록은 너무 많아 전부 꼽아보기도 어렵다. 신전

5 앙키라 비문에 중요한 기록이 남아 있다. 아우구스투스가 사망하던 해 인구는 493만 7천명이다. 인구조사에 포함되지 않은 여자와 아동을 더한다면 그의 치세 말기 20년 동안 인구는 연평균 16퍼센트가 증가했다. 외국인의 유입이 크게 작용했다고 보인다. 수에토니우스에 따르면 아우구스투스는 카이사르와 다르게 로마 시민권 부여에 매우 인색했다.*

15채와 여러 개의 주랑, 극장, 원로원 의사당, 포룸, 대회당, 수도교, 국도 등이 있다. 사실 그는 로마를 재건했다. 어떤 유적도 그의 손을 거치지 않은 것이 없었고 재건의 손길을 기다리던 모든 것을 복원했다. 폼페이우스 극장과 카이사르 포룸을 완성했고 카피톨리누스 신전을 다시 지었다. 단 1년 만에 폐허였던 신전 82곳을 수리했다. 엄청난 공사비와 건축비를 공연히 사용한 것은 아니다. 모든 낭비는 통치자의 깊은 정치적 계산에서 나왔다. 아우구스투스는 대중을 현혹하려 했다. 사치와 웅장함으로 도취시켜 거북한 옛 기억을 씻어내려고 했다. 눈부신 대리석으로 칙칙한 벽돌에 덮였던 로마를 잊도록 했다.

민중에게 해준 보상은 그뿐만이 아니었다. 그들을 더 고귀하게 고쳤으며 권력을 인정받으려고 했다. 민중에게 자유를 희생하도록 요구하는 대신에 국가적 자부심을 충족시켰다. 밖에서 볼 때 아우구스투스만큼 로마의 위상을 높인 사람은 아무도 없었다. 누구도 로마 사람들의 자부심을 그토록 부풀리지 못했다. 비문의 후반 부분은 그의 치세에 가장 먼 나라들이 로마에 바친 존경과 선망에 관한 이야기로 채웠다. 제국 안에서 벌어졌던 사건을 되새기지 않도록 밖에서 거둔 영광스러운 일만 늘어놓았다. 썰렁한 포룸과 비굴한 원로원의 모습에 실망한 시민들의 눈길을 돌리려고 해외로 파병했다. 판노니아와 아라비아를 뚫고 들어가는 로마군을 보여주었다. 라인강과 도나우강으로 전함을 보냈다. 브리타니아와 수에비, 마르코만니 사람들의 왕들은 로마로 피신하며 지원을 요청했다. 메디와 파르티아처럼 로마에서 가장 먼 동쪽의 무서운 숙적들조차 처음으로 로마에 동맹을 제안했다.

> 단 한 번도 로마 군단장에게 사절을 보낸 적 없는 인도에서 짐에게 대사를 보냈다. 타나이스강(돈강) 아래에 사는 바스타르나이족(루마니아, 불가리아), 스키타이족, 사르마타이족 또 강 너머 알바니와 히베리(이베리아), 메디(메디아) 왕들이 우호 사절을 보냈다.

아우구스투스에 불만이 많던 사람들도 그의 과업을 반대하기 어려웠다. 특히 로마의 영광을 재현하려고 과거로 거슬러 올라간 점이 주효했다.

> 과거의 위인들을 거의 신격화했다(수에토니우스, 『아우구스투스』, 31).

카이사르가 쓰러진 바로 그 자리에 폼페이우스의 입상을 세워 누구도 예외 없이 숭배하도록 했다. 관대해 보이지만 교묘한 술책이었다. 과거의 영광을 빌어 반대파를 사전에 무장 해제하는 동시에 해묵은 기억에 자신을 덤으로 얹어 자기 권력을 신성시했다. 공화국 정부와 제국 정부에 차이가 전혀 없다는 듯 봉합해 버렸다. 즉 '위대한 로마' 하나로 버무렸다. 과거에도 위대했지만 현재에도 위대하다는 점에서 똑같다고 증명하려고 했다. 또 로마를 아름답게 가꾸고 국경을 방비했으며, 제국을 넓혔다. 로마라는 이름을 존경하게 했다. 7백 년에 걸쳐 해왔던 과업을 계승해 완성했다. 따라서 아우구스투스는 카토와 아이밀리우스 파울루스, 스키피오 같은 귀족이 착수했던 과업을 이어받은 적장자로 행세했다. 그는 자기 이름을 붙인 포룸을 건설할 때도 그렇게 했다. 수에토니우스에 따르면 자신이 올린 주랑에 자기 치적을 가득 새

겼고 공화국의 모든 위인을 개선장군 복장으로 세웠다. 정치적 수완의 절정이었다. 자신을 과거 위인의 반열에 올리고 자신이 거꾸러뜨린 공화국의 위대함을 차지했다.

아우구스투스가 자유를 대가로 로마 사람에게 제공한 보상들은 만족스러웠다. 모든 사람이 새 정부에 곧 길들어 아우구스투스는 저항 없이 통치했다. 그의 목숨을 노린 음모는 소수의 고립된 불평꾼이나 그에게 망신당한 생각 없는 청년들, 그의 자리를 탐낸 천박한 야심가들이 벌인 범죄였다. 반대 정파와 조직에서 치밀하게 일으킨 사건이 아니었다. 정파라고 할 것도 없었다. 섹스투스 폼페이우스와 안토니우스의 사람들은 자기네 지도자와 함께 죽었다. 필리피 전투 이후 공화파는 거의 살아남지 못했다. 이제 현명한 사람들은 제국이 너무 거대해져 이끌 인물이 필요하다며 아우구스투스의 통치를 당연한 이치로 받아들였다. 몇몇 완고한 미전향자들만 브루투스와 키케로의 이름으로 가르치고 항의했다. 또는 안전한 자리에 모였을 때나 마음껏 떠들었다. 당시 사교계에서 한 줌도 안 되는 인사들이었다. 모두가 감탄과 찬양 일색의 분위기에 압도되어 이들의 목소리는 들리지 않았다. 50년 넘게 원로원과 기사, 민중은 로마 안으로는 평화를 정착시키고 밖으로는 위력을 떨치는 사람에게 새로운 영광을 주려고 갖은 궁리를 다했다. 아우구스투스는 위업비에 모든 경의를 표하기 위해 노력했다. 유치한 허영심이 아니라 모든 계층에서 그의 권위를 인정했다는 점을 알 수 있도록 했다. 이 생각은 특히 비문의 마지막 줄에 드러난다. 그에게 가장 소중했던 시절을 떠올린다. 모든 시민이의 합의가 가장 인상적이었기 때문이다.

짐이 13번째 집정관직 시절, 원로원의 결정으로 원로원과 기사계급, 로마 시민이 짐을 '조국의 아버지'라고 불렀다. 그들은 이 사실을 신전 입구와 쿠리아 율리아, 아우구스투스 포룸에 기록하기를 원했고, 원로원 결의로 내 명예를 위해 놓았던 사두마차 아래에도 그 명패를 붙였다. 짐의 나이 76세 때였다.

조국의 아버지라는 호칭으로 비문을 마무리했던 이유로 충분하다. 호칭은 동포를 대표해서 브루투스의 옛 친구 메살라가 제안했다. 이는 곧 과거 로마가 그를 사면하고 위법으로 얻은 권력을 합법으로 봉헌했다는 뜻이다. 아우구스투스는 자기 정치 생활을 회상하고 자신을 용서하며(죄지은 기억을 지워버리는 것으로) 편안히 눈을 감고 싶어 했으리라.

II

이 놀라운 위업비를 분석한 후 그것을 쓴 사람에게 받은 인상에 관해서 몇 마디 하고 싶다. 아우구스투스의 정치 생활은 2편의 공식 문서로 기록되어 전해졌다. 그중 하나는 옥타비아누스가 서명한 추방령의 머리말이었다. 겉보기에는 직접 작성한 것을 보인다. 또 하나는 앙키라 신전 벽에서 발견된 비문이다. 그가 20세 때 철학도로서 야심을 가지고 지은 글이다. 반면 위업비의 글은 그로부터 56년 뒤 그가 거의 신처럼 군림하던 절대 권력자로서 한 발언이다. 그들을 비교해 보면, 그가 지나온 길과 사람에 대한 이해, 공무 수행이 그에게 가져온 변화를 알 수 있었다.

아우구스투스는 권력을 잡고 더 나은 인간이 되었다. 분명 매우 드문 일이다. 로마 역사를 보면 그 뒤의 군주는 모두 권력으로 허랑하게 타락했다. 필리피 전투에서 악티움 해전까지, 3인 집정관이 저지른 모든 행동에 대해 세상 사람들에게 엄숙하게 용서를 구할 때까지 옥타비아누스는 줄곧 더 나은 인간이 되려고 노력했다. 타고난 기질을 극복하려고 그처럼 자기를 독하게 부정했던 예는 보기 어렵다. 그는 원래 겁쟁이였다. 처음 적에게 포위되었을 때는 막사 밑으로 숨었다. 그런 그가 어떻게 용기를 냈는지 알 수 없다. 섹스투스 폼페이우스와 치열하게 싸웠고 달마티아 원정에 뛰어들어 2차례나 다칠 만큼 무모하고 무섭게 싸웠다. 그는 젊었을 때 냉소적이었고 방탕하게 놀았다. 수에토니우스에 따르면 안토니우스 못지않았다. 하지만 절대 권력자가 되자 곧 자신을 바로잡았다. 다시 말해 절제했다. 누구도 차갑고 잔인한 옥타비아누스를 바꾸기 어려워 보였다. 하지만 배은망덕한 암살을 일삼았기도 했던 그가 나중에는 자신을 암살하려던 자들까지 살려주었다. 절친 마이케나스가 '남을 괴롭히는 악당'이라고 부르던 자가 철학자 세네카가 칭송한 '어진 왕'이 되었다(세네카, 『관용에 관하여』, 9).[6] 추방령을 내렸던 사람이 위업비에 증언을 남긴 그 사람이 맞는지 믿기지 않을 정도이다. 타고난 악습을 그치고 덕행으로 돌아서거나 그렇게 보일 만큼 태도와 행실이 달라졌으니 감탄하지 않을 수 없다.

하지만 아무리 정당화해도 그를 좋아하기는 어렵다. 이성적

6 다른 곳에서는 그의 관용을 피곤한 잔인성이라고 불렀다.*

으로 보면 고생 없이 타고 탄 사람보다 스스로 노력해서 성공한 사람을 더 좋게 보아야 한다. 하지만 우리는 왜 운이 좋은 사람들에게 더 끌릴까? 그렇지 못한 사람들은 사람을 사로잡는 타고난 매력이 부족하다. 극기의 노력을 보여주지만, 그 뒤에는 사심이 도사리고 있다. 항상 이익이 나는 곳에서만 그만한 수고를 아끼지 않는다. 천성보다는 이성이 더 중요한 후천적 선의는 계산적으로 보여 공감하기 어렵다. 아우구스투스가 행한 미덕이 기껏해야 술책으로 가공한 걸작으로 보이는 이유이다. 자연스럽지도 않고 초연해 보이지도 않는다. 수에토니우스는 "아우구스투스가 가족과 친지에게 솔직하고 친절했다"라고 했지만 억지로 꾸며낸 인물에게서는 전혀 느낄 수 없는 자질이다. 일부만 전하는 개인적인 편지들을 보면 그는 편안하게 농담도 하지 못하고 소박하지도 않다. 그는 친구들에게도 절대 즉흥적으로 말하지 않았다. 서기에게 먼저 기록을 확인하고 아내 리비아와 나눈 대화를 고치기도 했다(『아우구스투스』, 84). 하지만 결국 그를 색안경을 끼고 보는 이유는 무엇보다 카이사르와 가깝기 때문이다. 카이사르는 거물에 걸맞은 눈부신 재능을 타고나기도 했지만 무엇보다 솔직했다. 사람들을 불쾌하게 한다고 해서 굳이 야망을 숨기지 않았다. 이유는 모르겠지만 몸젠은 저서에서 카이사르가 왕권을 조금도 마음에 두지 않았고 안토니우스가 그에게 왕관을 바치려고 했을 때도 그와 미리 상의하지 않았다는 것을 증명하기 위해 애썼다(안토니우스의 흉계라는 점, 카이사르의 야심을 폭로하려고 했다).

나는 카이사르가 잘못하지 않았다는 공통 견해를 선호한다. 그는 왕이 되고 싶었고 통치권에 걸맞은 직함을 원했다. 하지만 아우구스투스처럼 속으로는 열렬하게 원하는 명예를 받기 위해 기다리는 척하지 않았다. 마지못해 최고 권력자 자리를 지킨다고 믿게 만들지도 않았다. 또 권력을 모두 쥐는 그 순간에 공화국 정부를 시민과 원로원에 돌려주었다고 뻔뻔하게 말하지도 않았다. 반대로 파르살루스 전투를 끝낸 후에 '공화국'이란 공허한 소리에 불과하며 과거에 독재관직을 사임한 술라는 바보짓을 저질렀다고 솔직하게 털어놓았다. 그는 모든 일에서, 심지어 문학과 문법 문제에서도 대담하게 혁신했다. 과거 유산을 파괴했을 때 위선적으로 과거를 존중하는 척하지 않았다. 아우구스투스는 원로원을 허수아비로 만들었으면서도 성심껏 모시는 척했다. 수에토니우스가 칭송했듯이 그는 "회의에 앞서 의원들을 일일이 호명하며 겸손하게 인사했다." 이런 코미디보다는 차라리 원로원 의원들이 찾아왔을 때 자리에서 일어나지도 않았다는 카이사르의 무례함이 더 마음에 든다. 두 사람 모두 권력에 질렸다고 말했다. 하지만 "개인으로 돌아가게 해달라고 간청했다"라는 아우구스투스의 말을 진짜로 믿는 사람은 없다. 정말 더 진지하고 심각하게 권력을 역겨워한 사람은 카이사르였다. 20년 넘게 지칠 줄 모르고 권력을 차지하기까지 음흉한 음모를 써가면서 수많은 고비를 넘겼다 하지만 그토록 간절히 원했던 권력은 기대보다 보잘것없었다. 가장 존경하던 사람들이 그를 싫어했고. 경멸하는 자들을 부릴 수밖에 없어 거북했으며, 그들은 권력 남용으로 명예조차 더럽혀 곤혹스러웠다. 더 큰 권력을 잡을수록 더 추악한 인간의 본성을 보았다. 발밑에서는 비열한 탐욕과 비겁한 배신만 들썩였다. 마침내 역겨움을 느끼고 삶에 관심을 두지 않게 되었다.

보존하고 방어할 가치가 더는 없어 보였다. 키케로가 마르켈루스를 변호했던 시기에도 카이사르는 벌써 "나이로 보나 명예로 보나 살 만큼 살았다"라고 했고 암살자들을 조심해야 한다고 주변에서 경고해도 울적한 목소리로 "두려움 속에 사느니 단숨에 죽는 게 낫겠어!"라고 답했다. 〈킨나〉(1642년 초연한 코르네유의 비극)에서 이렇게 탄식하는 인물은 아우구스투스이지만 마땅치 않은 배역이다. 오히려 카이사르가 더 어울린다.

> 나는 제국을 원했고 뜻을 이루었다.
> 하지만 기대했어도 나는 알지 못했다.
> 권력을 쥐니 마법에 걸렸다.
> 걱정으로 두렵고 불안은 거듭된다.
> 수많은 적이 숨어있고 죽음은 모든 길목에 있다.
> 고통 없이는 기쁨도 안식도 절대 없다.

멋진 대사지만 아우구스투스가 한 말이라 마음에 들지 않는다. 빈틈없고 냉정한 이 정치인이 영웅의 인간다움을 드러내는 고귀한 슬픔을 정말 알 수 있었을까? 극 중에서 그는 권력을 쟁취했지만, 자신에게 불만스러워 절망하고 권력에 염증을 느낀다. 제국에서 권력을 포기하겠다는 멋진 장면이다. 로마 사람이라면 아무도 속지 않는 엄숙한 코미디를 작가가 심각하게 묘사해 약간 원망스럽다. 나는 비극 〈킨나〉에서 즐거움을 완전히 되찾고 싶다. 아우구스투스를 카이사르로 대체한다면 가능하지 않을까.

아우구스투스의 위선적 행동은 성격의 결함이기도 하지만

정치적 과오이기도 했다. 자신이 세운 정부에 매우 껄끄러운 자취를 남겼다. 정확히 아우구스투스의 계산적인 거짓말이 권력의 본질과 진정한 한계까지 널리 퍼져 제국 초기 황제들의 폭정을 견딜 수 없게 만들었다. 정부가 자기 원칙을 과감하게 내세우면 우리는 대처할 준비를 한다. 하지만 겉으로는 자유롭다는데 실제로는 가장 완고한 독재를 하고 공화정이라는 허깨비 뒤에 전제 군주의 무한 권위가 숨어있을 때, 어떤 길을 따르고 무슨 말을 할지 몰라 모두 불안에 떤다. 전망이 어두우면 모든 일이 파탄의 위기에 처한다. 독립적이어도 길을 잃고 비굴해도 갈피를 잡지 못한다. 황제에게 반대하고 거부하면 공화국을 그리워하는 적으로 취급받는다. 그렇다고 황급히 모든 것에 "백번 지당하신 말씀입니다!"라고 찬동할 수도 없다. 공화정 치하에서 사는 척한다면 위장한 적으로 여겨진다. 타키투스는 살벌한 시대에 의도적으로 덧씌워진 어둠 속에서 살얼음판을 걷는 듯한 정치인들을 보여준다. 한 걸음 뗄 때마다 예상치 못한 벼랑과 함정으로 다가간다. 침묵하거나 자백하고 아첨하거나 항의하며, 자꾸 망설이다 공포에 떨면서 중얼댈 뿐이다. 어떻게 해야 끝도 뜻도 알 수 없는 음흉한 권력자의 비위를 맞출 수 있을까! 솔직하지 않았던 아우구스투스 치하에서 몇 세대 동안 민중은 불안과 고통에 시달렸다. 그는 미래가 아니라 눈앞의 현재가 중요했다. 모든 해악의 원인이었다. 난관을 돌파할 소질과 자원이 넉넉했던 유능한 인물이었지만, 큰 정치가는 아니었다. 눈앞의 난제를 넘어 더 멀리 바라보지 못했다. 마지못해 왕권을 지지했던 민중 앞에 내세울 만한 위장한 왕국을 생각해 냈고 그 곁에서 이전 정권의 형식에 따라 살도록 했다. 그렇다고 그것들을 서로 어울리도록 조정하지도 않았다. 그는 위대한 정치가는 아니지만 뛰어난 행정가였다. 행정가로서의 업적은 칭송받을 만하다. 적절한 실용성과 규칙으로 공화정에서 만든 모든 것을 조합하면서 잃어버린 전통을 되살렸다. 로마의 행정부와 군, 재정 관리, 지방 속주를 위해 새로운 기관을 설립했다. 제국을 조직하고 외적의 침략과 내부의 붕괴 요인을 예방했다. 물론 혐오스러운 정치 체제로 대체로 기개가 떨어지고 통치자와 신민 모두 타락했지만, 제국은 여전히 좋은 시절을 보냈고 3백 년 동안 지속되었다. 강한 조직력이야말로 아우구스투스가 물려준 진정한 힘이었다. 이 부분은 자화자찬할 만큼 중요한 업적이다. 앙키라 비문에서 증언을 들을 수 있다.

> 짐이 새 법을 제정했다. 사라진 선대의 훌륭한 풍습을 자랑스럽게 되살렸고 후손이 본받을 모범을 보여주고 싶었다.

III

키케로의 편지는 아우구스투스 치세 중반쯤 출간되었다. 아우구스투스가 정부를 시민과 원로원에 돌려주는 척했던 거짓 공화정에서 절대자로 군림하던 무렵이다. 출간일을 정확히 알 수 없지만, 분명 악티움 해전 승리 이후 몇 년 안이었을 것이다. 정권은 좀 더 온건해지면서 인기를 끌자, 집필의 자유를 허용할 만큼 자신감에 넘쳤다. 그전까지는 충분히 기반이 다져지지 못했기에 경계했다. 나중에 대중의 인기가 시들자, 전과 같이 출판의 자유를 금지했다. 아우구스투스의 치세는 사람들을 핍박하고 추방하면서 시작해 책을 불태우면서 끝났다. 그 사이 출판의 자유가 잠깐 허용된 틈에 키케로의 서한문이 출판될 수 있었다.

편지를 처음 읽은 독자들의 소감을 전하는 기록은 없다. 매우 강렬한 인상을 받지 않았을까? 그때는 내전을 겨우 헤쳐 나가고 있었다. 모두 생활고에 시달리며 살았다. 누구도 과거를 되돌아볼 만한 마음의 여유가 없었다. 죽도록 고생만 했던 세대가 마침내 한숨 돌리게 되자 즉시 지난날을 돌아보았다. 사건을 이해하려고도 했겠지만, 시인이 노래했던 대로 착잡한 심정으로 쓰라렸던 세월을 곱씹는 맛도 어지간했을 것이다. 슬픈 시절을 더듬으면서 이미 결판 나버린 투쟁이 처음 시작되던 때까지 되돌아보고 싶어 했다. 키케로의 편지만큼 그들의 호기심을 채워주는 것은 없었다. 그래서 너도나도 읽어보려고 안달하지 않았을까?

이런 독서 열풍이 아우구스투스 정부에 해를 끼치지는 않았다. 몇몇 인사는 새 정권에서 평판에 금이 갈 수밖에 없었다. 군주와 각별한 친분과 우애를 과시하던 인사들은 과거 공화주의 신념이 탄로 나게 생겼으니 거북하고 불쾌해했다. 짓궂은 사람들이라면 이 편지들을 무시해야 했다. 폴리오는 폭군의 영원한 적이 되리라 맹세했었고 플란쿠스는 공화정의 불행을 (아우구스투스로 불리기 전의) 옥타비아누스가 배신한 탓이라며 격하게 비난했다. 이런 과거사가 덜컥 들통났다! 옥타비아누스에 대한 기억도 생생하게 드러났다. 카이사르의 시해자들과 손잡으려던 했다든가 키케로를 아버지라고 부르며 따르던 시절에 관한 이야기는 그에게 유리하지 않았다. 결국, 키케로의 책을 못마땅해하던 사람들은 몇 주 동안 대책을 논의했다. 하지만 여러 면에서 책이 주는 피해는 대단치 않았고 자신들이 조금 놀림감이 된다고 해서 위대한 제국의 안전을 위태롭게 할 정도는 아니었다. 아우구스투스는 과거를 그리워하는 상상력을 크게 염려했고 정부를 위장하고 미화한 공화정의 진짜 장점을 멋대로 퍼트리지 않을까 걱정했다. 하지만 키케로의 편지들은 오히려 그런 상상이 환상에 불과하다며 파괴하기에 좋았다. 편지에서 드러난 당대의 음모와 혼란, 추문은 그 시절을 아쉬워할 만한 모습은 아니었다. 타키투스가 묘사했던 인물들은(책자 출간 이후) 싸움에 지친 끝이라 진저리 치며 조용히 쉬기만 바랐던 탓에 편지가 전하는 사건들에 무관심했다. 쿠리오와 카일리우스, 돌라벨라 등이 멋대로 놀았던 방종이라면 자유를 잃었다고 안타까워할 만한 일도 아니었다.

하지만 편지를 출판하자 저자에 대한 기억만은 되살아났다. 보통 키케로에 관해서 혹평하던 시절이었다. 공식 역사가들이 전하는 바로는 볼로냐 회동에서 옥타비아누스는 살생부 작성에 중요한 역할을 했다(『벨레이우스 파테르쿨루스, 『역사』, II. 66). 옥타비아누스는 불편한 기억이라 잘못을 조금이나마 축소하려고 살생부에 오른 인물들을 중상모략했다. 대담하게 악역을 맡은 폴리오는 키케로가 비겁하게 죽었다면서 험담했다(대 세네카, 『수아소리아』, 6). 폴리오처럼 간신이 아니었고 키케로를 차마 모욕할 용기가 없던 사람들은 적어도 입을 다물었다. 그 시기 주류 시인들은 키케로에 관해 이야기하지 않았다. 플루타르코스가 전하는 대로라면, 키케로의 서한집은 아우구스투스 모르게 읽어야 했다. 그만큼 키케로는 물밑에서 위대한 영광을 키웠다. 그의 서한집이 나오자 모두 그를 다시 기억해 냈다. 한 번 읽어본 사람들은 이 재치 있고 다정한 인물, 너무 친절하고 인간적이며, 약점까지 매력적인 키케로를 더는 잊을 수 없었다.

키케로의 시대는 우리 시대와 너무나 판박이처럼 비슷해 놀랍다. 모든 것을 역겨워하면서도 모든 것에 익숙하게 길들어 가던 프랑스 대혁명 직후와 똑같다. 오늘은 불만스럽고 내일은 막막해 안절부절못하던 시대였다. 편지 안에서 우리는 자기 모습을 보게 된다. 그 시대 사람들의 슬픔을 우리도 겪었고 그들이 불평하던 해악을 우리도 겪었다. 우리도 그들처럼 역사상 가장 괴롭고 힘겨운 이행기에 산다. 전통은 희미해지고 미래는 아직 밑그림조차 없다. 우리는 무엇에 기대야 할지 모른다. 그래서 위대한 헤시오도스가 자주 했던 말이 절로 이해가 간다.

> 내가 일찍 죽어야 했는데……. 나중에 태어나든가.

키케로의 편지를 읽으면 너무 슬프고 생생하다. 바로 이런 점이 독자에게 흥미를 주고 내가 처음으로 끌렸던 이유이다. 키케로의 친구들과 잠시나마 함께 살 수 있어 즐거웠다. 그들이 우리 곁에 있는 것만 같다.

〈프랑스 학예원 앞에서 걸어가는 가스통 부아시에와 테오도르 몸젠〉, 1901.

옮긴이 글

키케로와 우리 시대

로마 시내에 마리우스와 술라 같은 폭군의 유적이 보이지 않아서 다행이다. 두 사람의 이름만 들리던 을씨년스러운 현장을 벗어나 키케로의 이름이 들리는 곳에 도착하니 속이 다 후련하다

(장자크 앙페르, 『로마에서 쓴 로마 역사』, 1862)

키케로는 폭정과 탄압, 선동과 음모로 점철된 현실정치에 별다른 환상을 품지 않았지만 사람답게 사는 나라를 꿈꾸지 않은 적은 없었다. 가스통 부아시에가 지은 『키케로와 친구들 : 카이사르 시대의 로마 사회』[1]는 아셰트 출판사에서 펴낸 제 14 판 [1908(1865)]의 한국어판이다. 역사와 지리 지식이 어느 정도 있어야 읽을 만한 역사서인데도 놀랍게도 많은 사람이 열독했고 각국에서 번역판을 쏟아냈으며 증쇄를 거듭했다.[2]

1 Gaston Boissier, *Cicéron et ses amis, Étude sur la société romaine du temps de César*.

2 이탈리아(1959), 독일(1869), 영국(1897), 미국(1976), 러시아(1880), 스페인(1944), 스웨덴(1916) 등.

『키케로와 친구들』은 기원전 1세기 로마 공화국의 철학자이자 정치인 키케로의 편지를 꼼꼼히 읽어 내려간 독후감 같은 문체를 보여준다. 저자는 편지를 쓴 배경과 맥락에서 그 시대와 사회의 모습을 파헤쳐 보았다. 사회생활과 인간관계에서 혈육의 정 못지않게 중요한 우정과 인정人情의 중요성을 짚어나갔다. 흔히 정복자로서 칭송받는 무인 카이사르와 다른 문인 키케로의 인간성과 위대한 사상에 주목했다.

저자 가스통 부아시에 박사는 1823년 8월 15일 프랑스 남부의 오래된 도시 님에서 태어나 1908년 11월 20일 베르사유 부근 비로플레에서 사망했다. 파리고등사범학교 출신으로 훗날 모교와 콜레주 드프랑스의 교수, 프랑스 한림원(아카데미 프랑세즈) 사무총장을 역임했다. 『마르쿠스 테렌티우스 바로』(1861)의 평전을 발표하면서 주목받았다. 『농업에 관하여』의 저자 바로는 로마에서 가장 박식하고 역사에 정통했으며, 훗날 키케로, 『아이네이아스』의 작가 베르길리우스와 함께 '로마의 위대한 빛'으로 칭송받았다. 부아시에는 이후 마담 드세비녜와 생시몽 공작의 서한문을 토대로 절대 왕정 시대를 복원하면서 살롱과 궁정, 규방과 대궐의 이면을 샅샅이 폭로했다. 『키케로와 친구들』과 나란히 서한문에 바탕을 둔 역사 3부작이다. 말년에는 로마의 공식 역사가 전기 『타키투스』(1903)를 출판했다.

부아시에는 독일, 영국 학자들과 다른 시각으로 고대 로마를 보았고 그것은 큰 반향을 일으켰다. 기원전 1세기부터 서기 4세기에 걸친 혼란한 시기인 데다 자료도 부족해 해석에 큰 어려움을 겪었다. 하지만 부아시에는 당대 인간 심리를 이해하고 해석하는 방법으로 이 시대를 다루었고 전문가들을 위해 썼지만 일반 독자들도 즐겨 읽었다. 부아시에의 주요 저작 『로마 종교』, 『황제들에게 대항한 운동』, 고대 도시들을 답사하면서 기행문학에 참신성과 깊이를 더한 『고적 산책, 로마와 폼페이, 알제리와 튀니지』, 4세기의 종교 투쟁을 다룬 『이교의 종말』 등의 저서도 여러 언어로 번역되었다. 특히 『로마 산책』에서 저자는 16세기부터 바로크 스타일로 면모를 바꾸며 더욱 자취가 희미해진 고대 로마의 모습을 되찾아 내 이후 많은 저자가 참고했다.

저자의 시대는 나폴레옹 3세의 제정 치하였지만, 대중문화에서 초상사진이 크게 유행했고 문고판 소설이 불붙인 독서 열기가 어마어마했다. 역사와 기행문도 크게 인기를 누렸다. 오리엔트 열풍은 보네 백작을 비롯한 선구자들이 불을 지폈고, 나폴레옹 보나파르트의 이집트 원정 이후 국가의 지원으로 더욱 타올랐다. 열강은 엄청난 국익이 걸린 일이었던 만큼 학자와 문인, 예술가들을 앞장세웠다.

저자는 '역사적 예수'를 주장한 에르네스트 르낭, 성서의 실체를 추적한 펠릭스 드솔시, 성서 번역자로 성지순례기의 모범을 남긴 뇌샤틀 도서관장 펠릭스 보베, 친구 소설가 플로베르와 함께 이집트를 처음으로 사진 촬영한 막심 뒤캉, 혁명의 영웅들을 성자처럼 믿은 고고학자 필립 르바와 같은 세대였다. 오리엔트와 유럽 고대 예술의 역사를 집대성한 조르주 페로, 같은 지역의 고대 종교의 역사를 집대성한 오귀스트 부셰 르클레르도 그 분야의 선구자들로서 저자와 같은 동아리였다. 하지만 이들 모두 증거만 찾아다니지 않았다. 신화와 전설 또 민중 신앙의 역사성을 무시하지 않았다. 저자의 시대처럼 학자들이 마치 고대 영웅 같던 시대가 있을까 싶을 만큼 학자들은 사진가와 문인, 화가와 어울려 문명의 현장을 찾는 것을 의무로 여기며 온갖 위험을 마다하지 않았다. 단순한 낭만주의자가 아니라 그들 자신이 곧 영웅이었다. 애제자가 황제가 되었을 때 제안한 공직을 거부했던 필립 르바처럼 학자들은 신념과 양심 앞에서 언제나 고고했다.

저자는 키케로 못지않게 카이사르와 안토니우스, 폼페이우스 등 권력자들의 정체도 파헤쳤다. 일부 역사가가 단순화해 난도질하거나 찬양 일색인 영웅담이 아니라 인간적 참모습을 추구했다. 사람이라면 누구나 모순이 있기 마련인데 하물며 유례없는 격변기에 중책을 맡은 인물들의 내면은 얼마나 복잡했을까. 그들의 심리와 언행을 저자는 매우 설득력 넘치는 안목과 성찰로 파헤쳤다. 당대 정치에서 요즘과 다름없던 금전과 조직, 선동과 술책을 적나라하게 폭로했다. 정계에서 펼쳐지는 '인간관계'라는 따뜻하면서도 냉엄한 현실의 모순과 비극을 묘파했다. 비정한 승패의 세계에서 보편적 인간애란 무엇인가? 삶과 죽음은 어떻게 윤리의 세계를 심판하는 잣대가 되는지를 주목했다. 또 한 사람의 인정과 심정이라는 작은 우물처럼 보이는 샘에서 드넓은 바다로 이어지는 물줄기를 깊이 들여다보았다. 저자는 편지의 행간에 숨은 심리분석을 바탕으로 로마가 제국으로 접어드는 분수령이자 공화국의 마지막 이상을 지키려던 고비에서 위기에 대처하는 키케로와 친구들의 인간성을 비교해 보았다.

키케로가 암살당하고 한 세기 뒤, 로마에서 기독교 성자 베드로와 바울이 순교했다. 키케로는 고대 신앙과 현대 신앙의 중간에 매우 귀중한 다리를 놓았다. 신의 존재에 관해 가장 소중한 사상을 선보였다. 미신을 부정한다는 구실로 내심 국가의 종교를 부정했다. 몹시 위험한 생각이었다. 그는 그리스 사람들이 극작과 조각 같은 예술로 지나치게 의인화해 사람의 모습으로만 상상하는 신들을 부정했다. 그리고 신과 우상에 매달리며 구걸하지 않았다. 오히려 신상神像에서 신을 해방했다. 그렇게 '인간의 틀에서 벗어난' 신과 함께 관념에 얽매이지 않고 좀 더 자유로운 인간을 꿈꾸었다. 그가 다리로 놓은 덕에 훗날 자유로운 사상가들은 '종교의 속박에서 벗어나' 더 넓은 세계로 나갔다.

본문에서 소개하는 그 밖의 다른 인물들, 아티쿠스에 대한 짧은 평전도 그 자체로서 예술후원자에 대한 희귀한 작품이다. 물론 안토니우스와 카토, 브루투스, 훗날 아우구스투스가 되는 옥타비아누스에 대한 묘사와 평가도 특별하다. 무조건 관대하게 보려고 하지는 않았다. 당사자들과 주변이 얽힌 복잡한 형편을 더욱 고려해 보았다. 저자는 『타키투스』에서 이렇게 말했다.

> 역사에서 중요한 노릇을 했던 거물들의 삶과 처신을 연구하려고 할 때마다 우리는 엉뚱하게 설명하기 좋아한다. 명성이 높은 훌륭한 인물들이라 그들도 우리처럼 행동한다고 생각하지 않는다. 단순한 행동에서조차 숨은 이유와 동기를 찾으려고 한다. 그들이 전혀 그렇지 않은데도, 세련되고 깊이 있으며 무엇인가 비열한 것과 엮여 있다고 믿으려 한다.

키케로와 친구들

카이사르 시대의 로마 사회

Gaston Boissier, *Cicéron et ses amis, Étude sur la société romaine du temps de César*, 1884.

1. 속주Provincia

갈라티아Galatia
갈리아Gallia
갈리아 벨기카Gallia Belgica
갈리아 키살피나Gallia Cisalpina
달마티아Dalmatia
루시타니아 속주Lusitania
리키아Lycias
마케도니아Macedoniae
브리탄니아Britannia
비티니아 폰투스Bithynia et Pontus
시리아Syria
시킬리아Sicilia
아시아Asia
아카이아Achaia
아프리카Africa
판노니아Pannonia
히스파니아 바이티카Hispania Baetica
히스파니아 울테리오르Hispania Uterio
에페이로스Epirus[이피로스]
일리리쿰Illyricum
카파도키아Cappadocia
킬리키아Cilicia
팜필리아Pamphylia

2. 나라, 도시, 섬

게르고비아Gergovia[제르고비]
나르보Narbo[나르본]
나바타Nabata[수단]
누미디아 왕국Numidia[알제리}
님Nîmes
델로스Delos
라케다이몬Lacedaemon[스파르타]
레스보스Lesbos
마리바Mariba[마리브]
마실리아Massilia[마르세유]
메가라Megara
메디Medī[메디아]
메로에Meroe
문다Munda
미틸레네Mytilene[미틸리니]
바이유Bâville
비로플레Viroflay
사바티이Sabae
살라미스Salamis
시키온Sicyon
아겐디쿰Agedincum[상스]
아미소스Amisos[삼순]
아이기나Aegina[에기네]
아투아투카 툰그로룸Atuatuca Tungrorum[통에런]
아티카Attica[아테네]
악티움Actiacum
알레시아Alesiae
알렉산드리아Alexandria
알바니Albanī[캅카스 알바니아]
앙키라Ancyra[앙카라]
에티오피아Aethiopia
에페수스Ephesus[에페소스]
아폴로니아Apollonia
우티카Utica[튀니지]
욱셀로두눔Uxellodunum
일리리아Illyria[알바니아]
케나붐Cenabum
코르두바Corduba[코르도바]
코린토스Corinthus
크산토스Xanthus[키닉]

키프로스Cyprus
테살로니카Thessalonica[테살로니키]
테살리아Thessalia Tessaglia
파르살루스Pharsalus[파르살라]
파르티아Parthorum
파트라이Patrae[파트라]
파포스Paphos
페르가뭄Pergamum[페르가몬]
포르투나Fortuna[마카로네시아]
필리피Filippi
탑수스Thapsum[튀니지]
테스피아이Thespiae[보이오티아현]
히베리Hibērī[캅카스 이베리아]

3. 이탈리아

네아폴리스Neapolis[나폴리]
노붐 코뭄Novum Comum[코모]
라벤나Ravenna
레기움Rhegium[레조칼라브리아]
레아테Reate[리에티]
루카Lucca
루케리아Luceria
메디올라눔Mediolanum[밀라노]
무티나Mutina[모데나]
바이아이Baiae[바이아]
벨리아VeliaElea-Velia
볼라테라이Volaterrae[볼테라]
볼로니아Bononia[볼로냐]
브룬디시움Brundisium[브린디시]
사비눔Sabinum[사비나]
아텔라Atella
아풀리아Apulia[풀리아]
알바Alba[알바롱가]
카프리Capri
캄파니아Campania
코르피니움Corfiniuma[코르피니오]
푸테올리Puteoli[포추올리]
피케눔Picenum

4. 로마

베스타 신전Aedes Vestae
비아 사크라Via sacra
아르길레툼Argiletum
아벤티누스 언덕Aventinus mons
아우구스투스 포룸Forum Augustum
아우렐리아누스 계단Templum Apollinis Sosiani
울루브라이Ulubrae
카리나이Carinae
카스토르 신전Castor
카이사르 포룸Forum Iulium
카피톨리누스Capitolinus mons
캄푸스 마르티우스Campus Martius
쿠리아 율리아Curia Julia
퀴리날리스Collis Quirinalis
팔라티누스Mons Palatinus
폼페이우스 극장Theatrum Pompeii

브리탄니아
세콰나
대서양
게 르 마 니 아
라인강
벨 기 카
갈 리 아
라에티아
노리쿰
판노니아
아퀴타니아
갈리아 키살피나
나르보넨시스
론강
루시타니아
히 스 파 니 아
마르실라
알바
아드리아해
바이티카
테베레강
이탈리아
문다
사르디니아
티레니아해
마우레타니아
우티카
시킬리아
이오니아해
바그라다스 강
아프리카
탑수스
누 미 디 아
지중해
키드누스
히스파니아
마우레타니아
마카로네시아

타나이스강
카스피해
다키아
알바니아
히베리아
도나우강
흑해
모네시아
아르메니아
트라키아
니코메디아
폰투스
비타니아
메디아
도니아
필리피
갈라티아
앙키라
아시아
카파도키아
테살리아
아카이아
파르티아
팜필리아
메소포타미아
킬리키아
리키아
시리아
로도스
키프로스
크레테
에게해
아라비아
유다이아
나바테아
알렉산드리아
이집트

코모
메디올라눔
아디게강
포강
무티나
보노니아
레노강
라벤나
루카
아르노강
에트루리아
볼라테라이
알바
피케눔
아드리아해
라티움
레아테
코르피니움
로마
테베레강
리리강
아르피눔
삼니움
루케리아
아피아 가도
안티움
포르미아
카이에타
볼투르노강
카실리눔
캄파니아
네아폴리스
푸테올리
바이아이
아벨라
브룬디시움
티레니아해
사르디니아
벨리아
시킬리아
레기움

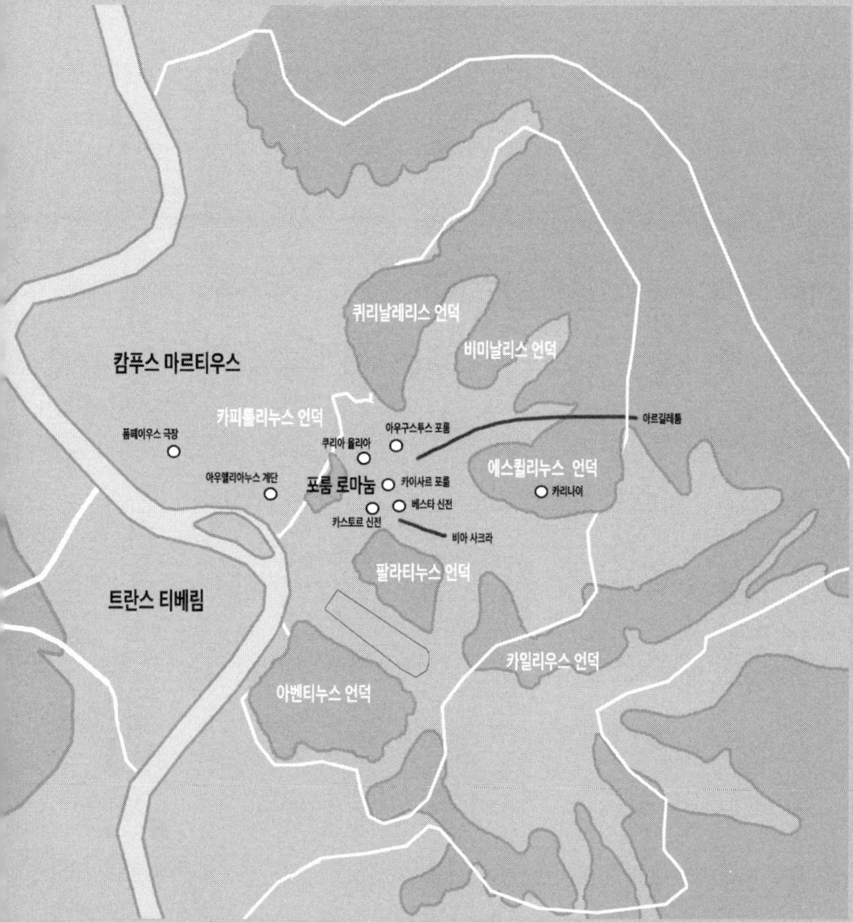
퀴리날레리스 언덕
비미날리스 언덕
캄푸스 마르티우스
카피톨리누스 언덕
아르길레툼
폼페이우스 극장
아우구스투스 포룸
쿠리아 율리아
에스퀼리누스 언덕
아우렐리아누스 계단
포룸 로마눔
카이사르 포룸
카리나이
베스타 신전
카스토르 신전
비아 사크라
팔라티누스 언덕
트란스 티베림
카일리우스 언덕
아벤티누스 언덕

두러스
아폴로니아
필리포이
테살로니카
테살리아
에피루스
파르살루스
에게해
레스보스
페르가뭄
테스피아이
파트라스
메가라
아테네
시키온
코린토스
살라미스
에기나
에페수스
멜로스
스파르타
로도스
크레테

마케도니아 | 에피루스 | 아카이아 | 아시아

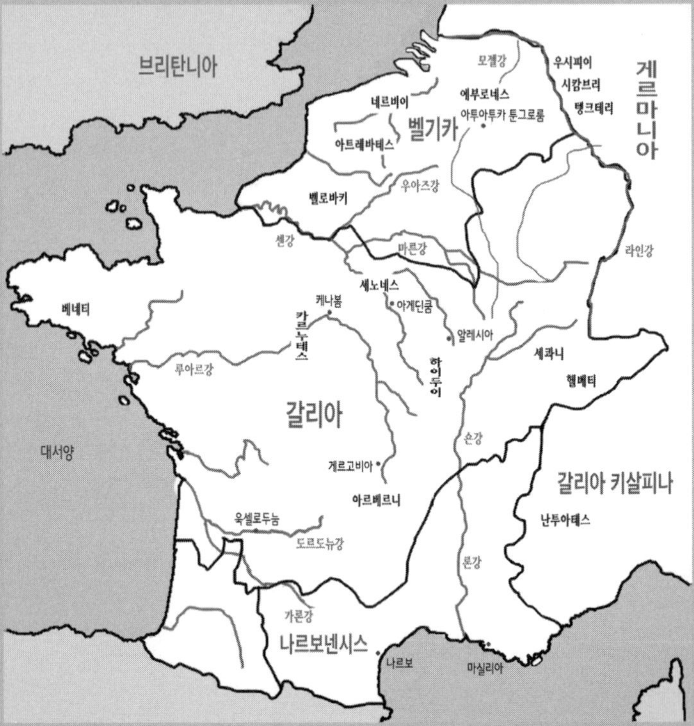

네르비이Nervii

베네티Veneti

세콰니Sequani

아르베르니Arverni

아트레바테스Atrebates

에부로네스Eburones

카르누테스Carnutes

하이두이Aedui

헬베티Helvetii

난투아테스Nantuates

바스타르나이Bastarnae

수에비Suevi

셈노네스Semnones

마르코만니Marcomanni

시캄브리Sicambri / Sicambri / Sugambri

우시페테스 / 우시피이Usipetes or Usipii

카뤼데스Charydes / Harudes / Charudes

케루키Cherusci

킴브리Cimbri

텡크테리Tencteri / Tencteri / Tenctheri

스키타이족Scythae

사르마타이Sarmatai

1. 키케로(B.C. 80~ 54)

변론연설

80 *Pro Roscio Amerino*(아메리노의 로스키우스 변호연설)
77 *Pro Q. Roscio Comoedo*(배우 로스키우스 변호연설)
71~69? *Pro Caecina*(카이키나Aulus Caecina 변호연설)
70 *In Verrem*(베레스 탄핵연설)
66 *Pro Cluentio*(클루엔티우스 변호연설)
63 *Pro Murena*(무레나 반박연설)
Pro Archia Poeta(아르키아스 변호연설)
59 *Pro Flacco*(플라쿠스를 위한 변호연설)
56 *Pro Sestio*(세스티우스 변호연설)
In Vatinium testem(바티니우스 변호연설)
Pro Caelio(카일리우스를 위한 변호연설)
54 *Pro Plancio*(그나이우스 플란키우스Gnaeus Plancius를 위한 변호연설)
Pro Rabirio Postumo(라비리우스 포스투무스 변호연설)
? *Pro Marcus Fonteio*(마르쿠스 폰테이우스Marcus Fonteius 변호연설)

정치연설

63 *In Catilinam I–IV*(카틸리나 탄핵연설)
59 *Pro Flacco*(플라쿠스를 위한 변호연설)
57 *Post Reditum in Quirites*(망명에서 귀환 후 시민 연설)
Post Reditum in Senatu(망명에서 귀환 후 원로원 연설)
De Domo Sua(집에 관한 연설)
De Haruspicum Responsis(하루스피스Haruspices의 답변에 관하여)
56 *De Provinciis Consularibus*(속주 통치에 관하여)
55 *In Pisonem*(피소 반박연설)
52 *Pro Milone*(밀로 변호연설 Titus Annius Milo)
46 *Pro Marcello*(마르켈루스 Marcellus 변호연설)
Pro Rege Deiotaro(데요타루스 변호연설)
44 *Philippicae*(필리포스 탄핵연설, 필리피카이)

수사학 정치학
51 *De Re Publica*(공화국).
46 *Brutus*(a short history of Roman rhetoric and orators, 브루투스 헌정).
Orator ad M. Brutum(연설에 관하여, 브루투스 헌정).
44 *Topica*(토피카).
?? *De Legibus*(법률에 관하여).

철학
55 *De Oratore*(연설가에 관하여).
46 *Paradoxa Stoicorum*(스토아 철학의 역설).
45 *Hortensius*(호르텐시우스).
Consolatio(위로).
Tusculanae Quaestiones(투스쿨룸 대화).
De Natura Deorum(신의 본질에 관하여).
De Divinatione(예언에 관하여).
De Fato(운명에 관하여).
44 *Cato Maior de Senectute*(대카토).
Laelius de Amicitia(우정에 관하여).
De Officiis(의무에 관하여).

편지
68~43 *Epistulae ad Atticum*(아티쿠스에게 보낸 편지).
43 *Epistulae ad Brutum*(브루투스에게 보낸 편지).
62~43 *Epistulae ad Familiares*(친구들에게 보낸 편지).
60/59-54 *Epistulae ad Quintum Fratrem*(퀸투스에게 보낸 편지).

* Quintus Tullius Cicero(퀸투스 키케로), *De petitione consulatus*(선거에서 이기는 법).

2. AD 1c

Appianus Alexandrinus(아피아노스), *Historia Romana*(로마사), vol. 24.
Apuleius, Lucius(아풀레이우스), *De magia*(마법에 관하여).

Aulus Gellius(아울루스 겔리우스), *Noctes Atticae*(아테네의 밤).
Cassius Dio(카시우스 디오), *Historia Romana*(로마사).
Caesar, Gaius Julius., *Commentarii de Bello Gallico*(갈리아 전쟁기).
——— *Commentarii de Bello Civili*(내전기).
——— *De Bello Africo*(아프리카 전쟁기).
——— *Anticatones*(카토에 반대한다).
——— *De Analia libri II ad M. Tullium Ciceronem*(유추론).
Horatius(호라티우스), *Epodi*(풍자시).
Lucanus(루카누스), M. Annaeus., *Pharsalia*(파르살루스).
Lucretius(루크레티우스), Titus Carus., *De rerum natura*(사물의 본성에 관하여).
Macrobius(마크로비우스), *Saturnaliorum Libri Septem*(사투르날리아).
Nepos(네포스), Cornelius., *Atticus*(아티쿠스).
Publius Ovidius(오비디우스) Naso, *Tristia* (트리스티아).
Gaius Plinius(소 플리니우스) Caecilius Secundus, *Epistularum libri decem*(편지).
Gaius Plinius(대 플리니우스) Secundus, *Naturalis historia*(자연사).
Plutarchus(플루타르코스), *Vitae parallelae, Cicero*(키케로).
——— *Vitae parallelae, Brutus*(브루투스).
Pollio(폴리오), Gaius Asinius., *Historias*(내전기).
Polybius(폴리비오스), *Historiae*(역사).
Quintilianus(퀸틸리아누스), Marcus Fabius, *Institutio Oratoria*(연설 교육), vol.12.
Annaeus Seneca/Seneca maior(대 세네카), *Suasoriae*(가상의 설득 연설).
Lucius Annaeus Seneca(소 세네카), *De Brevitate Vitæ*(생의 짧음에 관하여).
——— *De Consolatione ad Helvium*(위로에 관하여, 어머니 헬비아에게).
——— *De Ira*(분노에 관하여).
——— *De Clementia*(관용에 관하여).
Livius(리비우스), Titus., *Ab Urbe Condita Libri*(로마사).
Gaius Suetonius(수에토니우스) Tranquillus, *De vita Caesarum*(12명의 카이사르).
Tacitus(타키투스), *Annales*(연대기).
Varro, Marcus Terentius(테렌티우스 바로), *De re rustica*(농업에 관하여).
Velleius Paterculus(벨레이우스), *Historiae*(역사).
?, *Rhetorica ad Herennium*(헤렌니우스 수사학).

3. 19C

Abeken(아베컨), Bernhard Rudolf., *Cicero in seinen Briefen*(), Hannover, 1835.

Boissier(부아시에), Gaston., *Tacite*(타키투스), 1903.

——— *La Revue archéologique et intitulé : Atticus, éditeur de Cicéron*(고고학 리뷰: 아티쿠스, 키케로의 편집자), 1863. 7.

Brochard(브로샤르), Victor., *Les sceptiques grecs*(그리스의 회의론자), 1887.

Drumann(드루만), Wilhelm., *Geschichte Roms*(), *etc.*, 1834–44(vol.6).

Egger, Émile(에밀 에거)., *Examen des historiens d'August*(아우구스투스 시대에 대한 역사가들 고찰), 1844.

Ferrero, Guglielmo(굴리엘모 페레로), *Grandezza e decadenza di Roma*(로마 공화국의 영광과 몰락), 1902-07(vol.5).

Forsyth(포사이스), Michael J., *Life of Cicero*(키케로의 삶), London, Murray, 1864.

MM. Perrot, Guillaume et Delbet(페로, 기욤, 델베), *Exploration archéologique de la Galatie, etc.*(갈라티아 고고학 탐사), Didot, 1863.

Martha(마르타), Benjamin-Constant., *Les Moralistes sous l'Empire romain, philosophes et poètes*(로마 제국 치하의 윤리학자, 철학자, 시인), 1865.

Merivale(메리베일), Charles., *History of the Romans Under the Empire*(로마 제국사), 1850-62(vol.8).

Mommsen(몸젠),Theodor., *Römische Geschichte*(로마사), 1854.

——— *Die Rechtsfrage zwischen Cæsar und dem Senat*(카이사르와 원로원 사이의 법률문제), Breslau, 1857.

Orelli(오렐리), Johann Caspar von., *Fragm. Cicéron*(키케로 단편), p.465.

Wallon(왈롱), Henri., *l'Histoire de l'esclavage dans l'antiquité*(고대 노예 역사), 1847.

Ludovicus Schwab(루도비쿠스 슈바브), *Quæst. Catull.*(카툴루스), 1862.

Scholia Bobiensia(스콜리아 보비엔시아), *Pro Roscio Amerino*(로스키우스 변호연설), éd.Orelli., p.304.

François Hinard(프랑수아 이냐르), Sylla(술라), Paris, Fayard, 1985.

Bouché-Leclercq, Auguste(A. 부셰 르클레르), Histoire de la divination dans l'antiquité(고대 점술의 역사), 4 vols., 1879-1882.

BC		키케로	브루투스
106	폼페이우스출생	키케로 출생	
100			
85			브루투스 출생
83	술라와 연합		
82~81	시킬리아, 아프리카 마리우스파 소탕		
80	집정관 술라		
78	술라 사망		
76~71	히스파니아 원정		
75		재무관	
73			
71	스파르타쿠스 노예 반란 진압		
70	공동 집정관1(크라수스)		
	호민관 권한 회복		
67	해적 소탕, 아시아 속주 진출		
66~61	미트라테스 6세 전쟁에서 승리	법무관	
63		집정관	
62			
61			
60			
59~54	1차 3인 집정제(크라수스, 카이사르)		
58~55	히스파니아 통치		카토 수행(오리엔트, 키프로스)
58~57		망명생활	
57			
56	루카회담		
55	공동 집정관2(크라수스)		
54			
53			
52	공동 집정관3(메텔루스, 스키피오)		
51			
49			폼페이우스군 참전
48	파르살루스 전투에서 패배		
	이집트에서 폼페이우스 사망		파르살루스 전투 후 카이사르에 항복
46			갈리아 키살피나 총독
45			
44			법무관
			카이사르 시해
			마케도니아 총독
43		가에타에서사망	
42	클로디우스 사망		필리피 전투에서 사망
31	악티움 해전에서 안토니우스 사망		
AD			
14			

	카이사르	옥타비아누스
100	카이사르 출생	
	85 집정관 킨나의 딸 코르넬리아와 결혼	
82	술라의 이혼 명령 거부하고 소아시아로 도피	
80	아시아 복무	
78	술라 사망, 로마 귀국	
76	로도스섬으로 가던 중 해적에게 납치, 소탕	
75		
73	제사장, 대대장	
70	회계감사관, 히스파니아 부임, 원로원 의원	
67		
66		
63	최고 제사장	옥타비아누스 출생
62	법무관	
61	히스파니아 총독	
60	1차 3인 집정제(크라수스, 폼페이우스)	
59	집정관	
58~51	갈리아 전쟁, 갈리아 총독	
	58	헬베티족과 아리오비스투스족 격파
57	갈리아 북동부 벨가이족 평정	
56	카이사르, 크라수스, 폼페이우스 루카회담	
55	브리타니아 원정 1차	
54	브리타니아 원정 2차	
	암비오릭스 반란	
53	갈리아 북동부 부족 평정	
52	갈리아 키살피나, 일리리아 속주 총독	
	알레시아 공방전에서 베르킨게토릭스에게 승리	
51	갈리아 전쟁 종식	
49	원로원 최종 결의로 루비콘 도하	
	카이사르 내전 발발	
48	집정관	
	파르살루스 전투에서 폼페이우스군에 승리	
46	탑수스 전투에서 스키피오군에 승리, 내전 종결	
45	문다 전투에서 폼페이우스파에 승리	
44		
	카이사르 사망	카이사르의 양자로 입적
43		무티나 전투에서 안토니우스에게 승리 2차 3인 집정제(안토니우스, 레피두스)
42		필리피 전투에서 브루투스에게 승리
31		
AD 14		아우구스투스 사망

키케로와 친구들
카이사르 시대의 로마 사회

초판 발행 | 2023.12.07.
지은이 | 가스통 부아시에
옮긴이 | 정진국
펴낸이 | 이노아
편집·디자인 | 아나크로니
인쇄·제책 | 예림인쇄
펴낸곳 | 다큐멘토
주소 | 경기도 파주시 문발로 145 아시아문화센터 전시정보동 202
팩스 | 0504 083 8437
이메일 | documentor.books@gmail.com
등록번호 | 제2020-000063호(2020.03.11)

답집은 다큐멘토의 브랜드입니다.

가격은 뒤표지에 있습니다.
ISBN979-11-971850-2-1(03920)